行政管理重点学科丛书·教材系列

本书获上海教委重点学科行政管理建设项目资助（编号：J50406）

人力资源管理

李成彦 / 主编

图书在版编目(CIP)数据

人力资源管理/李成彦主编. —北京:北京大学出版社,2011.5
(行政管理重点学科丛书)
ISBN 978-7-301-18614-5

Ⅰ.①人… Ⅱ.①李… Ⅲ.①人力资源管理 Ⅳ.①D035.2

中国版本图书馆 CIP 数据核字(2011)第 035312 号

书　　　　名:	人力资源管理
著作责任者:	李成彦　主编
责 任 编 辑:	杨丽明　刘秀芹　王业龙
标 准 书 号:	ISBN 978-7-301-18614-5/C·0655
出 版 发 行:	北京大学出版社
地　　　　址:	北京市海淀区成府路 205 号　100871
网　　　　址:	http://www.pup.cn　电子邮箱:law@pup.pku.edu.cn
电　　　　话:	邮购部 62752015　发行部 62750672　编辑部 62752027 出版部 62754962
印　　刷　　者:	三河市北燕印装有限公司
经　　销　　者:	新华书店
	965 毫米×1300 毫米　16 开本　20.75 印张　351 千字 2011 年 5 月第 1 版　2014 年 9 月第 2 次印刷
定　　　　价:	38.00 元

未经许可,不得以任何方式复制或抄袭本书之部分或全部内容。
版权所有,侵权必究
举报电话:010-62752024　电子邮箱:fd@pup.pku.edu.cn

前　言

随着全球化进程的加剧,价值观日益多元化,员工的工作和生活理念不断更新。他们希望在组织中找到适合自己的位置,发挥自己的所长,得到快速的发展;希望自己付出的劳动得到合理的报酬;希望企业组织的管理更人性化、更柔性化,为他们营造轻松愉快的氛围,应该说,员工对组织人力资源管理的要求日益提高。同时,经济和社会的快速发展使组织面临着前所未有的挑战:一方面要提高组织的工作效率,降低成本;另一方面又要设法减轻员工的工作压力,增加员工的满意度,最大限度地调动员工的工作热情。人力资源管理的作用更加突显,提升人力资源管理的有效性成了组织管理的重中之重。

自20世纪90年代以来,我国学者对人力资源管理的研究日益增多,人力资源管理的书籍大量问世,本书只是众多研究成果中的一个。为了能让读者更好地了解"人力资源管理"的知识体系,对"人力资源管理"有更深刻的理解,掌握人力资源管理的相关技能,本书突出体现以下特点:

一是,具有实践性和操作性。本书对人力资源管理的几个主要职能模块:招聘与配置、培训与开发、绩效管理及薪酬管理采用上下篇的方式撰写,通过穿插小案例的形式介绍理论,突出体现了理论与实践的结合。

二是,体系精炼而不失完整。本书仅仅围绕人力资源管理的职能展开,每个职能用一章的篇幅撰写,无关的内容并未赘述。同时,本书也涉猎人力资源管理的基本内容,不仅对人力资源管理的基本内涵进行了详尽阐述,同时也对人力资源管理的有效性进行了论述。

三是,突出了时代的主题。本书综合了国内外最新的研究成果,除了参考近几年最新的人力资源管理的相关教材之外,还参考了人力资源管理领域较有价值的学术文章。本书介绍了组织伦理、人力资本理论、人性假设理论对人力资源管理的影响,同时也对企业的 EAP 进行了详细阐释。

四是,非常适合做高校管理学相关专业"人力资源管理"课程的教材使用。本书除了体系完整、内容详实以外,每章都有关键词和思考题,同时还配有案例,可以使学生更好地理解、掌握本书的内容。

  此外,参与本书编写的各位作者长期从事人力资源管理的教学与研究工作,他们撰写的内容都是自己最擅长和熟悉的,他们把多年的积累浓缩到本书之中,使本书的内容丰富而新颖。

  本书共分十章:第一、二章由李成彦编写,第三章由汪玉弟编写,第四章由张清编写,第五章由张燕娣编写,第六章由吴文艳编写,第七章由许丽娟编写,第八章由郭晓薇编写,第九章由唐人洁编写,第十章由李秋香编写。

  本书在写作的过程中参考了国内外的相关文献,对所有的著作者我们表示由衷的谢意!虽然我们已尽量将相关文献列出,但难免有疏漏之处,对此表示深深的歉意!

  本书的出版得到了上海市教委重点学科行政管理建设项目(编号:J50406)的资助和北京大学出版社编辑的大力帮助,在此表示衷心的感谢!

  本书难免有不足之处,欢迎广大读者以及相关领域的理论工作者和实践工作者给予批评指正。本书作者愿意与各位同仁进行交流,使"人力资源管理"理论不断得到完善。

李成彦(licylicy2@163.com)

2010年11月

目 录

第一章 导论 ………………………………………………………… (1)
    一、人力资源的含义与特征 ………………………………… (1)
    二、人力资源管理的含义与职能 …………………………… (3)
    三、人力资源管理的发展历程 ……………………………… (6)
    四、人力资源管理的环境分析 ……………………………… (10)
    五、当今我国人力资源管理面临的挑战 …………………… (13)

第二章 人力资源管理的有效性分析 ……………………………… (20)
    一、组织伦理与人力资源管理 ……………………………… (20)
    二、人力资本与人力资源管理 ……………………………… (25)
    三、人力资源管理与企业的 EAP …………………………… (29)
    四、人性假设理论与人力资源管理模式 …………………… (33)

第三章 人力资源战略 ……………………………………………… (45)
    一、人力资源战略概述 ……………………………………… (45)
    二、人力资源战略分析方法 ………………………………… (51)
    三、人力资源战略与竞争优势 ……………………………… (56)

第四章 人力资源规划 ……………………………………………… (71)
    一、人力资源规划概述 ……………………………………… (71)
    二、人力资源规划的内容 …………………………………… (76)
    三、人力资源需求预测 ……………………………………… (82)
    四、人力资源供给预测 ……………………………………… (89)
    五、人力资源规划评估与控制 ……………………………… (97)

第五章 工作分析 …………………………………………………… (106)
    一、工作分析概述 …………………………………………… (106)

二、工作分析的实施流程 …………………………………（110）
三、工作分析方法 …………………………………………（114）
四、工作分析结果 …………………………………………（119）
五、工作分析的发展趋向 …………………………………（127）

第六章　招聘与配置 ………………………………………（135）

上篇

一、招聘概述 ………………………………………………（135）
二、工作分析和胜任素质模型 ……………………………（142）
三、招聘的流程和渠道 ……………………………………（146）

下篇

四、招聘实施 ………………………………………………（156）
五、招聘的评估 ……………………………………………（171）
六、招聘者素质与离职管理 ………………………………（174）

第七章　培训与开发 ………………………………………（183）

上篇

一、培训与开发 ……………………………………………（183）
二、培训开发的方法与选择 ………………………………（189）
三、培训需求分析 …………………………………………（194）

下篇

四、培训效果评估 …………………………………………（202）
五、职业生涯管理 …………………………………………（210）

第八章　绩效管理 …………………………………………（218）

上篇

一、绩效管理概论 …………………………………………（218）
二、绩效评价指标的制定 …………………………………（228）
三、关键绩效指标的理念及其建立过程 …………………（235）

下篇

四、绩效评价常用方法 ……………………………………（238）
五、绩效评价反馈及评价结果的应用 ……………………（246）
六、组织绩效评价——平衡计分卡的运用 ………………（248）

第九章 薪酬管理 (255)

上篇

一、薪酬管理与人力资源管理战略 (255)

二、员工薪酬制度 (265)

下篇

三、薪酬设计及其调整 (274)

四、员工福利管理 (285)

第十章 员工关系管理 (296)

一、劳动用工政策的历史 (296)

二、劳动时间与工资管理 (299)

三、劳动合同管理 (305)

四、企业劳动争议处理 (312)

第一章 导　论

　　毋庸置疑,任何组织的成功取决于组织怎样管理它的资源。一个企业的资源推动企业朝着自身的目标发展,就像发动机驱动着汽车驶向目的地一样。组织中有许多资源,如土地、资金和设备。尽管对这些资源的管理非常重要,但一个企业如果不进行适当的人力资源管理则不可能取得成功。

——〔美〕劳伦斯·S.克雷曼

一、人力资源的含义与特征

　　资源是"资财的来源"。在经济学中,资源是为了创造物质财富而投入于生产活动中的一切要素。一般来说,资源有四种:自然资源(土地、森林、矿藏等),资本资源(资金、厂房、设备等),信息资源(把信息看成一种资源,信息资源具有共享性),人力资源(把人看成资源)。人力资源是最重要的资源,其他资源都需要由人来认识、开发和运用。只有在人的作用下,其他资源才能被赋予活力,发挥作用。正因如此,当代经济学家把人力资源称为第一资源。

　　近年来,人力资源在经济发展中的作用越来越受到重视,人力资源的地位也得到了大幅度的提升。20 世纪 60 年代以来的许多研究表明,高质量人力资源的数量和比重已经成为一个国家经济发展速度和工业化程度的重要标志。瑞士洛桑国际管理发展研究院发表的 2000 年《国际竞争力报告》中,美国和新加坡 2000 年的国际综合竞争力分居冠亚军,我国则由 1995 年的 34 名上升为 31 名。美国和新加坡成功的奥秘在于卓越的人力资源开发和管理,我国名位上升的主要原因是我国对教育投入的增加,使人力资源的质量有所提高。彼得·德鲁克曾经指出:"企业只有一项真正的资源,那就是人。"IBM 公司总裁华生(T. J. Watson)也说过:"你可以搬走我的机器,烧毁我的厂房,但只要留下我的员工,我就可以有再生的机会。"

(一) 人力资源的含义

1. 什么是人力资源

"人力资源"（Human Resources）一词是由彼得·德鲁克（Peter F. Drucker）于1954年在其名著《管理的实践》中首先正式提出来并明确加以界定的。彼得·德鲁克指出，人力资源和其他资源相比，唯一的区别就是它是人，并且是管理者们必须考虑的特殊资源。在我国最早使用"人力资源"一词的是毛泽东。他于1956年《中国农村的社会主义高潮》的按语中写道："中国妇女是一种伟大的人力资源，必须发掘这种资源，为建设一个社会主义中国而奋斗。"在20世纪60年代以后，随着人力资本理论的出现，人力资源的概念得到了进一步发展与应用，对人力资源的研究也越来越多。

从广义上讲，人力资源就是指智力正常的人。从狭义上讲，人力资源是指人在劳动中为创造某种价值和组织绩效而运用的体力和智力的总和。也就是说，人力资源是指能推动经济和社会发展的、具有劳动能力和一定智力的从事劳动和未从事劳动的人口的总和。

2. 人力资源的构成

人力资源包括数量和质量两个方面：

人力资源的数量是指一个国家或地区中具有劳动能力、从事社会劳动的人口总数，即指一个国家或地区的劳动适龄人口减去其中丧失劳动能力的人口，加上劳动适龄人口之外的具有劳动能力的人口，具体包括以下几种人口：适龄就业人口（正在从事社会劳动的所有在职人员）、未成年劳动者、已退休的老年劳动者、失业人员、在校的中学生和大学生、军人、家庭妇女以及处于劳动年龄的其他人口。上述各类人口中，前四种是已经开发的人力资源，是直接的、现实的劳动力供给；后四种是间接的、尚未开发的潜在的劳动力资源。

人力资源的质量指人力资源所具有的体力、知识技能、能力以及劳动态度。人力资源的质量比人力资源数量更重要，特别是在以知识经济为主体的社会，人力资源的质量越来越受到重视，人力资源开发的目的就在于提高人力资源的质量，使人力资源在社会经济发展中发挥更大的作用。

(二) 人力资源的特征

人力资源是进行社会化生产的最基本、最重要的资源，与其他资源相比，人力资源具有以下特征：

1. 能动性

这是人力资源与其他资源的本质区别。人力资源具有思维和情感,能接受教育和主动学习。人能认识事物,并能通过思维进行分析、判断及决策,能发挥自己的主观能动性,有目的、有意识地利用其他资源进行生产,推动社会和经济的发展。人力资源在一切经济活动中起着主导作用。同时,人力资源具有创造性,能不断改进技术、制造新的工具,推动人类的文明进步。

2. 可再生性

人力资源在使用的过程中也会出现损耗的现象,但同其他资源的损耗不同的是,人力资源的损耗(如疲劳、衰老等)可以再生,并通过再生得到补偿乃至发展。体力的损耗可通过休息与补充营养得到补充与恢复,而智力的损耗则可以通过不断的学习得到补充和发展。人力资源的可再生性使人力资源能够实现自我补偿、自我更新、自我发展。

3. 高增值性

人力资源是投资的结果,是人力资本的有形形态。人力资本的未来收益远远大于投资成本,即大于人力资本的投资。人力资源在劳动的过程中不仅能创造自己的价值,而且能创造比自身的价值大得多的价值。研究表明,高素质人力资源的投资效益是固定资产投资的九倍。这也是近年来人力资源的开发与管理受到重视的重要原因。

4. 时效性

人力资源的形成、开发和利用都受时间的影响。从个体发展的角度看,可分为幼年期、青壮年期、老年期,各个时期人力资源的可利用程度不同。对人力资源的使用也要经历适应期、成长期和成熟期几个阶段,在不同时期,人力资源的价值和贡献度是不一样的。这需要注重对人力资源的开发和管理。

二、人力资源管理的含义与职能

(一)人力资源管理的定义

"人力资源管理"用语起源于英国的劳工管理(Labor Management),第二次世界大战以后,美国开始使用"人事管理"(Personnel Management),以后又改为"人事管理"与"人力资源管理"。

关于人力资源管理有很多种说法。很多组织把人力资源管理看成是一种"与人有关的管理实践"。加里·德斯勒(Gary Dessler)认为,人力资源管理是指为了完成管理工作中涉及的人和人事方面的任务而展开的实践活动与策略。

雷蒙德·A.诺伊(Raymond A. Noe)认为,人力资源管理是指影响员工的行为、态度以及绩效的各种政策、管理实践及制度。

我国一些学者认为,人力资源管理包括一切对组织中的员工构成直接影响的管理决策与实践活动。

综上所述,人力资源管理是指组织为了实现战略目标,运用各种管理理论和技术制定管理政策和规划,以及进行各种管理实践活动。人力资源管理实践包括:人力资源规划、招聘员工、对员工的培训与开发、对员工的绩效考核、薪酬管理以及劳动关系。

(二) 人力资源管理的职能和范围

1. 人力资源管理的职能

人力资源管理的基本职能有如下几个方面:

(1) 确保。人力资源管理的基本出发点是确保组织目标的实现,确保人一岗匹配。这是人力资源管理的先行职能。这一职能包括人力资源规划,职务分析,招募、选拔和录用。人力资源部门应首先根据组织的战略目标进行人力的供给与需求预测,制定人力资源规划,进行职务分析,然后进行招聘与配置,在合适的时间把合适的人放在合适的位置上。

(2) 开发。开发是指通过培训和职业生涯规划等手段激发员工的潜能,使员工的知识、技能不断更新,态度、价值观得以改变,以有效使用员工并提高组织绩效的过程。这是人力资源管理的重要职能。

(3) 报偿。人力资源管理要根据员工对组织所作出的贡献给予员工报酬,以充分发挥员工的潜能,最大限度地实现员工个人价值与提高组织绩效。这一职能具有激励的作用,其主要内容有:激励员工的积极性、绩效考核、薪酬管理等。

(4) 整合。这主要是指建立并维持有效的工作关系,主要包括协调员工之间、员工与组织之间的人际关系,建立和谐的人际环境和良好的工作氛围,使员工之间和睦相处,协调共事,确保组织沟通流畅,取得良好的组织绩效。这是人力资源管理的协调职能。

(5) 调控。这是对员工实施合理、公平的动态管理过程,主要包括对员工进行合理的绩效考评与素质考评,以及根据绩效考评对员工实行晋升、调动、奖惩等措施。

2. 人力资源管理的范畴

在组织中,人力资源管理的范畴包括四个方面:

第一,实现人—岗匹配,即把合适的人放在合适的岗位上,使每个员工都能充分发挥自己最大的潜能,达到组织绩效最优。

第二,使工作报酬与人的需要匹配,使员工为组织作出自己最大的贡献。

第三,协调人与人的关系,使员工之间协调共事,以创造良好的人际环境,发挥团队精神,使组织取得最好的绩效。

第四,协调岗位与岗位之间、部门与部门之间的关系,使组织权责有序、灵柔高效,发挥整体优势。

(三) 人力资源管理人员需要具备的技能

人力资源管理专业人员要想在未来能够有效地进行人力资源管理,必须承担一定的角色,具备相应的能力。这些能力包括开发新的人力资源管理实践;通过与直线管理者(职能部门的管理人员)的协调配合使人力资源管理实践与组织的战略目标相一致;对变革进行管理;将员工们关注的问题提交给高层管理者;通过培训、认同、工作再设计等激发员工的潜能,使组织绩效达到最优。对于人力资源管理人员来说,他们面临的一个最大挑战是需要将自己的注意力从当前的操作层面向未来的战略层面转移,以及为非人力资源管理者建立和实施相应的人力资源管理实践作好准备。

人力资源管理专业人员需要承担行政管理和控制的角色,这两种角色将会由于技术的进步而不断减弱,如人事记录管理、向雇员提供关于企业人力资源管理程序和服务方面的信息之类的新技术,都正在被应用于人力资源管理领域之外。当然,为了进行有效的人力资源管理实践,在对人力资源管理实践的有效性进行衡量和评价时需用到很多技能,见图 1-1 所示。

人力资源管理人员的技能水平对人力资源管理的实践活动具有至关重要的影响。但现代人力资源管理不仅仅是人力资源管理专职人员的责任,而是每一个管理者的职责,直线管理者已成为人力资源管理的主要责任者,人力资源管理专职人员的责任在于辅助直线管理者做好工作。人力资源管理专职人员的战略经营伙伴的作用将越来越突出,即人力资源管理专职人员将和直线管理者建立伙伴关系,进而为组织赢得竞争优势,实现组织的总体经营目标。

哈佛大学商学院学者曾对 336 名人力资源经理和直线管理者就政策的形成、咨询、服务、控制等 40 项内容作了调查,结果表明,直线管理者希望

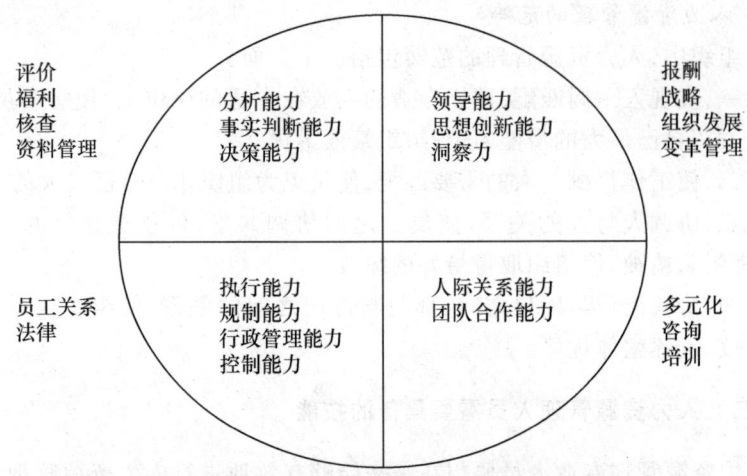

图 1-1　人力资源专业人员所承担的角色和所需具备的技能①

人力资源经理更多地提供服务与咨询,减少对部门的控制,给予部门更多的人事权力。直线管理者希望自己更有效、更直接地对员工实行人事管理。同时,他们希望有更多的机会与人事经理共同参与人力资源政策的制订。

可见,直线管理者对人力资源开发与管理的职责加强了,人力资源管理部门的战略地位提高了,它将更多地从事人力资源政策、规划的制定,更多地为直线管理者提供服务。

三、人力资源管理的发展历程

人力资源管理从其产生到理论比较成熟经历了半个世纪的历程,从其产生的历史背景与发展历程看,与人类社会发展的历史相对应。

(一)国外人力资源管理的发展过程

国外人力资源管理的发展与管理科学的发展基本上是一脉相承的,国外人力资源管理的发展历程可以分为五个阶段:

1. 人事管理阶段(19世纪末以前)

这一时期科学的管理理论还没有出现,强调强权的管理,雇主具有至高

---

① 〔美〕雷蒙德·A.诺伊等:《人力资源管理——赢得竞争优势》,刘昕译校,中国人民大学出版社2001年版,第8页。

无上的权力,劳动者处于服从的地位。组织主要关心的是确保员工按企业规定的生产程序工作,以及他们的劳动成果。工业革命后期,工厂规模扩大,企业为了更好地发展,开始关注员工本身,注意改善劳动条件,提高员工福利,以提高劳动生产率,改变工人的劳动态度。英国的空想社会主义者罗伯特·欧文倡导温情的管理,他把工人称为"活机器",提出要逐步改善工人的生活条件,用友好的态度对待工人的观点。欧文的管理实践对以后的人事管理产生了相当大的影响,他是西方管理史中人事管理的先驱。

2. 科学管理时期(20世纪初至30年代)

20世纪初,美国的工业蓬勃发展,但是当时的工厂管理仍然是家长式的行政化管理,工人怠工现象比比皆是,生产效率低下。弗雷德里克·泰勒对劳工对抗与效率低现象进行分析,他与韦伯等管理学家把组织看成是一个封闭的系统,做了许多试验,对管理理论进行研究,提出了科学管理理论。他们强调层级管理,严格按章办事,用科学方法筛选、训练员工,注意人与工作的适当配合,把人看成是经济人。这在一定程度上提高了生产效率,但这种科学管理忽视了员工的社会心理需要,容易造成工人与管理者的对立。在这个时期,组织开始注意合理的人事管理。

3. 人际关系——行为科学时期(20世纪30—60年代)

20世纪30年代以后,以梅奥为代表的人际关系学派在美国芝加哥的霍桑工厂进行了为期五年的霍桑实验,实验发现,改善人际关系有利于劳动生产率的提高。该学派一改传统管理理论把人看成经济人的观点,认为人是社会人,在组织中,要强调人际的相互作用、相互尊重,注重员工的合作,管理者应重视员工的需要,和员工建立和谐的人际关系;在工作中,应注意培养员工的士气,并重视非正式组织的存在;强调注重和员工的沟通,倾听员工的意见,并对工人进行咨询、激励、引导和信息交流。在这一时期,人力资源管理得到了很大的发展,是人事管理的发展期。

4. 管理科学时期(20世纪60—70年代)

20世纪60年代,西方社会数学和电子计算技术得到了很大的发展。钱德勒等人将组织看做开放的系统,把数学和计算机技术引入管理领域,忽视人的工作经验,把人看成是机器人。虽然该理论流派把人看成机器人,但是却促进了人力资源管理理论的现代化。

5. 综合化管理时期(20世纪70年代—现在)

20世纪70年代以后,马奇等人综合以往的管理理论,把组织看成是开放的社会系统,以系统理论和全变观点研究和处理组织与人的管理的各种问题,认为人力是一种资源,人力资源管理应注意内外环境的变化,并适应这种变化。这一时期,强调权变理论在管理中的应用,认为人力资源管理是在许多因素的影响下进行的,并不存在放之四海而皆准的管理作业,组织必须根据自身的状况采取适合的管理理论和管理作业。这一时期,传统的人事管理完全转变为人力资源管理。

国外人力资源管理的发展历程如表1-1所示:

表1-1 国外人力资源管理发展的几个阶段

发展阶段	时间	学派	代表人物	人力资源管理的特征
第一阶段	19世纪末以前	无	无	强权的管理,后欧文提出温情的管理,出现人事管理的萌芽
第二阶段	1900—1930	科学管理学派	泰勒 韦伯	组织开始注意合理的人事管理
第三阶段	1930—1960	人际关系行为科学学派	梅奥 麦克雷戈	注重人的社会性需要,人事管理的发展期
第四阶段	1960—1970	管理科学学派	钱德勒 劳伦斯	采用数学和计算机作决策,促进了人力资源管理技术的现代化
第五阶段	1970—现在	综合性的现代管理	马奇 维克	采用权变观点,传统的人事管理完全转变为人力资源管理

(二) 我国人力资源管理的发展过程

20世纪80年代前,我国基本处于传统计划经济体制下的"劳动人事管理"阶段。从80年代中后期开始,"人力资源管理"的基本理念逐步被引入我国,但人力资源管理实践尚未得到大规模的应用。到了20世纪90年代中后期,全社会已经意识到人力资源管理需要不断改革和发展创新,人力资源管理实践在我国开始得到普遍运用,但现代人力资源管理制度规章尚未建立和健全。关于我国人力资源管理的发展演变,不同学者有不同的观点。本书沿用南京大学赵曙明教授的观点,认为我国人力资源管理的发展可分为三个阶段:[1]

1. 人力资源管理理念的导入期(20世纪80年代中期—20世纪90年代中期)

人力资源管理在美国兴起于20世纪80年代初期,是当时美国管理研究

---

[1] 参见赵曙明:《中国人力资源管理三十年的转变历程与展望》,载《南京社会科学》2009年第1期,第7—11页。

的前沿领域之一。然而,当时在我国,人们对"人力资源管理"一词却非常陌生,甚至误以为"人力资源管理"就是"人事管理",此时对人员的管理仍属于计划经济体制下的行政命令式管理。人们对人力资源管理的认识仍停留在员工只是管理和控制的工具的成本观念,人事管理部门的工作仅仅是如人事考核、工资发放、人事档案管理等日常的事务性工作。用工管理主要依靠行政调配的方式,工作岗位缺乏有效的考核,劳动合同的执行流于形式,缺乏有效的激励作用和竞争性用人机制。虽然这一时期的计划经济烙印依然明显,但西方的人力资源管理理念开始导入我国,我国一些知名学者已经开始重视人力资源管理的研究。

2. 人力资源管理的探索期(20世纪90年代中期—20世纪90年代末期)

20世纪90年代中期开始,我国开始探索人力资源管理在实践中的运用,人力资源管理实践已开始应用到企业和政府的人事管理工作中。20世纪90年代末期,越来越多的企业开始试图在招聘、培训、绩效考核、薪酬等方面完善人力资源管理实践的各项职能,人力资源管理的各项专业技术有一定程度的提高。部分企业开始尝试薪酬制度的改革,如实行年薪制、薪酬与绩效挂钩等。然而,这一阶段企业薪酬制度的改革还主要停留在分配方式改革的层面上,真正的薪酬管理体系还没有建立,企业薪酬管理的依据和基础还不明确,岗位分析、绩效考核体系和薪酬体系还没有系统建立起来。由于市场发育程度不高,这一时期人力资源管理存在许多弊端,如模糊的企业产权制度导致产生企业内部管理权责不明确、国有企业内部管理机制的行政化和干部化、专业化的人力资源市场管理机制尚未建立等问题。一些学者开始研究这些问题,这为我国下一阶段人力资源管理的发展奠定了较好的基础。

3. 人力资源管理的系统深化期(20世纪90年代末期—至今)

20世纪90年代末至今,我国人力资源管理改革得到了系统性的深化,国家对人力资源管理的重视程度日益提高。企业对人力资源管理的认识发生本质变化,人力资源管理与开发的水平大为提高。在这一阶段,我国劳动力市场发育较为成熟,劳动法律逐步健全;政府人力资源管理水平得到提高;企业拥有了用人自主权,越来越重视人力资源管理实践。人力资源管理已经成为企业管理的重要内容,人力资源管理部门的职能正在由传统的人事行政管理职能转变为战略性人力资源管理职能,成为企业发展战略的参谋部、执行部和支持部。而随着基础管理模式的深刻变革,人力资源作为核心资源,以人为本的思想得到了广泛的认同。在此背景下,以人才测评、绩效评估和薪资激励制度为核心的人力资源管理模式得以确立。与此同时,学者们对人力资源管理的学术研究进一步深化,人力资源管理的前沿问题得到关注,取得了丰硕的研究成果。

四、人力资源管理的环境分析

无论是个人或组织都在一定的环境中生活、工作和发展。组织中的内部环境以及组织面临的外部环境都将对人力资源管理产生影响,同时,人力资源管理也要设计并保持一种良好的环境,使员工高效率地完成既定目标。人力资源管理者必须了解内外环境的变化,同时也应认识到这种变化对组织人力资源管理带来的机遇和威胁,考虑怎样根据自身的优势和不足,采取相应的措施应对这些机遇和威胁。

(一)组织外在环境

组织外在环境是指组织在经营运作过程中面对的经济、政治、技术、法律等环境因素,这些因素将对组织人力资源的开发与管理产生重要影响。

1. 经济环境

社会经济发展方式的发展演变,使人力因素在社会经济发展中的作用越来越突出。随着西方发达国家社会经济发展方式的变化,在今天,西方发达国家中约有三分之二的劳动力在生产性服务和运输性服务行业中就业,在制造业中就业的劳动力不断减少。[①]

外部经济环境对人力资源管理的影响首先在于劳动力类型的变化。随着知识经济时代的到来,对知识型劳动者的需求越来越多,而对体力型劳动者的需求则越来越少。这样的发展趋势导致形成了两种现象:一方面,知识型劳动者,尤其是高层次、高智商的知识型劳动者短缺。各个国家和地区在人才培养和获取方面投入了很多精力和财力,对人才的争夺也日趋激烈。近几年,我国对人才的引进及使用格外重视,制定了很多相关方面的政策和措施。各个城市及企业为了发展的需要纷纷加大人才引进的力度,并为其提供了较为良好的工作环境和生活环境。另一方面,非技术型体力劳动者就业难度增大,失业增加。知识经济时代对产品创新和品质有了更高的要求,员工

[①] 参见王荣科:《人力资源管理的环境系统》,载《华东经济管理》2004年第3期,第191—193页。

的素质成为企业竞争的重要因素之一。这样一来,对非技术型体力劳动者的需求越来越小,形成了这些人就业难的局面。

其次,外部经济环境对人力资源管理的影响表现为人力价值差距拉大,收入差距也随之拉大。由于对知识型劳动者与体力型劳动者的需求出现差异,导致知识型劳动者的人力价值增加,尤其是高端知识型人才的人力价值突显,而非技术型的体力劳动者人力价值很低。另外,企业员工的收入差距也随之拉大,高级管理人员、技术人员以及销售人员的收入可以达到企业基层员工的几倍,甚至更高。

服务型经济的大力发展对人力资源管理提出挑战。进入21世纪以来,我国的服务型经济得到了大力发展,我国将从以生产为中心的时代逐渐过渡到以服务为中心的时代。新兴的服务型行业包括公共事业管理、教育、咨询、信息、法律、商务、通讯、旅游、娱乐、运输、设计、家政等等。在服务型行业就业的人员将逐渐超过生产型行业,生产型行业也将涌现大批从事生产性服务的就业人员,如售前咨询服务、售中运输装配服务、售后维修改造服务等。对于服务性组织来说,其成功将更多地依赖其雇员的才能与工作热情,依赖处于工作第一线的服务人员的责任心和服务质量,管理部门必然要采取一系列创造性措施去解决在新经济形态下的人事管理新问题,有效地激励员工的工作积极性。这就要求人力资源管理工作高度重视对服务型人才的培养、任用和提高。

2. 外部社会环境

近年来,社会环境的变化也是极为明显的,这种变化对人力资源管理产生的影响也是毋庸置疑的。

首先,人口结构的变化对人力资源管理提出新的要求。我国的独生子女政策使我国的人口结构发生了较大的变化。目前80后的独生子女已经走向社会,有的已经成家立业,他们将是未来几十年我国主要的人力资源。而90后的独生子女也即将大学毕业,陆续走向社会,成为各行各业的主要人力资源。80后、90后的独生子女绝大多数身体和智商发育良好,受到较高的文化教育,自我价值实现的意识较强,但大多以自我为中心,缺乏责任心和与人合作的意识,心理脆弱,承受挫折的能力较差。各类组织的人力资源管理要针对独生子女的特点选择相应的机制和工作方法,发挥其优势,克服其缺点,使其能适应社会需求和竞争压力,作出应有的贡献。

其次,劳动力的多元化提出了人力资源差异化管理。进入21世纪以后,我国的人力资源呈现多元化的态势,不同地域、层次、民族的劳动者常常出现在一个企业中。随着我国经济的快速发展,劳动者多元化的问题已成普遍趋势。尤其是经济发达的一线城市,聚集着外国专家、外国留学生、外来务工人员以及来自我国其他城市和地区的专家、学者、大学毕业生、少数民族人口等。劳动者成为多文化、多语言的,差异管理变得非常重要。也就是说,人力资源管理在认识到员工共同特点的同时,也要正视员工之间的差异,理解、容忍和接纳差异,而且要支持、培养和使用这些差异,以使组织获益。

3. 外部技术环境

技术是广泛存在于外部环境中的重要因素之一,在知识经济时代尤其如此。技术的进步产生两种效应:一方面使生产率逐步提高;另一方面也会进一步使就业机会从某些职业转到另外一些职业。计算机技术的日益成熟使电子化办公方式得到普及,传统的纸笔工作模式受到颠覆。互联网等信息技术的快速发展使组织间的沟通变得非常便捷和高效,在家工作成为一种可能,远程办公也成为跨国企业的一种工作方式。这些变化对于组织人力资源管理提出了更高的要求。一方面,人力资源管理必须应对技术的快速发展,改善员工的招募、甄选、配置、培训等人力资源管理功能;另一方面,必须提升人力资源开发与管理本身的科技含量,改变人力资源开发与管理的手段方法,建立人力资源管理信息系统,提高人力资源开发与管理的效率。

4. 外部的政治与法律环境

政府的法律法规、规章制度和政策策略渗透在人力资源开发与管理的各个方面,规范了人力资源管理行为,对管理人员的活动产生限制作用。随着我国经济的快速发展和社会的进步,人力资源管理的相关法规也随之发生相应的变化。近几年,我国出台了一些与人力资源管理相关的法律。

2003年12月30日,我国劳动和社会保障部令(第21号)颁布《最低工资规定》,2004年3月1日起施行。自2004年起,我国所有省、自治区、直辖市人民政府均正式颁布实施了当地的最低工资标准,包括最低月工资标准和最低小时工资标准。因各地区的物价指数、消费水平等各不相同,各地政府制定的最低工资标准也不相同。最低工资标准不是一成不变的,每年会根据生活消费水平、职工平均工资水平、经济发展水平的变化由当地政府进行调整。

2007年6月29日,全国人大常委会审议通过新《劳动合同法》,并于2008年1月1日正式实施。新《劳动合同法》更加侧重对劳动者的保护,改变了我国企业的人才管理模式和用工模式,逐渐从"人治"的管理模式向"法治"的管理模式转变。用人单位将不能再单纯依靠管理者的主观意志随意解除劳动关系。

（二）组织内在环境

人力资源开发与管理除了考虑组织的外部环境影响之外，也应重视其内部环境的影响。组织的战略目标、政策与策略、组织文化、技术及财务实力等都是不能忽视的内在环境。

组织战略目标是组织持续发展的目的或原因，它决定并支配着组织各个职能部门的工作，每一个职能部门必须与组织整体的战略目标协调一致。特定的组织战略目标必须被视为影响人力资源开发与管理任务的一个至关重要的内在因素。确保组织目标的实现是完成人力资源管理各项职能的基本前提。

组织的政策、策略，尤其是人力资源管理的政策是人力资源管理的指导方针，对人力资源管理具有很大的影响。组织的人力资源策略不同，人力资源管理实践就不同。采取投资策略的组织把员工看成投资的对象，人力资源管理就会重视员工素质的提升，加大培训投入；把员工看成是组织的一员的组织，则重视员工的参与管理及其忠诚度、归属感的培育。

组织的技术对人力资源开发与管理至关重要，如知识经济、高新技术等等，对员工的技术水平和工作要求不断提高和变化，直接影响到员工的招聘以及培训开发等方面。同时，技术的发展也易对员工形成工作压力，影响到工作的满意程度。

组织的财务实力是对组织人力资源管理机制的主要限制因素之一，它规定了组织人力资源管理方面的能力。组织的招聘能力、员工培训及薪酬政策等都受到组织财务实力的影响。

此外，组织内部人力资源的结构和素质都将对人力资源管理产生影响。

五、当今我国人力资源管理面临的挑战

在当今的知识经济时代，经济竞争的全球化带来了人才竞争的全球化。如何获取和使用人才成为企业人力资源管理的难题。组织的人力资源管理已逐渐从事务性管理向战略性管理转变。人才资本的投入加大，知识型员工成为企业人力资源管理关注的重点。这一系列的变化，使我国的人力资源管理面临着前所未有的挑战。

（一）经济的全球化带来了人力资源的差异化管理

为了更好地可持续发展，许多公司都到全球市场上去寻找机会，把公司

开到全球各地去,把产品卖到全球各地去,诸如摩托罗拉公司、通用电气公司和日产公司,都提出了为顾客提供"任何东西、任何时候、任何地方"的愿景。随着信息技术的高速发展,全球化的趋势越加明显,与海外公司竞争或合作成为商业上的焦点。据估计,大概有70%—85%的美国经济受到国际竞争的影响。进入21世纪以来,外国公司在我国的投资增长迅速,使我国的经济受到了全球化的冲击和影响。而另一方面,我国企业也逐渐加快了全球化的步伐,不仅生产的产品在世界各地出售,而且在其他国家开设分公司、拓展业务。尤其是近几年,我国一些知名企业对国外知名企业的并购更加剧了我国经济全球化的趋势。

经济的全球化使人力资源管理发生了巨大的变化。由于经济全球化,企业需要平衡很多复杂的有关不同地理、文化、法律和商业实践的问题。人力资源管理的问题隐含在这些问题之中,包括确认能够驻外的经理、设计培训课程和发展机会,以加强经理人员对国外文化的理解,使其更好地适应;管理来自不同国家的员工;调整薪酬计划以确保生活在不同国家或地区的员工得到公平的待遇等。

经济的全球化带来了文化差异对人力资源管理的冲击。文化决定了各种人力资源管理实践的有效性,在一个文化氛围中有效的人力资源管理到了另一个文化氛围就不那么有效了。目前和将来的人力资源管理的一项重要职责就是克服组织内由文化差异引起的文化冲突,因此,跨文化管理将越来越受到重视。

(二) 多元化的价值观要求人力资源管理个性化

网络和计算机技术的快速发展,使信息获取变得便捷、高效。在高度信息化的社会,人们受到方方面面的影响,而不仅仅是传统教育的单一影响,价值观多元化是当今社会的一大特点。年轻一代比以往更强调个人价值,更喜欢具有一定风险的自我成长方式。如今,榜样的力量变得越来越小,评选一两个先进人物所起到的带动作用与从前相比大为削弱。每个人都希望自己的个人成就被组织认可,而组织的认可有助于他们更进一步大胆创新,创造更为出色的个人业绩。价值观多元化意味着教育和培训不能采取整齐划一的方法。传统的人力资源教育培训重视知识、技能的传授和政策、法律的理解,而现在的企业应重视员工解决问题、组织协调、合作沟通、领导指挥等能力以及积极主动意识的培养。价值多元化也意味着为了对每一个个体进行最大的激励,管理者有必要进行灵活的考虑和处理。

（三）团队工作方式的人力资源管理

近年来，一种新型的组织结构出现，即横向型结构。这种组织结构按照核心流程组织员工，自我管理团队取代个人成为组织设计和绩效评估的手段，流程主管对各自的核心流程负全面责任，对顾客的需要作出灵活而快速的反应。国外很多大公司，如宝洁等都有类似的团队。目前，国外大约有25%的大公司采用了这种组织结构形式。随着横向型组织结构的出现，团队将成为未来企业的主要工作方式。在团队的工作方式下，员工的工作更加灵活和弹性化，一个重要的变化是用"角色描述"代替"工作描述"。同时，团队由任务驱动，团队的沟通主要是团队成员之间的横向沟通，团队成员的职责安排不再像从前那样清晰、明确，而是弹性化、模糊化。团队内部工作关系的和谐依靠的不是明确的职责安排，更需要的是成员间的默契与合作意识。

团队式的工作方式要求组织的人力资源管理职能发生相应的变化，人力资源管理的主要任务是促进员工注重团队合作，重视对员工进行大量的培训，并对奖酬系统作出变革。

（四）变化管理

驱使组织和人力资源管理发生变化的力量不仅仅是技术和全球化。正如约翰·科特（John Kotter）所指出的那样："使组织发生变革的作用力越来越多了。技术、全球化的竞争和市场、劳动力人口是带来这些变化的巨大力量。"[①]在高度激烈的竞争环境中，创新和变革成为组织管理的重要内容之一，变化已经成为组织的一种核心竞争力。组织的变化有些是被动的，主要由外部的环境变化引起；有些是主动的，是组织管理者抓住机遇主动发起的。全面质量管理、持续改进、削减规模、流程再造、业务外包等等都是组织为了获得更成功的发展而主动采取的运营方式的变化。美国管理协会（American Management Association，AMA）最近进行的一项调查显示，至少有一项变化正在进行的组织占84%。

组织的变化给人力资源带来的影响是毋庸置疑的。无论职位如何，大多都会面临责任、工作任务、工作程序的变化。变化本身就是工作的一部分，变化是持续发生的，而不是暂时的现象。变化就是一种适应。组织人力资源管

---

① 转引自〔美〕乔治·伯兰德、斯科特·斯内尔：《人力资源管理》，魏海燕主译，东北财经大学出版社2006年版，第12页。

理需要对变化进行管理,主要的任务是就未来的目标与员工进行沟通,设定明确的绩效目标,并通过对员工的重新组织和资产的重新配置培养员工完成目标的能力。

(五)压力管理成为人力资源管理的主题之一

有研究表明,社会的快速发展会给人们带来较大的压力。根据美国国家职业健康和安全研究所的报告(1999),26%—40%的员工认为自己的工作压力非常大。欧盟有26%的员工认为自己的工作带来压力(Levi & Lunde-Jensen, 1996);日本的这一数据更高(Harnois & Gabriel, 2000)。而我国学者对东部沿海地区的城市员工的研究发现,快速发展中的城市员工的工作压力较大,具有一定程度的心理压力和生理压力。总体而言,有55.3%,即一半以上的人有中等及较高水平的心理压力,有55.1%的人感受到有中等或较高水平的生理压力。①

员工体验到的高压力会给企业生产效率带来直接影响,如美国的一项调查数据显示,高压力的员工医疗费用要比其他员工多出46%(Goetzel等,1998)。另外,工作压力还会导致员工缺勤。据估计,美国和英国50%的缺勤和工作压力有关(Cooper, Liukkonnen & Cartwright, 1996; Elkin & Rosch, 1990),而这会给企业带来巨大损失。长期的工作压力会带来工伤和事故。据调查,荷兰30%的工伤和工作压力有关(Van der Hek & Plomp, 1997)。我国越来越多的组织意识到工作压力的重要性,并把它提到管理议程上来。

在今后很长一段时间内,工作压力将成为企业人力资源管理关注的重要问题之一。帮助员工减轻或缓解压力,采取适当的措施进行压力管理是企业人力资源管理者的首要任务。

(六)降低成本成为人力资源管理的重要目标之一

随着全球化竞争的加剧,更低的成本和更高的工作效率也是公司面临的越来越大的压力。对于任何组织来说,人力资源成本都是一项较大的开支,尤其是服务和知识密集型企业。如何在培养员工具有积极的工作态度及不断提升素质的同时降低人力资源成本是未来人力资源管理面临的重大挑战。

降低人力资源成本的做法主要有:减少人力资源数量、人力资源业务外

---

① 参见李成彦、严文华、劳建兰、董海哨:《城市快速发展中员工的工作应激研究》,载《浦东干部学院学报》2009年第6期。

包、提高生产效率等。减少人力资源数量就是有计划地减少工作岗位,很多公司通过采取这种方法降低了成本,但是这样做常常会增加员工的工作负荷,有时也会影响员工的士气。外包就是把公司的业务包给其他组织,如公司请计算机公司开发数据处理系统,聘请会计师事务所提供财务服务,请一些管理咨询公司为本公司招聘、设计薪酬体系等等。外包可能达到节约成本的目的,但也可能使工作脱节,还可能带来一些人力资源管理的问题,如一些员工因此失业,员工的士气降低等。提高生产率是降低成本的最可取的方法。但是提高生产率取决于很多因素,如员工良好的工作态度、员工较好的工作能力及技能、良好的工作环境、管理的科学有效等。无论采取哪种措施降低成本,对于人力资源管理来说,都需要作出较大的努力,否则很难取得良好的效果。

本章小结

本章对人力资源及人力资源管理的概念进行了诠释。人力资源是指能推动经济和社会发展的、具有劳动能力和一定智力的从事劳动和未从事劳动的人口的总和;人力资源由数量和质量构成,具有能动性、可再生性、高增值性和实效性的特点。人力资源管理是指组织为了实现战略目标,运用各种管理的理论和技术制定管理的政策和规划,以及进行各种管理实践活动。人力资源管理具有确保、开发、报偿、整合、调控的职能。国外人力资源管理的发展历经了五个阶段,而我国人力资源管理的发展从 20 世纪 80 年代中期开始,经历了导入期、探索期和系统深化期三个阶段。人力资源管理受到内外环境的影响。此外,在当今社会我国的人力资源也面临着全球化、多元化价值观等的挑战。

重要概念中英文对照

人力资源(Human Resource)

人力资源管理(Human Resource Management)

人力资源管理的职能(Function of Human Resource Management)

人力资源管理的环境(Environment of Human Resource Management)

差异化分析(Analysis of Differentiation)

多元化价值观(Values of Diversification)

变化管理(Change Management)

压力管理(Pressure Management)

复习思考题

1. 什么是人力资源？有何特征？
2. 人力资源管理的职能和范围有哪些？
3. 人力资源管理人员需要具备哪些技能？
4. 我国人力资源管理的发展经历了几个阶段？
5. 组织的外部环境对人力资源管理产生怎样的影响？
6. 组织的内在环境对人力资源管理产生怎样的影响？
7. 我国人力资源管理目前面临哪些挑战？

案例

德克萨斯仪器公司——卓越的人力资源管理[①]

德克萨斯仪器公司（以下简称"德州仪器"）是一家全球化的半导体制造商，它在数字信号处理设备的设计和生产方面居世界领先地位。德州仪器公司总部位于美国得克萨斯州达拉斯市，该公司共有36000名员工。德州仪器的目标是通过采取一种以价值、增长和改善财务稳定性为核心的战略努力成为全球第一的电子公司。

德州仪器的人力资源管理向来被看成是公司在经营方面的一项巨大资产，德州仪器被公认为人力资源管理领域的"带头人"。德州仪器的人力资源管理职能已经对企业经营战略方向产生了深远而重要的影响。德州仪器采取了一些措施确保公司的人力资源为企业的战略作出贡献。德州仪器的三大主导目标之一是改善员工开发。为了使企业在需要的时候能够得到必要的人才，企业就必须提前进行雇员开发。为了进行人才开发，德州仪器的每一位员工都必须与其直接上级一起制定一项个人开发计划。制定个人开发计划的依据是，对雇员希望未来达到的工作岗位所进行的考察以及雇员当前所处的岗位。为了满足员工职业发展的需要，公司鼓励他们主动参加某些课程的学习，鼓励他们考虑从公司内部的一个部门向另一个部门流动以及从一个产品领域向另外一个产品领域流动。雇员开发计划不仅提高了员工的满意度，而且保证了公司在需要的时候能够得到自己想要的管理人员（这种过程通常被称为接班计划）。高绩效的员工通常可以获得到自己向往的新职位

[①] 资料来源：〔美〕雷蒙德·A.诺伊等：《人力资源管理：赢得竞争优势》，刘昕译校，中国人民大学出版社2001年版，第1—2页。

上工作一段时间的机会。这种做法的目的是确保公司永远都可以用能力很过硬的员工填补某一职位的空缺。

除了雇员开发计划以外，德州仪器公司还十分重视招聘合适的新员工，为此，德州仪器公司在互联网上创建了一个专门的招募网站，以便吸引顶尖人才。该网页的内容主要是一些对求职者有帮助的求职建议，比如如何编写简历、如何书写简历封面的文字以及德州仪器公司内部的职业信息，还包括一项请求职者完成的测验即"适应性测验"。该测验有助于求职者理解德州仪器的企业文化与他们的个人需要之间是否相互匹配。适应性测验实际上是帮助求职者确定德州仪器公司是否适合自己。

思考题：
1. 请结合案例谈谈人力资源管理在组织中所起的间性作用？
2. 德克萨斯仪器公司采取了哪些人力资源管理策略？

参考文献

1. 刘洪、杨靖：《当代人力资源管理面临的挑战》，载《楚雄师范学院学报》2008年第11期。
2. 〔美〕乔治·伯兰德、斯科特·期内尔：《人力资源管理》，魏海燕主译，东北财经大学出版社2006年版。
3. 俞文钊主编：《人事心理学》，东北财经大学出版社2000年版。
4. 俞文钊主编：《跨文化企业管理心理学》，东北财经大学出版社2000年版。
5. 俞文钊主编：《管理的革命》，上海教育出版社2003年版。
6. 俞文钊：《管理心理学》，东方出版中心2002年版。
7. 胡君辰、郑绍濂：《人力资源开发与管理》，复旦大学出版社1999年版。
8. 张德：《人力资源开发与管理》，清华大学出版社1996年版。
9. 孙海法编著：《现代企业人力资源管理》，中山大学出版社2002年版。
10. 赵曙明等：《跨国公司人力资源管理》，中国人民大学出版社2001年版。
11. 徐纪良主编：《人力资源开发与管理》，上海三联书店2002年版。
12. 〔美〕约翰·伊万切维奇等：《人力资源管理》，赵曙明译，机械工业出版社1999年版。
13. 〔美〕雷蒙德·A.诺伊等：《人力资源管理：赢得竞争优势》，刘昕译校，中国人民大学出版社2001年版。
14. 〔美〕劳伦斯·S.克雷曼：《人力资源管理》，孙非等译，机械工业出版社2009年版。
15. 〔美〕理查德·L.达夫特：《组织理论与设计》，宋继红、薛清梅等译，东北财经大学出版社2002年版。
16. 俞文钊主编：《人力资源管理心理学》，上海教育出版社2005年版。

第二章 人力资源管理的有效性分析

一套建立在合理的伦理准则基础上的组织价值体系也是一种资产,它可以带来多种收益。这些收益表现在以下三个方面:组织功效、市场关系和社会地位。

——〔美〕佩因(美国哈佛商学院教授)

一、组织伦理与人力资源管理

进入20世纪90年代以来,伦理管理日益成为管理的主流,被认为是高于单纯的组织成员行为管理的深层次管理。近几年出现的美国安然公司事件和我国的三鹿奶粉事件,使组织伦理问题更加受到人们的重视。伦理对于组织而言,是非常必要的。在现代的企业竞争中,组织的伦理道德已经成为企业的一种无形资本,并且开始渐渐成为企业在现实生产实践中可以用于运作和投资的资本。组织的伦理氛围与人力资源管理关系密切,两者相互影响。组织人力资源管理系统与实践活动实际上是组织伦理政策的重要体现,员工通过人力资源管理实践对组织的伦理政策与规范有所认知,形成相应的伦理判断和行为倾向,并用以指导个人的伦理行为。所以,具有伦理内涵的人力资源管理实践也会影响组织伦理气氛的形成。从某种意义上说,良好的组织伦理气氛的形成也是人力资源管理实践直接或间接的目的。

(一)组织伦理的基本内涵

1. 什么是伦理

"伦理"一词起源于古希腊语"ethos",早期的古希腊哲学家用"伦理"一词表示现象的本质,后来一般指习俗和德行等。在我国,"伦理"一词最早见于《乐记》中的"乐者,通伦理者也",其中就包含着人际关系这一含义,该书成书于秦汉时期。"伦理"包含了外在事实和内在意志两种人际关系。"伦"指人际关系,"理"则指道理或者原则,"伦"、"理"合在一起即"伦理"指的就是人们在处理人与人之间的关系时所应当遵循的事实、规律和规范。"伦理"也可以理解为人际关系,既有人际关系之事实,又含有人际关系的一种理想。人们通常将伦理和道德连用,依靠社会舆论、习俗和人们的内心信念调节人与人、人与社会之间的行为规范。

2. 组织伦理的出现及含义

学术界普遍认为,组织伦理受到关注是因为它是组织文化中很重要的一个因素。美国从20世纪70年代开始最先将组织伦理和企业管理这两者联系起来。美国学者卡罗尔(Carroll)认为,企业随着时代的不断发展,对于组织伦理的兴趣不断加深。组织的伦理几乎被现代管理学家们认为位于关系到组织生存与发展的最高地位。但是到目前为止,对于组织伦理的概念还没有一个统一的定义。理查德·T. 德·乔治(Richard T. De George)认为,组织伦理属于哲学,是以伦理角度为切入点系统研究企业的活动和其内外关系网。我国学者成中英认为,组织伦理是指任何一种商业团体或机构在以合法手段进行营利活动时都应该遵守的一种伦理规则。

组织伦理(Organizational Ethics)是指蕴藏于管理的组织过程(组织设计)和组织结构之中的伦理道德价值,它既是一种动态的伦理价值形态,又是一种静态的伦理价值形态。作为动态的伦理,它存在于组织的设计过程之中,表现为一种行为伦理;作为静态的伦理,它蕴含在组织结构之中,表现为一种道德价值目标即目标伦理,它包含在人们经常谈论的组织文化之中,表现为组织的伦理文化。管理的核心是人,但人都是存在于一定的组织之中的。这是人的社会本性的必然表现。这就决定了管理与人之间联结的中介必然是一定的组织形式。组织是人的存在方式,也是管理的具体表现形式。因此,管理之中有伦理,而伦理道德又是人的本质需要,所以组织之中也必然有伦理。但是,人们大都认为伦理道德只是个体的事情,伦理道德也仅仅表现在对个体行为的规范与引导上。

(二)组织伦理氛围

1. 组织气氛的含义

"组织气氛"(Organization Climate)一词来源于引申意义的"氛围",主要是指组织某一阶段富有个性化特征的普遍影响和环境条件,也可译为"气氛"。20世纪60年代末,美国学者福汉德(Forehand)和吉尔墨(Gilmer)认为,组织氛围是一系列能够描绘组织及其与其他组织区分开来的特征,不仅持久存在,还会影响组织成员的行为,这一界定曾得到普遍认可。Tagiuri 和

Litwin 发现这个定义与个人知觉角度不能很好契合,于是提出应以对成员态度、动机发生影响的方式界定组织氛围,指出组织氛围是一种成员能够体会的、相对持久地对行为产生影响的组织内部环境特质,这一特质可依据组织独特的价值观进行描绘,这一界定实际上集中突显了组织氛围的功能性特质。后来,施耐德(Schneider)强调组织氛围的情境性与组织成员的在场性,将组织氛围界定为"在某种环境中成员对一些事件、活动、程序以及那些可能会受到奖励、支持和期望的行为的认识",即组织中成员共享的认知。

2. 组织伦理气氛的基本含义

综上,组织氛围概念的重心在不知不觉中已经发生了变化,即由最初组织本身的环境特征、环境对其行为的影响逐渐转向成员对组织环境特质的感知。有更多的学者日益注意到,组织氛围必须以组织成员的心理共识为依托,为个体知觉所影响时才能成为一种内在的现实力量。20世纪70年代末,很多组织氛围的研究者开始将视线转向组织伦理氛围研究,目的是揭示多种情境下组织氛围的伦理因素以及伦理氛围与组织行为之间的关系。

组织伦理氛围(Organizational Ethics Climate)作为组织氛围的重要组成部分最早由墨菲(Murphy)等人提出,他们认为,组织伦理氛围是影响成员伦理行为的重要因素。1987年,维克特(Victor)等人对组织伦理气氛进行了开创性研究,提出组织伦理气氛的定义,即指员工对组织伦理程序与政策所共同持有的一种稳定的认知与行为意向,是组织内部成员对于什么是符合伦理的行为,如何解决伦理困境或问题的共同体验和认知。他们认为,如果将伦理的理念纳入组织管理实践中,则有助于形成组织发展的伦理气氛。Wimbush 等人认为,组织伦理气氛是员工如何看待与解决两难伦理问题的知觉,它不是情感或态度,而是全体员工共同体验和分享的知觉,是组织及其成员伦理行为决策的重要依据。

以上学者对组织伦理气氛的界定比较相似,主要是指组织内部成员对于什么是符合伦理的行为,如何解决伦理困境或问题的共同体验和认知,这种认知会影响个体对待伦理问题的态度、信念、动机和行为倾向,最终影响到员工和整个组织的伦理行为。

王雁飞、朱瑜认为,组织伦理气氛可以帮助组织成员辨别什么是符合伦理的行为,在伦理困境面前什么是正确的行为,也可以帮助管理者了解组织伦理的现状,有助于管理者制定适当的伦理规则管理组织成员的伦理行为,帮助管理者塑造特定类型的组织伦理气氛。①

(三) 组织伦理气氛对组织的影响

组织伦理气氛的塑造不仅有利于诱发与改善员工的伦理行为,提高员工的组织承诺和工作满意感,而且可以提高组织绩效,进而推动组织的可持续发展。

1. 组织伦理气氛可以促进道德行为的发生

组织成员的行为离不开其所处的组织环境,组织伦理氛围作为环境的一种成分,会对组织成员作出道德或不道德行为产生显著的影响。研究发现,不同类型的组织伦理氛围对组织成员的影响是不同的,越是积极的组织伦理氛围越能促进组织成员的道德行为。在强调自我利益至上的组织伦理氛围中,组织成员倾向于作出不道德的行为;在缺少关爱的组织伦理氛围里,组织成员可能具有较少的工作和成就动力,离职率会比较高;自私自利的组织伦理氛围会鼓励组织成员从事欺骗和不道德行为;而在仁慈和基于原则的组织伦理氛围里,员工的不道德行为较少。组织伦理氛围不仅仅影响组织成员伦理方面的行为,而且还影响组织成员的其他行为,如离职、欺骗等不当行为。

既然组织伦理氛围直接影响其成员的行为,那么减少组织成员不道德行为的办法就是创造一种鼓励道德行为的伦理氛围。当组织中以关心他人为主导的组织伦理氛围强度增加的时候,组织成员的不道德行为就会减少。

2. 组织伦理氛围影响员工的工作满意度及离职倾向

组织伦理氛围对员工的影响是多方面的,不仅影响员工的道德行为,而且对员工的工作满意度及离职倾向产生影响。有学者研究发现,员工个体的工作满意度和社会责任感也是与组织的伦理道德建设高度相关的。如果组织成员偏好的伦理氛围和他实际感知到的组织伦理氛围一致,那么他对工作就有更高的满意度,并倾向于继续留在组织中。自私自利的组织伦理氛围会促使员工离开组织,充满原则的伦理氛围对于专业工作者来说更具有吸引力,使他们更愿意留在组织中。

3. 组织伦理氛围影响员工绩效和组织绩效

组织成员对程序公平、分配公平的感知影响他们的工作态度及行为。如果组织对不道德行为的处置符合组织成员的期望,他们就会感觉到在组织中

---

① 参见王雁飞、朱瑜:《组织伦理气氛的理论与研究》,载《心理科学进展》2006 年第 2 期,第 300—308 页。

受到了公平待遇。感受到组织公平的成员不仅会更加努力工作,而且还会作出更多的角色外行为,如组织公民行为等。组织伦理氛围还可以提升组织士气,通过协同和凝聚力影响组织绩效。如果组织的伦理期望是明确的和可以接受的,组织内解决伦理困境的方法也是组织成员所熟悉的,那么组织或者部门内成员之间的协同水平就会很高,组织成员的士气也比较高,这样就能使个人绩效和组织绩效得到提升。

另外,组织伦理氛围会影响组织处理伦理问题的能力。高强度的组织伦理氛围存在明确的道德规范,组织出现伦理问题的几率比较小,成功应对伦理问题的经验也比较多;而低强度的伦理氛围则常常相反。也就是说,高强度的组织伦理氛围有利于组织的高绩效。

(四)基于组织伦理氛围的人力资源管理

传统的管理侧重于采用规章制度规范组织成员的行为,这种管理方式能保证组织正常运行,但不能有效激励员工发挥其积极性和创造性,从而难以树立成员对组织的忠诚度以及实现组织的长远发展。

一项对美国 1078 个人力资源经理进行的调查显示,组织伦理氛围的强度和人力资源管理违背道德原则的严重程度关系显著,组织伦理氛围越强,人力资源管理违背道德的程度越轻,组织越能成功地处理管理中的道德问题。而积极的组织伦理氛围更能吸引合适人才的加盟。[①] 基于组织伦理氛围的人力资源管理应该做到以下几点:

1. 创建公平的人力资源管理环境

在组织伦理氛围中,公平感是较为重要的一个因素。对于那些认为自己所在的组织有伦理道德的员工来说,他们更可能认为组织对自己也是公平的,从而增加其工作满意度。员工对组织公平的感知会影响他们的工作态度。组织公平包括分配公平和过程公平两方面,分配公平强调的是在制定与组织成果分配相关的管理决策时公平与否,比如薪酬和晋升机会,而过程公平则强调组织的管理角色究竟是如何制定的。创建公平的人力资源环境是使组织保持良好伦理氛围的一个重要方面,这就要求人力资源管理者在员工的招聘和录用、晋升、绩效考核、薪酬管理方面尽量公平、公正、公开,使员工对组织产生信任,从而增强他们的工作满意感以及愿意留在组织中的意愿。

---

① 参见吴红梅:《西方组织伦理氛围研究探析》,载《外国经济与管理》2005 年第 9 期,第 32—38 页。

2. 建立重视伦理修养的绩效考评体系

很多组织在对员工进行绩效考核的时候,往往更重视他们的工作结果,而对员工平时工作中表现出的伦理行为不加考评。这样一来,容易在组织中形成"不管黑猫白猫,抓住耗子就是好猫"的舆论倾向。这种倾向将员工的注意力引向工作的结果,而忽视其行为表现,更不愿意在伦理道德行为上花费力气,这对组织伦理氛围的形成是不利的。在绩效考评的指标体系中,如能重视员工的伦理修养和伦理行为,如诚信、助人等等,员工就能看到自己的伦理努力会带来良好的绩效评价,良好的绩效评价又会带来他们所期望的奖励,如加薪、晋升、培训等,他们就会受到鼓舞,进而愿意付出更大的努力。因此,应重视对基于伦理的绩效考评和潜能评价,建立客观、公正、公开的绩效考评体系,更好地发挥人力资源绩效管理的效果。

3. 建立员工当责行为制

当责概念是由 Frink 和 Klimoski 于 1998 年率先提出的,他们认为,个体当责行为是一种现象,是指个体必须向一个或多个委托人证明一项决定或者行动的正确性,而这些委托人拥有奖励或者批准的权力。是否奖励或批准取决于特定的预期目标是否能实现。Frink 和 Klimoski 提出的当责概念的核心在于员工对于责任的理解及其工作行为不仅仅是基于工作岗位的要求,而是更大程度上依据对利益相关者对自己行为结果期望的感知。

员工工作行为是组织目标实现的本源,员工当责行为在组织人力资源管理实践中的有效性对于组织绩效和组织目标的达成具有非常重要的实践意义。

二、人力资本与人力资源管理

一直以来,人力资本的理论对人力资源管理都有一定的影响。古典经济学家在研究人力资源之始就提出了人力资本的观念。然而,直到 20 世纪中叶,经典的、正统的西方经济学并没有真正把人力资源看成是一种资本,在人、土地、资本这三项要素中,把人看成是非资本的。在古典经济学中,劳动力是指不包含知识和技能的自然形态的劳动力,是简单劳动力数量的总和。

(一) 关于人力资本的界定

"资本"(Capital)一词的基本含义是:人们通过一定的投资活动而取得的获利手段。凡是预期将来能获得一定的利润或收益,而在目前一定时期内付出代价获得的所有物,都是资本。资本具有两重性:一方面,资本作为一种生产要素,是被生产出来的生产手段,即资本产品或物质资本,即狭义的实体性资本;另一方面,资本作为一种社会关系,体现的是人与人之间的生产关系、所有权关系,这是异质性的资本。异质性的资本指不同存在形态的资本在经济活动中的地位和作用各不相同,从这个意义上说,人力资本、知识资本都是异质性资本。

据《辞海》的解释,人力资本有两种含义:一是指一种无形资本,即劳动者通过教育和培训获得的能够创造价值的技能和知识;二是指为提高人力资源的生产率所做的投资,是期待未来有所收益而付出的代价,也可称为对人力资源的投资。基于以上解释,可以把人力资本定义为:人力资本是体现在劳动者身上的以能创造价值的德、智、体、能所表示的资本,它通常是通过投资的形式而形成的。人力资本的有形形态就是人力资源。

(二)现代人力资本理论的基本观点

现代人力资本理论是美国经济学家舒尔茨和贝克尔创立的,后来,丹尼森对人力资源的要素进行了计量分析。

舒尔茨对人力资本投资的研究为推动这一领域的理论发展作出了重大贡献,使他成为西方公认的人力资本理论之父。

现代人力资本理论的主要观点如下:

1. 扩充了资本的概念,把人作为一种资本

现代人力资本理论认为,资本有两种形式:一种是体现在产品上的物质资本,另一种是体现在劳动者身上的,以劳动者的数量和质量表示的人力资本,两者共同构成国民财富。

舒尔茨指出:"如果根据一种把人力资本、物力资本都包括进去的全面的资本概念去考虑问题,并认为所有资本都是由投资的方式产生的,那么这种想法既颇有裨益又妥帖正当。长期以来,人们就抱有一种顽固的偏见,认为资本只包括物质设施、建筑物、器材和物资库存等等。这种偏见在很大程度上成为政府贬低人力资本投资、抬高物力资本投资的固执态度的原因。"

人力资本是通过投资形成的,这些投资主要有:

(1)教育投资。在教育方面的投资,即对劳动者进行普遍教育、职业教育、继续教育所进行的投资,目的是提高劳动者的知识技能水平和劳动熟练程度,以提高劳动生产率。

(2)卫生保健投资,是指在国家的医疗卫生和个人保健方面进行的投

资,目的是提高劳动者的身体素质,减少疾病和死亡,增强其工作能力,延长其工作年限。应该说,无论从微观角度还是从宏观角度,卫生保健投资都将提高家庭和社会人力资源的质量,提高生产效率,增加国民收入。

（3）培训开发投资。在劳动者培训方面的投资,目的是提升劳动者的素质,提高其知识技能水平,改变其态度和价值观,激发其潜能,以提高其劳动生产率和组织绩效。

（4）人力流动投资,用于发展劳动力市场行情调研机构,目的是提供劳动力流动的相关信息,协助劳动力合理流动,促进劳动力的供需平衡。

2. 人力资本存量的扩大,对劳动生产率提高和经济增长的作用越来越大

舒尔茨强调,工人通过在生产中或工作中学习新的技术知识,能够增加其人力资本存量,从而有助于提高劳动生产率,促进经济不断增长。他指出："人的知识、技能、健康等人力资本的提高对经济增长的贡献远比物质资本、劳动力数量的增加重要。"据丹尼森的研究,美国1909—1929年间物力资本对经济增长的贡献几乎是学校教育对经济增长的贡献的两倍,但在1929—1957年间学校教育的贡献却超过物力资本,这就是教育投资迅速增加的结果。

3. 应以人力市场供求变化为依据,以人力价格浮动为衡量尺度,对教育投资进行市场调节

当某种人力供不应求时,人力价格将会增加,教育投资也将随之增加;反之,人力价格就会下降,教育投资将随之减少。舒尔茨认为,只有以人力市场的供求变化为依据,才能满足国家对各种人才的需求。

4. 人力资本的未来收益要大于投资成本

舒尔茨认为,并非一切人力资源都是最重要的资源,只有通过一定方式的投资,掌握了一定知识和技能的人力资源才是一切资源中头等重要的资源。人力资本应按照这样的标准进行投资:人力资本的未来收益(包括个人的未来收益和社会的未来收益)要大于投资成本,即大于对人力资本的投资成本。

（三）现代人力资本理论对人力资源开发与管理的影响

现代人力资本理论对人力资源开发和管理产生了深远的影响,为人力资源的开发与管理提供了一个理论依据,使人力资源开发与管理的观念完全从传统的人事管理中转变过来,形成了现代的人力资源开发与管理的理论与实践。

1. 将人力视为组织的第一资源,人力资源管理以人为中心

这是人本管理与以"物"为中心的管理的最大区别。也就是说,组织的一切管理活动都以人为中心,以满足员工需要、提高员工的工作积极性为主要目的。人成为组织中最核心的资源,是提高组织竞争力的源泉,而企业的其他资源(如资金、技术、土地)都围绕如何充分利用"人"这一核心资源,如何服务于人而展开。

2. 把员工看成投资的对象,注重对员工的开发

早期的人力资源管理往往只强调对人力资源的管理,而忽略了人力作为一种资源具有可开发的特征。现在,组织把员工作为投资的对象,通过对员工的投资,使组织获得更多的未来收益。为了更好地开发员工的潜能,提升员工的素质,组织越来越重视对员工的培训,培训的投资不断增加,培训的内容更加广泛,从知识技能到态度价值观,从企业文化到个人发展规划,凡是有利于员工成长和提高组织绩效的内容都包括。此外,组织更注重对员工的使用。

3. 视人力资源管理部门为组织的生产效益部门

从投资的角度讲,人力资源管理部门应确保组织用最少的人力投入实现组织的目标。这个目标可以通过具体的人力资源管理作业实现。通过职务分析和人力资源规划,可以确定组织所需的最少的人力数量和最低的人员标准;通过有效的招聘,可以将合适的人放在合适的岗位上,即实行人—岗匹配,这可以充分发挥人力潜力,为组织创造效益。

人力资源的开发功能更能为组织创造效益,因为人力资源开发的最终结果就是为组织带来远大于投入的产出。另外,通过制定切实可行的人力资源开发计划,可在成本上为组织节约更多的投入成本。

人力资源的整合与调控功能和报偿功能也可以为组织带来经济效益,因为这些功能的正确实施可以增加员工的满意感,提高员工的积极性,从而提高他们的绩效。

正因如此,人力资源的开发与管理显得越来越重要。

4. 人力资源开发与管理具有战略性和前瞻性

人力资源开发与管理使人力资源部门在组织中的地位提高了。人力资源部门直接参与组织的战略决策,人力资源部门在组织决策及各项管理事务中的意见越来越重要。人力资源部门根据组织的总体战略目标制订人力资源规划与战略。人力资源的战略和规划对组织战略与策略管理具有决定意义。另外,人力资源部门更注重员工在未来能够为实现组织的长远目标作出

的贡献,因而更加注重对员工能力的培养和员工的职业生涯规划。从这个意义上说,人力资源的开发与管理具有战略性和前瞻性。

三、人力资源管理与企业的 EAP

企业 EAP(Employee Assistance Program)又称企业员工援助计划,是企业通过第三方向其员工免费提供专业的并且能够绝对保障隐私的咨询项目。在行为科学的基础上,员工心理援助专家可以为员工和企业提供战略性的心理咨询、确认并解决问题,以创造一个有效、健康的工作环境;通过对员工的辅导,对组织环境的分析,帮助企业人力资源管理部门处理员工关系的死角,消除可能影响员工绩效的各方面因素,进而增加组织的凝聚力,提升公司形象。

(一) EAP 发展简史

EAP 起始于 20 世纪 50 年代,最初的服务对象是二战老兵。直到 70 年代,它才被应用于企业。1971 年,在美国洛杉矶成立了一个 EAP 专业组织,即现在国际 EAP 协会的前身。这个机构的最初目标是帮助员工解决酗酒等不良行为。在美国,EAP 的发展与 70 年代的酗酒和药物滥用问题密切相关。到了 80 年代,EAP 组织建立了 CEAP 协会(EAP 认证咨询师),开创了 EAP 咨询师这一职业。作为一名专业的 EAP 工作者,CEAP 需要达到 EAP 组织设定的标准,最重要的是对一些特定信息的保密。经过近二十年的发展,EAP 已经从最初的主要涉及酗酒、滥用药物等行为矫正发展到现在对个人问题的全面帮助,现在的 EAP 还涉及与员工心理问题相关的组织和工作设计、企业文化、管理风格、员工发展等方面,越来越多地与企业的人力资源管理联系在一起。

(二) EAP 的服务内容和工作流程

1. 服务内容

从大的方面来说,EAP 为企业服务的内容可以分为很多类型,如管理员工问题、改进工作环境等。完整的 EAP 服务内容包括压力评估、宣传推广、教育培训、压力咨询等。具体地说,可以分成三个部分:第一是针对造成问题的外部压力源本身去处理,即减少或消除不适当的管理和环境因素;第二是处理压力所造成的反应,即情绪、行为及生理等方面症状的缓解和疏导;第三是改变个体自身的弱点,即改变不合理的信念、行为模式和生活方式等。

如今,EAP已经发展成一种综合性的服务,其内容包括压力管理、职业心理健康、裁员心理危机、灾难性事件、职业生涯发展、健康生活方式、法律纠纷、理财问题、饮食习惯、减肥等各个方面,全面帮助员工解决个人问题。解决这些问题的核心目的在于使员工在纷繁复杂的个人问题中得到解脱,减轻员工的压力,维护其心理健康。

2. 工作流程

(1) 把脉与治疗。从压力源本身下手,即减少或消除不适当的管理和环境因素;由专业人员采用专业的心理健康评估方法评估员工心理生活质量现状,及其导致问题产生的原因。

(2) 宣传与推广。做好职业心理健康宣传,利用海报、自助卡、健康知识讲座等多种形式,树立员工对心理健康的正确认识,鼓励员工遇到心理困扰问题时积极寻求帮助。

(3) 全员培训。开展员工和管理者培训,通过压力管理、挫折应对、保持积极情绪、咨询式的管理者等一系列培训,帮助员工掌握提高心理素质的基本方法,增强对心理问题的抵抗力。管理者掌握员工心理管理的技术后,能在员工出现心理困扰问题时,很快找到适当的解决方法,使压力所造成的情绪、行为以及生理等方面的症状得到缓解和疏导。

(4) 改善环境。一方面,改善工作硬环境;另一方面,通过组织结构优化、领导力培训、团队建设、工作轮换、员工生涯规划等手段改善工作的软环境,在企业内部建立支持性的工作环境,丰富员工的工作内容,指明员工的发展方向,消除问题的诱因。

(5) 心理咨询。组织多种形式的员工心理咨询活动,为受心理问题困扰的员工提供咨询热线、团体辅导、个人面询等,充分解决员工心理困扰问题。另外,改变个体不合理的信念、行为模式和生活方式等。

(三) EAP在人力资源管理中的作用和功能

企业EAP的目的是帮助员工解决那些可能会影响他们的健康、幸福、工作绩效和成功的问题。通过减少员工个人的分心因素,EAP可以提高员工的生产力,并减少员工缺勤带来的损失。通过专业人员对组织的诊断、建议,以及对组织成员及其家属的专业指导、培训和咨询,帮助组织成员及其家属解决心理和行为问题,以维护组织成员的心理健康,提高其工作绩效,并改善组织管理。在企业的人力资源管理中,EAP作出了不少贡献,突出表现为以下三方面：

1. 稳定军心

企业运用员工援助计划，以对员工个人的知识承诺为中心，提出"成长是我们的最大收获"理念，以及员工"职业安全"而非"职务安全"的概念。这种"职业安全"不仅包括职业生涯设计，而且向员工提供全面的就业能力保障。组织对自身成就的关注放在结果上而非工作职能或者机构模式的具体形态上，员工个人则认为真正有意义的职业生涯是充满创造意味的工作及发展。员工援助计划可以协调组织与员工的差异，使员工安心工作。

2. 精神按摩

目前，在美国有 1/4 以上的企业员工常年享受着员工帮助计划的服务，并且这个数字还在不断增加。在英国，有近 10% 的员工受到员工帮助计划的服务。英国专家的研究显示：每年由于压力造成的健康问题，通过直接的医疗和间接的工作缺勤等形式造成的损失竟达整个 GDP 的 10%，而员工帮助计划则被视为压力问题的最佳解决方案。这种心理管理技术类似于"精神按摩"，通过长期的疏导和调控，可以使企业员工获得一种强大的心理承受力，以应付随时随地的变革。特别是新创企业，能否形成独特的有生命力的文化，是关系到企业健康有序发展的关键。如果能从一开始就将"精神按摩"设计贯穿于整个生产经营活动之中，员工就会因为获得了巨大的"精神财富"而自强自立，从而刷新企业的"精神风貌"。

3. 财务外收益

如上所述，员工帮助计划通过帮助员工缓解工作压力、改善工作情绪、增强自信心、有效处理同事与客户关系、克服不良嗜好等，使员工人力资源得以更充分的利用，从而使企业在以下方面获得很大收益：节省招聘费用和培训开支；减少错误解聘和赔偿费用；降低缺勤（病假）率和管理人员的负担；提高组织的公众形象，改善组织气氛。

员工帮助计划带来的实惠正是现代企业文化建设渴望的，它能重新激起员工的工作热情并保持工作幸福度，从而有利于工作效率的提高和整个企业的进步。

（四）企业人力资源管理中运用 EAP 面临的问题和挑战

EAP 在经历本地文化和管理制度过程中会面临一些问题和挑战，具体表现如下：

1. 管理者观念和认识的障碍

企业组织是否接受 EAP 与企业决策者们对员工的观念和意识密切相关,仅依靠专业的 EAP 服务公司,成效不会显著。在我国目前的情况下,政府部门的支持、政策的倾斜、对员工健康福利的作用的认识,可能是减轻 EAP 服务机构压力和企业用户负担的一个重要的外部条件。但目前有关各方的认识还存在较大的差距。

2. 员工援助计划的回报和效益

EAP 服务机构通常是先以有偿服务提供给企业或组织,然后由组织再以免费福利项目提供给员工。因此,要接受这个服务项目,企业管理者会特别关注其成本效益或投资回报,最大的挑战可能来自对其运作效果的评估。有很多研究对 EAP 的成本效益或投资回报作了比较系统的分析,这些研究结果证明,EAP 不仅能够促进工作绩效的提高,而且能够降低员工管理的成本,减少由于人为因素发生的事故可能给公司带来的损失。然而,在实际运作过程中,对 EAP 效果的评估需要一个长期过程,还需要对相关资料进行较系统的积累。而一些企业管理者希望在短期内看到投资的回报和效益,这也是一种必须面对的挑战。

3. 沟通、咨询的文化差异

EAP 是一项必须关注个人隐私的服务,因此,这种沟通和咨询必须建立在咨询公司、企业管理者以及员工三方相互信任的基础之上。但实际上,员工难以相信咨询服务方能够真正做到保持中立,确保员工的隐私,尤其是不受项目费用支付方(企业管理者)的任何制约。一旦员工对于这种协助计划持怀疑态度,就会极大地影响这类服务的质量,导致协助项目的失败。所以,如何使员工确信其隐私权会得到充分保护,是运作 EAP 项目成败的关键。

4. 专业人员的胜任水平

EAP 自身服务的专业水平和人员素质也是国内推行 EAP 的障碍之一。EAP 专业服务人员应该具有咨询心理学、社会工作、组织行为学、职业发展咨询、教育学或精神医学等领域的专业知识和技能训练的背景,在发达国家,员工援助师还必须具备行业协会承认的任职资格。此外,心理咨询师不能代替员工援助师,因为后者还要在咨询服务中配合组织发展目标,了解所服务企业的组织管理、内部作业流程的情况,以便能够理解员工在工作中面临困扰问题的心理原因,提出解决问题的辅导对策。

虽然 EAP 的运用面临以上问题,但 EAP 的发展前景还是很广阔,这是企业发展的一个趋势。我国处于经济高速增长时期,由此带来的各方面矛盾越来越突出,明智的管理者都会意识到,不解决由于经济高速发展带来的劳动关系的冲突,最终会使高速运转的组织夭折于冲突之中,给改革发展带来不可估量的损失。经济的高速增长也使得组织对于 EAP 的投入变为可能。另外,近几年企业的劳动关系与冲突、工作家庭冲突与平衡、危机管理、压力管理、工伤康复等涉及员工利益的问题备受政府和企业的关注,EAP 是解决这些问题较好的方式之一。

四、人性假设理论与人力资源管理模式

(一) 人性假设的含义

人性假设理论由美国管理学家道格拉斯·麦格雷戈(Douglas McGregor)提出。1960 年,麦格雷戈出版了名著《管理理论 X 或 Y 的抉择——企业的人性面》,认为在每一个管理决策或每一项管理措施的背后,都必须有某些关于人的本质和人的行为的假设。这说明,有关人的本质和人的行为的假设,对于决定管理人员的工作方式、管理措施等是极为重要的。

麦格雷戈有关人性假设的论述,概括起来有以下三点:

第一,管理的理论与管理者的观念是第一位的,而管理的政策与具体措施是第二位的,不能本末倒置,也不能简单混同,不加区别。

第二,强调在管理中要着重开发人力资源,发掘人的"潜在力量"。

第三,管理人员要根据具体情况决定采取哪种理论假设,但是所持理论的观点要旗帜鲜明。它的目的并不在于劝说管理者选择哪种人性假设的理论(X 理论或 Y 理论),而只是阐明人性假设理论的重要性,促使管理者检视他们所持的假设,将其明确化。

(二) 人性假设的 X 理论、Y 理论与人力资源管理模式

1. X 理论的基本观点与人力资源管理模式

X 理论是指领导和控制的观点。麦格雷戈认为,X 理论的人性假设是指:

(1) 一般人均对工作具有厌恶心理,故只要可能,便会规避工作。

(2) 由于人类具有不喜欢工作的本性,故对多数人必须予以强制、控制、督导,并给以惩罚的威胁,才能促使他们朝向达成组织的目标而努力。

(3) 大多数人宁愿受人监督,性喜规避责任,志向不大,但求生活的

安全。

以上关于 X 理论的管理思想和策略对人力资源管理的策略和模式产生了很大的影响。持有人性假设 X 理论的组织的人力资源管理策略是吸引策略,管理模式则为层级式传统科学管理模式。具体表现在以下几方面:

(1) 组织结构多为中央集权,生产技术稳定。

(2) 组织文化为层级式文化,工作高度分工,有严格的规章制度。

(3) 要求员工严格尽职尽责,高效高绩,不鼓励创新,要求员工在指定的工作范围内有稳定和一致的表现。

(4) 激励形式单一,主要依靠薪酬激励。

(5) 员工招募、选拔力求简单,培训费用很低,组织与员工是简单的直接利益交换关系。

2. Y 理论的基本观点与人力资源管理模式

Y 理论是指将个人目标与组织目标融合的观点,包含以下内容:

(1) 人在工作中消耗体力与智力乃是极其自然的事,就像游戏和休息一样地自然。

(2) 促使人朝向组织的目标而努力,外力的控制及惩罚的威胁并非唯一的方法。人为了达成其本身已经承诺的目标,将进行"自我督导"、"自我控制"。

(3) 人对于目标的承诺,就是由于达成目标后产生的一种报酬。所谓报酬,项目甚多,其中最具有意义的是自我需要及自我实现的需要的满足。这种报酬可以驱使人朝向组织的目标而努力。

(4) 只要情况适当,一般人不但能学会承担责任,且能学会争取责任。规避责任、缺乏志向以及徒知重视保障等现象,乃是后天习得的结果,而非先天的本性。

(5) 以高度的想象力、智力和创造力解决组织上各项问题的能力,乃是大多数人拥有的能力,而非少数人所独具的能力。

(6) 常人的智慧潜能只有一部分已被利用。

上述这些假设把人看成是发展的、成长的。这些假设是动态的,而非静态的。这些假设的构成并非以一般工作标准为着眼点,而是着眼于一项深入开发人力资源潜力的设想。

Y 理论的人力资源管理模式具体表现为:

(1) 组织结构为分权式,工作设计要求满足参与的目的。

(2) 组织文化为家族式文化,鼓励员工参与决策,重视员工归属感和忠诚度的培育。

（3）有明确详细的工作说明，鼓励员工创新。

（4）培训重在培养沟通能力，多采用集体奖励的方式，注重组织中良好人际环境的创建。

（5）薪酬水平中等，注重薪酬的内部公平性，激励方式多样化。

（三）经济人假设的基本观点与人力资源管理模式

1. 经济人假设的基本观点

经济人又名惟利人（Rational-Economic Man），这种假设起源于享乐主义哲学和亚当·斯密（Adam Smith）关于劳动交换的经济理论，认为人的行为动机源于经济诱因，在于追求自身的最大利益。为此，需要用金钱与权力，组织机构的操纵和控制，使员工服从与维持效率。管理心理学家雪恩（Edger H. Schein）在此基础上进一步提出了经济人假设。经济人假设包括以下基本观点：

（1）员工们基本上为经济利益所驱使，不管是什么事，只要能向他们提供最大的经济利益，他们就会努力工作。

（2）因为经济性刺激物是在组织的控制之下，所以员工本身是被动的，受组织驱使和控制。

（3）感情是非理性的，必须加以防范，以免干扰人们对理性的权衡。

（4）组织能够而且必须按照能中和并控制住人们感情的方式设计，控制住人们那些无法预计的品质。

雪恩进一步认为，X理论中的人性假设与上述经济人假设是一致的，互为补充、说明。

2. 经济人假设的人力资源管理模式

（1）靠薪酬吸引员工、激励员工，用奖金刺激员工的积极性，使其高绩效，不重视福利待遇。

（2）劳动分工明确，以产量或业务量的多少考核员工的绩效，一切以员工的工作结果为衡量标准，不重视环境及其他因素对工作的影响。

（3）培训只重视员工工作所需的知识技能，而不进行态度、价值观的培训。员工招募、选拔以外部为主。

（4）从任务的角度出发进行工作设计。

（四）社会人假设的基本观点与人力资源管理模式

社会人（Social Man）假设是指人的最大动机是社会需求，只有满足人的社会需求，才能对人有最大的激励作用。社会人假设认为，员工在组织中的交往和归属的需要远比对经济性刺激物的需求更为重要。

1. 社会人假设的基本观点

（1）社交需要是人类行为的基本激励因素，而人际关系则是形成人们身份感的基本因素。

（2）从工业革命延续过来的机械化，其结果是使工作丧失了许多内在的意义，而现在必须从工作的社交关系中将其寻找回来。

（3）与对管理部门所采取的奖酬和控制的反应比起来，员工会更易于对同级员工所组成的群体的社交因素作出反应。

（4）职工们对管理部门的反应能达到什么程度，当视管理者对下级的归属需要，被人接受的需要以及身份感的需要能满足到什么程度而定。

2. 社会人假设的人力资源管理模式

根据社会人假设的基本观点及相应的管理策略，人力资源管理将以参与策略为主，采取家族式的管理模式。具体体现在如下方面：

（1）注重工作中的沟通和授权，注重组织的人际关系建设，让员工参与决策。

（2）注重组织中的团队建设，重视组织中"非正式群体"的存在；关注员工的需要，采取多样化的激励手段和措施；从人的角度出发进行工作设计。

（3）对员工的绩效考核不仅看员工的工作结果，也看其在工作中的行为表现。

（4）培训的范围较宽泛，不仅重视与工作本身相关的知识技能的培训，也重视与提升员工素质有关的培训。

（5）薪酬水平中等，福利待遇较好，重视消除员工的不满情绪，以培育其归属感与忠诚度。

（五）自我实现人假设的基本观点与人力资源管理模式

自我实现人（Self-Actualizing Man）假设是指，人们力求最大限度地将自己的潜能发挥出来，只有在工作中将自己的才能充分表现出来，才会有最大的满足感。雪恩在总结了马斯洛、阿吉里斯、麦格雷戈等人的理论后，提出了以下自我实现人假设，并认为这种假设与麦格雷戈的 Y 理论的假设是一致的。

1. 自我实现人假设的基本观点

自我实现人假设可以概括为以下几点：

（1）当人们的最基本的需要（生理需要、安全需要）得到满足时，他们就会转而致力于较高层次需要的满足，即自我实现的需要。这种自我实现的需要是指，人所具有的力求最大限度地利用自己的才能与资源的需要。

（2）个人总是追求在工作中变得成熟起来，他们通过行使一定的自主权，以长远的观点看问题，培养自己的专长和能力，并以较大的灵活性去适应环境。

（3）人主要依靠自我约束、自我激励，外部施加的刺激物与控制很可能变成一种威胁，使人处于较不成熟的状态。

（4）自我实现和使组织取得更高绩效两者并不矛盾。如果能给予适当的机会，员工会自愿地把他们的个人目标和组织目标结合为一体。

2. 自我实现人假设的人力资源管理模式

根据自我实现人假设，人力资源管理将实行投资策略，实行以人为本的现代管理模式。

（1）把员工看成投资对象，注重对员工的培训，培训的目的以全面提升员工的素质和创新意识为主。

（2）招募、选拔以内部为主，重视对员工的晋升、提拔，给员工创造实现自我价值的机会。

（3）薪酬水平较高，薪酬制定注重内部的公平性，鼓励创新，激励措施灵活多样，对有突出贡献者进行大规模的表彰、奖励。

（4）以人为导向进行工作设计，注重工作本身的丰富性和挑战性。绩效考核以长期导向为主，注重员工较长一段时间的工作结果与行为。

（六）复杂人假设的基本观点与人力资源管理模式

复杂人假设是指人是很复杂的，人们的需要与潜在的欲望是多种多样的，而且这些需要的模式也是随着年龄与发展阶段的变迁，随着所扮演角色的变化，随着所处境遇以及人际关系的演变而不断变化的。雪恩在20世纪60年代末、70年代初经研究指出，无论是经济人、社会人还是自我实现人，虽然各有其合理的一面，但并不适用于一切人。一个人在不同的时间、不同的地点，以及不同年龄都会有不同的表现。人的需要随年龄增长、知识增加、地位改变以及人与人之间关系的变化而变化。

1. 复杂人假设的基本观点

（1）人的需要多种多样，并且会随着人的发展与生活环境的变化而变化。

（2）需要与动机彼此作用，并组合成复杂的动机模式、价值观及目标，人们必须决定自己在哪种层次上理解激励。

（3）员工可以通过他们在不同组织中的经历，习得新的动机。

（4）每个人在不同的组织中或是同一组织的不同部门中，可能会表现出不同的需要。

（5）人们可以在不同类型的动机基础上，成为组织中生产率很高的一员，全心全意地参与到组织中去。

（6）员工能否对多种互不相同的管理策略作出反应，取决于他们自己的动机和能力，也取决于工作任务的性质。不存在在一切时间对所有的人都能起作用的唯一正确的管理策略。

2. 复杂人假设的人力资源管理模式

根据复杂人假设，人力资源管理应采取如下模式：

（1）充分关注员工的需要和外部环境的变化，从人的角度和环境的角度考虑工作设计，工作描述广泛、灵活。

（2）员工的招募、选拔不限固定的标准，随组织内外环境的变化而采取不同的标准；培训的内容从员工需要出发，采取多种形式的培训。

（3）绩效考核采取多种方法，既看工作结果，也看行为表现，绩效考核的标准不能整齐划一，应根据工作岗位的特点有所区别；薪酬管理要灵活多样，奖酬方式、福利待遇要根据环境的变化以及员工的需要有所不同。

综上所述，任何一种人性假设及其相关的人力资源管理方式都是一定时代人性的一个侧面的反映，采用相应人性假设的人力资源管理客观上都会推动社会进步与经济发展。但值得注意的是，任何一种人性假设都只适合某一特定历史时期的现实人性背景，此时采用这种假设管理人力资源是最适宜的。但是，随着时代的变化，这种假设的局限性也会逐渐暴露出来。

（七）学习人假设的基本观点与人力资源管理模式

1. 学习人假设的内涵

20世纪90年代，学习型组织（Learning Organization）理论由美国麻省理工斯隆管理学院教授彼得·圣吉（Peter Senge）提出。学习型组织的学习内容就是彼得·圣吉提出的五项修炼，即建立共同愿景、自我超越、改善心智模式、团队学习、系统思考。随着学习型组织的出现,这一组织中蕴含的极富时代感的新的人性假设——学习人(Learning Man)假设理论产生了。

学习型组织理论从学习是人和组织的本性假设出发,提出了"学习人"的假设。学习人假设的基本观点包括:

(1) 21世纪人的唯一持久的竞争优势就是具备比竞争对手学习更快的能力。

(2) 在现代组织中通过学习不仅要提高个人素质,还要提高整个组织的素质。

(3) 通过学习掌握全新的理念与独特的操作方法,不断地了解资深的思维方式、心理类型,克服自身个性与能力之不足。

(4) 在学习型组织中要学习的内容为微观心理层面的心理修炼:建立共同愿景、自我超越、改善心智模式、团队学习、系统思考。

(5) 经过学习——修炼——提升,在一条无休止的发展道路上成为终身学习者,这样才能达到自我管理、自我超越的目的。

2. 学习人假设的人力资源管理模式

(1) 以团队/价值观为导向进行工作设计,加强横向联系和沟通,重视团队建设。

(2) 加强员工的培训,培训的内容宽泛,鼓励员工自主学习、自我管理。

(3) 在组织中创建新型人际关系,工作中注重培养员工的合作精神和创新意识。绩效考核以考核团队、班组为主要目标,把是否具有创新意识和新理念、新做法作为考核的标准之一。薪酬管理要注意团队内部的公平性,同时对有特殊贡献者给予特殊的奖励。

表 2-1 人性假设与相应的人力资源管理模式比较

人力资源 管理模式 \ 人性假设	X 理论 经济人	Y 理论 社会人	自我 实现人	复杂人	学习人
人力资源 管理作业	传统层级式管理	人际关系管理	以人为本的管理	权变观点,多样化管理	自主学习,自我管理
工作设计	以任务为导向,高效、严格、结构化	以人为导向,沟通、授权、结构化	以价值观为导向,广泛、灵活	根据人、任务、环境的变化而调整,灵活多样	以团队为导向,创新,柔性,非规范化

(续表)

人力资源管理模式 \ 人性假设	X理论 经济人	Y理论 社会人	自我实现人	复杂人	学习人
招募、选拔	面向外在劳动力市场,选拔简单,配置稳定	面向内、外劳动力市场,选拔较全面深入,配置稳定	面向内在劳动力市场,选拔全面深入,配置灵活多样	视具体情况而定,配置灵活多样	面向内在劳动力市场,选拔全面深入,配置灵活多样
培训	培训内容应用范围较小,从任务出发,目的在于使员工能够熟练劳动	培训内容应用范围适中,从员工需要出发,目的在于提高员工劳动熟练程度	培训内容应用范围广泛,从员工需要出发,目的在于提升员工素质	培训内容依情况而定,目的随环境的变化而变化。	培训内容广泛,从团队发展出发,目的为员工自主学习、自我管理提供帮助
绩效考评	短期绩效、结果导向和个人导向	中、短期绩效,结果导向、小组导向	长期绩效,行为与结果导向,个人与小组导向	一切视情况的变化而定	长期绩效,行为与结果导向,团队导向,多以自主的方式为主
薪酬激励	工资水平低,奖酬方式较少,注重对外公平,员工归属感低	工资水平中等,奖酬方式多样,注重对内公平,员工归属感高	工资水平高,奖酬方式多样,注重对外公平,员工归属感高	根据情况进行调整	工资水平中等,奖酬方式灵活多样,注重团队内公平,员工归属感高

本章小结

本章的内容包括四个方面:一是组织伦理与人力资源管理,阐述了组织伦理、组织伦理气氛的概念,组织伦理气氛对组织的影响,提出了基于组织伦理气氛的人力资源管理实践;二是人力资本与人力资源管理,阐释了人力资本的概念与现代人力资本理论,论述了现代人力资本理论对人力资源开发与管理的影响;三是人力资源管理与企业EAP,详细介绍了企业EAP的发展历程、服务内容和工作流程,论述了EAP在企业人力资源管理中的作用和功能,最后重点说明了企业人力资源管理中运用EAP面临的问题及挑战;四是人性假设理论与人力资源管理模式,主要介绍了麦格雷戈提出的人性假设的X理论、Y理论,雪恩提出的经济人、社会人、复杂人、自我实现人假设以及我

第二章　人力资源管理的有效性分析

国学者提出的学习人假设的基本观点,提出了每种人性假设相对应的人力资源管理模式,并进行了比较。

重要概念中英文对照

组织伦理（Organizational Ethics）
组织气氛（Organization Climate）
组织伦理氛围（Organizational Ethics Climate）
人力资本（Human Capital）
员工援助计划（Employee Assistance Program，EAP）
人性假设（Assumption about Human Nature）
X 理论（X Theory）
Y 理论（Y Theory）
经济人（Economic Man）
社会人（Social Man）
复杂人（Complex Man）
自我实现人（Self-Actualizing Man）
学习人（Learning Man）

复习思考题

1. 什么是组织伦理和组织伦理氛围？
2. 组织伦理气氛对组织有哪些影响？
3. 基于组织伦理气氛的人力资源管理实践应该怎样做？
4. 现代人力资本理论的观点是什么？
5. 现代人力资本理论对人力资源管理产生了怎样的影响？
6. 企业 EAP 的基本含义和服务内容是什么？
7. 企业 EAP 在人力资源管理中的作用和功能有哪些？
8. 人性假设的基本内涵是什么？请比较基于各种人性假设的人力资源管理模式。

案例

合肥美菱的人力资源管理[①]

合肥美菱是一家股份有限公司。1983年，我国冰箱产业初成气候，大小生产企业多达百余家，形成了较为固定的竞争格局。而合肥美菱，当时资产不足200万，是一个只能靠举债给员工发工资的国有企业。在走投无路的情况下，合肥美菱孤注一掷地跨入了冰箱产业。1984年，合肥美菱自筹资金、自己建设的年产5万台冰箱的生产线于9月投产，标志合肥美菱正式跨入冰箱产业。是年，合肥美菱共生产冰箱3008台，实现工业产值404万元，利税45.43万元，比1983年分别增长129.5%、116.33%，一举摆脱了长期缠绕在身的亏损阴影。从此，合肥美菱以惊人的速度发展，到2000年，合肥美菱已发展成为一个集家电、电子、塑料、纸制品、铜制品、商贸、酒店等多元化经营为一体的大型企业集团，拥有资产三十多亿元，员工六千多人，在我国家电产业中具有举足轻重的地位。

在合肥美菱快速发展的决定因素中，人力资源管理无疑是最重要、最根本的因素。合肥美菱的人力资源管理具有以下特征：

(1) 严格有效地规定工作任务与职责。在合肥美菱，每个工作岗位都有一份十分详细的工作说明书，严格地规定着该岗位的工作任务、工作职责、工作关系和工作标准。这在我国的国有企业中是十分罕见的。

(2) 务实而有效的人才招聘。美菱在人才招聘中，较好地利用了自身的优势，而避开了不利因素。首先，在人才招聘的地域选择上，美菱采取了立足安徽的策略，充分发挥自身在区域内的比较优势；其次，在招聘对象的来源上，对于经营管理人才和专业技术人才主要从省内国有企业中招聘，后备人才主要从应届的大学毕业生中招聘，生产操作类人才主要从职业技术学校招聘；第三，为人才提供优厚的待遇和施展才华的空间；第四，在人才招聘中，始终坚持严格挑选；第五，将"是否具有为企业长期服务的思想准备"作为重要的挑选标准之一；第六，重视对潜力人才的吸纳，并给予较好的培训。

(3) 完善企业培训系统。美菱成立了培训领导小组和员工培训中心，并建设培训计划项目，如"建设核心管理团队项目"和"接班人计划项目"等；制定"培训、考核、使用、待遇"一体化的激励机制，保证"参与培训与不参与培

[①] 资料来源：赵曙明：《人力资源管理案例点评》，浙江人民出版社2003年版，第258—272页。

训不一样,学得好与学得差不一样",以此激发员工学习的热情;充分保证培训的资金投入,采取灵活多样的培训方式。

(4)基于结果的绩效评估。美菱针对员工工作行为的成果进行考评,德能勤绩四个方面都兼顾。同时,强调区分评估结果,打破"和为贵"的理念,对员工的绩效评估结果强制区分为几个等级。另外,采用立体评估,即评估人员不只是员工的上级,还包括同事、下属及服务对象。不把评估仅仅看成是评价员工工作好坏的手段,评估的主要目的在于改善绩效,重视绩效评估结果的反馈、沟通。

(5)绩效相关的激励性工资。美菱把工资作为对员工的激励和对劳动成果的肯定,重点突出工资的激励功能。工资以岗位等级为基础,员工以岗定薪,员工的实际收入与员工个人绩效和所在部门的绩效挂钩。另外,工资政策及员工收入高度透明化。

(6)积极鼓励员工参与管理。美菱始终坚持平等主义,取消干部和工人的身份差异,取消区别待遇,所有人穿着同样的工作服、佩戴同样的标牌,营造了良好的气氛;建立了卓有成效的员工建议系统,使合理化建议的征集、评审、采纳、立项、实施、奖励形成了制度;另外,鼓励员工信息共享和利益分享,根据贡献大小,员工可以获得公司利润增加的1%—5%的提成。

思考题:

1. 合肥美菱的人力资源管理为什么能成为企业成功的重要因素之一?
2. 合肥美菱的人力资源管理策略及实践对我国国有企业的管理有哪些启示?

参考文献

1. 俞文钊:《管理的革命》,上海教育出版社2003年版。
2. 俞文钊等编著:《合资企业的跨文化管理》,人民教育出版社1996年版。
3. 俞文钊:《管理心理学》,东方出版中心2002年版。
4. 俞文钊主编:《人事心理学》,东北财经大学出版社2000年版。
5. 俞文钊:《中国的激励理论及其模式》,华东师范大学出版社1993年版。
6. 孙海法编著:《现代企业人力资源管理》,中山大学出版社2002年版。
7. 刘建等:《EAP研究述评》,载《四川职业技术学院学报》2008年第11期。
8. 张西超:《员工援助计划》,中国社会科学出版社2006年版。
9. 时勘等:《EAP在中国的发展思考》,载《新资本》2006年第3期。
10. 王雁飞、朱瑜:《组织伦理气氛的理论与研究》,载《心理科学进展》2006年第2期,第300—308页。

11. 余卫东、龚天平:《组织伦理略论》,载《伦理学研究》2005年第3期,第17—21页。
12. 吴红梅:《西方组织伦理氛围研究探析》,载《外国经济与管理》2005年第9期,第32—38页。
13. 孙鑫:《组织伦理对工作满意度影响的实证研究》,吉林大学2010年硕士学位论文。
14. 俞文钊主编:《人力资源管理心理学》,上海教育出版社2005年版。
15. 〔美〕劳伦斯·S.克雷曼:《人力资源管理》,孙非等译,机械工业出版社2009年版。
16. 〔美〕理查德·L.达夫特:《组织理论与设计》,宋继红等译,东北财经大学出版社2002年版。

第三章 人力资源战略

管理故事：猪的安逸

一头猪到马厩里去看望他的好朋友老马，并且准备留在那里过夜。

天黑了，该睡觉了，猪钻进了一个草堆，躺得舒舒服服的。但是，过了很久，马还站在那儿不动。猪问马为什么还不睡。马回答说：自己这样站着就算已经开始睡觉了。

猪觉得很奇怪，就说："站着怎么能睡呢，这样一点也不安逸的。"

马回答说："安逸，这是你的习惯。作为马，我们习惯的就是奔驰。所以，即使是在睡觉的时候，我们也随时准备奔驰。"

对于企业管理者而言，选择安逸还是"准备奔驰"一开始就至关重要。一个满足于现状的企业，只能够停留在最初的阶段，不仅不会有大的发展，而且还可能遭到被淘汰的命运。

资料来源：http://www.hr369.com/html/69/t-39969.html

一、人力资源战略概述

（一）人力资源战略的含义和作用

1. 人力资源战略

"战略"一词属军事术语，来自于希腊语"Strategy"，其含义是"将军"，意指指挥军队的艺术和科学，也指基于对战争全局的分析而作出的谋划。可以说，"战略"是指对战争、战役的总体筹划与部署。《韦伯斯特美语大辞典》(Webster's New American Dictionary)将"战略"一词定义为"谋略的巧妙实施和协调"以及"艺术性的规划和管理"。

人力资源战略是企业的一种职能管理战略。20世纪90年代以后，在世界500强企业中，人力资源战略成为这些大企业探索必要的管理变革的指南针。在企业处于日益激烈的竞争环境赢得胜利的过程中，人力资源战略对企业来说已变得越来越重要。作为整个企业战略的一个重要部分,人力资源问题是实施企业战略的核心问题。人力资源战略就是确定一个企业如何进行人员管理以实现企业目标。人力资源战略是为管理变化而制定的一种方向性的行动计划。它提供了一种通过人力资源管理获得和保持竞争优势的企业行动思路,即在不断变化的环境中将重点放在对人的管理上。

人力资源战略将企业管理思想与行动联系起来,确定如何以战略为核心进行人力资源管理,研究管理人员如何更加有效地实施人才强化战略、人员配置、薪酬管理、绩效管理,如何改变组织的管理方式以确保吸引核心人才,保持竞争精神和企业家精神等。

根据美国人力资源管理学者舒勒和沃克(Schuler & Walker,1990)的定义,人力资源战略是"程序和活动的集合,它通过人力资源部门和直线管理部门的努力来实现企业的战略目标,并以此来提高企业目前和未来的绩效及维持企业竞争优势"[①]。而库克(Cook,1992)则认为:人力资源战略是指员工发展决策以及对员工具有重要的和长期的影响的决策。它表明了企业人力资源管理的指导思想和发展方向,而这些指导思想和发展方向又给企业的人力资源计划和发展提供了基础。企业人力资源战略是根据企业战略制定的。科迈斯—麦吉阿(Comez-Mejia,1998)等人则把人力资源战略定义为:企业慎重地使用人力资源,帮助企业获取和维持其竞争优势,它是组织所采用的一个计划或方法,并通过员工的有效活动实现组织的目标。

综上所述,我们把人力资源战略定义为:企业为实现其战略目标而制定的关于人力资源开发与管理的总体规划,其实质是计划和程序,是企业发展战略的重要组成部分。

2. 人力资源战略在企业管理中的作用

人力资源管理已被管理者们看做组织在国内、国外市场上赢得竞争优势的一个重要手段,这种核心竞争力是组织内部的知识集合,包括员工的知识和技能、技术系统、管理系统、价值规范四方面,主要发挥协调各种生产技能和整合不同技术的作用。组织只有实现人力资源的价值,让人力资源通过自身的智慧和勤奋提升组织的实力,才会有较强的持续竞争力,才会赢得市场。人力资源管理的这种战略作用表现在提高组织绩效、扩展人力资本等方面。[②]

(1) 提高组织的绩效

人力资源管理的一个重要目标就是提高组织绩效,对组织成功作出战略

---

① 孙海法编著:《现代企业人力资源管理》,中山大学出版社2002年版,第8页。
② 参见俞文钊主编:《人力资源管理心理学》,上海教育出版社2005年版,第15页。

贡献。当组织制定战略计划时,人力资源管理应作为战略的一个组成部分。

人力资源战略可以帮助组织根据组织目标以及内外环境的变化建立并完善人力资源开发与管理的策略和方法,从而实施对企业绩效有益的活动,为企业成功作出贡献。

(2)扩展人力资本

人力资本是组织人力资源的全部价值,是指组织中的人力资源所拥有的工作能力。人力资源管理的战略目标是不断增强组织的人力资本。扩展人力资本的一个主要工作是利用组织内部所有员工的才能和从外部吸引优秀人才。人力资本存量的扩大,将对组织劳动生产率的提高和经济增长起到很重要的作用。作为组织的战略管理者,人力资源管理工作必须保证组织各个岗位所需的人员供给,保证这些人员具有其个岗位所需的技能。

(3)确保有效成本系统

作为组织战略的贡献者,人力资源管理必须用合法和有效的成本方式提供人力资源服务和活动。调查表明,人力资源管理的投入与它们对组织的贡献不相适应,人力资源管理的大量时间和成本集中在行政管理上,而最大价值体现在战略管理上,它投入的人力资源成本相对较少,却能产生高附加值,行政管理活动只对组织产生有限的价值。

(二)人力资源战略面临的挑战

1. 市场导向

21世纪是一个变革的时代,随着科学技术的发展与进步,社会、经济的飞速发展,特别是计算机和网络技术的普及应用,世界变得越来越小,知识和信息广泛传播共享使得创新和变革活动更加频繁。全球经济一体化,使得市场竞争更加残酷,企业只有不断地变革创新,适应外部环境的变化,才能生存并获取竞争优势。

世界经济一体化也使人才竞争与人才流动国际化。我国加入WTO面临的是产品受到市场冲击,其本质是人才市场的冲击,尤其是企业家人才与热门技术人才的竞争趋于白热化。那些能够吸引、留住、开发、激励一流人才的企业将成为市场竞争的赢家。

在科学技术突飞猛进的时代背景下,如果能给予足够的自主和便利,新技术肯定会吸引员工,从而提高生产效率。

市场模式的变革创造了新的工作岗位,需要足够多受过良好教育的员工担任新的工作,因此相应的培训和再培训显然必不可少。当然,员工也会因此更富有经验和能力。

2. 人口的变化因素

北京大学人口研究所研究报告显示,进入 21 世纪之后,我国人口发展进入了一个新的历史时期,出现了一些新的特点,主要表现在以下几个方面:

第一,人口总量呈持续增长的趋势,但增长速度减缓。

第二,劳动年龄人口比重持续增加,就业压力增大。

第三,人口老龄化程度加剧,需要采取积极的应对措施。

第四,人口文化素质明显提高。

第五,城乡家庭规模不断缩小。

根据上述论述可以得出以下结论:

其一,劳动年龄人口的增加会导致就业岗位紧张、失业问题突出。如何扬长避短,充分利用劳动力资源发展经济,是当前我国面临的重要现实问题。

其二,随着我国人口老龄化程度加快,企业对老年员工的社会福利投入会增加,从而影响许多企业的竞争力。

其三,虽然我国劳动力的素质也得到了提高,但是还需要对这些劳动力加大培训力度。

3. 管理变革

人力资源管理是管理领域中不可缺少的重要组成部分,两者之中任何一方的变化都会对另一方产生相关的影响。在管理领域中,对人力资源影响最大的几个方面是:分权管理与内部竞争、信息技术、柔性管理。

第一,分权管理就是转交责任,即上级将确定的工作委托给下级。

分权管理与内部竞争能使企业变压力为动力,消除阻力,不断挖掘潜力,提高应变力,增强活力,从而形成旺盛的生命力。分权管理与内部竞争无疑是一种全新的现代管理手段,是提高企业市场竞争力的有效途径。

第二,信息技术的发展不仅创造了更多的工作机会,同时也对组织产生了深远的影响。

第三,柔性管理是在研究人们心理和行为规律的基础上,采用非强制方式,在人们心中产生一种潜在的说服力,从而把组织的意志转变为人们的自觉行动。它是一种更加高级的管理,是一种充分体现理性的管理。

柔性管理在管理活动中主要体现为:管理决策的柔性化和奖酬机制的柔性化。它可以激发人的创造性,适应瞬息万变的外部经营环境,满足柔性生产的需要。

总之,未来人力资源管理总体发展趋势有以下特点:

其一,人力资源管理将更加具有弹性和适应性。

其二,组织的限制将变得越来越少,招聘方式成为组织竞争优势的来源。

其三,在经济全球化背景下,组织的竞争优势就是具有知识以及掌握知识的人。

(三) 人力资源战略形成的影响因素

影响战略性人力资源形成的主要因素,主要包括环境因素、组织因素、制度因素、技术因素等。这些因素是人力资源战略形成的基础和依据。

1. 环境因素

科塞克认为,外部环境和市场推动力是影响人力资源形成的第一重要因素。这里的外部环境是指企业当前所处的整个经济环境和行业环境,包括行业的成熟度;竞争的性质及程度;竞争压力的密度;环境的限制性;技术变革的速度与深度;变革的类型、程度等。组织面临的产品市场的全球化竞争程度越高,实施人力资源战略的可能性就越大。

2. 组织因素

与传统管理模式相比,现代组织更加具有分权性与参与性,更加依赖合作性的团体开发新的产品并满足消费者需要。这些变化相应地对人力资源开发与管理提出了新的要求,如能建立更加良好的信息沟通渠道;能对员工的管理做到公平、透明;能对员工进行更为有效的激励;要求管理者从战略的高度重视人力资源的开发与管理,以适应组织变革的需要。

3. 制度因素

根据制度理论,人力资源战略部分是出于组织合法性的需要,即组织和关键决策者认为,组织体现合法性的要求会影响企业实施人力资源战略的速度。沃尔顿研究发现,那些没有实施法律规定的最低限度的人力资源措施的组织将面临生存危机。确保组织的合法性会推动组织模仿那些与自身有着网络关系的企业的战略性人力资源措施,有时即使实施这些人力资源战略没有明确的用处,也会被视为维护与投资者关系的一种方式。

4. 技术因素

在通常情况下,技术的进步会对组织产生两方面的影响:一方面使企业更具有竞争力;另一方面改变了工作的性质。

组织的技术因素会持久地推动组织实施人力资源战略。在组织理论中,技术通常是指投入到产出的途径,即任务是如何组织与协调的,不仅仅是使用机器。理论上讲,较多实施人力资源战略的企业的技术特点主要有:投入产出转换的管理与控制很困难;对员工的协作性要求很高;角色与工作的界限不清晰。

(四)人力资源战略的实施

企业实施人力资源战略,有助于确定、调动和指引所有的人力资源活动都围绕对企业具有最直接影响的问题展开。实施人力资源战略主要包括以下三个方面:

1. 人力资源战略的制定

人力资源战略的制定是一项重要而又复杂的工作,它应建立在对企业内外部影响人力资源的各个要素综合分析的基础上,从而确定人力资源战略方向。其步骤包括:①

首先,确定人力资源战略目标。人力资源战略目标是指对未来组织内人力资源的数量和质量、人力资源政策、员工士气、企业文化、开发管理成本提出的要求。人力资源战略的整体目标制订出来后,就要层层分解到子公司、各部门以及个人。

其次,制订具体可行的战略实施计划,以确保战略目标的实现。人力资源战略实施计划包括具体的行动计划和保障计划。行动计划主要是对人力资源战略目标实现的步骤以及任务分工作出规定,其中人力资源规划是人力资源战略实施计划的一部分;保障计划是从人力资源战略实施条件的需求出发,对政策、资源、组织、时间、技术等方面提出必要的保障要求。

最后,人力资源战略应与组织整体战略协调平衡,对组织内的资源进行合理配置。这就需要企业高层管理者站在全局的高度,对人力资源战略、生产战略、财务战略、营销战略等企业经营战略进行综合平衡,以便更好地服务于组织的整体战略。

2. 人力资源战略的实施

按照雷蒙德·A.诺伊的观点,人力资源战略实施的成功与否取决于五个重要的变量:组织结构;工作任务设计;人员甄选、培训与开发;报酬系统;信息与信息系统类型。

要使人力资源战略得以实施,必须把人力资源战略方案分解,使每个经营单位、职能部门都能明确自己在战略中的地位,明确自己的任务。

人力资源战略实施就是使人力资源战略计划得到落实,它通过日常的人

---

① 参见孙海法编著:《现代企业人力资源管理》,中山大学出版社2002年版,第22页。

力资源管理工作表现出来。在实施过程中,日常的人力资源管理活动应充分利用各种资源,兼顾组织和个人的利益关系。

3. 人力资源战略的评估

人力资源战略评估是在战略实施以后,对人力资源管理职能的有效性进行评估。人力资源战略评估的目的一方面是为了保证战略方案的正确实施,另一方面是为了检验、修正、调整、优化原定的战略方案,以实现组织战略目标。对人力资源战略的评估不是具体地进行计划执行情况的检验与控制,而是关注以下问题,即人力资源战略实施的有效性问题和是否引起对战略方案与战略规划进行评价的问题。当发现现定战略的部分或整体已不符合企业的内外条件状况时,应立即找出差距,分析原因,采取改善措施。

总之,人力资源战略需要不断地进行调整和修改,是一个制定、调整、再制定、再调整的持续监控与反馈的过程。

二、人力资源战略分析方法

(一) 人力资源战略分析的内容和步骤

1. 人力资源战略环境分析的主要内容

按照现代管理学派的理论,现代企业是一个由相互联系、相互影响的各个子系统所组成的开放系统。人力资源管理就是一个子系统,它既受到企业外部因素和条件的影响,又受到企业内部因素和条件的影响。

企业在制定战略方案之前,必须进行严密的战略环境分析。企业人力资源战略环境分析主要包括企业外部环境分析与企业内部环境分析两部分。通过外部环境分析,企业可以明确自身面临的机会与威胁,从而决定选择做什么;通过内部环境分析,企业可以很好地认识自身的优势与劣势,从而决定能够做什么。

企业外部环境主要包括政治、经济、法律、社会文化和科技发展水平以及企业所在的产业竞争环境与企业的股东、顾客、供应商等。企业内部环境由存在于组织内部并影响组织运行的因素构成,主要包括企业的发展战略、组织结构、员工状况以及企业文化等。

2. 人力资源战略环境分析的步骤

人力资源战略环境分析的步骤一般分为三步:

首先,尽可能详细地列出影响环境变化的各种因素。

其次，对上述影响环境变化的因素进行分类。分类方法可以采用细分逐步推进法，先从影响环境变化的因素中分析出哪些是不变因素，哪些是可变因素；然后在不考虑不变因素的前提下，对可变因素进行细分，即哪些属于不可预测因素，哪些属于可预测因素；最后再从不可预测因素中找出哪些是关键因素，哪些是非关键因素。

最后，把选择出来的各种影响环境变化的因素制成关系图。对每一因素作出可能性分析和可行性分析，针对最极端的情况和中间状况进行典型分析，并对这些因素给企业人力资源活动带来的影响进行分析，以初步展现人力资源实践面临的机遇和挑战。

（二）人力资源战略分析的基本方法

人力资源环境分析有很多方法，这里主要介绍常用的三种分析法：PEST宏观环境分析法、SWOT分析法和波特的竞争五因素分析法。

1. PEST宏观环境分析法

PEST分析是一种对宏观环境的分析，P是政治（Politics），E是经济（Economy），S是社会（Society），T是技术（Technology）。它通过这四个方面因素的分析从总体上把握企业的宏观环境，并评价这些因素对企业战略目标和战略制定的影响。

（1）P——政治环境

政治环境是指对企业经营活动具有实际与潜在影响的政治力量和有关的法律、法规等因素。当政治制度与体制以及政府对企业所经营业务的态度发生变化时，当政府发布了对企业经营具有约束力的法律、法规时，企业的经营战略必须随之作出调整。

（2）E——经济环境

经济环境是指一个国家的经济制度、经济结构、产业结构、资源状况、经济发展水平以及未来的经济走势等。构成经济环境的关键战略要素包括GDP发展变化趋势、经济周期、利率水平、财政货币政策、通货膨胀程度及趋势、就业率、失业率、居民可支配收入水平、汇率水平、能源供给成本、市场机制、市场需求等。

（3）S——社会文化环境

社会文化环境是指企业所在社会中成员的民族特征、文化传统、价值观念、宗教信仰、教育水平以及风俗习惯等因素。构成社会文化的关键战略要素包括人口规模、种族结构、年龄结构、收入分配、消费结构和水平、人口流动性等。

(4) T——技术环境

技术环境不仅仅包括那些引起革命性变化的发明,还包括与企业生产经营有关的新技术、新工艺、新材料的出现和发展趋势以及应用背景。

2. SWOT 分析法

SWOT 分析法出自麦肯锡(McKinsey)咨询公司。所谓 SWOT 分析法,就是将企业的各种主要内部优势(Strength)、劣势(Weakness)、机会(Opportunity)和威胁(Threats),通过调查罗列出来,并依照一定的次序按矩阵形式排列,然后运用系统分析的思想,把各种因素相互匹配加以分析,从中得出一系列相应的结论。

SWOT 分析是把企业内外环境所形成的机会、威胁、优势、劣势四个方面的情况结合起来进行分析,以寻找制定适合本企业实际情况的经营战略和策略的方法。这是一种自我诊断方法。

SWOT 分析的主要目的在于对企业的综合情况进行客观公正的评价,以识别各种优势、劣势、机会和威胁因素,从而有利于开拓思路,正确地制定企业战略。表 3-1 列出的是在 SWOT 分析中一般所需要考虑的因素:

表 3-1　在 SWOT 分析中一般所需要考虑的因素

	潜在外部威胁(T)	潜在外部机会(O)
外部环境	市场增长较慢 竞争压力增大 不利的政府政策 新的竞争者进入行业 替代产品销售额正在逐步上升 用户需要与爱好者逐步转变 通货膨胀递增及其他	纵向一体化 市场增长迅速 可以增加互补产品 能争取到新的用户群 能进入更好的企业集团 在同行业中竞争业绩优良 扩展产品线满足用户需要及其他
	内部优势(S)	内部劣势(W)
内部环境	产权技术 成本优势 竞争优势 特殊能力 产品创新 具有规模经济 良好的财务资源 高素质的管理人员 公认的行业领先者 买主的良好印象 适应力强的经营战略 其他	竞争劣势 设备老化 战略方向不同 竞争地位恶化 产品线范围太窄 技术开发滞后 营销水平低于同行业其他企业 管理不善 战略实施的历史记录不佳 不明原因导致的利润率下降 资金拮据 相对于竞争对手的高成本及其他

SWOT 分析还可以作为选择和制定战略的一种方法，因为它提供了四种战略，即 SO 战略、WO 战略、ST 战略和 WT 战略，如图 3-1 所示：

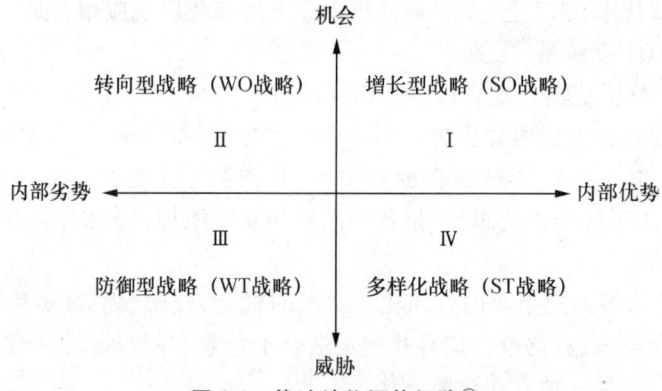

图 3-1　战略地位评估矩阵①

通过 SWOT 分析和战略地位评估，企业可以了解内部条件和外部条件的共同作用，明确自身的战略地位，并初步选定企业可能采取的竞争战略类型。

SO 战略就是依靠内部优势抓住外部机会的战略，着重考虑优势因素和机会因素，目的在于努力使这两种因素都趋于最大。例如，一个资源雄厚（内在优势）的企业发现某一国际市场未曾饱和（外在机会），那么它就应该采取 SO 战略去开拓这一国际市场。

WO 战略是利用外部机会改进内部弱点的战略，着重考虑劣势和机会，目的是努力使劣势趋于最小，使机会趋于最大。例如，一个面对计算机服务需求增长的企业（外在机会）十分缺乏技术专家（内在劣势），那么就应该采用 WO 战略培养、招聘技术专家，或购入一个拥有高技术的计算机公司。

ST 战略就是利用企业的优势避免或减轻外部威胁的战略，着重考虑优势因素和威胁因素，目的是努力使优势因素趋于最大，使威胁因素趋于最小。例如，一个企业的销售渠道（内在优势）很多，但是由于各种限制，不被允许经营其他商品（外在威胁），那么就应该采取 ST 战略，走集中型、多样化的道路。

WT 战略就是直接关注企业内部弱点和避免外部威胁的战略，即考虑劣势因素和威胁因素，目的是努力使这些因素都趋于最小。例如，一个商品质量差（内在劣势），供应渠道不可靠（外在威胁）的企业应该采取 WT 战略，强化企业管理，提高产品质量，稳定供应渠道，或走联合、合并之路以谋生存和发展。

---

① 参见张世君、刘荣英：《企业战略管理》，武汉理工大学出版社 2006 年版，第 118 页。

SWOT 方法的基本点就是企业战略的制定必须使其内部能力(优势和劣势)与外部环境(机会和威胁)相适应,以获取经营的成功。

3. 波特的竞争五因素分析法

波特的竞争五因素分析法是由美国哈佛大学教授迈克尔·波特(Michael Porter)于 20 世纪 80 年代提出的,对企业战略制定产生了全球性的深远影响。波特的竞争五因素分析法用于企业竞争战略的分析,可以有效地分析客户的竞争环境。这种方法比较全面地反映了产业的竞争特点。

五因素分析模型将大量不同的因素汇集在一个简便的模型中,依次分析一个行业的基本竞争态势。五因素分析模型确定了竞争的五种主要来源,即供应商讨价还价能力、购买者的讨价还价能力,潜在进入者的威胁,替代品的威胁,以及来自现有竞争对手之间的竞争。一种可行战略的提出首先应该确认并评价这五种因素,不同因素的特性和重要性因行业和公司的不同而不同。五因素分析模型如图 3-2 所示:

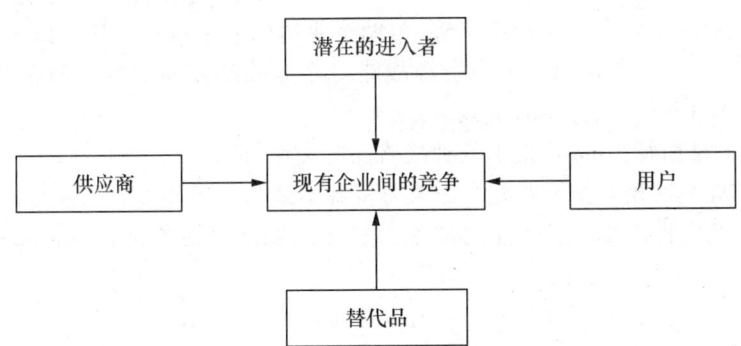

图 3-2 波特的竞争五因素分析模型

波特的竞争五因素分析模型被广泛运用于很多行业的战略制定。波特认为,在任何行业中,无论是国内的还是国际的,无论是提供产品的还是提供服务的,竞争的规则都包括在五种竞争力量内,这五种竞争力量决定了企业的盈利能力和水平。具体表现为:

(1) 新进入者威胁。新竞争者的加入必然会打破市场平衡,引发现有竞争者的竞争反应,也就不可避免地需要调入新的资源用于竞争,因此使本企业收益降低。

(2) 替代品的威胁。市场上可替代的产品和服务的存在意味着本企业的产品和服务的价格将会受到限制。

(3) 用户(买方)的讨价还价能力。如果买方拥有讨价还价能力,他们一定会利用它。这会减少本企业的利润,其结果是影响收益率。

(4)供应商的讨价还价能力。与买方相反,供方会设法提高价格,其结果同样会影响本企业的收益率。

(5)现有企业间的竞争能力。竞争会导致对市场营销、研究与开发的投入或降价,结果同样会减少本企业的利润。

三、人力资源战略与竞争优势

(一)人力资源战略与企业战略整合

1. 人力资源战略与企业战略匹配性的研究

在企业战略的研究和制定中,特别要注意战略匹配,也就是通过战略整合保持人力资源管理战略与企业总体战略的一致。勒温和米切尔(Lewin & Mitchell,1995)指出,人力资源战略与企业战略的协调可以帮助企业利用市场机会,提升企业的内部组织优势,帮助企业达成战略目标。长期以来,许多专家和学者都对如何加强人力资源战略与企业战略之间的整合问题进行了深入的探讨和研究,并卓有成效。

(1)格斯特(Guest)提出五种战略匹配类型,即:

① 战略性相互作用匹配——人力资源实践与外部环境的联系与协调;

② 突发性匹配——企业内部人力资源实践能够对外部特殊因素(如市场变化)及时作出反应;

③ 理想的实践组合匹配——所有企业都可以采用的"最佳实践";

④ 整体性匹配——各种人力资源管理实践活动作为一个系统的整体相组合;

⑤ 互补性匹配——各种人力资源管理实践之间优势互补、有效结合。

(2)詹姆斯·布赖恩·奎因(James Brian Quinn)提出人力资源战略与企业基本战略、文化战略相匹配的方式,如表3-2所示:

表3-2 奎因战略匹配模式

企业基本经营战略	企业文化战略	人力资源战略
低成本战略	官僚式文化	诱引战略
产品差异化战略	发展式文化	投资战略
高品质产品战略	家族式文化	参与战略

资料来源:转引自方振邦:《战略与战略性绩效管理》,经济科学出版社2005年版,第59页。

(3) 冯布龙·蒂契和迪维纳(Fombrun Tichy & Deranna,1984)在《战略性人力资源管理》一书中提出人力资源管理与企业发展战略配合的战略方式,如表3-3所示:

表3-3　蒂契和迪维纳的战略配合模型

企业发展战略	组织管理机制	人力资源战略
集中式单一产品发展战略	规范的职能型组织与运作机制,高度集权的控制与严密的层级指挥系统,严格的分工	家长式战略:员工招聘、选拔、绩效考核等主要从职能上评价和依靠各线主管判断;报酬方式由上司决定;培训与开发以单一职能技术为主
纵向整合式发展战略	主要是规范的职能型组织机构与运作机制,集中进行控制与指挥,但更注重部门实际效率与效益	任务式战略:员工招聘、选拔、考绩更多依靠客观标准、事实与数据;奖励主要依据工作业绩与效率;员工发展以专业化为主,少数通才通过工作轮换培养
多元化发展战略	事业部型或战略经营单位(SBU)式组织结构	发展式战略:员工招聘、选拔运用系统化标准,考绩以贡献为主,主客观标准并用;报酬以对企业的贡献和企业投资效益为基础;进行跨职能、跨部门、跨事业单位的培训与系统开发

资料来源:王先玉、王建业、邓少华:《现代企业人力资源管理学》,经济科学出版社2003年版,第54页。

2．人力资源战略与企业基本战略的整合

(1) 与低成本战略的整合

所谓的低成本战略,又叫成本领先战略。它是指企业在提供相同产品或服务时,通过在内部加强成本控制,在研究、开发、生产、销售、服务和广告等领域内把成本降低到最低限度,使成本或费用明显低于行业平均水平或主要竞争对手,从而获得更高的市场占有率或更高的利润,成为行业中的成本领先者的一种竞争战略。简言之,低成本战略是通过使本企业成为本行业中成本最低的生产者,以低成本取得竞争优势的战略。这种战略的指导思想是,要在较长的时期内在价值链的各个环节上使企业产品保持同行业中的领先水平,并按照这一目标采取一系列措施,使企业获得同行业平均水平以上的利润。

实施低成本战略的生产者在行业中具有明显的优势:第一,对于竞争者,低成本生产者可以低价为基础在竞争中处于优势地位,扩大销售,获得更多的利润。第二,对于客户,低成本生产者在竞争中面对强大的客户时能保证一定的利润。第三,对于供应商,低成本生产者能比竞争对手更具有价格谈判力因为它更能承受原材料采购价格的上涨。第四,对于潜在的进入者,低成本生产者不仅可以作为潜在竞争者的进入障碍,而且可以保持已有的市场。第五,对于替代品,低成本生产者可通过销价比其对手具有更强的防卫能力。总之,低成本使企业具有一定的防卫能力,可使企业获得较高的利润或承受较低的价格,争取较多的客户,尤其是在决定行业价格水平中具有较大的竞争力。

由于低成本战略强调成本控制,企业内多为集权式管理,看重生产效率,因而在人力资源战略上,企业主要追求的是员工的可靠性和稳定性,即员工在规定的工作范围内有稳定一致的表现。具体的人力资源管理策略如下:明确界定员工所需要的技能,并针对性地进行培训投资;具有以行为为中心的绩效评估系统;通常采取内部晋升制度,薪酬系统更多关注企业内部一致性,拉开管理人员与普通员工的工资差别;吸引员工参与管理并广泛听取员工意见,以提高生产效率。

(2) 与差异化战略的整合

所谓差异化战略是指企业向消费者提供的产品和服务在行业范围内是独具特色的(这些特色可以表现在产品设计、技术特征、产品品牌、产品形象、服务方式、销售方式、促销手段等某一方面,也可以同时表现在几个方面),这种特色可以给企业所生产的产品带来额外的加价,从而使企业形成竞争优势。公司形成这种战略主要是依靠产品和服务的特色,而不是产品和服务的成本。但是应该注意,差异化战略并不意味着公司可以忽略成本,只是强调这时的战略目标不是成本问题。

企业突出自己的产品与竞争对手之间的差异性主要有四种基本途径:

第一,产品差异化战略。产品差异化的主要因素有:特征、工作性能、一致性、耐用性、可靠性、易修理性、式样和设计。

第二,服务差异化战略。服务的差异化主要包括送货、安装、顾客培训、咨询服务等因素。

第三,人事差异化战略。训练有素的员工应能体现下面六个特征:胜任、礼貌、可信、可靠、反应敏捷、善于交流。

第四,形象差异化战略。由于实施差异化战略的企业主要以独特创新的产品、服务、技术等与对手竞争,其生产技术一般比较复杂,因而人力资源战略需要培养员工具有高度的创造性与协作精神。具体的人力资源战略如下:工作说明书界定比较宽泛;雇员更多从外部招聘;职业通道更宽广;薪酬系统更多关注外部的公平性;绩效管理以结果为导向。

3. 人力资源战略与企业发展战略的整合

（1）与集中型战略整合

所谓集中型战略是指把经营战略的重点放在一个特定的目标市场上,为特定的地区或特定的购买者集团提供特殊的产品或服务。它是围绕一个特定的目标进行密集型的生产经营活动,要求能够比竞争对手提供更为有效的服务。公司一旦选择了目标市场,便可以通过产品差别化或成本领先的方法,形成集中型战略。就是说,采用集中型战略的公司,基本上是特殊的差别化或特殊的成本领先公司。集中型战略主要强调企业的市场份额和运营成本。

采取集中型战略的优点是经营目标集中,管理简单方便,精通相关技术,熟悉产品市场,生产高度专业化,达到规模经济效益。因此,集中型战略往往能够取得较好的效果。

在现实中,采取集中型战略的企业通常具有规范的职能型组织结构、集权的层级指挥系统以及标准化的运作程序。集中战略要求企业的人力资源战略强调企业维持组织中已经存在的现有技能;培训计划、薪酬计划的重点要集中保留这些技能;绩效考核要注重行为。

（2）与内部成长战略整合

内部成长战略主要是通过横向延伸企业寿命周期曲线的各种措施实现的。企业非常关注市场开发、产品开发、创新或者合资等方面的战略,强调将企业所有资源组织起来以强化现有的优势。内部成长战略主要在企业的产品经营领域,是通过内部挖潜和资本积聚的方式,使企业的核心能力得以培育和巩固,其目的主要是追求渐进式、持续性成长。成长的需要要求企业必须不断招聘、调动、提升员工,面向不同的市场,不断改变雇员技能,更要注重根据市场扩展的需要为员工提供相应的培训。绩效评价要求结合行为和结果两个方面,薪酬组合强调奖励增长目标的达成,强调团队建设。

（3）与外部成长战略整合

企业外部成长战略主要是通过纵向提升企业寿命周期曲线的各种措施实现的。这些措施包括:组建合资和合作公司,吸收外来资本,建立战略联盟,开展技术转让,兼并与收购,长期融资等。外部成长战略主要适用于企业的资本经营领域,是通过外部联合和资本集中的方式,使企业的核心能力得到创新和扩张,其目的主要是追求跳跃式、突发式成长。外部成长战略面对的是三大市场:资金市场、证券市场和产权市场,主要处理的是借贷关系和产权所有关系。

因此,在实施企业外部成长战略时,人力资源战略要充分考虑企业所实行的战略,特别是通过兼并与收购的企业,尤其要考虑两家公司合并后在何种程度上实现人力资源管理的一体化,包括冲突技能培训,企业文化的融合与冲突解决,工资结构调整,内部一致性达成,岗位、部门、事业单位的人员调整等。

(4) 与剥离战略整合

当今世界的经济浪潮中,收购与资产剥离此起彼伏。剥离战略旨在对公司业务组合进行重新定位。企业剥离部分业务或从母公司分离出子公司的战略也称为精简战略。

剥离战略或精简战略通常伴随着企业裁减员工。因此,人力资源战略管理在企业剥离战略或精简战略中扮演着保持适度的规模、提高工作绩效的角色。这就要求人力资源战略强调科学地评估绩效,区分绩优与绩劣的员工;加强沟通,向企业员工公布裁员的目的,培养员工对企业的信任感与归属感。

4. 人力资源战略与企业战略态势的整合

迈尔斯(Miles)和斯诺(Snow)将企业战略分为三种类型:防御者(Defender)战略、探索者(Prospector)战略和分析者(Analyzer)战略。防御者战略寻求的是整体市场中的一个狭窄、稳定的细分市场,而不是企业的成长。探索者战略通过不断寻找新产品、新市场或新服务,发掘新的商业机会。在这种战略下,企业资源主要用于鼓励创新以及获取难以在组织内部发展的能力,创新比效率更为关键。分析者战略是指企业在一些稳定的产品市场上经营,但同时积极寻找和把握机会,通过快速模仿有创新能力的竞争对手保持竞争优势。

柏德(Baird)和比奇勒(Beechler)认为,对应于企业的防御者战略、探索者战略和分析者战略,企业应当采取与之相匹配的人力资源战略。

当企业采取防御者战略时,与其相互协调的人力资源战略是累积者战略。累积者战略基于最大化员工投入和员工技能培养,充分发挥员工的最大潜能。

当企业采取分析者战略时,与其对应的人力资源战略是协助者战略。协助者战略是基于新知识和新技能的创造,鼓励和支持能力、技能和知识的自我开发。

当企业采取探索者战略时,企业最优的人力资源战略是效用者战略。效用者战略是基于极少的员工承诺和高技能的利用,企业将雇用具有目前所需要的技能且可以马上使用的员工,使员工的能力、技能与知识能够配合特定的工作。如表 3-4 所示:

表 3-4　企业战略、组织要求和人力资源战略

企业战略	组织要求	人力资源战略
防御者战略 • 产品市场狭窄 • 效率导向	• 维持内部稳定性 • 有限的环境分析 • 集中化的控制系统 • 标准化的运作程序	累积者战略:基于最大化员工投入和员工技能培养 • 获取员工的最大潜能 • 开发员工的能力、技能和知识
分析者战略 • 追求新市场 • 维持目前存在的市场	• 弹性 • 严密和全盘的规划 • 提供低成本的独特产品	协助者战略:基于新知识和新技能的创造 • 聘用自我动机强的员工,鼓励和支持能力、技能和知识的自我发展 • 在正确的人员配置和弹性结构化团体之间协调
探索者战略 • 持续地寻求新市场 • 外部导向 • 产品/市场的创新者	• 不断地陈述改变 • 广泛的环境分析 • 分权的控制系统 • 组织结构的正式化程度低 • 资源分配快速	效用者战略:基于极少的员工承诺和高技能的利用 • 雇用具有目前所需要的技能且可以马上使用的员工 • 使员工的能力、技能与知识能够配合特定的工作

资料来源:转引自赵曙明编著:《人力资源战略与规划》,中国人民大学出版社 2002 年版,第 68 页。

(二) 竞争优势理论

在市场竞争日趋激烈的当今社会,企业能否生存与发展,关键在于其是否具有竞争优势。

1. 企业竞争优势

(1) 企业竞争优势的含义

竞争优势概念最早是由英国经济学家张伯伦于 1939 年提出。以后,一些学者相继提出企业竞争优势的定义,如霍弗和辛德尔认为:"竞争优势就是一个组织通过其资源的调配而获得的相对其竞争对手的独特性市场位势。"波特认为:"企业竞争优势源于企业对客户(消费者)创造的超过其成本的价值。相对于对手而言,卓越的价值在于为顾客提供同等的效用,同时价格低廉,或为顾客提供独特的效用而顾客愿意为之付出高昂的价格。"

尽管这些观点对企业竞争优势的内涵、外延、形成条件以及决定因素看法不一,但对企业竞争优势本质的认识是一致的。归纳起来,企业竞争优势是一个综合概念,包括既相互联系又相互补充的两个方面:一是企业内部效率形成的竞争力,二是受环境影响形成的竞争力。

我们认为,企业竞争优势主要来自企业内部效率和技术创新,或者说来自企业价值链各环节的创新。因此,企业竞争优势的实质是一国企业设计、生产、销售产品和劳务的能力,其产品各个方面比竞争对手更具市场吸引力。当然,这并非否认企业外部环境的作用,而是说在某一个特定的时期,一国企业所处的外部环境如制度、体制、政策等是相对稳定的;而在相对稳定的外部环境中,企业与其竞争对手所处的环境是相同的,所以企业竞争优势主要取决于企业自身的经营水平。总之,企业竞争优势就是企业获取市场份额和夺取利润的商务能力,其关键在于内部经营效率和技术创新能力。

对企业竞争优势作出最为系统的研究的是美国哈佛经济学院教授迈克尔·波特(Michael E. Porter),经典之作是他的《竞争战略》、《竞争优势》和《国家竞争优势》,被称为"竞争三部曲"。前两部发表于20世纪80年代初,重点研究企业竞争优势;最后一部发表于1990年,虽然讨论的是国家竞争优势的问题,但仍以产业和企业竞争优势为核心。《竞争战略》一书确定了分析产业和竞争对手的理论框架,并阐述了获取竞争优势的三个基本战略:成本领先战略、标新立异(即差异化)战略和目标集聚战略。《竞争优势》一书以价值链为工具,将其作为一种新的观察视角,阐述企业在实践中将上述三种竞争战略付诸实施的问题,核心内容是企业如何保持持久的竞争优势。

(2)企业竞争优势的基础

技术创新是企业形成竞争优势的基础。这是由技术在企业生产经营活动中的地位决定的。

第一,技术创新导致产生新的生产工具和流程。具体而言,创造了许多在原理上和功能上有质的飞跃的劳动手段,出现了许多新的生产工具和流程,提供了许多性能优异的新材料,开发出许多强力、洁净的新能源。同时,新的技术革命在对劳动资料渗透的基础上,物化于劳动人口中,在提高劳动力自然素质的同时,使其智力水平、智力结构发生崭新的变化,这些构成生产力的基本因素。

第二,技术创新引起产业结构的变化。由电子工业、计算机工业、通信工业、新能源工业、新材料工业、宇航工业、生物工业等高技术工业所组成的产业群,日益兴盛,从事这些产业的企业有着显著的市场竞争优势。相反,在西方发达国家一些传统的产业部门,如钢铁、汽车、建筑等部门生产相对萎缩,汽车大王、钢铁大王已被电脑大王、软件大王所取代。另一方面,新技术的应用还使传统的产业部门得以更新和改造,劳动、资金密集型产业逐渐被知识技术密集型产业所取代。

第三,技术创新引起生产劳动方式的变化。以往的技术革命使大机器生产取代了手工操作,但劳动者仍不得不屈从于机器的装置和运转。由新技术革命带来的电子计算机和机器人的应用,不仅进一步解放了人的体力,也部分取代了人的脑力,使生产朝着全面自动化、科学化、智能化发展。"工人不再是生产过程的主要当事者,而是站在生产过程的旁边","表现为生产过程的监督者和调节者的身份同生产过程发生关系"①。

第四,新的技术革命带来生产组织、管理体制的变革。生产流程由机械化时代的大规模流水线转变为小批量、多品种的柔性生产线,产品多样化,富于灵活性。信息已成为企业发展中不可缺少的重要资源,"网络结构"逐步取代传统的"金字塔结构",劳动的组成、生产系统、管理方式趋向分散化与小型化。总之,从人类生产实践看,科技越来越成为第一生产力。自产业革命(技术创新导致)以来,每一次技术革命(根本的创新)都引起生产工具的革命,也引起产业革命的不断升级。"工作机——动力机——传动机——控制机"生产工具的发展轨道,一方面表明技术创新的发展路径,另一方面表明生产工具向智能化方向发展。"智能化"的根本内涵是技术的不断创新。从世界各国企业发展看,哪个企业能够把握这一方向,哪个企业就能够发展壮大,并保持强劲的竞争优势。因此,可以认为,一国企业真正的竞争优势在于技术的优势,在于技术不断创新的能力。彼德·德鲁克说得好:"任何国家,没有自己的高技术企业,就难以充当领导者的角色。"②

2. 人力资源战略提升企业竞争优势的理论模型

(1) 克雷曼理论模型

克雷曼理论模型是以人力资源实践作为分析的起点。克雷曼指出,人力资源实践直接地或间接地提升企业竞争优势。所谓直接地提升企业竞争优势,主要是指贯彻某种人力资源管理实践的方法本身能够对竞争优势产生一种直接影响。间接地提升企业竞争优势是指某种人力资源管理能够通过导致某些结果而影响竞争优势。具体地说,它是通过以员工为中心的结果引发

---

① 《马克思恩格斯全集》第46卷,人民出版社1979年版,第218页。
② 〔美〕迈克尔·波特:《竞争优势》,陈小悦译,华夏出版社1997年版,第30页。

以组织为中心的结果,从而提升企业竞争优势。如图 3-3 所示:

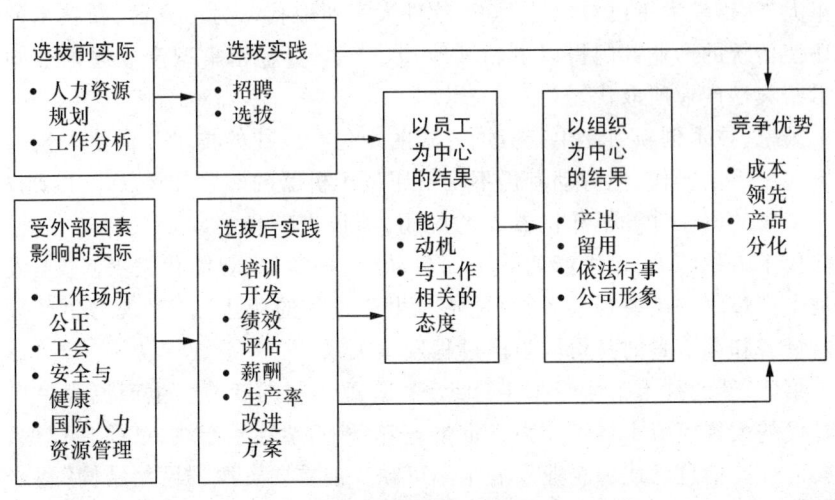

图 3-3 克雷曼理论模型

资料来源:〔美〕劳伦斯·克雷曼:《人力资源管理》,孙非等译,机械工业出版社 1999 年版。

该模型表明,通过人力资源管理实践所创造、获得的竞争优势更难以被模仿、复制,比用其他方法与手段获得的竞争优势更为持久。其原因有以下两点:其一是竞争者很少或很难深入接触、理解一个企业的人力资源管理实践;其二是人力资源管理实践是一个多种要素相互关联的系统,竞争者只模仿一种实践(要素)很难成功。

(2) 诺伊模型

此模型强调,人力资源管理实践对于企业发展极具价值,是企业的一种重要投资;人力资源管理不仅影响员工的动机、态度,而且影响员工为顾客提供满意的产品与服务的能力;人力资源管理是迎接竞争性挑战、创造企业竞争的关键活动。如图 3-4 所示。

3. 通过人力资源战略获得持续的竞争优势

20 世纪 90 年代,巴尼和沃特菲尔特等提出了"资源基础论",它是以资源为基础的企业战略管理理论,将企业资源分为物质资源、人力资源和组织资源。在该理论指导下的人力资源管理,重视人力资源的知识、技能和能力,能够理论性地说明人力资源可以成为企业竞争优势的重要源泉。

巴尼(Barney,1991)分析了企业持久竞争优势的来源。巴尼认为,具有

第三章 人力资源战略

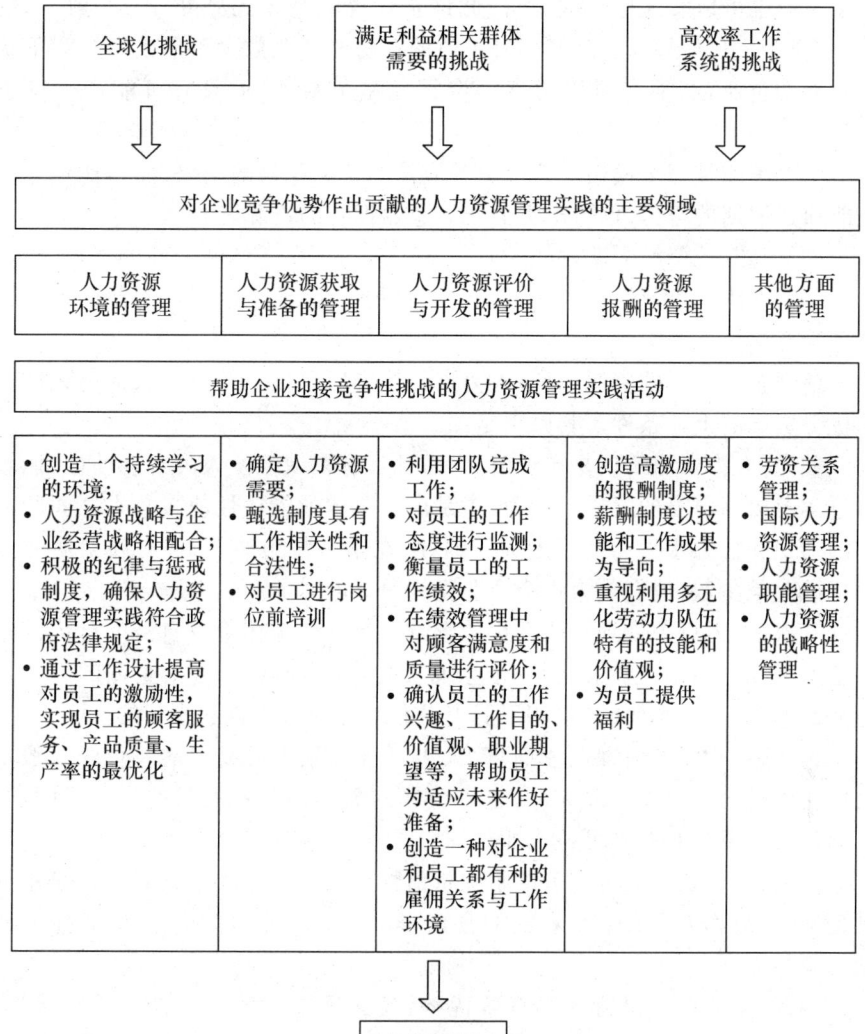

图 3-4 应对竞争挑战的人力资源管理模型

形成竞争优势潜力的企业资源必须具备五个特征：

（1）有价值的。这种资源对于企业利用机会、减少外部环境的威胁是有价值的。

（2）是稀缺的。这种资源在企业目前和潜在的竞争对手中是稀缺的。如果一个企业实施战略所需的资源不是稀缺的，那就意味着拥有相似资源的其他企业也可以实施这一战略,因此该企业也就毫无优势可言。一般来说,在一个行业中,如果拥有独特的有价值的资源的企业数少于形成完全竞争状态所需的企业数,那么可以说这种资源就是稀缺的,而且有可能产生竞争优势。

(3) 不能被完全模仿。这种资源应该是长期积累的结果,而其他企业不可能通过短期的努力,创造出类似于该企业拥有的资源能力。

(4) 是其他资源无法替代的。

(5) 有附加价值性。也就是说,该资源可以带给企业实际利益而不是单纯理论意义上的资源。

综观企业所有的资源,只有人力资源符合巴尼提出的企业保持持久性竞争优势资源的上述条件。其原因是:

首先,人力资源不仅是有价值的,而且具有稀缺性。人具有能动性,能够通过学习提高自身的素质与能力,正是由于个体的能动性使人与人之间所拥有的知识和智力水平存在着差异。因此,在某一特定时期,拥有高素质的人力资源总是少数,他们成为各个企业竞相争夺的对象。

其次,人力资源受到企业文化的影响。每一个个体都有自身的行为准则和道德标准,并且一旦融人到一个企业文化中去,就会受这个企业的经营理念的影响,打上该企业的"烙印",这是其他企业难以掌握和模仿的。

再次,不管对于何种企业而言,人力资源都是不可或缺的。企业一般不会雇用不适合自己的专业人才,也不会轻易放弃对企业有用的人才。因此,可以说人力资源具有不可替代性。

最后,人力资源具有显著的附加价值性。由于商品的"附加价值"是由劳动创造的,故而人力资源是利润的真正来源。商品的附加价值越高,企业的利润就越大。

因此,企业要取得持久的竞争优势,就必须重视企业的人力资源管理。另外,从战略职能的角度看,人力资源管理的理念之一,是将企业的员工视为非常珍贵的资源,是企业各种投入中十分重要的组成部分。只要对这部分资源加以有效的管理,就能使之成为提高企业竞争力的重要推动力。人力资源至少应被视为与企业的资金、技术和其他要素具有同等的重要性。

本章小结

人力资源战略组织通过对内部和外部人力资源供需的预测和分析,制定出符合其长远发展所需的人力资源方案,它是组织为自己未来的生存和发展制定的一个与组织总体战略计划相适应的人力资源战略。有效的人力资源战略能保证组织战略规划的有效实施和战略目标的实现。

进入21世纪以来,人力资源管理的内外环境正在发生巨大的变化。实际上,在这些内外部环境和条件的背后就是人力资源的问题,即如何制定人力资源战略和规划。对人力资源环境的分析可以与企业在制定企业战略时进行的环境评价合为一体,它可以帮助企业解决所面临的人力资源方面的问题,为企业的发展提供人力资源保障。

企业应对外部环境的变化进行分析与预测,并根据自身的能力作出相应的决策,树立起竞争性的战略观念与意识,科学地制定和实施企业战略计划。而企业战略目标的实现需要依赖一系列功能性战略,其中人力资源战略最为重要。美国管理学者莱文和米切尔(Lewin & Mitchell,1995)指出,人力资源战略与企业战略相配合,可以帮助企业增加利用市场的机会,提升企业内部的组织优势,帮助企业实现其战略目标。

重要概念中英文对照

1. 人力资源战略(Human Resource Strategy)
2. 企业管理(Business Management)
3. 人力资本(Human Capital)
4. 主要成本(Prime Cost)
5. 管理变革(Management Change)
6. 柔性管理(Flexible Managementt)
7. 匹配(Accouplement)
8. 整合(Integration)
9. 低成本(Low Cost)
10. 差异化(Differentiation)
11. 集中型(Concentrated)
12. 内部成长(Organic Growth)
13. 剥离(Peel Off)
14. 竞争优势理论(Competitive Advantage Theory)

复习思考题

1. 人力资源管理的战略作用是什么?
2. 什么是人力资源战略?如何解析其定义?

3. 实施人力资源战略主要包括哪些方面？
4. 人力资源战略环境分析的主要内容和步骤是什么？
5. 什么是 PEST 宏观环境分析法？
6. 什么是 SWOT 分析法？
7. 当企业采取防御者战略、探索者战略和分析者战略时，企业应采取怎样的人力资源战略与之相匹配？
8. 什么是企业竞争优势？
9. 为什么说人力资源符合巴尼提出的企业保持持久性竞争优势资源的条件？

案 例

普朗普陀汽车出租公司的问题[①]

普朗普陀汽车出租公司销售副总经理斯科特在午餐会上对助理卡伦宣布一些计划："卡伦,我终于能说我们这个小小的汽车出租公司快要时来运转了。经过一年的营运,我认为我们就要与巴奇特(廉价)租车公司和隆茂这类公司相抗衡了。我们的价格结构是他们难以应对的,有时,甚至我自己也不明白,我们怎么能做到以现在的价格出租汽车。"

"让我再告诉你关于我们扩大营业的计划。我打算把计算机系统与飞机订票业务连接起来,三大汽车出租公司都和飞机航线挂上了钩,我想我们也能。我还想把我们的营业与便宜的汽车旅店和旅馆连接起来。租我们公司产品的人所付的租金和住宿费要比和那些大公司合作便宜得多。为了做到这一点,我们可能要把商业信誉扩大到边远范围,从长远看,这样做是值得的。我们已作好准备来一个大飞跃。"

卡伦回答道："斯科特,我感到奇怪,你会在目前情况下提出扩大营业问题,我最近得到的消息不太乐观。生意好像在急剧走下坡路,中西部出租率下降了 35%,东部下降了 25%。"

斯科特立即反驳说："别说了,最近飞机航线的营业额是在下降,我们与飞机的业务连得太紧了,这没关系。用不了几个月,需求量就会回升到前所未有的高度。"

卡伦说道："我有个主意,我们给中西部地区经理巴德打个电话,看他是

---

① 资料来源:俞文钊主编:《人力资源管理心理学》,上海教育出版社 2005 年版,第 24 页。

否注意到真的有问题。"

巴德在电话里怒气冲冲地说:"我希望知道更多的问题,但我一个人要管十几个州的业务。生意看来不妙,我还不能确定原因。我在几个地方听到一些顾客的牢骚,但我们即使把高级轿车租给他们,每英里只要1角5分,一天只要20美元,他们也会有意见。他们不是说烟灰缸脏,就是嫌轮胎气不足。"

斯科特和卡伦讨论了巴德的意见后,一致同意去找一手材料,他们一起到机场直接找订票办事员谈话,卡伦和斯科特向办事员保证他们此行的目的是真诚的,主要是找出问题而不是查是谁的责任。

办事员说道:"坦率地说,我们这里有很多问题,比你们期望一个预定办事员去应付的多得多。顾客可能由于价格低而来试试我们的车,但第二次再来的并不多。几乎所有人只能与普朗普陀汽车出租公司打一次交道。"

"请勿见怪,先生,或许你应租一辆自己公司的车,看它究竟有什么问题。人们常给我们提意见,说是烟灰缸脏了,座位上发现了梳子,刮雨器坏了,车子没有洗刷以及车子爬不上坡等等。听了这些话,我总是向顾客保证以后不再发生类似问题,但这都不是诚恳的,因为我知道下次还会出现这些问题,而且可能更糟。"

卡伦插话:"你怎么知道还会发生?"

"就因为我们缺乏负责这项业务的工人。我们两名维修工负担太重了。另外,我们基本上处于自流状态,很少有人监管。事实上在机场附近,普朗普陀汽车出租公司已经成了笑柄,我最近听到关于我们公司的俏皮话是:如果你要来个刺激,看看里程表从99999走到100000英里,那就租一辆普朗普陀汽车出租公司的汽车吧。"

思考题:

1. 请分析普朗普陀汽车出租公司的人力资源战略存在什么问题?

2. 请你为斯科特设想一下,他应采取什么措施,才能防止今后再发生类似的情况。

参考文献

1. 俞文钊:《人力资源管理心理学》,上海教育出版社2005年版。
2. 孙海法编:《现代企业人力资源管理》,中山大学出版社2002年版。
3. 〔美〕迈克尔·波特:《竞争优势》,陈小悦译,华夏出版社1997年版。
4. 汪玉弟:《企业战略与HR规划》,华东理工大学出版社2008年版。
5. 赵曙明:《人力资源战略与规划》,中国人民大学出版社2002年版。

6. 金占明:《战略管理》,清华大学出版社 2004 年版。
7. 俞文钊:《管理的革命》,上海教育出版社 2003 年版。
8. 〔美〕劳伦斯·S.克雷曼:《人力资源管理》,机械工业出版社 2009 年版。
9. 俞文钊:《管理心理学》,东方出版中心 2002 年版。
10. 〔美〕詹姆斯·W.沃克:《人力资源战略》,吴雯芳译,中国人民大学出版社 2001 年版。
11. 〔美〕查尔斯·R.格里尔:《战略人力资源管理》,孙非等译,机械工业出版社 2004 年版。
12. 张世君、刘荣英:《企业战略管理》,武汉理工大学出版社 2006 年版。

第四章　人力资源规划

  战略管理是实现企业使命与目标的一系列决策和行动计划,任何行动从语义学的角度分析都会包含这样几个问题:做什么?由谁做和为谁做?怎么做?在哪里做和何时做?

——彼得·德鲁克

一、人力资源规划概述

  20 世纪 70 年代之后,大量企业开始意识到应将人力资源规划作为制定人力资源战略最关键的部分。但是从企业人力资源管理的实际情况看,大多数企业的人力资源规划往往成了一种短期的、应急式的人员需求计划,不少企业面临人才结构性失衡问题,常常感叹:"我们不缺人,但缺可用之人。"因此,作为人力资源管理者必须专注并有效地确定对企业真正重要的人力资源管理问题,仔细研究并部署人力资源战略,形成一个更加灵活、更加合适的组织,并最终实现其战略目标。这些问题包括:

(1) 人力资源部门为企业的发展构建了怎样的远景规划?
(2) 企业的利润增长与招募到有效的人力资源关系如何?
(3) 导致本企业员工流失率低于同行业的因素是什么?
(4) 在企业开始战略变革时,本企业应当采取什么样的人力资源战略?
(5) 如何在核心员工身上获得人力资本投资的预期收益?
(6) 从竞争对手身上如何汲取更好的对策以提高人力资源管理的有效性?
(7) 在遭受金融危机重创的环境下,本企业能够采取的应对策略是什么?

(一) 人力资源规划的含义

  所谓人力资源规划,就是在战略性人力资源管理体系中,根据组织内外环境的变化和组织发展战略,把组织的规划和目标具体化为未来的对员工数量和质量的需求,并最终通过人力资源管理活动实现组织战略目标的过程。

上述概念大体包含了以下四方面的含义:

(1) 人力资源规划随组织环境的发展变化而变化。人力资源规划就是要对这些动态变化进行科学的预测和分析,以满足组织近期、中期和长期对人力资源的需求,并得到有效配置,保证组织可以在数量和质量以及人员结构方面获得充足的人力资源。

(2) 人力资源规划的核心内容是保持人力资源供给与需求的平衡,即系统评价人力资源需求。为保证在适当的时候有适当的人在适当的岗位上,需要人力资源管理其他系统的支持和配合,人力资源规划是对人力资源进行调整、配置和补充的过程。

(3) 人力资源规划可以保证组织如期制定出必要的人力资源政策和措施。政策要透明、公正,如对内部人员的调动补缺、晋升或降职、外部招聘和培训以及奖惩等都要有切实可行的措施保证。人力资源规划就是要分析组织在环境变化中对人力资源需求的状况并制定必要的政策和措施以满足这些需求。

(4) 人力资源规划既要达到组织利益的目标,也要兼顾员工的个人福利目标,而且还要创造良好的条件,充分激发员工个人的主观积极性和创造性,使人力资源的供给和需求达到最佳平衡,使组织和员工的价值目标最大化。

(二) 人力资源规划的发展历程

美国人力资源管理学者詹姆斯·W.沃克认为,人力资源规划的发展历史仅几十年而已。自现代工业组织产生以来,人力资源规划就是一种管理活动。20 世纪初,人力资源规划的焦点在于小时生产工人。第二次世界大战期间及战后的工业技术发展,使得人力资源规划进一步加强了对员工生产率的关注。

20 世纪 60 年代对高级人才的大规模需求直接导致人力资源规划的重点是管理人才、专业以及技术人才的供求平衡,30 岁至 40 岁的男性和特殊技工人才最为短缺。这个期间,管理人员应当确定组织如何由现在的发展状态过渡到未来的人力资源状态。由此产生了"使组织与个人双方获得最大的长期利益"的五个步骤:确定组织目标、预测人力资源需求、评价企业内部人员技能状态和其他内部供给特征、确定人力资源需求以及制定行动方案。

20 世纪 70 年代,人力资源规划的活动开始"升温",主要原因在于:一方面需要遵守就业机会平等的法律;另一方面人们意识到人力资源对企业业绩与盈利能力的实际重要性。正是因为较好的预测,人力资源规划从此被广泛用于大企业和政府组织的一系列活动。

1977年,美国成立了人力资源规划学会(Human Resource Planning Society)。1978年,亚特兰大第一次人力资源规划学会进行了多项议题的讨论(如环境、预测与规划,职业计划与发展,工作绩效,组织设计及其他主题)。

20世纪80年代以后,人力资源规划被用来协助企业重新设计自身以满足未来发展的需求,如对消费者偏好作出反应、提供更好的产品质量、迅速处理危机、提高成本竞争优势等。

面对金融危机之后的全球经济,人力资源规划更加强调管理接班人计划、人员裁减计划、兼并与收购计划等。在企业的人力资源管理实践中,人力资源规划更加倾向于短期化和实效性。

(三)人力资源规划的地位

1. 人力资源规划的必要性

一个组织的生存和发展取决于该组织的总体战略规划。人力资源规划是组织为适应动态的环境变化而作出灵活的应对措施,它能不断调整人力资源管理的政策以实现各种资源的供求平衡。人力资源规划的必要性主要表现在以下方面:

(1)人力资源管理活动是一个复杂的系统工程,若缺乏人力资源规划(如招聘、培训、绩效考核、薪酬激励、职业生涯发展等),会导致现有人力资源开发不足,从而不适应企业战略发展要求,因此应当将人力资源规划与人力资源管理活动紧密结合,组成一个强有力的活动纽带。

(2)在不同的企业发展生命周期中,由于环境变化会导致已有人力资源结构产生不合理性(如年龄结构、知识结构、地区分布、性别结构等),需要有计划并灵活地加以调整,而人力资源规划可以减少企业未来发展的不确定性,对人力资源的数量、质量和结构作相应的调整,内部人力资源的及时补充也需要制定人力资源规划。

2. 人力资源规划的地位

人力资源规划是一种战略性人力资源。人力资源规划的实质是战略问题。一般情况下,战略规划与战略同时确定,即具有战略性目的并服从于组织整体规划的活动。

(1)人力资源规划是一种决策的表达形式。

（2）人力资源规划是执行人力资源管理决策的依据。

（3）人力资源规划是一项系统工程，涉及企业各类要素和方面，反映人力资源管理服务的总体性质。

（4）人力资源规划是一个行动性的动态过程，即行动计划。战略需要有一个具体的执行计划以帮助组织完成目标。

（5）人力资源规划是诊断人力资源管理效果的核心标准，可以通过对四个基本问题的回答诊断：

第一，本企业现在的情况怎样？根据组织本身、员工个人等诸因素的状况确定组织当前的人力资源管理状况。

第二，本企业的目标是什么？重在衡量组织目标与现状之间的差距，进而把其中最大、最重要的差距作为人力资源管理的具体目标。

第三，本企业如何才能实现目标？重在选择最优化的手段、方法、资源并加以整合，建立人力资源管理运作系统。

第四，本企业做得如何？重在考察是否达到了既定目标，并及时进行成果评价与反馈，制定新的人力资源计划。

（四）人力资源规划的原则

1. 适应性原则

人力资源规划必须充分考虑内外环境的变化，必须适应未来国家经济发展以及全球化浪潮的改革趋势，对可能出现的情况作出预测，才能真正做到为组织或企业的发展目标服务。内部环境变化主要指组织自身和员工个人方面的变化；外部环境变化包括组织所处的政治、经济、科学技术、有关人力资源政策、行业环境因素等方面的变化。

2. 科学性原则

人力资源规划要从人力资源现状出发，以人力资源需求和供给预测为基础进行科学客观的人力资源规划，全面统筹与均衡发展，最终保证完成企业的战略目标。

3. 人员保障性原则

完善组织或企业的人力资源保障问题是人力资源规划要解决的核心问题。它包括人员的双向流动预测（可不断改善员工的素质、结构，实现人力资源队伍的整体优化）、社会人力资源供给状况动态分析、国家政治经济政策、绩效、薪酬影响等。

4. 整合协调原则

人力资源规划是人力资源管理的战略性纲领，在其编制与执行过程中始终与其他职能相平衡。同时,要处理好以下关系:整体和局部的关系、眼前和未来的关系、必要和可能的关系、数量和质量的关系、速度和效益的关系。

5．整体利益原则

人力资源规划有益于企业良性发展和员工职业生涯发展,它们是互为依托、互相促进的融合关系。如果单方面考虑企业的发展需要,而忽视了员工的职业生涯发展,则会在一定意义上阻碍企业发展目标的实现。

人力资源规划不是一成不变的,它是一个动态的过程。对其过程和结果必须进行监督、评估,并在信息反馈中不断调整供给和需求的平衡,确保人力资源规划的实施以及完成企业的整体目标。人力资源规划的过程可以概括成一个人力资源模型,如表4-1所示:

表4-1　人力资源规划模型

Ⅰ．收集信息
A．外部环境信息
1．宏观经济形势和行业经济形势
2．技术的变化
3．竞争
4．劳动力市场
5．人口和社会发展趋势
6．政府管制情况
B．企业内部信息
1．企业战略
2．业务计划
3．人力资源现状
4．离职率和员工流动性
Ⅱ．人力资源需求预测
A．短期预测和长期预测
B．总量预测和各个岗位预测
Ⅲ．人力资源供给预测
A．内部供给预测
B．外部供给预测
Ⅳ．具体项目的计划与实施
A．增加或减少劳动力规模
B．改变技术组合
C．开展管理职位的接续计划
D．实施员工职业生涯计划

（续表）

V. 人力资源计划的反馈
  A. 计划的实施是否符合环境与战略的需要
  B. 项目的实施是否达到要求

资料来源：Cynthia D. Fisher, Lyle F. Schoenfeldt and James B. Shaw: Human Resource Management, Houghton Mifflin Company, 3rd edition。

二、人力资源规划的内容

（一）人力资源规划的类别

人力资源规划是企业战略与其整体性人力资源管理职能之间联系的纽带。它既影响企业的整体战略规划，又受到整体战略规划的影响。人力资源规划的类别较多，根据实际情况可灵活运用。

1. 按人力资源规划的时间跨度分类

按时间跨度，人力资源规划可分为长期规划、中期规划和短期规划。

人力资源规划的短期规划是六个月至一年，这种规划要求任务明确、具体，操作性较强；中期规划是一至三年，该规划有一定的任务和较强的运作周期，一般以战略制定战术，但不及短期规划具体；长期规划是指三年以上，主要是对组织的未来发展指明方向的纲领性政策。一般来说，人力资源规划要与企业生命周期及总体规模一致。通常，经营环境不确定、不稳定，或人力素质要求低，从而随时可以从劳动力市场上补充时，可以短期规划为主；相反，若经营环境相对确定和稳定，而对人力素质要求较高，补充比较困难，就应当制定中长期规划。人力资源规划的期限与经营环境的关系如表4-2所示：

表4-2 人力资源规划的期限与经营环境的关系

短期规划：不确定/不稳定	长期规划：确定/稳定
组织面临层出不穷的竞争者	组织拥有很强的市场竞争力
社会、经济迅速发展变化	渐进的社会、政治、技术变化的影响
不稳定的产品/劳务市场需求	有效的信息管理系统
变化的政治和法律环境	卓有成效的管理实践
企业规模发展有限	稳定的产品/服务市场需求
管理水平落后	

2. 按人力资源规划的性质分类

按性质，人力资源规划可分为战略性人力资源规划、战术性人力资源规划和作业层人力资源规划三类。长期规划属于战略性规划，中、短期规划属于策略性规划。

（1）战略性人力资源规划，指与企业长期战略相适应的人力资源规划，内容包括人力资源的需求和供给预测，人力资源相关政策变化，组织发展的愿景等。它的作用是决定组织的基本目标及基本政策，具有方向性。

（2）战术性人力资源规划，指将战略性规划中的愿景确定为具体的行动方案，并规定组织将要完成的预期时间，具有行动性。

（3）作业层人力资源规划，即对一系列操作实务的规划。它涵盖了员工招聘与录用、培训与发展、绩效与考核、薪酬与福利等具体细节，具有实践性。

3. 按人力资源规划的范围分类

按范围，人力资源规划可分为整体人力资源规划、部门人力资源规划、项目人力资源规划。

（1）整体人力资源规划，指企业具有多个目标和多方面内容的计划。该规划关联到整个组织的所有人力资源管理活动，具有全局性特点。

（2）部门人力资源规划，指各业务部门的人力资源管理活动，包括各种职能计划，如人员培训计划、人员招聘、薪酬设计、工作分析、职业生涯规划等。它的内容专一，是整体规划里的子规划。

（3）项目规划，指某项具体任务或工作的规划。它涵盖了针对人力资源管理活动的某项特定课题而作出的决策。

（二）人力资源规划的内容

人力资源规划是将组织的战略规划转化成特定的人力资源数量与质量的计划，它要回答以下问题：企业战略要完成什么目标？企业战术要如何完成，怎么做？人力资源战略需要什么样的人力资源？人力资源匹配体系于何时、何处完成？

人力资源规划的内容包括两个层次，即总体规划及各项业务计划。

1. 人力资源总体规划

人力资源总体规划，即有关计划期内人力资源开发利用的总目标、总政策、实施步骤以及总的预算安排。它是构建人力资源战略和人力资源具体行动不可缺少的桥梁。人力资源总体规划的工作包括以下内容：

（1）收集信息

① 外部环境信息，主要包括宏观经济形势和行业经济形势、技术、竞争、人才和劳动力市场、人口和社会发展趋势、政府管制情况；

② 企业内部信息，主要包括战略、业务计划、人力资源现状、辞职率和员工的流动性。

（2）人力资源需求预测

① 短期预测和长期预测；

② 总量预测和各个岗位需求预测。

（3）人力资源供给预测

① 内部供给预测；

② 外部供给预测。

（4）所需要的项目规划与实施

① 增加或减少劳动力规模；

② 改变技术组合；

③ 开展管理职位的接续计划；

④ 实施员工职业生涯计划。

（5）人力资源规划过程的反馈

① 规划是否精确；

② 实施的项目是否达到要求。

2. 人力资源业务计划

人力资源业务计划指企业根据对未来面临的外部人力资源供给的预测，以及企业的发展对人力资源的需求量的预测结果而制定的具体应对方案，包括职务编制计划、人员配置计划、人员使用计划、晋升计划、教育培训计划、退休计划、劳动关系计划等等。这些业务计划是总体规划的展开和具体化，每一项业务计划都由目标、任务、政策、步骤和预算等部分构成，这些业务计划的执行结果应能保证人力资源总体规划目标的实现。人力资源规划内容如表4-3所示：

表 4-3 人力资源规划内容一览表

计划类别	目标	政策	步骤	预算
总规划	总目标(包括绩效、人力资源总量素质、职工满意度等)	基本政策(包括扩大、收缩、保持稳定等)	总步骤(包括按年安排,降低人力资源成本等)	总预算(以多少万元计)
人员补充计划	对人力资源素质结构及绩效的改善等	人员素质标准、人员来源范围、起点待遇等	拟定补充标准、发布信息、设定选拔方法、录用、上岗教育	招聘选拔费用
人员分配计划	人力资源结构优化及绩效改善、人员能岗匹配、职务轮换幅度等	任职条件、职位轮换范围及时间	略	按使用规模、差别及人员状况决定的工资、福利预算
人员接替和提升计划	后备人才数量保持、提高人才结构及绩效目标	选拔标准、晋升比例、提升人员的安置等	略	职务变动引起的工资变动
培训计划	提高素质、技能,改善技巧,转变态度和作风等	培训时间的保证、培训效果的评估等	略	培训投入及脱产培训的工资费用
薪酬激励计划	人才流失减少、提高士气、绩效改进等	工资政策、激励政策、激励重点等	略	增加的工资、奖金总额预算
劳动关系计划	降低非期望离职率、改进劳资关系、减少投诉、提升员工参与等	鼓励员工参与管理、加强沟通	略	法律诉讼费
退休解聘计划	编制合理、降低劳务成本、提高劳动生产率	退休政策及解聘程序	略	退休人员安置费、人员重置费

资料来源:赵曙明编著:《人力资源战略与规划》,中国人民大学出版社 2002 年版,第 78 页。

(三)人力资源规划的特点

1. 人力资源规划的层次性

人力资源规划在五个层次上表现其特征:

(1)环境层次

环境层次,即一个组织的人力资源管理决策既会对其所处环境产生特定影响,也会影响自身在社会环境中的地位与形象。

(2) 组织层次

组织层次,即由组织最高管理层制定的组织整体性计划,如营销计划、技术、产品开发计划、人力资源管理计划等,其中,人力资源计划的指标有组织结构、组织文化、管理理念、利润、市场份额、产品/服务质量等。

(3) 人力资源管理部门层次

人力资源管理部门层次,即人力资源管理部门自身的工作计划的目标,主要是确定人力资源管理的战略计划,把组织整体目标在人力资源管理活动中具体体现出来,具体化为人力资源计划。它包括的主要决策活动有:人力资源管理如何为企业业务发展服务、使用多少其他资源、奋斗方向与目标等。

(4) 人力资源数量层次

人力资源数量层次,即人力资源的任用计划,主要考虑三个问题:分析人力资源的需求,分析人力资源的供给,协调人力资源的供需缺口。主要决策包括对人力资源的需求预测和缺口弥补等。

(5) 人力资源管理活动层次

人力资源管理活动层次,即把人力资源计划具体化为特定的人力资源管理活动,包括确定实施什么活动及其特征、范围等,其指标有:涉及的员工数量、活动成本与活动结果、收益、效用等。

2. 人力资源规划的整体性

人力资源规划的整体性,即人力资源规划必须整合各种企业资源要素,并使企业内外各方面协调一致。在具体操作上,一般包括三种报表:人力资源供给报表——内部每个重要员工在今后三年内晋升的可能性,外部人力资源市场供给预测;人力资源需求报表——企业各部门由人力资源流动或新职位的产生(消失)、外部需求拉动等引起的今后三年内需要补充的员工或职位;人力资源报表——把人力资源供给报表与需求报表整合后的实际人力资源计划方案。

3. 人力资源规划的一致性

人力资源规划是战略与操作计划之间的中间环节,要具体转变为各项业务计划才能执行,包括两个方面:内部一致性,指组织的人员招聘、选拔、配置、培训、绩效评价等各种人力资源管理计划的设计要彼此配合,即人力资源规划的各个分计划之间一致;外部一致性,指人力资源规划必须是企业总体计划的一个不可分割的部分,且相互紧密配合,即人力资源规划与企业总体战略计划一致。

4. 人力资源规划与员工职业生涯发展的相关性

企业人力资源规划与员工个人职业发展活动密切相关,从而要求人力资源规划的各个构成部分要形成一个良好的系统,把组织计划与人力资源规划、员工个人发展计划衔接起来。

5. 人力资源规划的确定性

约瑟夫·M.普蒂认为,人力资源规划的确定性包括:确定获取、满足人力资源计划的预算与成本等。战略目标的实现取决于实施过程的有效性,人力资源规划要强调过程管理。

(四)制定人力资源规划的步骤

人力资源规划包括人员总规划、职务分析规划、人员配置规划、人员需求规划、人员供给规划、人员补充规划、人员考核规划、薪酬规划、人员职业生涯规划、人力资源管理政策规划、投资预算规划等。由于各组织的具体情况不同,在制定人力资源规划时的步骤也不尽相同。以下是在年度或季度结束时编制相应人力资源规划体系的步骤:

1. 制定员工配置计划

根据组织的发展规划,结合组织各部门的人力资源需求报告进行盘点,摸清人力资源需求的大致情况。人员配置情况包括一个组织的员工数量、职务变动、职位空缺的临时补充办法等。

2. 编制职务计划

根据组织规划和工作分析,在原有的职务外,还会逐渐有新的职务产生,因此,在编制职务计划时要充分做好职务分析,综合职务分析报告的内容,详细陈述企业的组织结构、职务设置、职位描述和职务资格要求等内容,制定未来的组织职能规模和模式。

3. 预测人员需求

企业应依据人员配置和职务计划,运用合理的技术方法,预测各部门的人员需求概况。要清楚标明预测中需求的职务名称、人员数量、希望到岗时间等,制定一个标明员工数量、招聘成本、技能要求、工作类别以及为完成组织目标所需的高、中、基层管理人员数量和层次的计划表。

4. 确定人员供给状况

内部提升和外部招聘是人员供给的主要方式。内部提升有利于组织内的优秀员工不易流失,且招聘成本低,更易激励其他员工工作的热情和积极性。内部提升是一种比较好的人才培养模式。从外部招聘优秀人才并留住人才,在组织局面不理想的情况下有时能够取得意想不到的作用。如果对人才运用得当,将使组织结构发挥极大的作用。

5. 制定员工培训计划

对新员工的上岗培训和老员工的再培训,已成为当前企业发展必不可少的内容。提升企业现有员工的基本素质、经营理念、职业化精神是为了适应企业发展的需要,特别要重视核心员工的培养,这能决定一个组织未来的发展前景。当然,在计划实施过程中要强调实效性、重培训质量,绝不能囿于形式。

6. 制定人力资源管理政策应变计划

宏观政治、经济政策的出台,加上微观行业环境的影响,促使人力资源管理政策的调整趋于灵活,包括招聘政策调整、绩效考核制度调整、薪酬和福利调整、激励制度调整、员工职业生涯规划政策调整。应当明确计划期内的人力资源政策的变化因素、调整步骤和调整范围等,适时地制定相应的应变计划,以确保实现人力资源管理的目标。

7. 编制人力资源费用预算

费用预算包括招聘费用、培训费用、薪资费用、福利费用、奖励费用以及人力资源开发利用的相关费用等。应制定详细的费用预算,显示该组织决策层的人力资源战略管理水准。

8. 提高风险管理意识,建立应变对策

环境的不确定性(如新的人力资源政策导致员工情绪不满、内部提升遇到阻力、外部招聘失败等因素)对一个组织的正常运行影响非常大。因此,加强风险识别、风险评估、风险监控,成为人力资源管理的一个重要职责。在编写人力资源计划时应结合公司实际,综合职务分析和员工情绪调查表,通过提出可能存在的各种风险及应对办法防范风险的发生。

三、人力资源需求预测

人力资源需求预测是人力资源规划中一个不可缺少的环节。它是制定人力资源计划、实施培训与开发方案的基础。

人力资源需求预测是以企业的战略发展规划、组织能力和岗位要求为出发点,综合考虑各种因素,对未来人力资源的类型(数量、质量和结构等)进行盘点,有计划、有目地协调组织人力资源,使其适应管理者的目标的活动。它的准确性对人力资源规划的成败具有决定性的影响。

(一) 人力资源需求预测概述

为了确保组织或企业战略目标和任务的实现,企业必须重视对人力资源的预测。

1. 人力资源需求预测内容

(1) 人力资源存量与增量预测。前者指企业人力资源的自然消耗(如自然减员)和自然流动(如专业变动)引起的人力资源变动,后者指企业规模扩大、行业调整等发展带来的人力资源新需求。

(2) 人力资源结构预测。人力资源结构和经济结构的变动必然引起企业人力资源结构的变化。人力资源需求预测就是为了保证在任何情况下,企业都将具备较好的人力资源配置,避免出现不同层次人力资源组织的结构失衡,保持企业在产业调整、新技术发展以及竞争力方面的优势。

2. 人力资源需求预测应注意的问题

(1) 人力资源政策在稳定企业员工上所起的作用;
(2) 人才市场人力资源的供求状况和发展趋势;
(3) 行业本身所涉及的企业人力资源概况;
(4) 行业本身的发展趋势和人力资源需求趋势;
(5) 行业本身的人力资源供给趋势;
(6) 企业的人员流动率及原因;
(7) 员工个人职业发展规划状况;
(8) 员工的工作满意度状况。

(二) 影响人力资源需求的主要因素

1. 企业外部环境

(1) 经济发展水平

在经济全球化背景下,各国经济发展水平的高低直接影响到对劳动力的需求。在经济发展景气时期,企业的人力资源需求相对旺盛;而在经济增长相对缓慢时期,企业的人力资源需求则相对不足。

(2) 产业结构

产业结构对人力资源需求的影响对企业而言是至关重要的,具体表现为以下几点:

第一,产业结构状况对人力资源需求结构状况和比例的影响。顾客的需求变化、生产需求、劳动力成本趋势变化以及高科技产业的增加,会导致对营销人才、科技人才和管理人才的需求增加,也会影响到这类人才现有的比例结构。

第二,产业结构以及行业构成的变化对人力资源需求变化的影响。第一产业比重的降低,第三产业比重的上升,会导致不同技能的人才过剩或短缺。目前许多行业中出现的人才结构性比例失调就是一个佐证。

第三,产业结构变化引起的行业之间工作技能的转移对人力资源需求结构的影响。由于产业结构的政策性变化,导致连带关系行业工作技能的转移,并由此影响人力资源需求的结构。比如,制造业对高科技技术的运用,势必会影响到其他与高科技有关的行业向制造业转移,继而引起现有人力资源结构的变化。

第四,产业和行业结构变化引起的现有员工队伍结构的变化对人力资源需求的影响。新技术革命催生了许多行业,行业中的人员首当其冲地会受到影响,导致行业队伍结构发生分化。比如,物联网的快速兴起,对能胜任这些岗位的人才数量、追加培训的需求也提出了更高的期望。

(3) 技术变革

现代社会的发展、科技的进步力量正在改变社会的方方面面。技术革新与进步使生产效率大大提高,同时大大减少了对劳动力的需要,技术的创新直接影响了企业的人力资源需求。互联网的高速发展催生了许多行业人才的整合发展便是明证。

(4) 国家对人力资源需求的总体发展规划

国家宏观经济发展政策总体上会给行业的发展和规划带来影响,从而也会具体影响到行业对人才的开发和利用。比如,生命科学、环保技术等被列为优先发展的行业,使社会上对这类人才的需求增加。

(5) 竞争对手

竞争对手之间永远会引发对人才的争夺战。对劳动力,尤其是高端的人力资本的争夺,加速了企业人才政策的变化。人力资源的增值效应更为显著地影响企业战略目标的实现。

(6) 社会、政治和法律环境

社会政治方面,稳定的社会环境自然会促进经济的良性发展,提升企业的管理水平;反之,则影响企业的人力资源规划,阻碍经济的健康发展。法律法规方面的变化也会影响人力资源需求。比如,社会保障法规的变更,环境保护法规的变革,劳动合同基础上的雇佣关系也会受到政策法规的影响等。

2. 企业内部环境

（1）企业战略的变化

企业战略对于人力资源需求的影响极其关键。企业的战略目标决定了其发展方向和高度以及所需要的人才数量、质量。战略一旦实施，就会对企业的人力资源配置产生重大影响。比如，联想的国际化战略过程对人力资源的有效配置提出了更深层次的要求。

（2）企业人员素质和流动的变化

企业的人力资源素质与其发展大体相符，合理地使用现有人员对于企业产能和效率的匹配是至关重要的。企业人力资源的素质应与市场竞争的程度相符合，对其培训、开发也要适应企业的战略发展。核心员工的跳槽在业界尤其IT业司空见惯，对于企业来说，人员频繁离职，加上重新招聘人员的成本肯定是越来越高。因此，人员流动性对于先前的人力资源预测的合理性提出了更高的要求。当然，退休、辞职、辞退人员的多少，合同期满后终止合同员工的数量，人员突然死亡也会影响企业的人力资源需求。

（3）企业经营方向的变化

企业的经营效率是影响人力资源需求的重要因素。在不同的生命周期，企业对于人力资源的需求状况是不同的。必须认识到人力资源预测所涉及的变量与一个企业运作经营过程所涉及的变量是相同的。这些与人力资源管理、人力资源计划相关的变量包括：顾客的需求变化，生产需求，劳动力成本趋势，可利用的劳动力（失业率），每一工种所需要的雇员人数，追加培训的需求，每个工种员工的移动情况，旷工趋向（趋势），政府的方针政策的影响，劳动力费用，工作小时的变化，退休年龄的变化，社会安全福利保障等。

综观我国三十余年的改革开放，每当企业超常规发展之后，就会引起企业人力资源结构的变化，因此要保证企业在不断变化的环境中具有较好的人力资源结构的最佳配置，在明确企业雇员（包括一线员工和管理者）的技能和数量需求时，必须根据企业的特殊环境，认真考虑上述变量，应该把预测看成是完善人力资源需求决策的一个工具。提高人力资源水平，就意味着提升企业的竞争力，提升国家的综合竞争实力。

（三）人力资源需求预测的方法

人力资源需求预测方法受到不确定因素的影响较大，预测方法多种多样，分类也不尽相同，常见的有以下两类：

1. 定性预测法

定性预测法又称"自下而上"法。这种方法根据员工的兴趣、能力和职业发展前景,结合企业未来战略目标的需求变化,充分开发和利用员工的潜在能力,提升人力资源的管理水准,在最大限度上实现人力资源的增值。

(1) 零基预测方法

零基预测方法就是对人力资源的真实需求进行详细分析,是以现有员工的数量为基础预测该组织对未来员工的需求状况的方法。采用零基预测方法需要及时了解组织目前的人员状况,并根据职位的空缺进行评估,审慎处理该职位存在的必要性,在得到授权后合理配置每年每项预算,最终确保组织人力资源规划的科学性、经济性和可行性。

(2) 经验预测法

经验预测法是一种根据相关管理人员过去的工作经验,由组织中的最底层开始往上预测各部门人员需求,并结合企业未来业务量的变动情况预测人员需求总数的方法。经验预测法适用于技术较稳定的企业的中、短期人力资源预测规划。采用经验预测法进行预测的往往是那些熟悉业务、了解情况且有丰富经验和较高综合分析能力的管理人员。

(3) 德尔菲法

德尔菲(Delphi)法是利用有经验的专家的知识和综合分析能力,对组织未来的人力资源需求进行预测的方法。这种预测方法起源于20世纪40年代的兰德公司,其预测精度取决于预测者的经验和判断能力,也称"专家征询法"或"集体预测法"。德尔菲法是一种在实践中得到普遍应用的人力资源中、长期规划方法。

在实施此方案的过程中,专家们是由企业外部和内部对所研究问题具有发言权的人员组成,专家们是"背对背"的交流,即不能直接知道其他专家的想法,而是通过中间人反馈每一轮的预测结果和预测理由。交流往往是通过书面形式,专家间无需见面,一般经过两三轮的反馈,意见渐渐趋同,然后根据专家的最终意见进行最后预测。在经济预测领域,德尔菲法的使用率及影响相当广泛,是专家预测法的典型代表。

(4) 描述法

所谓描述法,是指组织的决策者依靠人力资源部门通过对本企业组织在未来某一时期影响组织发展的诸因素进行假定性描述、分析和综合,从而预测人力资源需求量的一种预测方法。这种假定性的描述可对多种人力资源需求方案进行描述,但这种方法对于长期的预测有一定的困难,因为时间跨度越长,对环境变化的各种不确定因素就越难以进行描述和假设。

(5)驱动因素预测法

这是一种依据与企业本质特征相关的因素主导企业的活动或业务量,进而决定人员的需求配置数量的预测方法。驱动因素预测法就是要找出这些驱动因素,并根据这些因素预测人力资源需求。影响人力资源需求的驱动因素很多,如企业扩张、购并、使用新设备、组织结构变动等。由于企业性质不同、生命周期不同,每个企业的驱动因素会有差异。驱动因素预测方法简单,预测时间短,是一种比较实用的方法。

2. 定量预测法

定量预测法又称"自上而下"法。它从管理层的角度,将员工演化为一系列理性数字,把员工的性别、年龄、学历、技能、任职期限、工资水平等设计为指标,运用统计原理和数学方法,预测企业未来人力资源的需求状况,其目的是使人力资源的需求尽可能适应企业战略的发展。

(1)趋势外推预测法

趋势外推预测法又称时间序列预测法,是定量预测技术的一种。其实质是将人力资源的历史资料和现有数据按时间顺序排列成一序列,运用数学工具对该序列加以延伸,即根据时间顺序所反映的一个组织的人力资源需求的发展过程、方向和趋势,将时间顺序外推或延伸,从而达到预测人力资源需求未来可能达到的水平的目的。趋势外推预测法通常只涉及有关人力资源问题中能够量化的那部分内容,它的可靠性与其历史和现有的资料的时间长短以及外推时间的长短有关。趋势外推预测法的一个重要假设前提是预测对象的发展变化具有稳定性和渐进性。该法用于人力资源需求预测的基本思路是:确定企业组织中究竟哪一种因素与人力资源的数量和结构关系最紧密,然后找出历史上这一因素随员工数量变化而变化的趋势,由此推测出将来的趋势及对人力资源的需求量和需求结构。

(2)回归分析法

回归分析法是一种定量预测技术,是通过建立人力资源需求及其影响因素之间的函数关系推测人力资源需求量变化的一种数学方法。常用的是简单的单变量预测模型(一元线性回归)和复杂的单变量预测模型(多元线性回归)预测技术。

① 一元线性回归仅考虑人力资源需求本身的发展情况,不考虑其他因素对人力资源需求量的影响,它以时间或产量等单个因素作为自变量,以人员数为因变量,且假设过去人员的增减趋势保持不变,一切内外影响因素也

保持不变。在应用一元线性回归技术进行预测时,预测模型为:
$$y = a + Bx + \$$$

其中:y 是人员数量;x 是时间;a、B 是常数;$\$$ 是随机变量。

② 多元线性回归是指一个因变量与多个自变量之间的线性关系。模型一般为:
$$y = a + b_1x_1 + b_2x_2 + \cdots + b_nx_n$$

其中:y 是因变量;$x_1,x_2,\cdots,x_n$ 是自变量,a 是常数,$b_1,b_2,\cdots,b_n$ 是回归系数。

影响企业人力资源需求的因素变化总是与某一个或几个因素有关,通常都是通过考察这些因素预测人力资源的需求情况。首先应找出与人力资源需求量有关的因素作为变量,如销售量、生产水平、人力资源流动比率等;然后找出历史资料中的有关数据以及历史上的人力资源需求量,要求至少有20个样本,以保证有效性;最后对这些因素利用 EXCEL、SPSS 等统计工具中的多元素回归计算拟合出方程,利用方程进行预测。

(3) 员工定额法

员工定额法是指对员工在单位时间内应完成工作量作出规定的方法,在已知企业计划任务总量以及制定员工定额的基础上,运用员工定额法能较准确地预测企业人力资源需求量。计算公式为:
$$N = W/q(1 + R)$$

其中:N 为人力资源需求量;W 为计划期任务总量;q 为企业现行定额;R 为部门计划期内生产率变动系数。$R = R_1 + R_2 + R_3$,其中 R_1 为企业技术进步引起的劳动率提高系数;R_2 为经验积累导致的劳动率提高系数;R_3 为年龄增大以及某些社会因素引起的生产率降低系数。

(4) 计算机模拟预测法

计算机模拟预测法是人力资源需求预测中最复杂,同时也是最精确的一种方法。此预测法能在一个虚构的模拟环境中,针对企业可能面临的外部环境变化以及自身状况的动态分析,综合推测未来需求的人力资源配置方案。随着现代科技的迅猛发展,电脑的充分推广,这种方法已得到普遍运用。

3. 人力资源需求预测的步骤

人力资源需求预测分为现实人力资源需求预测、未来人力资源需求预测和未来流失人力资源需求预测三部分。具体步骤为:

(1) 根据职务分析的结果确定职务编制和人员配置;

(2) 进行人力资源盘点,统计出人员的缺编、超编及是否符合职务资格

的要求；

(3)将上述统计结论与部门管理者进行讨论,修正统计结论,该统计结论为现实人力资源需求；

(4)根据企业发展规划,确定各部门的工作量；

(5)根据工作量的增长情况,确定各部门还需要增加的职务及人数,并进行汇总统计,该统计结论为未来人力资源需求；

(6)对预测期内退休的人员进行统计；

(7)根据历史数据,对未来可能发生的离职情况进行预测；

将(6)、(7)统计和预测结果进行汇总,得出未来流失人力资源需求。

四、人力资源供给预测

在制定人力资源规划之前,除了要进行企业人力资源需求预测外,还需要对企业进行人力资源供给预测。为了保证企业的可持续性发展,必须针对企业的内部和外部人力资源供给状况进行估计和预测。

人力资源供给预测就是指企业为实现其预定的战略目标,根据企业的内外部环境变化情况,应用适当的预测技术,对企业未来各类人力资源的数量、质量和结构的预测。

(一)人力资源供给预测的内容

人力资源供给预测的功能主要用于解决由于企业内部人力资源变动与企业战略发展不平衡造成的人力资源短缺问题。因此,利用人力资源供给预测可以：

(1)分析组织目前的职工状况,如年龄、级别、素质、资历、经历和技能,同时收集和储存有关人员发展潜力、可晋升性、职业目标以及采用的培训项目等方面的信息。

(2)分析目前组织职工流动的情况及其原因,预测将来职工流动的态势,以便采取相应的措施避免不必要的流动或及时给予替补。

(3)明确哪些岗位的辞职率变化异常,并掌握组织职工绩效、劳动纪律等情况以保证工作和岗位的连续性。

(4)分析工作条件(如作息制度、轮班制度等)的改变和出勤率的变动对职工供给的影响。

(5)掌握组织职工的招聘、培训和员工职业发展。职工可以来源于组织内部(如富余职工的安排,职工潜力的发挥等),也可来自于组织外部。

预测未来的人力资源供给必须考虑员工在组织内部的运动模式,亦即员工流动状况。员工流动通常有以下几种形式:死亡和伤残、退休、离职、内部调动等。因此,要做好人力资源供给预测必须注意:

第一,人力资源部门对相关人才市场的熟悉程度。

第二,公司是否建立了充分的后备资源数据库?

第三,外部适合的人力资源总量的供给情况。

第四,公司品牌效应对于当地人才的吸引力。

第五,公司薪酬政策对于人力资源的吸引力。

第六,竞争对手的地理、政治因素。

第七,教育因素和新技术资源的提供状况。

第八,国家、地区发展程度和就业水平。

(二)影响人力资源供给的主要因素

1. 企业外部环境

(1)宏观经济状况

宏观经济状况是指一个国家或地区的经济状况、行业景气状况,乃至全球的经济状况。近年来,我国宏观经济的突出矛盾是,投资、外贸增长过快,而消费增长、消费需求增长相对较慢。一国的经济运行是否处于上升周期,国民经济发展状况是否健康,劳动力教育是否普及,人民幸福指数是否走高,将直接影响一个组织的人力资源供给水平。

(2)劳动力市场

人口政策决定了一定时期的劳动力市场规模,人口数量现状反映了企业外部人力资源的供给状况,包括人口年龄、性别、素质结构、适龄劳动力数量等。在很大程度上,劳动力市场是一个企业发展的"蓄水池"。在大多数情况下,企业所需要的拥有相应技术和能力的员工是现成的,但有时也会遇到拥有特定技能的劳动力供给不足状况,劳动力结构的失衡,引发了人才供给的有效性不足。我国已进入老龄化国家,据权威部门预测,2016年之后我国将成为劳动力紧缺国家(而今的大部分欧美国家劳动力已严重紧缺,这些状况在未来几年依然无法解决)。世界银行估计,在2015—2020年间,我国的劳动力将停止增长并出现下降趋势。另据人口学家估算,我国青壮年人口数量将在2016年达到顶峰,随后逐渐下降。到21世纪中叶,我国总计将减少18%—35%的青壮年劳动力。所以,从长远看,可能存在劳动力尤其是青壮年劳动力不足的问题。

目前,我国劳动就业人口基数较大,人才队伍庞大,但高层次人力资本严重短缺。人才队伍中的两个"5%"现象必须重视:一是人才资源占人力资源总量的5.7%;另一个是高层次人力资本仅占人才资源总量的5.5%。另外,在人才结构中,理论研究型人才比重偏高,应用型人才缺乏,而一国经济的迅速发展,应与人才的培养、职业技术劳动力的成长同步发展。如何调整人口与人力资源的区域分布将是我国在经济发展过程中面临的一个焦点问题。

(3) 政策法规

西方发达国家的相关人力资源管理法规和行政命令十分繁杂,其劳资协议或劳动合同均依法制定,且具有法定效力,尤其美国的劳工法和行政命令对企业人力资源管理活动具有极强的约束力。从国内政治因素看,主要涉及国家方针、政策,它对企业的生存和发展将产生极大影响。从法律因素看,中央和地方的法规和相关规定对企业的人力资源管理也具前较大影响。

2. 企业内部环境

企业内部需要对将来某个时期内所能得到的员工的数量和质量进行预测,具体包括员工的自然流失(伤残、退休、死亡)、内部流动(晋升、降职、平调)、外部调动(自动辞职、合同到期解职等)。企业应明晰内部的劳动力状况,了解其员工的构成,同时还应了解员工的爱好、特长和薪酬期望以及个人职业生涯发展。

3. 地区性因素

(1) 企业所在地区的人口密度;

(2) 企业所在地区的就业观念和薪酬状况;

(3) 企业所在地区的整体人力资源状况;

(4) 企业所在地区的住房、交通、生活条件状况;

(5) 企业所在地区的竞争力影响程度;

(6) 企业所在地区的文化教育水准;

(7) 企业所在地区的国际化程度;

(8) 企业本身的知名度。

4. 全国性因素

(1) 国家就业政策和法规的影响;

(2) 国家对各地区的人才供需状况;

(3) 国家重大事件的影响;

(4) 高校应届毕业生数量的影响;

(5) 国家重点产业结构变化发展的影响。

(三) 人力资源供给的预测方法

一个组织要实施有效的人力资源管理,必须针对组织未来某个发展时期的人力资源供求状况进行预测。这种供给预测分为两种:内部人力资源供给预测和外部人力资源供给预测。

1. 内部人力资源供给预测

内部人力资源供给预测按照两个步骤运作:第一步,组织把它的职位按头衔、职能和责任等级进行分组。这些组合应该反映雇员们期望升迁的职位级别。第二步,在每个职位类别里,在制订计划期间确定有多少员工将留在他们的职位上,有多少员工到其他的职位上,以及有多少员工将离开组织。其方法包括:

(1) 技能清单法

技能清单是预测人员供给的有效工具,它含有每个人员技能、能力、知识和经验方面的信息,这些信息的来源是工作分析、绩效评估、教育和培训记录等。技能清单不仅可以用于人力资源规划,而且也可以用来确定人员的培训、调动、职业生涯规划和组织结构分析。

(2) 人员核查法

人员核查法是对组织现有人力资源的数量、质量、结构及在各岗位的分布情况进行核查,确定企业调配的人力资源的拥有量及潜力,为组织的人力资源决策提供可靠依据。

(3) 替换图法

预测特定时期内空缺职位(尤其是高层管理者)流动状况是确定人力资源供给的必要工作。替换图法是依据每个人现有的不同专业岗位描述企业的组织结构。这种方法最早用于人力资源供给预测,是在对现有人力资源分布状况、未来理想人员分布和流失率已知的条件下,根据待补充职位空缺所要求的晋升量和人员补充量,即可知的人力资源供给量,分析出组织中每一个空缺职位的内部供应源。

(4) 员工满意度分析

组织可确定由人力资源部门或委托专业咨询公司调查员工对工作的满意程度以及继续留任的愿望。员工满意度分析调查已作为企业内部管理的一种常规性管理活动,是企业了解员工思想动态、听取员工意见、改进领导和管理工作的一种有效手段。通常,进行员工满意度调查时,需要对员工的观念、企业价值观、企业管理总体质量等进行了解。研究发现,以下指标是影响员工满意度的重要方面,在设计员工满意度调查时需要加以重点考虑:

① 明确的组织目标和每个职工的职业规划取得成功的自信心程度以及组织实现其目标的成功程度;

② 精简的扁平化的组织机构以及严密的管理政策和灵活的决策程序;

③ 组织内信息的沟通、协调与合作状况;

④ 舒畅的身心环境以及强烈的归属感。

(5) 人力资源盘点法

人力资源盘点是掌握现有人力资源数量、质量和结构等状况的基础性工作,它记录每位员工的工作经历、教育背景及发展潜力等情况,通过人工或计算机系统编辑。在确定重要人力资源问题的过程中,应该进行人力资源现状盘点。主要包括:

① 员工数量(总量、各部门、各总公司/总部人数及其比例关系);

② 整体结构(学历、年龄、经验等);

③ 各部门之间的员工素质比较;

④ 流动性(退休率、辞职率、淘汰率);

⑤ 人力资源成本及其构成(福利费、工资、培训费、招聘费等);

⑥ 人力资源效益状况(投资回报(人数/费用))。

(6) 马尔柯夫预测模型

马尔柯夫预测模型是以俄国数学家 A. A. Markov 的名字命名的一种预测方法。马尔柯夫模型可通过全面预测组织内部人员转移有效地预测组织内部的人力资源供给状况。此方法目前广泛应用于企业人力资源供给预测方面,其基本思想是找出过去人力资源变动的规律,从而推测未来人力资源变动的趋势(如升迁、转职、调配或离职等方面的情况),以便为内部人力资源的调配提供依据。

2. 外部人力资源供给预测

内部人力资源供给不足时,需要考虑外部供给的可能。外部人力资源供给预测是针对具体企业而言的,主要预测未来几年外部劳动力市场的供给状况,对可能为组织提供各种人力资源的渠道进行分析,最终得到组织所需的人力资源实际情况。这种预测一般是根据国家的统计数字和社会总需求量进行分析的,对企业制定人力资源战略具有直接影响。国外在进行外部人力资源供给预测时,一般从以下几方面进行分析:供应紧缺程度;社会/地理方面;所需员工种类。

我国企业对外部人力资源供给预测时,不仅要考虑从业人员的就业心理、就业政策、个人择业心理等因素,还应考虑:

(1) 企业所在地的人力资源现状;
(2) 企业所在地对人才的吸引程度;
(3) 企业自身的吸引力程度;
(4) 地域经济增长情况;
(5) 全国范围的职业市场状况。

外部人力资源供给预测方法较多,常用的有以下几种:

(1) 市场调查预测法

市场调查预测法是指运用科学的方法,系统地、客观地收集、整理和分析与劳动力市场相关的信息,并在此基础上判断人才市场的未来发展趋势。企业人力资源管理者可通过国家统计年鉴、劳动部、人事部以及专业调查咨询机构公布的数据信息及时掌握人才市场动态,也可直接参与第一手市场资料的调查,以获得有价值的资料,从而预测未来劳动力市场的变化规律。这是一种较客观的调查方法。

(2) 相关因素预测法

相关因素预测法是通过调查、分析,确定影响劳动力市场供给的各种因素,并分析这些因素对劳动力市场变化的作用和影响程度,从而预测未来劳动力市场的发展规律。

(3) 统计预测法

统计预测法(Statistical Forecast Method)是根据过去的情况和资料建立数学模型并由此对未来趋势作出预测的一种非主观方法。常用的统计预测法有比例趋势分析法、经济计量模型法、一元线性回归预测、多元线性回归预测、非线性回归预测等。

(四) 人力资源供给预测的步骤

人力资源供给预测是一个复杂的过程,一般情况下,一个企业的人力资源供给预测大多采取以下步骤:

(1) 对企业现有的人力资源进行盘点,了解企业员工状况;
(2) 分析企业的职位调整政策和员工调整的历史数据,统计员工调整的比例;
(3) 向各部门的人事决策者了解可能出现的人事调整情况;
(4) 将步骤(2)和步骤(3)的情况汇总,得出企业内部人力资源供给

预测;

（5）分析影响外部人力资源供给的地域性因素;

（6）分析影响外部人力资源供给的全国性因素;

（7）根据步骤(5)和步骤(6)的分析,得出企业外部人力资源供给预测;

（8）将企业内部人力资源供给预测和企业外部人力资源供给预测汇总,得出企业人力资源供给预测。

（五）人力资源需求与供给平衡

在企业生命周期的各个发展阶段,企业人力资源供需平衡的状态是很少存在的,而供需的矛盾却是经常存在的。人力资源规划就是为了更好地协调企业劳动力的需求和供给。一般而言,在企业的初创期,组织就是做好人力资源供给的分析工作;在企业发展的成长期,组织就是做好内部的岗位转换等调配工作,使岗位的供需状况趋于相对平衡;在企业发展的成熟期,组织就是做好人力资源的需求分析工作,选留优秀员工,提高企业的竞争力。

1. 人力资源供给与需求的平衡

（1）人力资源供给不足

人力资源供给不足主要表现在企业的初创时期,或者企业新的经营项目开拓时期。此时人力资源的备选方案有:

① 内部招聘。当企业出现职位空缺时,将企业内部员工调整到空缺岗位。一是降低企业的招聘成本;二是提升员工的工作积极性,并对受过培训的员工进行晋升性补缺。

② 外部招聘。其意义在于确保组织长期发展所需要的高质量人力资源。以目前的社会经济发展看,人员的频繁流动可能成为一种常态,因此做好人员招聘工作变得更加经常化和重要化。外部招聘的方法大致包含网络招聘、媒体广告招聘、校园招聘、猎头公司招聘、海外招聘、引荐（员工、客户或合作伙伴）、求职者自荐。

③ 聘用临时工。其优势为用工形式灵活,企业福利支出少。

④ 返聘。如遇企业紧缺人才,可考虑让退休或即将退休的人员重新上岗。

（2）人力资源供过于求

20世纪90年代开始,企业减员的趋势显现。当然,绝对的人力资源过剩一般出现在企业经营的衰落时期,或者企业濒临破产时期。此时,人力资源的备选方案有:

① 裁员。企业应做好安抚工作，妥善发放失业金，减少离职员工对企业的不满情绪。从法律的角度看，在企业提供离职金的情况下，通常的方案是每工作一年补偿一个月的薪资，依此类推。

② 增加无薪假期。这既可减少企业财政负担，又能避免企业需要人员时因从外部招聘而增加成本。

③ 提前退休赎买。提前退休赎买是企业促进年高的员工早些离开企业的一种手段。企业给予这类员工额外的报酬，以使他们在养老金和社会保险生效之前，不致在经济上损失太大。这种自愿性终止就业措施，或者说赎买，是用金钱上的刺激引导员工。在企业不欲或难以采取暂时解雇员工和正式裁员措施的情况下，赎买不失为企业人员压缩的有效措施之一。

④ 暂时解雇。暂时解雇是指企业使部分员工处于没有报酬的离职下岗状态。如果企业的经营有了改善，那么员工就可以重新回企业工作。当企业暂时处于不景气状态时，暂时解雇不失为一个适当的减员策略。

⑤ 劳动介绍服务。劳动介绍服务是企业为解雇员工提供支持和帮助的一系列服务。这些服务主要提供给那些因工厂关闭或部门撤销而失去工作的员工。劳动介绍服务通常包括有针对性的职业咨询、简历的准备和打印服务、面试安排、介绍和推荐等。

（3）人力资源结构性失衡

在制定人力资源平衡措施中，常常会出现某一类人员供不应求（通常为专项技术人员），某一类人员供过于求（通常为低层次人员或管理人员）的现象。企业应根据实际情况，对这两种现象作相应调整，使各部门的人力资源数量、质量和结构达到协调平衡。此时人力资源的备选方案有：技术培训计划，员工接任计划，晋升和外部补充计划。

2. **各人力资源业务计划间的平衡**

企业的人力资源规划包括人员补充计划、培训计划、招聘计划、晋升计划、薪酬计划、职业生涯计划等，这些人力资源业务计划之间有着密切的内在联系。因此，在人力资源规划中必须充分注意它们之间的平衡与协调。如通过人员的职业生涯计划，受训人员的素质与技能得到培训后，必须与企业发展计划互相衔接，将他们安置到合适的岗位上发挥积极作用；人员得到晋升与调整使用后，因其承担的责任和所发挥的作用与以前不一样，必须配合相应的薪酬调整。

3. **企业目标与个人需要的平衡**

企业的目标和组织成员的个人需要是不尽相同的，解决这对矛盾是企业人力资源规划的一个重要目标。只有全方位综合考虑,企业与员工的共同目标才能在各项业务的人力资源计划中得到可持续发展。企业人力资源规划中的各专项人力资源计划就是解决这一矛盾的手段和措施,如表4-4所示:

表4-4 企业目标与员工需求

企业目标	员工需求	人力资源业务规划
专业化	工作丰富化	服务设计
员工精简	工作保障	培训计划
员工稳定	个体发展	职业生涯计划
成本降低	薪酬提高	薪酬计划
员工效率	公平晋升	绩效计划

五、人力资源规划评估与控制

人力资源规划是一个组织从整体上对企业未来的策划和分析,是为了实现组织目标发展与个人利益发展相协调一致的一系列决策过程。

(一)人力资源规划评估的内容

对人力资源规划进行评估时,应加强对人力资源规划的关键控制点进行评估,如组织的经营战略、人力资源状况(人数、质量与结构)、内外部环境特征等。一般而言,人力资源规划评估的内容包括三个层面:

1. 人力资源规划制定基础层面

在评估人力资源规划制定基础时,应不断总结人力资源规划的前提基础。成功的人力资源规划对企业的战略发展意义重大。环境的变更使得人力资源规划从制定、实施到评估的周期越来越短,企业很难对人力资源的中长期规划进行定位,短期的人力资源规划有时也在不断地调整中,这就对人力资源规划评估提出了很高的要求。因此,评估人力资源规划基础,可从下面因素着手:

(1)人力资源规划过程是否经过充分论证,是否有具体客观的数据支持,是否有关键性的问题需要考虑?

(2)是否对企业内、外部环境进行客观评价与预测?

(3)企业是否具备战略管理能力和人员、资金等资源保障?

(4)企业的战略与战术目标是否人人知晓,企业战略的实施难度是否在预测之内?

(5) 所有层次上的管理人能否有效地和持续地贯彻实施规划?

(6) 组织的结构是否与人力资源规划相互匹配?

(7) 企业文化与人力资源规划是否冲突?

(8) 企业的评价、奖励和控制机制是否有效?

(9) 人力资源规划与总体战略目标的关联度如何?

(10) 控制手段和意识能否达成统一或者协调性妥协?

2. 人力资源规划的实施层面

针对不同企业的特征及所面临的情况的差异性,在人力资源规划的实施方面应有明显的企业特色,需要评估的内容大致包括:

(1) 高层管理者是否将战略规划和具体任务授予各部门?

(2) 对工作的职责是否有具体规定和描述?

(3) 员工的流动率、缺勤率指标和供求预测差距与实际相比是否一致?

(4) 组织所有的力量(单位、部门、雇员、经理等)努力方向是否一致?

(5) 组织的执行力是否得到全面实施?

(6) 组织的人力资源规划成本与收益状况和实际行动方案的收益与成本相比是否一致?

(7) 组织的人际关系沟通是否顺畅,是否高效率解决问题?

(8) 组织是否有一套人员培训方案并行之有效?

(9) 组织全体员工对自身工作的熟悉和投入程度如何?

(10) 组织管理层对人力资源规划实施方案的信心和预测结果的重视程度如何?

3. 人力资源规划技术手段层面

随着信息技术、控制技术等许多相关科学技术和方法的创新与发展,对传统和新兴的评估技术的选择要结合本企业的实际情况,既不盲目地选择一些过于复杂而成本高昂的评估技术,又要防止出现由于评估技术选择不当而导致评价不准、控制不力的情况发生。对评估技术自身需要评估的有:

(1) 人力资源规划评估技术是否适合组织的实际状况?

(2) 人力资源规划的控制力度是否合理?

(3) 人力资源管理信息系统的实效性程度如何?

（二）人力资源规划评估的方法

1. 利益相关者方法

利益相关者是指任何一个影响组织目标完成或受其影响的团体或个人（包括雇员、顾客、供应商、股东、银行、政府等）。组织内、外部各利益团体之间的关系问题日益突出，利益相关者概念也由此浮出水面，成为经济伦理学中的一个重要范畴。利益相关者方法旨在确定人力资源服务的关键使用者或相关利益者的满意度。

2. 人力资源调查问卷法

这是组织有效了解员工的一种方法。在人力资源管理时代，可根据员工对自己的工作和组织的感受确定整个组织的管理水平及竞争力状况。此类调查可以视为一个平台，使员工得以公开他们对工作、负责人、同事以及组织政策措施的认知。调查结果的真实性、沟通力以及修正的及时性（积极性方面）是提升组织凝聚力的可靠保证。

3. 人力资源规划案例研究法

进入 21 世纪，对组织绩效的分析被广泛地应用于人力资源规划评估实践之中，这是一种低成本的评估方法。通过对人力资源工作绩效的调查取样，能加强人力资源部门、规划制定者以及相关从业人员的沟通，宣传组织成功的人力资源规划政策。

4. 人力资源成本控制法

在欧洲许多国家（如德国），由于员工工资和福利的总成本不断上升，导致该地区的企业竞争力持续下降。一般的人力资源成本包括雇用、培训和开发、薪酬、福利、公平雇用、劳动关系、安全和健康、人力资源整体成本等。评估人力资源绩效的方法是测算人力资源成本并将其与标准成本相比较。

5. 利用人力资源规划研究进行评估

人力资源规划研究可确定过去和当前人力资源规划实践措施的可行性、有效性。这种实证研究可用于以下几个方面的控制工作：

（1）近期人力资源规划的工作情况变化；

（2）人力资源方面存在的问题并针对这些问题提出解决方案；

（3）各种发展趋势及其对人力资源管理的影响；

（4）人力资源规划工作的成本与收益比率。

6. 利用离任交谈方式进行人力资源规划的评估

离任交谈是一种被广泛采用的评估方法。从交谈中可获得非常有价值的信息,包括离职原因、管理问题、工资问题、培训问题以及对自己工作最喜欢和最不喜欢的方面等。离任交谈的结果供管理层作各种评估之用。

(三) 人力资源规划评估的问题

随着经济全球化的加速发展,影响企业人力资源规划的因素越来越多。而各种问题的出现加剧了人力资源规划实施的难度。因此,对于具体参与评估人力资源规划的人员(专家、用户以及有关部门主管人员)来说,对评估工作要更加审慎,评估要客观、公正和准确。评估者应注意以下具体问题:

(1) 预测所依据的信息的广泛性、详尽性、可靠性以及准确性;
(2) 人力资源预测方法在使用的时间、范围、对象的特点与方法等方面的适用性程度以及与人力资源规划的相关度;
(3) 人力资源规划者熟悉人事问题的程度以及对它们的重视程度;
(4) 处理好提供数据和使用人力资源规划的人事、财务部门以及各业务部门之间的工作关系;
(5) 高层决策者对人力资源规划提出的预测结果、行动方案和建议的关注、利用程度;
(6) 明确预测结果是否符合社会、环境条件的要求,能否取得达到预测结果所必需的人、财、物、信息、时间等条件。

在评估人力资源规划时,有必要将评估的结果与规划本身相比较,从而为今后的人力资源规划提供借鉴。需比较的因素主要有:

(1) 人力资源实际招聘人数与预测的人员净需求量比较;
(2) 实际劳动生产率水平与预测水平比较;
(3) 实际人员流动率与预测的人员流动率比较;
(4) 实际执行的行动方案与规划的行动方案比较;
(5) 实施行动方案后的实际结果与预测目标比较;
(6) 行动方案的实际成本与预算比较;
(7) 人力资源规划的收益与成本比较。

(四) 人力资源规划的控制

人力资源规划的评价与控制是一个相互联系、相互协调的有机系统。对人力资源规划的控制,有助于纠正和调整组织所制定的人力资源规划在执行过程中的偏差。实施人力资源规划控制的目的在于为人力资源总体规划和具体规划的修订或调整提供客观、准确的反馈信息。由于人力资源规划预测中的不可控因素较多,因此,执行人力资源规划控制是保证一个组织获得可持续发展的重要手段。

1. 人力资源规划的控制标准

(1) 客观性

在人力资源规划的控制过程中,难免有许多主观因素影响对工作的正确决断,进而延误具体计划的有效执行,影响组织的整个战略。在一般情况下,标准应当是可以测定的。因此,客观、公正的评价与实事求是的工作作风是最有效的控制方法。

(2) 灵活性

在实际开展人力资源规划时,由于环境的突然变化,常常导致计划的变动,这就需要在制定人力资源规划时尽可能地设计多套应变方案,考虑各种可能,灵活处理可能出现的困难,以保证实现人力资源规划的战略目标。

(3) 经济性

经济效益与企业的规模及其业务发展有关。人力资源规划控制必须在技术、方法、环境适应能力以及经济上具有可行性。若监控所需的费用过高,只能给组织带来较重的经济负担。例如,不少高深的评价技术和控制手段对组织并不实用,且成本高昂,违背了控制的目的和初衷。

2. 人力资源规划的控制方法

(1) 人力资源全程控制法

在人力资源规划的控制过程中,应对实施规划的所有环节、人员、岗位、部门和资源进行全方位控制,即分析组织的人力资源规划是否与组织的战略目标相一致,考查组织的人力资源规划是否能根据组织内外环境变化和战略目标的调整而适时加以调整。在监控过程中,还要分析组织现有的人力资源规划在哪些方面将不能继续适应战略目标的需要,并决定需要作出怎样的调整才能支持组织整体战略目标的实现。

(2) 人力资源专业控制法

在人力资源规划的具体实施过程中,只能由人力资源部负责对现行政策和规划提出建议或意见,及时发现问题,解决问题。当然,高级管理层也有必要将自己发现的人力资源规划执行过程中出现的问题及时反馈,并对政策的调整方案提出建设性的意见。

(3) 人力资源关键指标控制法

人力资源关键指标控制法,即对规划实施的关键环节、人员、岗位、部门和资源进行控制。例如,采用员工薪酬管理、福利待遇、工作环境、能力考核等量化指标说明人力资源规划与组织绩效之间的状况。有效的人力资源规划能大大提升组织的整体竞争力。

(4) 人力资源指数控制法

"人力资源指数"概念最早由利克特提出。"人力资源指数问卷"由美国舒斯特教授提出(1977年),是一种自下而上的组织气氛调查。它通过员工对15项人力资源工作的满意度测量,获得对企业人力资源管理绩效和整个组织环境气氛状况的评价。人力资源指数由15项因素组成:薪酬制度,信息沟通,组织效率,关心员工,组织目标,合作,内在满意度,组织结构,人际关系,环境,员工参与,工作群体,基层管理,群体协作,管理质量。

人力资源指数在美国、日本等国的运用表明,一个单位的组织环境、员工士气、工作生活质量、工作满意度是影响生产率高低的主要因素,美国人力资源管理的成功经验是在提高生产率的同时,注重员工工作生活质量的提高。

本章小结

从20世纪70年代起,人力资源规划已经与企业战略发展相互交融。人力资源规划的实质就是组织确定目标(愿景),并在此基础上确定需要什么样的人力资源以完成该组织愿景的决策过程。

人力资源需求与供给预测是人力资源战略规划过程中的核心内容,组织必须正确评价外部的经济、社会、政治、法律环境等影响因素,清楚地了解其内部的实际需求以及未来需求,确保未来人力资源总量、专业结构、年龄结构和技能结构等的合理配置,实现人力资源需求与供给预测平衡。同时,人力资源规划评估方法和人力资源规划控制方法的运用,为该组织的人力资源规划方案的实施提供了科学保障。制定人力资源规划方案并正确实施,必将促进一个时代的人力资源开发与管理水平的提升。

重要概念中英文对照

人力资源规划(Human Resource Planning)

人力资源规划学会(Human Resource Planning Society)

人力资源需求预测(Forecasting of Human Resource Demand)

人力资源供给预测(Forecasting of Human Resource Supply)

人力资源规划的评估与控制(Appraisal and Control of Human Resource Planning)

人力资源指数(Human Resource Index)

第四章 人力资源规划

复习思考题

1. 什么是人力资源规划？
2. 人力资源规划模型的内容是什么？
3. 人力资源需求、供给预测的影响因素有哪些？
4. 人力资源需求、供给预测的方法有哪些？
5. 人力资源规划评估的方法有哪些？
6. 人力资源规划的控制方法有哪些？
7. 如何解读"人力资源指数问卷"？

案 例

刘易斯拐点

在人口学中，通常把劳动人口由供过于求向供不应求（即短缺状态）的转变称为"刘易斯拐点"。随着经济社会的不断发展，对劳动力现状的评估出现了另一种状况。有资料表明，2016年之后，我国将步入劳动力短缺时代。

我国正面临"刘易斯拐点"的最重要的一个因素，就是最近三十多年来我国人口增长率的不断下降。另一原因是农村可供转移的劳动力正面临枯竭的危险。根据有关部门的资料统计，仅在珠江三角洲地区，每年的民工短缺总量就在200万人以上。而国务院发展研究中心在2006年对全国13个省的1600多个行政村进行的问卷调查也表明，我国乡村剩余劳动力以中、老年为主，而城市需要的是青年民工。民工供求年龄与性别结构的不匹配，使得我国出现了青年民工短缺与乡村中、老年劳动力剩余并存的局面。从本质上来说，"民工荒"现象的出现也是劳动力供求关系失衡的一个重要信号。统计显示，从2001年的9629万，到2005年的12578万，我国民工总数4年增加2949万，平均每年增加712万，平均年递增6.9%。民工供给增加得不慢，但民工需求增加得更快。

我国在未来几年出现劳动力短缺的可能性还是相当大的。劳动力数量和结构的变动，势必对整个国民经济产生重要而深远的影响。劳动力供求关系的逆转，无疑会对我国经济的进一步发展产生重要影响。当然，随着我国劳动力日益逼近"刘易斯拐点"，我国的劳动成本、消费结构、产业结构等都发生了很大的变化。这主要表现在：

一是从劳动力成本因素看，劳动力数量从供大于求向供求平衡转变，再向供不应求发展,其结果就是劳动力成本的不断上升。统计数据表明,20世纪90年代末以来,制造业、餐饮业、建筑业等是主要吸收普通劳动者就业的行业,其从业人员的平均工资水平都呈现出上升的趋势,尤其是制造业工资的增长异常迅速。这表明,随着劳动力短缺的出现,我国的低工资成本特征正在发生改变。

二是在消费结构方面,随着人们收入水平的不断提高,消费能力和消费结构都有了质的飞跃。2006年,我国人均GDP已突破2000美元。据测算,随着中等收入阶层的崛起,我国消费率(消费占GDP的比率)将不断上升,将从2002年的58%上升到2010年的65%,并于2020年达到71%,接近发达国家水平。

三是在产业结构方面,三次产业之间的比例进一步得到优化。据统计,2006年,全国三次产业结构比例为11.8:48.7:39.5。在劳动力就业结构上,在第一产业就业的人数持续下降,第二产业稳中有降,而第三产业则不断上升。

从我国的实际情况看,劳动力素质不高,抑制了科学技术的创新与应用。伴随着人口"刘易斯拐点"的即将到来,我国劳动力的供给和需求之间的天平将出现历史性的转向。不过,"刘易斯拐点"并不是绝对意义上的某个时点,而是指某一个劳动力经历由供大于求到供求平衡,再到供不应求的阶段。对于我国而言,这个时期可能会经历比较长的时间。由于人口增长的惯性作用,当前和今后十几年,我国人口仍将以年均800—1000万的速度增长。同时,由于独生子女陆续进入生育年龄,按照现行生育政策,政策内生育水平将有所提高,我国的劳动力优势在短期内并不会消失,人口转变的这种趋势依然不会改变。

我国并不仅仅是一个人口大国,还要创建成一个人力资源强国。

思考题:

1. 什么是"刘易斯拐点"?
2. "刘易斯拐点"的到来对我国社会经济发展的影响如何?

参考文献

1. 〔美〕加里·德斯勒:《人力资源管理》(第六版),刘昕译,中国人民大学出版社2001年版。
2. 〔美〕戴维·沃尔里奇:《人力资源教程》,刘磊译,新华出版社2000年版。
3. 〔美〕劳伦斯·克雷曼:《人力资源管理》,孙非等译,机械工业出版社2009年版。

4. 〔美〕詹姆斯·W.沃克:《人力资源战略》,吴雯芳译,中国人民大学出版社2001年版。
5. 〔美〕雷蒙德·A.诺伊等:《人力资源管理:赢得竞争优势》,刘昕译,中国人民大学出版社2001年版。
6. 赵曙明编著:《人力资源战略与规划》,中国人民大学出版社2002年版。
7. 赵曙明编著:《人力资源管理与开发》,中国人事出版社1998年版。
8. 赵曙明编著:《人力资源研究》,中国人民大学出版社2001年版。
9. 张德主编:《人力资源开发与管理》,清华大学出版社2001年版。
10. 石金涛:《现代人力资源开发与管理》,上海交通大学出版社2001年版。
11. 王玺:《最新人力资源规划、招聘及测评实务》,中国纺织出版社2004年版。

第五章 工作分析

"一个和尚挑水吃,两个和尚抬水吃,三个和尚没水吃。"这个故事几乎人人耳熟能详,深究其因,是由于职责不清、任务分配不当、考核粗放造成的。在工作中如何才能避免类似的情况发生?这就需要明确岗位职责,制定科学合理的绩效考核体系,而这些又必须从工作分析入手。

一、工作分析概述

工作分析是人力资源管理的重要环节。组织的人力资源规划、绩效考核、员工培训、薪酬管理、招聘选拔乃至职业生涯管理等人力资源管理的其他各项职能都有赖于工作分析,必须以工作分析为基础。从这一意义来说,工作分析也是人力资源管理的奠基工程。

(一)工作分析的含义

工作分析又称职位分析、岗位分析或职务分析,是通过科学的方法与技术,收集、分析和研究各种相关工作信息,就工作岗位的状况、基本职责、资格要求等作出规范性的描述和说明,为组织特定的发展战略、组织规划、人力资源管理以及其他管理行为提供基本依据的一种管理活动。

工作分析大致可以从组织、作业和岗位三个层面上展开:

1. 组织层面

从组织层面上进行工作分析,就是要从组织的宗旨、总体目标以及组织内外环境的分析出发,就组织的整体架构和战略发展分析组织的工作系统、工作机制和业务流程等。

2. 作业层面

作业层面的工作分析主要是针对组织的作业部门展开的,主要通过系统地收集反映工作特征的数据和其他信息,根据期望绩效标准,观测实际的作业流程,从而确定总体的实际绩效和理想绩效之间的差距。

3. 岗位层面

岗位层面的工作是组织工作系统分解的最微观的单位,岗位层面的工作分析是组织层面工作分析的基础,主要是在明确岗位工作的性质、过程、范畴、机理、关系等的基础上,厘定岗位的职责和职权,并分析实现岗位理想绩效所需要的知识、技能、资历、能力,以及岗位任职者在这些方面与期望状态的差异等。

工作分析的内容就是要明确"6W1H"提出的问题,即:(1)做什么(What):指所从事的工作活动。(2)为什么(Why):任职者的工作目的,也就是这项工作在整个组织中的作用。(3)用谁(Who):指对从事某项工作的人的要求。(4)何时(When):表示在什么时间从事各项工作活动。(5)在哪里(Where):表示从事工作活动的环境。(6)为谁(for Whom):指在工作中与哪些人发生关系,发生什么样的关系。(7)如何做(How):指任职者怎样从事工作活动以获得预期的结果。

工作分析作为一种管理活动,其主体是工作分析者,客体是整个组织体系,对象是工作,包括战略目标、组织结构、部门职能、岗(职)位中的工作内容、工作责任、工作技能、工作强度、工作环境、工作心理以及工作方法、工作标准、工作时间及其在组织中的运作关系等,主要结果是形成工作说明书。

(二)工作分析的相关术语

为了保证工作分析顺利、高效地进行,就必须对与工作分析相关的术语有清晰、明确的理解和把握。

1. 工作要素

工作要素是指工作中不能继续再分解的最小动作单位。例如,打开机器电源或接听电话。

2. 任务

任务是指工作活动中达到某一工作目的的要素组合。任务可以由一个或多个工作要素组成。例如,工人为产品帖上标签这一任务只有一个工作要素,而要打印一封英文信,则包括以下四个工作要素:熟悉每个英文单词;在电脑上拼出相应的单词;辨认与纠正语法错误;把电脑上打好的英文信打印到纸上。

3. 职责

职责是指某人担负的一项或多项相互联系的任务的集合。例如,人力资源管理人员的职责之一是进行工资调查。这一职责由下列任务组成:设计调查问卷,把问卷发给调查对象,收回调查问卷,分析调查结果,将结果表格化并加以解释,把调查结果反馈给调查对象等。

4. 职位

职位也叫岗位,是指某一时期内某一主体所担负的一项或几项相互联系的职责集合。例如,办公室主任同时担负单位的人力调配、文书管理、日常行政事务处理等职责。职位一般与职员一一对应,即有多少个职位就有多少个任职者。

5. 职务

职务指主要职责在重要性与数量上相当的一组职位的集合和统称。例如,某工厂设两个厂领导岗位,一个分管生产,另一个负责绩效。显然,就其工作内容来说,两个人的职责内容不尽相同。但就整个工厂的经营来说,职责相等,少了谁都不行,谁也不比谁重要。因此,这两个职位可以统称为"副厂长"(职务)。与职位不同,职务与职员并不是一一对应的,一个职务可能由几个人分担,即可能不止一个职位。

6. 职业

职业指不同时间、不同组织中,工作要求相似或职责平行(相近、相当)的职位集合,如会计、工程师等。虽然每个单位的会计与工程师的具体工作的内容和数量不尽相同,但他们彼此所担负的职责及对他们的任职要求却是相似的。

7. 职位分类

职位分类,也叫工作分类,是指将所有的工作岗位(职位),按其业务性质分为若干职组、职系(横向),然后又按责任大小、工作的难易程度和技术高低分为若干个职级、职等(纵向),对每一职位给予准确的定义和描述,制成工作说明书,以此作为人员管理的依据。

(1) 职系

职系又称职种,指职责繁简难易、轻重大小以及所需资格条件并不相同,但工作性质相似的所有职位的集合。例如,人事行政、公共行政、财务行政、保险行政等属于不同的职系。每个职系便是一个职位升迁的系统。

(2) 职组

职组又称职群,指若干工作性质相近的所有职系的集合。前面提到的人事行政与公共行政可以并入普通行政职组,而税务行政与保险行政可以并入专业行政职组。

(3) 职级

职级指职责的繁简难易、轻重大小以及任职条件十分相似的所有职位的集合。例如,中学一级语文教师与中学一级英语教师属于同一职级。

(4) 职等

职等指不同职系之间,职责的繁简难易、轻重大小以及任职条件充分相似的所有职位的集合。例如,大学讲师与研究所的助理研究员,以及工厂的工程师均属于同一职等。职级的划分在于对同一性质的工作程度差异进行区分,形成职级系列;而职等的划分则在于对不同性质的工作之间的程度差异进行比较或寻求比较的共同点。不同职级系列之间的职级数不一定相等,而且甲职级序列中的最高职级与乙职级序列中的最高职级的工作难度也可能不等,而职等的概念有助于这一问题的解决。

(三) 工作分析在人力资源管理中的用途

工作分析是科学人力资源管理体系的基石和信息平台。工作分析的最终目的是将其结果应用于实践,以指导其他的人力资源管理活动。工作分析结果在人力资源管理各项功能中发挥着不可或缺的作用,是其他各项人力资源管理实践的基础。其用途如图5-1所示:

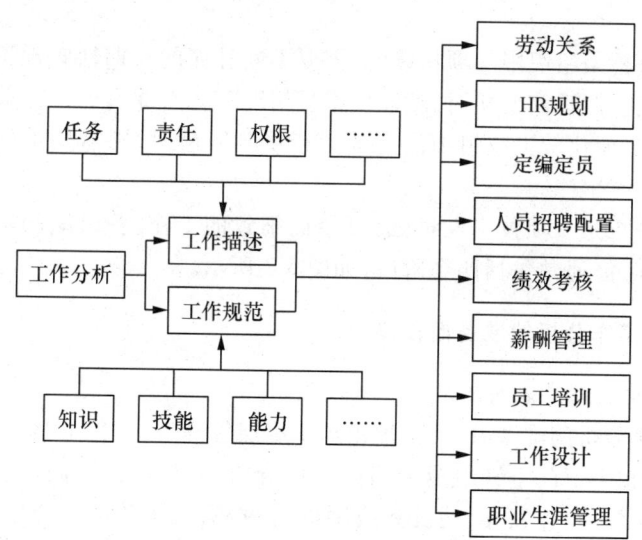

图5-1 工作分析在人力资源管理中的用途

总的来说,工作分析的意义体现在以下几方面:

(1) 为各项人事决策提供了坚实的基础。有了工作分析,企业的各级管理人员不论是选人、用人,还是育人、留人都有了科学依据。

(2) 通过对胜任能力、个性等条件的分析,做到人尽其才。运用工作分析的结果是可以在"合适的时候把合适的人放在合适的岗位上",避免"大材小用"或"小材大用",同时也可为培训开发提供可靠依据。

(3) 通过对工作职责、工作流程的分析,使"人尽其职",从而避免人力资源的浪费,提高工作效率。

(4) 通过对工作环境、工作设备的分析,使人与机器相互配合,更好协调,从而提高工作的安全性,更好地完成组织的目标。

(5) 能科学地评估员工的绩效,有效地激励员工。通过工作分析,了解员工与岗位各方面的信息,有助于科学地选拔员工、考核员工、奖励员工,达到激励的目的。

(6) 工作分析的结果有助于制定组织的人力资源规划。

(7) 通过对工作关系的分析,明确了职业生涯发展的路径,从而为职业生涯管理提供依据。

二、工作分析的实施流程

工作分析是组织中一项持续的、需要不断补充的长期性管理工作,因此,组织内部发生调整和变化时,就需要根据情况变化对原有的工作分析结果进行调整,而当变化较大或组织的有效运行受到阻碍时,则需要重新进行工作分析。

工作分析是一项技术性很强、复杂而细致的工作,各组织的具体实施流程不尽相同,但通常包括四个阶段,如图 5-2 所示。

(一) 工作分析的准备阶段

1. 组织及人员方面的准备

在工作分析的准备阶段,一般由组织高层管理者、工作分析专家、人力资源部经理、相关部门主管组成专门的工作分析小组。其中,高层管理者主要进行战略指导、总体领导、动员和鼓励参与、扫除工作分析实施中的障碍;人力资源部经理负责获取高层管理者和部门经理的支持与配合、协调及沟通、方案的具体落实等;专家负责设计相关工具并实施培训、提供技术支持等;相关部门主管负责动员本部门人员参与配合、提供相关的信息和反馈意见等。

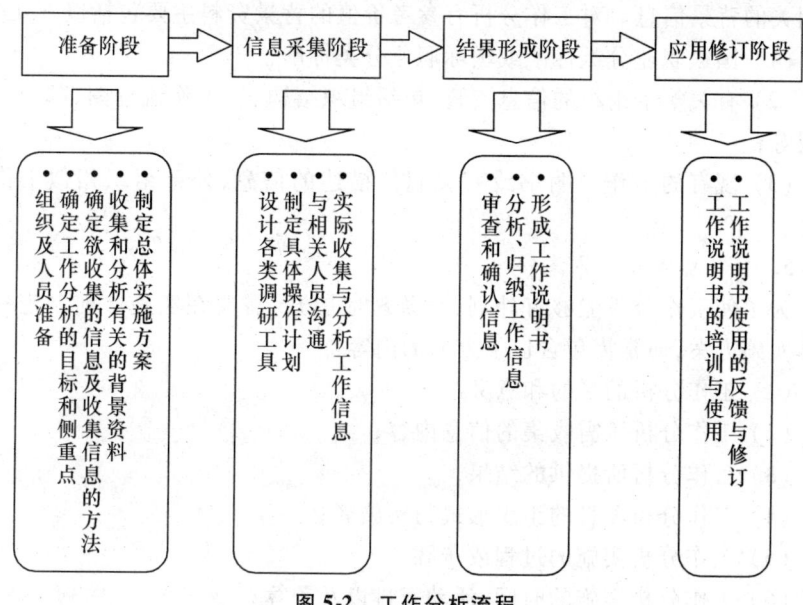

图 5-2　工作分析流程

这样分工协作,各司其职,以保证工作分析顺利、高效地进行。

2. 确定工作分析的目标和侧重点

从技术角度而言,进行工作分析,首先要明确本次工作分析主要解决什么问题?获取的工作分析信息的用途是什么?是出于建立绩效考核、招聘、培训等制度的需要,还是由于战略调整、业务发展等原因而要重新进行岗位界定?一旦确定了工作分析的目标,就能明确工作分析的侧重点,从而决定工作分析过程中需要获取哪些信息,以及用什么方法获取这些信息。

3. 确定欲收集的信息以及收集信息的方法

从背景资料中获取的信息往往是有限的,而且需要进一步验证才能使用,因此需要实地调研获取大量可靠的信息。在开展工作分析调研之前,应事先计划好需要收集哪些具体信息、怎样收集这些信息等。

在选择收集工作信息的方法时,首先,应考虑工作分析要达到的目的,工作分析需要达到的目的不同时,使用的方法也应有所不同。其次,要考虑所分析职位的不同特点。最后,应考虑实际条件的限制,如时间、成本、培训需求等方面因素的制约。

4. 收集和分析有关的背景资料

为了加深对所分析岗位的了解与认识,需要从组织内部和外部收集与工作相关的背景信息。对工作分析有参考价值的背景资料主要包括以下几类：

（1）国家职业分类标准或国际职业分类标准；

（2）有关整个组织的信息资料，包括组织结构图、工作流程图、部门职能说明等；

（3）现有的工作说明书或有关职位描述的信息，外部组织相似工作的信息。

5. 制定总体实施方案

为了使工作分析能够有计划、有条理地展开，需要在实施之前制定一个总体实施方案，通常需包含以下方面的内容：

（1）工作分析的目的和意义；

（2）工作分析所需收集的信息内容；

（3）工作分析所提供的结果；

（4）工作分析项目的组织形式与实施者；

（5）工作分析实施的过程或步骤；

（6）工作分析实施的时间、活动安排以及预算；

（7）所需的背景资料和配合工作。

（二）工作分析的信息采集阶段

经过充分的准备之后，就可以开始采集信息，即根据既定的调查方案，对整个工作的有关信息进行认真而细致的调查、研究。具体工作如下：

1. 设计各类调研工具

根据工作分析实施方案中所确定的工作分析方法，设计或采用相应的调研工具，如编制各类调查问卷、访谈提纲、观察提纲、工作日志表等。

2. 制定具体的操作计划

在这个操作计划中，应该列出具体的调查人员及调查对象、精确的时间表，具体到在每一个时间段每个人的具体职责和任务是什么。对于接受访谈或调研的人，应事先拟订好时间表，使其事先安排手头的工作或事务，更好地配合工作分析。

3. 与有关人员进行沟通

要做好工作分析，需要得到全体有关人员的理解与积极配合，因此要做好事先的解释与沟通工作，使相关人员消除恐惧心理和抵触情绪。这种沟通一般可以通过召集员工会议进行宣讲和动员，也可通过其他适当的形式达到沟通的目的。

4. 实际收集与分析工作信息

这一阶段是整个工作分析过程的核心,主要是按照事先确定的方法,根据既定的操作程序或计划运用各种调研工具收集与工作有关的各种信息,包括职位名称、工作任务、工作职责与权限、工作关系、工作环境、工作设备、工作的绩效标准以及工作对人的要求等,并对信息进行描述、分类、整理、转换和组织,使之成为书面的文字。

(三) 工作分析的结果形成阶段

1. 与有关人员共同审查和确认工作信息

通过各种方法收集的关于工作的信息,必须经工作的任职者和任职者的上级主管核对、审查和确认。这样,一方面可以修正初步收集的信息中的不准确之处;另一方面,由于工作任职者和任职者的上级主管是工作分析结果的主要使用者,请他们审查和确认这些信息有助于他们对工作分析结果的理解和认可,为今后的使用奠定基础。

2. 分析、归纳工作信息

这是指创造性地、全面深入地分析、发现有关工作及工作人员的关键要素,整理、归纳、总结工作分析的必需材料和信息,使之成为可供使用的条文。

3. 形成工作说明书

工作说明书是对工作目的、职责、任务、权限、任职者基本条件等的书面描述。一份完整的工作说明书应包括"工作描述"和"工作规范"两部分,但有时也会将其分成两份文件来写。编制完整的工作说明书的具体步骤如下:

(1) 根据工作分析的内容以及经过分析处理的信息草拟工作说明书,包括"工作描述"与"工作规范"两部分;

(2) 将草拟的工作说明书与实际工作进行对比,根据对比的结果决定是否需要进行再次调查研究;

(3) 修正工作说明书,对于特别重要的职位,其修订与完善工作可能需多次进行;

(4) 形成最终的工作说明书,并归档保存。

(四) 工作分析结果的应用与修订阶段

1. 工作说明书的使用

在进行工作说明书的使用培训时,一方面要让使用者了解工作说明书的意义与内容,了解工作说明书中各个部分的含义;另一方面要让使用者了解如何在工作中使用工作说明书。

2. 工作说明书使用后的反馈与调整

将工作说明书应用于实际工作中后,应注意收集反馈信息,并不断加以完善。随着组织与环境的发展变化,一些原有的工作任务会消失,一些新的工作任务会产生,现有许多职位的性质、内涵和外延都会发生变化。因此,应经常对工作说明书的内容进行调整和修订。可以定期使用 ESCII 式的询问模式对每项工作的组成进行查核,即:可以删除吗(Eliminate)?可以简化吗(Simplify)?可以合并吗(Combine)?可以改良吗(Improvement)?可以创新吗(Innovation)?通过这样的询问,可以对每一个工作活动进行有效的检讨、改善或重新设计。

三、工作分析方法

工作分析要素差异的多样性,决定了工作分析方法的丰富性与多样性。标准不同,工作分析方法的分类也不同:按其性质划分,有定量的方法和定性的方法;按照功用划分,有基本方法与非基本方法;按照分析内容划分,有结构性分析方法与非结构性分析方法;按照对象划分,有任务分析、人员分析与方法分析;按照基本方式划分,有观察法、写实法与调查法等。选择科学的工作分析方法是工作分析成败的关键,对于工作分析结果的科学性、规范性和有效性有着重要影响。以下是常用的工作分析方法:

(一)问卷法

常用的问卷法,即非定量问卷法,是工作分析中广泛运用的方法之一。它是通过让被调查职位的任职者、主管及其他相关人员填写调查问卷获取所需工作信息,从而实现工作分析目的的一种工作分析方法。问卷法操作简单,成本较低,适用于各种类型的工作,因此大多数组织都采用这种方法收集工作相关信息。

1. 问卷法的优点

(1)经济实用,能在较短时间内获取相关信息。

(2)员工容易作答,比较主动,有充分思考时间。

(3)设计简洁、容易回答、清晰规范的调查问卷有利于事后对结果的处理和分析。

(4)可在工作之余填写,不致影响正常工作。

2. 问卷法的缺点

（1）填表人必须受到培训，否则对问题的不同理解可能导致调查结果的偏差。

（2）不适合对文字理解能力和表达能力较差的人进行问卷调查。

（3）设计理想的调查问卷需要花费很多时间、人力和物力，技术要求也较高，通常需要专家才能胜任。

（二）访谈法

访谈法是工作分析最常用的方法之一。它是由工作分析人员与有关工作人员本人或主管人员等访谈对象直接交谈，以获得有关工作信息的工作分析方法。访谈法的适用范围很广，而且是对高层管理工作进行深度工作分析效果最好的方法。

根据访谈对象的不同，它可分为个别员工访谈法、群体访谈法和主管人员访谈法三种。个别员工访谈法主要适用于各个员工的工作有明显差别，工作分析时间又比较充裕的情况；群体访谈法适用于多个员工从事同样或相近工作的情况；主管人员访谈法是与一个或多个主管面谈，因为他们对工作非常了解，有助于减少工作分析的时间。人们通常将三种形式综合运用，以求得更准确的信息。

访谈内容主要包括：工作目标、工作内容、工作性质和范围、工作责任、绩效标准、工作背景、任职资格、工作中遇到的问题、任职者对薪酬与考核等制度的意见和建议等。

1. 访谈法的优点

（1）可以对工作者的工作态度与工作动机等较深层次的内容有比较详细的了解。

（2）有助于与员工进行沟通，能了解员工的各种需求以及满意度，缓解工作压力，还可以发现管理中存在的种种隐性问题。

（3）工作分析人员能对所提出的问题进行及时的解释和引导，避免因双方对书面语言理解的差异导致信息在传递过程中失真。

（4）工作分析人员能及时对所获得的信息与任职者进行沟通确认，极大地提高了工作分析的效率。

2. 访谈法的缺点

（1）比较费时，会占用访谈对象的正常工作时间。

（2）员工在面谈中有故意夸大其工作任务和重要性的可能，导致所收集的信息发生偏差或失真。

（3）有效的访谈需要专门的技巧，需要受过专门训练的工作分析人员。

（三）工作日志法

工作日志法，也称工作日记法，就是让任职者在一段时间内以工作日记或工作笔记的形式将其日常工作中从事的每一项活动按照时间顺序记录下来，从而收集工作分析所需信息的工作分析方法。工作日志法主要适用于收集有关工作职责、工作内容、工作关系以及劳动强度等方面的原始工作信息，为其他工作分析方法提供信息支持，特别是在缺乏工作文献时，工作日志法的优势显得尤为突出。但它的使用范围较小，对于分析周期较短、工作状态稳定的工作，比较经济有效。

1. 工作日志法的优点

（1）获取信息的可靠性比较高，适用于确定有关工作职责、工作内容、劳动强度等方面的信息，所需费用也比较低。

（2）能在较长时间内记录和收集工作的相关信息，如果员工认真配合，能收集到较为全面的工作信息，不容易遗漏工作细节。

2. 工作日志法的缺点

（1）注意力集中于活动过程，忽视了结果。

（2）适用范围小，不适用于工作循环周期长、技术含量高的专业性工作。

（3）信息处理量大，归纳工作较繁琐。

（4）工作执行者在填写时，出于某种目的和原因可能会夸大或隐藏某些活动和行为，甚至是"编造"工作内容，也会由于不认真而遗漏很多工作内容。

（5）在一定程度上会影响和干扰员工的正常工作。

（四）观察法

观察法是指分析人员直接到工作现场运用感觉器官或其他工具，观察员工的实际工作情况，用文字或图表形式记录下来，以收集工作信息的一种工作分析方法。观察法是一种传统的工作分析方法，实践中多用于了解工作活动所需的外在行为表现、体力要求、工作条件、工作的危险性或所使用的工具及设备等方面信息。由于许多工作职位的职责不容易被观察到或没有完整的工作周期，单独使用观察法难以获得全面的信息，因此，观察法主要适用于分析周期性和重复性较强且具有外显行为特征的工作。如果用于复杂性较强的工作，最好与其他的方法结合使用。

1．观察法的优点

（1）可以更为直接、全面地了解工作过程，还可以获得一些隐含的信息，所获得的信息比较客观和准确，能够为工作分析提供可靠的依据。

（2）适用于体力劳动者和事务性工作者的工作，如搬运工、操作员、文秘、银行的柜台操作人员等。

2．观察法的缺点

（1）分析者的旁观可能给员工造成压力，影响其正常的工作程序和工作方法。

（2）不易观察到一些突发事件。

（3）不适用于工作周期长和主要是脑力劳动的工作岗位（如设计师、律师、管理者），也不适用于处理紧急情况的间歇性工作（如急救病房待命的护士）。

（五）资料分析法

资料分析法是一种经济而有效的信息收集方法。它是指通过查阅、参考、系统分析现存的与工作相关的文献资料获取工作信息的一种工作分析方法。但这种方法是对现有资料的分析提炼、总结加工，无法弥补原有资料的空缺，也无法验证原有描述的真伪，因此，资料分析法一般用于收集工作的原始信息，编制任务清单初稿，通常所得的信息都须通过其他方法进一步验证。

1．资料分析法的优点

（1）分析成本低，工作效率较高。

（2）能够为进一步工作分析提供基础资料、信息。

2．资料分析法的缺点

（1）一般收集到的信息不够全面，尤其是小型企业或管理落后的企业往往无法收集到有效、及时的信息。

（2）一般不能单独采用，而是与其他工作分析方法结合使用。

（六）主题专家会议法

主题专家会议法是指将组织内部和外部熟悉目标职位的人员召集起来，就目标职位的相关信息展开讨论，以收集信息的一种工作分析方法。主题专家（Subject Matter Experts，SMEs）的成员可是组织内部成员，包括任职者、直接上级、曾任职者、内部客户、其他熟悉目标职位的人；也可是组织外部成员，包括咨询专家、外部客户和其他组织标杆职位任职者。

主题专家会议法在工作分析中主要用于建立培训开发规划、评价工作描述、讨论任职者的绩效水平、分析工作任务,以及进行工作设计等。

1. 主题专家会议法的优点

(1) 具备多方沟通协调的功能,有利于工作分析结果最大限度地得到组织的认同以及后期的推广运用,可以运用于工作分析的各个环节。

(2) 操作简单,适合于各类组织,尤其是对发展变化较快或工作职责还未定型的企业,其优势更为突出。

2. 主题专家会议法的缺点

(1) 结构化程度低,缺乏客观性。

(2) 受到与会专家的知识水平及其相关工作背景的制约。

(七) 关键事件法

关键事件法源自第二次世界大战时由军队开发出来的关键事件技术,这种技术在当时是识别各种军事环境下导致低绩效的关键性因素的手段。在工作分析中,关键事件是指导致工作成功或失败的关键行为特征或事件。关键事件法(Critical Incident Technique,CIT)又称关键事件技术,是要求分析人员、管理人员、本岗位员工,将工作过程中导致工作成功或失败的关键行为特征或事件详细加以记录,在收集大量信息后,对岗位的特征和要求进行分析研究的方法。

关键事件法是一种常用的行为定向法,能有效地提供任务行为的范例。与其他工作分析方法相比,关键事件法的特殊性表现在它是基于特定的关键行为与任务信息描述具体工作活动的一种方法,而不是对工作进行完整的描述,无法完整描述工作职责、工作任务、工作背景和最低任职资格等情况。因此,在工作分析中,关键事件法常常需结合其他方法一起使用。除了用于工作分析外,关键事件法还常常被应用于绩效评估、培训、人员甄选当中。

1. 关键事件法的优点

(1) 由于直接描述任职者在工作中的具体活动,因此可以揭示工作的动态信息。

(2) 有助于规范员工今后的工作行为以及明确任务要求。

(3) 有助于确定选拔和使用的标准以及开发培训方案的主要内容。

(4) 由于所收集的都是典型实例,包括正面与负面的,因此,将其用于工作描述,对防范职务事故、提高工作效率具有重要作用。

2. 关键事件法的缺点

(1) 收集归纳关键事件并进行分析需投入大量时间,比较费时;

(2) 缺乏完整性。由于所描述的都是具有代表性的工作行为,可能会遗漏一些不明显的工作行为或其他方面,因而不能对工作提供一种完整的描述。

(3) 采集关键事件时容易受到记忆的制约。

(4) 在收集信息、归类和判断什么是"关键事件"的过程中,难免带有主观性。

此外,关键事件法关注的是显著的对工作绩效有效或无效的事件,而对中等绩效的员工难以涉及,遗漏了平均的绩效水平。为了弥补这种缺陷,近年来提出了"扩展的关键事件法",即工作分析员要求任职者描述出能反映三种不同绩效水平(优秀、一般、不及格)的典型事例或情况概要。使用扩展的关键事件法能从任职者那里获得更多的工作信息。

四、工作分析结果

工作分析通过对工作信息的收集、整理、分析与综合,形成的最终结果主要包括两种:工作说明书和工作分析报告。工作分析报告的内容较自由广泛,主要用来阐述在工作分析过程中所发现的组织与管理上的问题和矛盾,以及对这些问题和矛盾的解决方案。这里主要介绍工作说明书的内容及其编制:

(一) 工作说明书的内容

工作说明书就是用文件形式表达的工作分析结果,是对组织各类岗位的工作目的、职责、任务、权限、环境以及人员资格条件等信息所作的书面描述。一份完整的工作说明书包括工作描述和工作规范两部分,二者有着紧密的内在联系,共同构成一个系统的整体。

1. 工作描述

工作描述指用书面形式对组织中各类岗位(职位)的工作性质、工作任务、工作职责、工作关系与工作环境等工作特性方面的信息加以规范和描述的文件。不同的工作分析目的和不同的工作描述的使用者,对工作描述的内容有不同的要求。一般来说,工作描述的内容通常被分为两部分:一部分为核心内容,即任何一份工作描述都必须包含的部分。这些内容一旦缺失,就会导致人们无法将本工作与其他工作加以区分。这部分内容包括工作标识、工作概要、工作关系、工作职责。另一部分为可选择性内容。这些内容并非是任何一份工作描述所必需的，它可以由工作分析专家根据预先确定的工作分析的具体目标或工作类别，有选择性地加以描述。这部分内容有工作权限、职责的量化信息、绩效标准、工作环境与工作条件、工作负荷等。

(1) 工作标识

工作标识又称工作识别、工作认定，是识别某一工作的基本要素，即某一工作区别于其他工作的基本标志。主要包括以下信息：工作名称、所属的工作部门、直接上级职位、工作等级、工作代码或编号、薪资水平、所辖人数、定员人数、工作地点。

了解这些信息的目的，是把一项工作与与之相似的工作区别开来。除了关于工作的基本信息之外，在工作标识部分还常常列出工作分析的时间、工作分析人员、有效期、批准人等内容。在形成工作描述时，并不要求将工作标识的所有内容一一列出，而是根据需要可繁可简。

(2) 工作概要

工作概要又称职务摘要，指用简练的语言概括工作的总体性质、中心任务和要达到的工作目标。工作概要一般以主动动词开头描述最主要、最关键的工作任务，而不必细述工作的每项具体任务和活动。其规范写法为"工作行为＋工作对象＋工作目的"或"工作依据＋工作行为＋工作对象＋工作目的"。比如，对于市场策划主管来说，其工作概要为"负责市场信息的收集、整理、分析，提交市场调查报告，为市场战略提供决策支持"。

(3) 工作关系

工作关系描述包括两部分：一是该工作职位在组织中的位置；二是任职者与组织内外其他部门或人之间所发生的联系。前者是工作描述必需的核心内容，后者可以根据组织需要选择是否列出。

(4) 工作职责

工作职责是指任职者所从事的工作在组织中承担的责任，所需要完成的工作内容及其要求。工作职责描述，是工作描述的主体，它是在工作标识与工作概要的基础上，进一步对职位的内容加以细化。

对工作职责的界定要做到准确、清晰、系统，不能出现职责的交叉、重叠或遗漏。这就要求在形成工作描述前对收集到的信息进行深入分析，使工任职责的界定建立在对业务流程和部门职能全面把握的基础上。

(5) 工作权限

工作权限用于界定工作人员在工作活动内容上的权限范围、层级与控制力度。在制定了一个职位的职责后,如果没有规定其权限范围,职责的完成程度就会不同。职责与权利应该同时配置到相应的职位,使责权对等。

工作权限的划分一方面要本着责权统一的原则进行,另一方面又不能完全通过工作职责分析完成,而是必须依靠系统性的组织安排,在纵向上根据职能定位与管理人员的职业化水平,在横向上根据组织业务流程的分解,同时考虑到组织内部的信息沟通、资源共享、风险分散、责任分担等若干因素进行系统性的分权,形成分层分类的"分权手册"。

(6) 绩效标准

绩效标准是在明确界定工作职责的基础上,对如何衡量每项职责完成情况的规定。这部分内容说明组织希望工作人员在执行每一项工作任务时所要达到的标准。对于以考核为目标的工作分析,绩效标准是工作描述中所必须包含的关键部分。例如,工作任务是完成每日生产计划,其绩效标准可以是:生产群体每个工作日所生产的产品不低于 426 个单位;在下一工作程序被退回的产品不超过 2%;每周延时完成工作的时间平均不超过 5% 等。

(7) 工作环境与工作压力

工作环境指的是经常性工作场所的自然环境、安全环境(工作危险性)和社会环境,如图 5-3 所示:

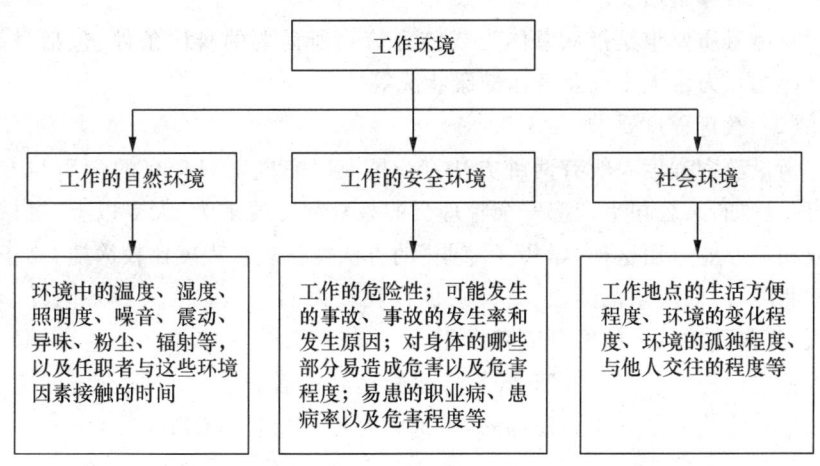

图 5-3　工作环境的具体因素

工作压力是指由于工作本身或工作环境的特点给任职者带来压力和不

适的因素。在众多的工作压力中,我们主要关注工作时间的波动性、出差时间所占的比重、工作负荷的大小。在界定工作压力时,可以分等级描述,从而为工作评价直接提供信息。

(8) 所使用的设备工具

它是指本岗位工作中必须操作或使用的设备或工具。

(9) 其他内容

为了提高员工工作的积极性,工作描述除了包括以上必备内容和常见的可选内容外,有时还列出该工作职位的工资结构、支付工资办法、福利待遇、晋升的机会、休假制度以及进修的机会等内容,这些内容往往直接影响员工工作态度和工作积极性。

2. 工作规范

工作规范又称岗位规范或任职资格,是指任职者要胜任该项工作必须具备的资格与条件。一般来说,通过对工作描述的每一项工作任务、职责进行分析,对完成每一项工作任务、职责所需的资格和条件作出回答,并加以综合整理,即可得出工作规范的总体内容。工作规范与工作描述有着明显的区别。工作描述以"事"为中心,说明岗位任职者应做什么、如何做以及在什么条件下做的问题。工作规范则关注完成工作任务所需的人的特质,从而为组织员工的招聘、培训开发、考核、晋升、任用提供标准。它主要包括以下内容:

(1) 身体素质要求

身体素质要求是指从事体力或脑力劳动所需要的身体条件,包括身高、体型、耐力、力量大小以及身体健康状况等。

(2) 教育程度要求

衡量教育程度一般有两种方法:一是根据完成正规教育的学历与专业界定。例如,某公司生产部安全管理员的教育程度要求为:大专以上,机械制造或相关专业。用这种"学历+专业"的方法衡量教育程度比较简捷,易于理解和测度,因而应用范围很广,但它也存在较大的缺陷。因为具备同样学历的人,其实际的认知能力可能存在很大差异,而且往往容易将一些自学成才的人拒之门外。二是根据任职者实际所达到的教育水平与职业培训确定。应用最为广泛的是美国劳动部的"普通教育程度量表"(GED)。

(3) 经历要求

经历要求主要涉及社会工作经验、专业工作经验以及管理经验三方面。社会工作经验指参加工作后的所有工作经历。专业工作经验指从事相同职位、相似职位的工作经验。管理经验指从事管理职位的工作经验。工作不同,对经历的要求也大不相同,有些技术性强的工作对工作年限、相关经验的要求比较高。一些高级管理职位通常要求具有一定的管理经验。

(4)资格证书要求

资格证书要求是指任职者必须持有国家或行业规定的执业资格证书。

(5)知识要求

知识要求是指任职者胜任某项工作应具有的知识结构和知识水平,主要包括:基础理论知识、专业知识、政策法规知识、管理知识及其他相关知识。一般可采用六级表示法进行评定,即精通、通晓、掌握、具有、懂得、了解。

(6)能力要求

这里所指的能力主要包括:理解判断能力、学习能力、决策能力、组织协调能力、交际能力、语言文字能力、解决问题能力。

(7)工作技能要求

工作技能是指对与工作相关的工具、技术和方法的运用。不同工作所要求的工作技能不同,主要包括通用技能和各工作职位的专业技术技能。通用技能一般包括计算机使用技能、外语运用技能和公文写作技能。

(8)个性特质

个性特质主要指个人的性格、气质、兴趣、价值观和态度等。

(9)道德要求

任职者除了具备上述能力要求外,还必须具有良好的职业道德,这是做好工作的重要前提和保证。通过对职业道德水平的分析,至少应具备诚信、敬业、相互尊重等优秀品质。例如,医生要有医德,救死扶伤;教师要讲师德,教书育人;商人要讲信誉,诚信第一。

(10)其他要求

这是指胜任岗位工作所必需的其他要求如性别、年龄要求以及培训要求等。

(二)编制工作说明书的要求

1. 总体要求

(1)工作说明书除了必备的核心内容外,其他内容可根据工作分析的目的加以调整,内容可繁可简。

(2)工作说明书的编写并无固定模式,需根据工作特点、目的与要求选择所采用的具体表达形式。一般来说,企业中大多采用的工作说明书有三种形式:叙述式、表格式和复合式。无论采用哪种形式,都应注意整体的协调,做到美观大方。

(3) 用语准确、规范,意思表达简明、直接、精确,让员工一目了然,不能含糊其辞,更不能有歧义。

2. 编制工作描述的要求

(1) 责、权、利要一致

在编制工作描述时,要充分考虑到各职位责、权、利相一致的问题。也就是说,某个职位在负有一定职责的同时,应当享有与其相应的权利和利益。切不可规定的责任非常重,而所享有的权利和利益却很小。这样势必影响工作的顺利开展,也会挫伤员工的积极性。

(2) 与组织结构设计、职能分解和职位设置保持一致

① 工作描述是根据组织结构设计、职能分解和职位设置编制的。

② 各个职位的职责应与本部门或单位的职能分解相一致。职位的职责不应该超越部门或单位职能分解表中所规定的职责。

③ 部门或单位里各个职位的职责总和应与其职能分解表中所规定的职责相吻合。

④ 工作描述中的职位名称应和职位设置表中的名称相一致。

(3) 职责范围要清晰

编制工作描述时,要将每个职位的职责划分清晰,各个职位的职责既不能重叠,也不能留有空白。为了便于清晰地划分职责,可按以下方式操作:

① 部门或单位负责人的职责原则上和本部门或单位的职能分解保持一致;

② 部门或单位某项业务主管的职责原则上是本部门或单位的职能分解表中的几项,部门或单位全部业务主管的职责原则上是本部门或单位的职能分解表中的全部;

③ 职能部门或单位一般员工的职责原则上是本部门或单位的职能分解表中的几项。

3. 编制工作规范的要求

(1) 工作规范所列要求应结合本组织实际情况加以确定,不可过于苛求。

(2) 工作规范应建立在对工作描述各项信息充分分析的基础上,根据工

作描述的具体内容拟定，而不能凭经验或想象，更不能凭主观愿望确定。

（3）不要与有关法律规定相抵触。工作规范所列出的任何资格条件都必须与工作有关，不能与有关法律规定相抵触，不能出现种族、宗教、性别、年龄、身体残疾方面的歧视规定。

（三）工作说明书示例

某公司总经理办公室主任工作说明书编写示例如表 5-1 所示：

表 5-1　总经理办公室主任工作说明书

单位：		职位名称：总经理办公室主任	编制日期：
部门：总经理办公室		任职人：	任职人签字：
		直接主管：总经理	直接主管签字：
		直接下属：_____人	间接下属：_____人
职位编号：		说明书编号：	批准日期：
职位概要： 协助总经理工作，与各总监、各职能部门及政府有关部门进行沟通，把各部门的工作紧密结合起来，确保公司的正常工作秩序和年度经营目标的实现。			
责任范围	汇报责任	直接上报_____人	间接上报_____人
	督导责任	直接督导_____人	间接督导_____人
	培育责任	培育下属	现场指导下属的文案管理、会务安排等行政管理工作
		专业培育	定期举办行政管理、文秘管理等相关培训，提高下属的工作能力和水平
	成本责任	通讯费、接待费	根据公司相关管理规定
		电脑安全	维护办公室电脑安全，保证文件的安全性
		办公用品设备	对办公用品的采购和使用负有成本责任
	奖惩责任	对下属成员的工作情况、表现情况负有奖惩责任	
	预算责任	对部门费用使用情况负有预算责任	
	档案管理责任	对本部门文件、公文档案负有管理责任	
	参会责任	有参与总经理安排参加的相关会议的责任	
权利范围	权力项目	主要内容	
	审核权	对总经理办公室通过的决议具有审核权	
	解释权	对本部门相关管理规定和文件管理要求具有解释权	
	财务权	对总经理办公室相关费用的使用有财务权	
	考核权	对部门成员业绩有考核权	
	联络权	为完成总经理交办的响应事宜，具有对内、对外的联络权	
	接待权	对来访的客户、相关社会团体具有接待的权利	

(续表)

工作范围	工作依据	负责程度	建议考核标准
1. 对内协调： 全面协调总经理与各总监之间的工作事务，协助总经理与公司各职能部门、各子公司进行联络、沟通与协调；协助其他部门组织公司重大活动	部门间沟通和公司内部管理的有关规定	全责	公司内领导和员工的满意程度
2. 对外关系协调： 协调公司与政府有关主管部门的关系，协调与行业有关管理机构的关系，协调公司与其他相关各企业的关系，经总经理授权代表公司出席各种外部会议	公司对外关系管理的相关规定	全责	外部单位的满意程度
3. 对外接待： 妥善安排相关单位、人员的来访接待工作	公司对外接待的相关管理规定	全责	外部单位、公司领导的满意程度
4. 会议组织管理： 组织安排总经理办公室及其他各种日常会议，安排会议记录、纪要工作；对公司总部会议室和会议设备进行管理	公司关于会议管理的相关制度和领导的要求	全责	会议开展情况及会务管理结果评价
5. 文书档案管理： 组织制定公司的文件管理制度，根据管理制度制定年度文件编码；组织对公司各种文件进行登记、归档管理；安排公司内外各种来往文件的核稿、颁布和下发工作	公司的具体管理要求和质量体系所要求的文件管理规定	全责	文件编码、发放及时，文书档案管理完整无损，公司领导和各部门领导满意程度

工作关系	内部关系	所受监督	受总经理的管理和监督
		所施监督	对总经理办公室成员工作的管理和监督
		合作关系	为完成总经理办公室工作目标与相关部门的合作
	外部关系	与来访客户、政府部门代表、行业组织的接待和协调关系	

沟通关系	内部		
	董事会	总经理	各总监
	各职能部门	各子公司	各子公司
	外部		
	政府相关部门	行业管理单位	新闻媒体
	各关系单位	来访团体	来访客户

(续表)

任职条件			
	学历/专业		本科以上,企业管理、行政管理相关专业
	必备知识	专业知识	行政管理、公共关系管理、文案管理、公文管理等
		外语要求	国家四级以上
		计算机要求	国家二级以上,熟练操作各种办公软件
	工作经验		三年以上大、中型企业办公室或行政工作经验
	业务了解范围		熟悉企业行政管理和公共关系管理知识,全面了解公司内部工作及业务流程。
	能力素质要求	能力项目	能力标准
		组织能力	各种公司重要会议的召集、组织和安排的能力
		沟通协调能力	沟通协调相关部门和人员完成总经理交办事宜的能力
		监控能力	监督、管理下属完成部门内事务的能力
		联络能力	对外接待能力
	职位晋升	可直接晋升的职位	副总经理
		可互相轮换的职位	总经理助理
		可晋升至此的职位	总经理办公室文员、部门经理助理
		可以降级的职位	总经理办公室文员、部门经理助理

五、工作分析的发展趋向

工作分析在人力资源管理中的全面应用,虽然已经有百余年的历史,但是因为其中存在着技术上和实践上的诸多问题,所以仍有很大的改进和发展空间。下面主要阐述工作分析方法和研究两方面的发展趋向:

(一)工作分析方法的发展趋向

随着经济发展、科技进步和全球竞争的加剧,社会环境和组织环境发生着急剧的变化,从而促使工作性质不断改变,使工作分析方法从描述转向预测,从精确性转向战略性。

1. 从孤立的工作分析到系统的工作分析

传统的工作分析,如职位分析问卷法(Position Analysis Questionnaire, PAQ)等常常仅着眼于对分析对象进行孤立的分析,并不会考虑同一部门内或部门外分析对象之间的相互联系,或者即使考虑,也只是简单地描述与本岗位工作密切相关的其他岗位的名称而已。但是,现代组织中,由于员工工作成就感和工作挑战性的要求,工作扩大化以及工作丰富化的实施,各工岗位之间的分工界限正逐渐消失,从而要求工作分析不能只分析一个孤立的工作岗位,而应该分析一个岗位族类,分析该岗位与其他岗位之间的联系,包括信息联系、产品联系、人员联系等。

2. 从描述性工作分析到预测性工作分析

传统的工作分析,其目的在于对工作现状进行描述。现在社会经济处于快速变化之中,工作内容、职责范围和任职资格等也发生着相应的变化,现代的工作分析改变了传统工作分析的描述方法,逐渐向预测性工作分析的方向发展。

当一个工作被新创建出来或者正在遭受巨大变革时,工作分析就承担了预测的职能,即通过实现组织目标所需履行的预测性的任务描述一项工作。这种方法着力于预测工作在新的环境(如新的战略目标、不同的工具、更加紧密的顾客联系以及扩大了的职责任务)中的特征,因而被称为战略性工作分析。实施战略性工作分析包括以下步骤:

(1) 如果存在该工作,就可以使用传统的工作分析方法对其进行细致的描述。如果目前还不存在此工作,则需工作分析者和此工作所服务的主要顾客共同确定构成该工作的职责任务。

(2) 在职者和工作分析者共同讨论工作的变化,如新技术或者与外部顾客更加紧密的联系等,探讨如何改变现存工作的职责任务以及如何履行工作。

(3) 工作分析者和其他熟悉该工作及其预期变动的人员共同制定成功履行该工作所需的职责任务及 KSAO 的详细描述。KSAO 即 Knowledge(知识),Skills(技能),Abilities(本领)和 Others(其他个性特征)。

(4) 根据所预测的未来工作和现存工作的分析结果,确定它们在职责任务和 KSAO 方面的区别。这些对比结果可以用于确定绩效水平、培训内容、人员甄选时所需的 KSAO,确定应有的监督和管理需要以及工作之间的联系等。

此方法的使用取决于工作分析者和其他参与者预测该项工作变化的准确性。同时,该方法需要大范围的参与,涉及每一个相关的组织成员。

(二) 工作分析研究的发展趋向

随着知识经济时代的到来和经济全球化趋势的发展,组织架构和流程不断变化,工作的稳定性、工作方式以及工作对任职者的要求不断变化,在这种情况下,工作分析的研究必然也要随之发展。

1. 从准确性的工作分析研究转向战略性的工作分析研究

所谓准确性的工作分析研究,就是致力于提高工作分析结果的准确性的研究,包括工作分析信息的正确性保证措施研究、信息分析与综合准确性保证技术研究等。战略性的工作分析研究则是将现在的工作分析与未来的工作导向相结合的一种研究,要求现在的工作分析体现工作的未来发展趋势和组织的战略需求。施奈德(Schneider)和康茨(Konz)早在1989年就提出了战略性工作分析的概念。其主要思想是将环境变化因素、企业战略以及特定工作的未来发展趋势纳入传统的工作分析中。桑切斯(Sanchez)在1994年提出了新的工作分析概念,并根据传统工作分析的不足对未来的工作分析提出了一系列建议。他认为,应该先分析工作活动和工作流程,再对预测专家进行访谈,据此确定未来的工作对知识、技能、能力和其他特征的要求,这样就能够应对由于工作性质的变化带来的工作职责和任职要求的变化,促进组织更好地适应不断变化的环境。传统工作分析研究往往把任职者作为主要的信息来源。桑切斯认为,为了适应战略性工作分析的需要,不能仅仅把任职者作为唯一的工作信息来源,还应该让一些非任职者(如企业的战略制定者和人力资源管理者以及相关领域的行业专家)参与到工作分析的过程中,这样他们可以就企业需要的一些比较抽象的个性特质和企业的战略需求提出建议。因此,在工作分析信息的收集过程中,可以采取自上而下的方法,参加访谈的人员除了工作分析专家、任职者、任职者的上级和人力资源管理专家等传统工作分析包含的人员外,还应包括企业的战略规划者、相关技术领域的技术专家和经济学家,因为他们能够提供关于技术进步和经济发展等影响工作的环境因素方面的信息。

2. 从具体的任职要求分析研究到与胜任特征分析相结合的研究

胜任特征,也称为胜任力、胜任能力或者胜任素质,是指那些能够被测评并且区分绩效优秀者和绩效平平者的个人特征,包括知识、技能、能力以及动机、特质、态度和品德等。

传统的工作分析研究者主要关注搜集工作任务和KSAO等信息,以便建立一系列符合个体职位的具体任职资格条件。胜任特征建模者关注的是找出整个职业或者类似的一组工作中共同的、核心的个体水平的胜任特征。构建过程中通常会考虑组织情境、组织目标和战略等信息,这样从个人身上得到的胜任特征模型就体现了组织的特定要求。在同一个组织中将不同职位的胜任特征进行整合,就可以得到组织层面的胜任特征。因此,目前工作分析中的人员分析技术研究与胜任特征建模之间的结合变得越来越紧密。一方面,人员分析能够为胜任特征模型提供大量的实证数据;另一方面,胜任特征可以体现组织的特性和工作的未来需要,能够弥补人员分析在组织层面信息和工作未来需求方面的不足。两者的结合将成为未来工作分析研究的发展方向。

3. 从工具性的工作分析研究到工作分析影响因素研究

所谓工具性的工作分析研究,就是把工作分析作为人力资源开发与管理过程中的一种方法与技术进行研究,主要研究如何改进现有的工作方法与技术,提高工作分析的效率与效果。

但是,近年来,对工作分析影响因素的研究日益成为该领域的重要发展趋势。这方面的研究主要在两个层面上展开:

(1) 个体影响因素的探讨

较早的研究认为,工作分析的结果是高度可信的。但随后的研究却发现,工作分析结果不仅受评价者的人口统计学变量,如性别、年龄、种族和受教育程度影响,而且还受评价者的其他特征,如任职经验、绩效水平和认知能力等影响。此外,工作分析工具、工作分析信息来源等其他因素也会对工作分析的结果造成影响。

工作分析结果影响因素的早期研究虽然取得了一些成果,但学者之间并没有达成一致的看法。对于是应该研究工作分析信息的准确性,还是工作分析结果的准确性,抑或是工作分析结果的推论的准确性,学者之间也产生了分歧。莫吉森(Morgeson)和坎皮恩(Campion)提出了 Inference-based 模型,建议研究者从探讨工作分析结果的效度转移到研究从工作分析结果得出的推论(如任职者的 KSAO 的要求等)的效度上来。[1] 但是哈维(Harvey)和威尔逊(Wilson)却不同意此种观点,认为研究工作分析的准确性具有重要意义,因为只要应用可靠的工作描述指标和高信效度的量表并控制其他影响因素,就能够得到准确的工作分析结果。

(2) 组织影响因素的探讨

在有关组织水平影响因素的探讨中,影响较大的是林德尔(Lindell)等人的研究。该研究探讨了组织结构的规范化程度、组织规模、计算机技术的应用和与外部组织的接触次数等因素对工作任务重要性和时间花费评价的影响。结果发现,组织因素对任职者工作任务的时间花费评价方面有重要

---

[1] See F. P. Morgeson, M. A. Campion, Accuracy in Job Analysis: Toward an Inference-Based Model, Journal of Organizational Behavior, 2000, 21:819—827.

影响。

总之,随着政治经济的发展与组织的变革,组织结构及其内部的工作内容、工作流程、工作关系和工作方式必然发生变化,这些变化将不断促进工作分析方法和研究的创新与发展。

本章小结

工作分析是人力资源管理中的一项核心工作,是人力资源管理其他各项工作的基础和前提。本章第一节介绍了工作分析的含义、内容、相关概念及其用途等;第二节介绍了工作分析的基本流程与操作;第三节介绍了问卷调查法、访谈法、工作志法、观察法、资料分析法、主题专家会议法和关键事件法七种常用的工作分析方法的操作流程及其优缺点;第四节介绍了工作说明书的结构内容及其编制;第五节就未来工作分析方法和研究的发展趋势进行了分析介绍。通过本章的学习,将对工作分析的基本理论、操作方法及未来发展有整体的了解与把握。

重要概念中英文对照

工作分析(Job Analysis)
职位/岗位(Position)
工作要素(Work Element)
任务(Task)
职责(Duty)
职务/工作(Job)
职业(Occupation)
职位分类(Occupational Classification)
职系(Series)
职组(Group)
职级(Class)
职等(Grade)
问卷法(Questionnaires)
访谈法(Interviews)
工作日志法(Work Diaries)
观察法(Observation)
资料分析法(Job Documentation Analysis)

主题专家会议法(Subject Matter Expert Conferences)
关键事件法(Critical Incident Technique,CIT)
工作描述(Job Description)
工作规范(Job Specification)

复习思考题

1. 什么叫工作分析？工作分析可以应用于人力资源管理的哪些领域？
2. 工作分析的基本流程是怎样的？
3. 问卷调查法、访谈法、关键事件法各有哪些优点和缺点？
4. 观察法、工作日志法的适用条件是什么？
5. 工作描述包含哪些具体内容？
6. 工作规范包括哪些具体内容？
7. 编制工作说明书有什么要求？
8. 工作分析的未来发展趋势是怎样的？
9. 用观察法对会计岗位进行工作分析是否合适？对销售经理一职用一般问卷调查法和访谈法采集工作信息是否恰当？为什么？

案例

R公司的工作分析

小林是某名牌大学人力资源管理专业的学生，毕业后进入R公司从事人力资源管理工作。这是一家生产汽车零配件的中型企业，在工作过程中，她发现R公司的管理比较混乱，管理人员随心所欲地安排工作，员工们的职责很多时候是凭他们自己的理解履行的，有很多事务未能得到及时妥善的处理。当她去了解具体原因时，总是得到这样的回答："我不知道这是我分内的事"，或者"我不知道应该怎么做"。通过思考，小林认为只有通过系统的工作分析编写工作说明书并制定一整套标准和程序告诉他们应该做些什么，如何去做，才能使这一类问题从根本上得到解决，使公司运转秩序趋于正常。于是，她向公司提出进行系统的工作分析的建议。

几天后，公司的管理顾问叶华(一个刚刚留美归国的MBA)将她和人力资源部经理张凡召集来开会。

叶华："小林，公司经过慎重考虑，决定接受你的建议，系统地做一下工作分析。既然这个建议是由你提出来的，我和张凡决定就由你系统地做一下公司每个职位的工作分析,以明确每个岗位的工作职责。有什么困难可以提出,我们会尽量提供帮助。"

张凡:"我们公司已经通过了国家 ISO9001 质量认证,你可以参照一下 ISO 体系文件,会有所启发。"

小林思索了一下:"好吧,我试着去做,若有问题,会随时请求你们的帮助。"

小林接受任务后,先是查看了公司的 ISO 体系文件(在《管理责任程序》后的附件二《部门职责说明》之后就有《工作说明书》)。下面列出的是人力资源部经理的工作说明书:

人力资源部经理

1. 负责公司的劳资管理,并按绩效考评情况实施奖罚;
2. 负责统计、评估公司人力资源需求情况,制订人员招聘计划并按计划招聘公司员工;
3. 按实际情况完善公司《员工工作绩效考核制度》;
4. 负责向总经理提交人员鉴定、评价的结果;
5. 负责管理人事档案;
6. 负责本部门员工工作绩效考核;
7. 负责完成总经理交代的其他任务。

经过仔细阅读和思考后,小林发现《工作说明书》存在这样几个问题:格式过于简单、内容不完整、内容描述不准确。于是,小林不再依赖原有文件,开始竭尽所能地收集有关资料。她首先弄清楚新的组织架构图中出现的每一个名词的含义以及公司的定岗定编。然后利用因特网,查询与每个职位有关的信息,再对照自己公司的情况进行取舍。

小林在图书馆、因特网查找了许多有关资料,同时向人力资源经理和管理顾问请教,完成了工作分析的资料收集工作,并在此基础上最终形成了各职位的工作说明书(注:由于各种原因,在准备做工作分析的过程中,小林并没有去请教各部门经理,也没有做过任何调查问卷)。尽管小林花了大量的时间和精力进行工作分析,但 R 公司各岗位职责不明、管理混乱的现象仍未得到很好的改观。

思考题:
1. 小林的建议正确吗?为什么?
2. 为什么小林所进行的工作分析效果不佳?你认为应该如何做?

参考文献

1. 马国辉、张燕娣:《工作分析与应用》,华东理工大学出版社2008年版。
2. 郭巧云:《人力资源管理》,中南大学出版社2009年版。
3. 彭剑锋、张望军、朱兴东、罗军:《职位分析技术与方法》,中国人民大学出版社2004年版。
4. 郑晓明、吴志明:《工作分析实务手册》,机械工业出版社2002年版。
5. 萧鸣政:《工作分析的方法与技术》,中国人民大学出版社2002年版。
6. 朱勇国:《工作分析与研究》,中国劳动社会保障出版社2006年版。
7. 顾琴轩:《职务分析技术与范例》,中国人民大学出版社2006年版。

第六章　招聘与配置

人能尽其才,地能尽其利,物能尽其用,货能畅其流。

——孙中山

你可以教会一只火鸡爬上树,但是最好是找来一只松鼠。

——民间俗语

许多组织在人员招聘中常常会犯一些错误但却全然不知:他们会根据组织过去的情况,而不是根据明年的、未来的情况挑选合适的员工;他们在招聘时总是过分强调专业限制和某些工作经验,而事实上人们能否做好一份工作,关键不在于专业能力、知识等方面的因素,而是在于他们的做事风格、人际交往能力、态度以及品格等方面的因素;很多招聘者花大量时间衡量某一位应聘者是否达到自己心中的那个"尺度",将活生生的、有不同思想和个性的"人"看成物品,看这个物品是否符合自己心中的那几项既定的"尺码"……那么,究竟应如何实现有效的招聘与配置?

上篇

一、招聘概述

(一) 招聘的含义与原理

1. 招聘的含义

人员招聘,是指组织基于生存和发展的需要,根据组织人力资源规划和工作分析提出的人员需求数量与素质要求的结果,以最适合的成本和一定的方法,吸引符合岗位胜任要求并有任职意向的合格或有潜质人员,通过科学甄选后予以聘用的管理过程。人员招聘是组织人力资源管理的重要部分,属于人力资源输入环节。

人力资源管理是对人这种活的资源的管理。一个组织的员工总会随着组织环境和组织结构的变化而发生变化,招聘与配置对组织的生存与发展来说意义重大。有效的招聘与配置能帮助组织利用有限的人力资源成功地进行竞争,使竞争优势最大化。"成功的招聘是一种战略,这可能也是一项最重要的战略。"①

员工招聘的目标包括:

(1) 吸引高度合格的候选人,获取或保持竞争优势。他们具有完成工作任务所必需的技能、知识以及良好的态度,以保证组织目标的达成。

(2) 达到成本效率。作为人力资源部门的一项重要职能,招聘工作需要相当的成本投入。招聘期间发生的费用包括广告成本、招聘者和候选人的旅途费用、可能的举荐或签约受雇的提成、代理或搜寻公司的费用、招聘者的工资和津贴以及经理的时间等。例如,一个包括614个公司的样本报告指出,1986—1988年间的招聘服务花费了34亿美元。②

(3) 给组织带来活力。这主要表现为对高层管理者和技术人员的成功招聘,可以为组织注入新的管理思想、新的工作模式,可能给组织带来技术上的重大革新,为组织增添新的活力。

(4) 保留人力资源,降低流动率。成功的员工招聘,可以使组织更多地了解员工到本组织工作的动机和目标,组织可以从诸多候选人中甄选出个人发展目标与组织目标趋于一致并愿与组织共同发展的员工,组织可以更多地保留人力资源,减少因员工离职而带来的损失,降低人员流动率,增强内部凝聚力。

(5) 提高组织知名度。成功的招聘也能够使组织的知名度得到提高,使外界更多地了解本组织。例如,深圳华为公司通过经常性的招聘活动,不但吸收了大量的优秀人才,同时也提高了自身的知名度。企业通过人才招聘活动,在招收到所需人才的同时,也能通过招聘工作的运作和招聘人员的素质向外界展示企业良好的形象。

组织用才的目的在于能够为本身带来利益,而唯有通过严谨且正确的招聘与甄选过程,才能找到真正适合自己的人才,完成有效的招聘工作。所谓的有效招聘就是指组织或招聘者"在适宜的时间范围内采取适宜的方式实现

---

① 《寻找与留住优秀人才》(《哈佛商业评论》精粹译丛),欧阳晖译,中国人民大学出版社2003年版,第55页。

② See Grossman, M. E. & Magnus, M., Hire Spending, Personnel Journal, 1989, February, pp. 73—76.

人、职位、组织三者的最佳匹配,以达到因事任人、人尽其才、才尽其用的互赢共生目标"①。因此,人力资源招聘与配置的最终目的和客观依据,就是实现组织内部的"工作与人的匹配"。

2．招聘的原理

(1) 匹配原理②

人岗匹配是招聘的基本原理,传统的招聘中,组织通常比较关注个人与岗位的匹配度,但在实践中,仅有人岗匹配不足以使应聘者进入组织后取得预期绩效。研究发现,由于人本思想的不断发展,员工个人意识的不断增强,社会用工结构的不断变化,知识员工比重的增大,匹配原理得以丰富,除了个人与岗位的匹配以外,还包括个人与团队、个人与组织的多元匹配。

(2) 个体差异性原理

个体差异性是指人与人之间在素质上存在差别的客观性质。由于先天遗传因素和后天成长环境(社会文化背景、家庭环境、教育体系、工作环境等)不同,形成了各种各样的个体,个体差异的存在是客观的。这些个体差异性的存在,为人员的招聘和甄选提供了客观的条件。个体差异包括:个体的心理差异,主要表现为能力、气质、性格、需要、动机、兴趣、态度和价值观等方面的差异;个体的生理差异,表现在性别、年龄等方面;个体文化的差异,包括地域差异、职业差异、民族文化差异等方面。

(3) 心理可测量原理

个体差异客观存在,而招聘甄选中主要的对象是心理素质,心理具有主观性,是人脑对客观现实的主观反映。人的心理素质具有相对稳定性,虽不能直接看到摸到,但可以通过行为方式、工作绩效与行为结果表现出来,我们可以用间接的方法测量表现这些素质的行为,从而将心理素质加以量化。

(4) 要素有用原理

要素有用原理的含义是"天生我才必有用"。在人力资源开发和管理中,任何要素(人员)都是有用的,关键是为它创造发挥作用的条件,即没有无用之人,只有没用好之人。我们可以从以下三个方面理解这一原理:人才的招聘与配置需要一定的环境;人的素质往往呈现复杂的双向性;人的素质往往在肯定中包含着否定,在否定中包含着肯定。

---

① 杨杰:《有效的招聘》,中国纺织出版社 2003 年版,第 84 页。
② 参见李旭旦、吴文艳:《员工招聘与甄选》,华东理工大学出版社 2009 年版,第 12 页。

(5) 公平竞争原理

公平竞争是指竞争者各方以同样的起点、用同样的规则,公正地进行招募、甄选和录用。在人员招聘中引进竞争机制,可以较好地解决用人所长、优化组合等问题。运用公平竞争原理,就是要坚持公平竞争、适度竞争和良性竞争三项原则。

(二) 影响招聘的因素[①]

招聘管理同其他管理系统一样都是开放的系统,受诸多相关联因素的影响和制约。招聘的成功,既受外部环境的影响,也受组织内部环境的影响。

1. 外部因素

(1) 经济因素

如果国家经济运行良好,保持一定的增长率,失业率就稳定在一个较低水平。组织员工就业的难度降低,组织裁员的压力也会降低。而在经济低迷、失业率高的国家,裁员将会构成对组织的严峻考验,组织的招聘规模将缩小,并谨慎对待招聘。例如,宏观经济中通货膨胀对招聘的影响直接体现在招聘过程所涉及的开支上。由于通货膨胀的作用,组织人力资源招聘的直接成本呈增长态势,包括交通费用、招聘者的工资、面谈开支、发布招聘信息的宣传费用等,同时员工工资也在上涨,从而影响招聘的规模。另一方面,通货膨胀使人们对自己的人力资本投资呈增长态势,随即又限制人们的人力资本投资额度,影响人们的人力资本存量。通货膨胀对招聘的影响,尤其明显地表现在对组织高级管理层和技术人员的招聘上。

(2) 国家的政策、法规

国家和地方的有关法律、法规和政策,从客观上界定了组织人力资源招聘的对象选择和限制条件。美国的《公平就业机会法》规定:不同性别、年龄、种族、肤色的人在就业竞争中的机会均等,享有不受歧视的权利。这主要体现了保护弱势群体原则、透明原则、平等就业原则等。随着劳动用工制度的改革,我国已经先后制定了一系列的劳动法律法规,如1993年8月的《企业劳动争议处理条例》、1994年7月5日通过的《劳动法》、《劳动力市场管理规定》等,2008年1月1日开始实施的《劳动合同法》,2008年9月18日开始实施的《劳动合同法实施条例》。这些法律法规规定了劳动者平等就业和选择就业的权利,凡是具有劳动能力和劳动愿望的劳动者,不分民族、性别、宗教

---

① 参见吴文艳:《组织招聘管理》,东北财经大学出版社2008年版,第43页。

信仰等,享有平等的就业权。建立健全法律法规体系,以进一步规范我国的劳动力用工市场,是我们当前和今后都需要不断改进和努力的方向,也是组织实施有效招聘管理的重要前提。政府的政策也是组织招聘的重要外部因素。例如,政府的财政政策、税收政策等都可以通过对组织的生产行为产生影响而最终影响到组织的招聘行为。此外,政府购买的产品和服务也在一定程度上决定着劳动力市场的职位的数量和种类。

(3) 科技因素

科学技术的发展对招聘管理的影响,表现在以下方面:

① 科技发展对劳动力市场的影响。由于科技的发展变化,在不同地区、职业、产业,就业职位的破坏和创造非常不平衡,就业职位需求的分布发生了变化。

② 科技发展对就业者的基本素质提出了新的要求。科技的发展要求就业者必须具备更高的受教育水平和熟练的技术水平,因而掌握先进技术的人渐渐取代掌握落后技术的人。科技的发展改变了职位的技能素质要求,招聘中的选择标准因此不断地调整。

③ 科技发展影响了人们的工作和生活方式。科技发展改变了人们的工作方式,使弹性工作制、远程工作方式、自雇佣等新的工作与就业方式被很多人认可,从而影响了招聘工作。雇佣的方式灵活了,雇佣关系也灵活了。

(4) 劳动力市场因素

劳动力市场是劳动力供求之间在劳动力使用权的转让与购买上达成一系列和约的总和。有效的招聘管理基于对动态变化的劳动力市场的分析与把握,包括对整体劳动力市场和组织所在行业的劳动力市场的分析和把握。劳动力市场状况将影响组织人力资源战略的导向和人力资源规划的确立。对劳动力市场的准确认识与预计,能使组织的招聘工作更有准备,从而赢来许多富有成效的招募机会。劳动力市场状况是决定经济发展的一个重要因素,更是影响组织招聘决策的重要因素。组织的人员结构、人员素质水平、工作结构、现有或预期的人力资源最终取决于劳动力市场的结构和作用。劳动力市场状况也影响着组织招聘计划、范围、来源、方法和所必需的费用等方面。指标,可以较准确地分析和把握劳动力市场的状况。劳动力市场供求态势影响着招聘管理。

2. 内部因素

组织内部环境因素,包括组织职能界定、组织目标、组织文化、组织核心竞争力、任务性质、人员构成、工作方式、技术条件等。

(1) 组织的战略导向

人力资源问题通常是实施战略的核心问题。组织人力资源战略和组织经营战略密不可分,组织人力资源战略配合、服务于组织经营战略,是以组织的独特文化和核心竞争力为依托,围绕组织战略目标的实现,而对各类人员的选、任、育、留所作的系统设定。

组织战略目标的改变、战略决策的层次、经营决策的变化等,对招聘和选拔人员的影响是非常直接的,如完成生产量、达到质量标准或者实现销售目标等,都可能引起对新雇员的需求。比如,一个组织由于受到来自国际市场的竞争,决定放弃一些传统产品的生产,而专注于技术含量较高的产品,这样的战略决策会导致一些工厂停工,从而作出裁员的决策,同时也会改变组织对雇员性质的要求,产生新的职位需求。再如,组织由单一产品战略转向非相关产品战略,以首都钢铁公司为例,该公司从生产钢材经营战略转向主要生产钢材,同时生产电子仪表、计算机、洗衣机、电风扇、服装,开办陶粒厂,开采大理石、花岗石,开设宾馆,涉足航运和金融业等,这种战略变化会产生新的职位,改变组织对员工性质的要求。另外,招聘后人员的变动尤其是管理人员的变动,会反作用于组织战略的制定。同样,组织选人是讲求"实用性"还是为后期发展储备人才,不同的战略发展目的会有不同的招聘策略,前者主要针对社会上有工作经验的人开展,要求应聘者有工作经验,上岗后经过短期的工作熟悉即能胜任工作;后者主要针对高校应届毕业生开展,着眼于应聘者的发展潜力。

人力资源管理要与组织的战略目标相一致,制定人力资源规划时要以组织战略为基础,且这种一致性必须真正贯彻在执行中,须体现在人力资源管理的每一个环节。在招聘与配置中,这种战略一致性主要表现在招聘考官在人员甄选时必须考虑组织的战略及人力资源规划所确定的目标,并保证新招聘的员工与其保持一致。正如欧莱雅公司的高管指出的,在欧莱雅公司,从全球人力资源副总裁,到亚太区人力资源总监,再到中国区人力资源总监是欧莱雅人力资源战略典型的三级传递路径。在这样一个体系中对人力资源部门的要求是,必须始终关注公司战略。因为只有这样,具体的人力资源管理过程才能与公司发展方向一致。

(2) 组织形象与条件

① 组织的声望与管理水平

组织在应聘者心目中是否形成了良好的形象,是否具有吸引力,必将在精神和行动两方面影响着招聘活动。心理学家认为,每个人都希望自己成为优秀组织中的一员。为什么世界500强的企业或者品牌形象有口皆碑的企业深得求职者的追捧,就是因其在公众中的声望吸引了大量前来应聘的求职者。因此,这些企业的招聘甄选工作就有了很好的选才基础。组织的管理水平对组织的人力资源招聘影响很大,主要表现为:第一,组织领导者的水平和能力不仅决定着组织的整体管理水平和管理风格,也是许多应聘者求职时优先考虑的因素。第二,招聘过程实际上也体现着组织的管理水平的状况。组织的管理水平越高,各项管理制度越规范,招聘的效率越高,越有可能招到组织真正需要的员工。同时,管理水平高的组织,由于其发展的可预见性,能吸引大量高素质的人才前来应聘。第三,招聘过程中招聘人员本身的素质形象也影响招聘质量。

② 组织提供的报酬和所处的地理位置

根据需求理论,组织应当首先满足员工的物质需求,表现在招聘过程中,就需要提供相对有吸引力的、公平的、优厚的工资、奖金以及完善的各种福利保障制度。不少实力较强的组织,每年进行市场工资调查并确定本组织的工资政策,保证自己的工资在市场上具有较强的竞争力,目的就是为了吸引和留住更多的优秀人才。除了工资水平对应聘者产生影响外,组织是否能够提供培训机会以及是否关注员工的发展前途等,也是重要的影响因素。组织所处的地理位置在很大程度上也会影响求职者的求职意向。根据调查,我国的高校毕业生就业的首选城市主要集中在北京、上海、广州、深圳、厦门等,因为这些城市经济发展水平高、组织的发展前景好,而一些中西部不发达地区,相对来说,吸引人才的难度较大,需要这些地区的组织灵活运用各种优惠政策,才能有效完成组织的招聘工作。

③ 招聘成本

招聘目标包括成本与效益两方面,而且各种招聘方法奏效的时间不同,所以招聘成本和对人才需求紧迫性的限制明显地影响招聘效果。招聘资金充足的组织,在发布招聘信息时,可以投入较多的资金用于招聘广告的制作,所选择的传播媒体可以是在较大范围内发行的报纸、杂志,也可以在各大学或其他地区开展现场的招聘宣传活动;在招聘甄选时能选择更多的或更精细的测评甄选方法,更广泛地调查应聘者背景资料,这样就可以在更大范围内更准确地选取所需要的员工。

(3)求职者状况

① 求职动机与强度

求职动机是指在一定需要的刺激下,直接推动个体进行求职活动以达到求职目的的内部心理活动。个人的求职目的与拟任职位所能提供的条件相一致时,个体胜任该职位工作并从事该工作的可能性较大。求职强度是指求职者在寻找职位过程中的努力程度,表现为得到应聘职位的迫切程度。一般认为,求职动机和强度与个人背景和经历相关。求职强度和个人财政状况成负相关关系。

② 求职者个人职业倾向

通常,理性的求职者会根据自身的职业兴趣及倾向性,在选择职业以及任职过程中,尽可能沿着自我设计的职业生涯方向发展。因此,不同的职业兴趣及倾向性,影响着劳动者个体的求职方向。美国学者沙因(E. H. Schein)提出了"职业锚"概念,它是建立在不同的工作动机和能力之上,引导个人的工作经历的自我概念。这些不同的"职业锚"对招聘有着重要的影响。除了"职业锚"理论,美国的约翰·霍兰德(John Holland)于1959年研究并提出了职业—个性匹配理论。职业—个性匹配理论是指根据个性特征与择业倾向进行分类,显示不同类型的人员与不同职位之间的匹配性,这对应聘者的应聘倾向有着积极的影响。

二、工作分析和胜任素质模型

职位内在要求是人员甄选的客观标准和依据,而对职位内在要求的描述主要体现在工作分析和素质模型的构建之中,工作分析和素质模型是人员甄选的基础。

(一) 工作分析与招聘[①]

组织的招聘工作须基于工作分析,因为确定招聘人选的条件要求首先是由该职位的关键工作职责决定的。按照招聘管理中的能岗匹配原则,只有素质技能符合、胜任该岗位要求的人,才是合适人选。通过职位分析,在明确职位的职责、权限、任职资格等的基础上,形成该职位工作的基本规范和职责描述,从而为组织选拔人员提供基础,提升人事匹配度,提高甄选的效度。

(二) 胜任素质理论与胜任素质模型

如果说工作说明书中提供的生理和社会特征、知识和技能特征是人员甄

---

① 工作分析的相关内容可进一步参照本书第五章。

选中的"硬约束"的话,那么心理特征就是对于人员甄选更具有实际意义的"软约束",虽然有的工作分析也涵盖"软约束"内容,但更多的还是借助胜任素质理论探讨与获得。对任何组织的招聘甄选而言,最重要、最基本的准备工作都是建立以胜任素质模型为基础的任职资格体系,这也是基于胜任素质的人力资源管理研究的新方向之一。

1. 胜任素质理论

胜任素质(Competency)是个体所具备的、能够以之达成或预测优秀工作绩效的内在基本特征。它包括动机、特质、自我概念、态度、价值观、具体知识、技能、认知方式和行为模式等要素。简单地说,胜任素质就是决定个体在既定职位上能够达成优秀工作成果的那些独特的内在特点。[1]

首先提出胜任素质理论与应用的是美国哈佛大学教授戴维·麦克里兰(David C. McClelland)。1973年,麦克里兰在《美国心理学家》杂志刊发了一篇题为"Testing for Competence Rather Than for 'Intelligence'"(测量胜任力而非智力)的论文。在该文中,麦克里兰自创了一个英文单词——"Competency"(被译为:资质、胜任力、胜任特质、胜任能力、竞争力、素质等,本书以"胜任素质"为指称),并从六个方面对测量胜任力进行了说明。美国学者莱尔·斯潘塞(Lyle M. Spencer)和塞尼·斯潘塞(Signe M. Spencer)在《工作素质:高绩效模型》一书中指出,素质是在工作或情境中产生高效率或高绩效所必需的人的潜在特征,同时只有当这种特征能够在现实中带来可衡量的成果时,才能称为素质。基于此,他们提出了素质的冰山模型,如图6-1所示。

模型指出,素质存在于五个领域:知识与技能、社会角色、自我形象、个性、动机。其中在"水面上"的知识与技能相对容易观察与评价,而在"水面下"的其他特征是看不到的,必须根据具体的行动才能推测出来。冰山素质模型具有以下三个特点:一是与特定工作岗位有关;二是能够在特定的工作岗位中创造出高绩效;三是包括个人特征,如知识、技能、社会角色、自我认知、动机和价值观等。"水面下"的胜任能力对取得良好的业绩起决定作用,因而有必要在人员招聘和管理中着重于这些潜在特质的发现与挖掘。从20世纪90年代起,一些公司和专业研究机构开始着手将胜任素质体系引用到人力资源管理体系中,尤其是在招聘与甄选流程中发挥出根本性的作用。

---

[1] 参见何志工、李辉:《基于胜任素质的招聘与甄选》,中国劳动与社会保障出版社2006年版,第2页。

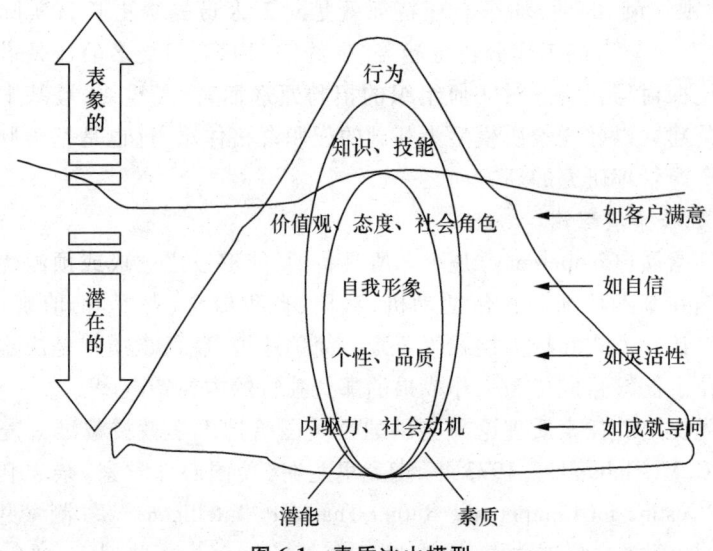

图 6-1 素质冰山模型

2. 胜任素质模型

胜任素质模型(Competency Model)就是对高绩效(包括一般绩效)工作产出所需要的胜任素质的规范化的文字性描述和说明。正如在素质体系发展过程中,鲍伊兹经过对大量原始资料的重新分析和研究,归纳出一组用来寻找和辨别优秀经理人员的胜任素质,这种有效的胜任素质组合就是胜任素质模型的雏形。当利用已经建立起来的有效的胜任素质模型进行招聘与甄选时,关注的将是候选人身上所具备的那些能够实现组织所要求的绩效结果的心理特征和行为模式,而避免关注那些无关紧要的因素;当有效利用胜任素质模型获得符合录用要求的候选人时,这些合格的候选人在工作中所创造的价值将是不可估量的。胜任素质模型的分类是建立胜任素质模型时必须关注的一个核心问题。

(三)基于胜任素质模型确定甄选标准

尽管人们可利用工作分析法进行招聘,但由于并不能清晰地知道究竟要对候选人作出哪些方面的测量和评估,因而也就无法保证对候选人的未来绩效进行准确的预测。而当人们有效地运用胜任素质模型,通过招聘与甄选确定出那些达到录用标准的候选人之后,这些被录用者在工作中能够创造令人满意的绩效水平。这一点已经被亨特等人(Hunter, Schmidt & Judiesch)所进行的一项研究结果所证实,他们通过对 81 项独立调查研究项目的结果进行分析与整合,发现那些在胜任素质具备程度上比一般员工高出一个标准差的优秀员工所能给组织带来的额外价值,可以高达 47%—120%,其中后者是指销售职位上的优秀员工所能带来的额外价值。另外,由其他人进行的一项研究显示,在基于胜任素质的甄选上投资收益率可以高达 2300%。可以说,基于胜任素质的招聘能够吸引那些具备了很难或无法通过培训与开发获取的个体特征的申请者,使甄选过程更加有效,从而有助于提高组织的绩效水平。

胜任素质模型不但清晰地界定职位所需要的素质类型,还根据职位需要确定理想的素质类型等级,作为人员甄选的依据。甄选过程中,可根据胜任素质模型的要求以及职位说明书中的其他具体规定和要求,制定出详细的甄选标准,然后根据制定出的标准对应聘者进行筛选。

表 6-1 是某管理职位素质模型示例:

表 6-1　某管理职位素质模型①

素质维度	描述	等级要求
成就导向	为自己所管理的组织设立目标,提高工作绩效的动机与愿望	A. 6 级以上
主动性	超越工作的基本要求,抓住机遇或为未来可能出现的问题与机会作好准备	A. 3 级以上
信息搜集	了解情况,洞察局势,并判断未来潜在的某些机会,具体体现为系统的信息汇总,多渠道的资讯搜寻以及各种亲自感受外部信息的举动	A. 2 级以上
团队合作	给他人以信任与认可,特别是就一些与他人有关并会产生影响的事务组织他人共同商议与处理	A. 4 级以上
培养人才	对下属提供建设性的反馈意见,在下属遇到困难时给予安慰与鼓励;通过各种指导、建议或从事某个职位的工作等支持手段与方式培养下属	A. 3 级以上
领导能力	为团队设立绩效目标;在更宽泛的组织层面上维护所在团队的利益;同时为团队成功赢得必要的资源与支持等	A. 2 级以上
演绎思维	系统地分析某一情况或信息的含义,理清因果关系,对可能的困难进行估计,并提前计划解决的办法等	A. 2 级以上
归纳思维	发现他人没有发现的某种联系或模式,洞察到他人没有注意到的各种矛盾或差异,同时能够迅速把握问题的关键,并采取行动	A. 3 级以上

---

① 资料来源:彭剑锋主编:《人力资源管理概论》,复旦大学出版社 2003 年版,第 281 页。

（续表）

素质维度	描述	等级要求
专业知识技能	掌握所需的专业知识与技能是从事管理类工作的基本要求	A. 4级以上
影响力	擅长运用良好的个人及社会影响力，树立个人在组织中的权威	A. 6级以上
关系建立	与同僚建立与保持联系，定期拜访客户，与客户形成定期良好的互动交流等	A. 3级以上
自信	对自身能力表现出自信，同时乐意接受各种挑战性的工作；在必要时能够向上级直接提出质疑	A. 2级以上

三、招聘的流程和渠道

（一）招聘流程

招聘程序是指从出现职位空缺到候选人正式进入组织工作的整个过程。一个组织欲谋求持续发展，必须对所需人才的招聘活动制定一定的程序步骤，选用适当的方法，才能收到"事得其人"、"人尽其才"的效果。

在组织进行人员招聘过程中，需要通过一系列的活动明确需求、吸引应聘者、甄选应聘者、录用合适人才，并对本次招聘进行评估。整个招聘过程是一个完整的、系统的、程序化的、循环的操作过程，大致可以分为准备、招募、甄选、录用、评估五个阶段。如图6-2所示。

1. 准备阶段

要实现有效的人员招聘，需要做好充分的准备工作。人员招聘有两项基础性工作——人力资源规划和工作分析，这两项工作也是人力资源管理中的基础工作。人力资源规划是运用科学的方法对组织人力资源需求和供应进行分析和预测，判断未来任职者完成工作应具备的资格，比较重视考察应聘者的知识、技能等基准性胜任特征，这是一种最低标准。基于胜任能力的工作分析则在原有的工作分析的基础上明确了各专业系列、各工种、重点岗位所需的个性特征、动机、综合能力、工作经验等量化行为等级标准，侧重于研究工作绩效优异的员工，突出与优异表现相关联的特征及行为，结合这些人的特征和行为定义这一工作岗位的职责内容，具有更强的工作绩效预测性。当然，建立胜任能力模型需要组织本身的人力资源管理较为成熟，并拥有足

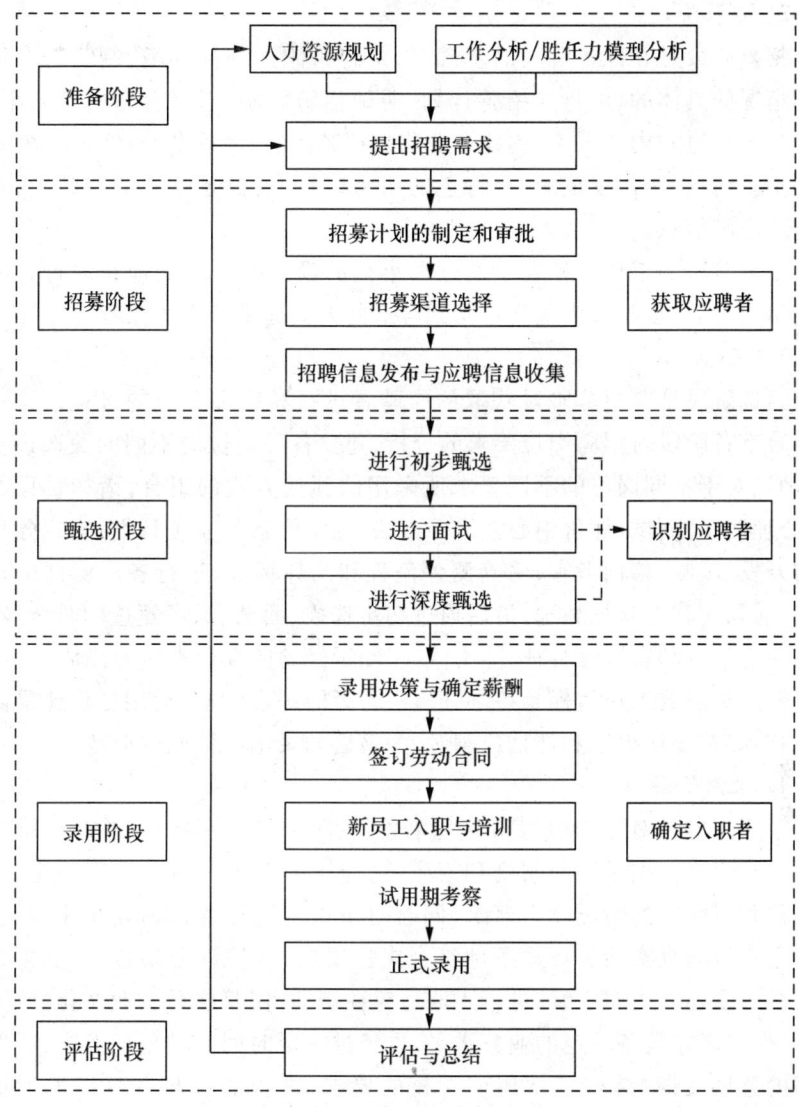

图 6-2 人员招聘的一般流程

够的资源,一般组织在开始阶段可将基于胜任能力的工作分析运用在对于组织成功最为关键的岗位上。

准备阶段的工作目标在于针对性地提出具体的招聘需求,这些工作的有机结合使招聘工作的科学性、准确性和持续性大大地加强,为后续工作指明了方向。

2. 招募阶段

招募阶段是在准备阶段的基础上,结合组织内外部环境,制订符合组织实际情况的具体的、可行的招聘计划,明确招聘策略,选择合适的招聘渠道,包括外部渠道和内部渠道,构建专业化的招聘团队,明确各自的分工,发布有效的招聘信息,制作规范的、有特色的招聘广告,吸引足够多的应聘者,并收集整理应聘信息。

招募阶段的工作目标在于通过最小化的投入最大限度地获取符合要求的足够数量的应聘者,为最终招聘到合适的人员提供基本的保障。

3. 甄选阶段

甄选阶段是对招募阶段获取的应聘者进行甄别和甄选的过程。这一阶段结合准备阶段对招聘岗位要求的分析,建立各种岗位的不同的甄选评价体系,确定对于不同岗位的不同要求所采用的甄选方式的组合,诸如常用的笔试、心理测验、面试、评价中心技术等方法,确定甄选的实施计划,完成甄选试题的开发、试测,培训考官,明确测评流程和测评标准,进行各类测评的现场组织,通知应聘者参加甄选,最后通过初步选拔、面试、深度甄选的具体实施,作出对每个应聘者个性特征、能力倾向、知识经验的综合素质的评估。

甄选阶段的工作目标是科学分析应聘者的综合素质,运用性价比最高的测评技术,有效地识别和评估应聘者,为最后的录用决策提供丰富的信息。

4. 录用阶段

录用阶段是对甄选阶段对应聘者测评的结果进行分析,进行录用的过程。这一阶段依据录用的制度和规则,对应聘者作出最后的录用决定,并结合岗位和应聘者的情况确定薪酬,同时对录用者进行背景调查和体检,确定其背景资料的真实性和身体条件符合岗位要求,并签订劳动合同,安排录用者履行一系列的入职手续,进行入职适应性培训,使其熟悉企业文化、政策规定、工作程序并具备一定的业务水平,再经过一定时间的试用期考察,听取各方面的意见反馈,结合其试用期考核的要求,符合的应聘者最终得到正式录用。

录用阶段的工作目标是通过一系列规范的流程,完成对合适人员录用的职能,从而实现招聘的目标。

5. 评估阶段

招聘评估是招聘流程中一个必不可少的总结回顾的环节,有利于今后为组织节省开支;有利于找出各招聘环节的薄弱之处,从而改进招聘工作;有利于招聘方法的改进,同时也为员工培训、绩效评估提供了必要的信息,进一步提高了招聘工作的质量。招聘评估包括:招聘结果的成效评估,如成本与效益评估,录用员工数量与质量的评估,以及招聘方法的成效评估,如信度与效度评估。

(二) 招募渠道选择

人员招募就是通过一定的方法,寻找或吸引具有一定任职资格和条件的应聘者前来应聘的工作过程。招募过程的一个基本要求是找到足够数量的合格的应聘者。组织人员招募的渠道有内部和外部两种:

1. 内部招募

内部招募是指组织采用职位公告、岗位竞聘或部门推荐等方式在组织内部招聘新员工。当组织出现职位空缺时,在组织内部通过各种方式向全体员工公开职位空缺的信息,并招募具备条件的合适人选填补空缺。内部招聘目前在企业界和其他各类型的机构中都得到普遍运用,一些调查结果显示,高达90%的管理职位都是由从企业内部提拔起来的人员担任的。

内部招募的实施方法主要有:

(1) 内部晋升或岗位轮换

内部晋升或岗位轮换是建立在系统有序基础上的内部职位空缺补充办法。运用此种方法,首先需要建立一套完善的职位体系,明确不同职位的关键职责、胜任素质、职位级别等在晋升和岗位轮换中的运作依据;其次需要建立员工的职业生涯管理体系,对员工的绩效状况、工作能力进行评估和建立相应的档案,根据组织中员工的发展愿望和发展可能性进行岗位的晋升和有序轮换,使有潜力的员工得到相应的发展。

就内部晋升而言,美国柏克德公司的做法值得研究。该公司是美国乃至全球规模最大的从事基本建设工程的一家大公司,拥有员工三万多人。公司设有多级培训机构并在总部设立了一个规模很大的"管理人员培训中心"。公司的晋升方式是:首先,公司从2万名管理人员和工程师中,选择5000人作为基层领导(工长、车间主任)的申请者,然后鼓励他们自学管理知识,并分批组织其参加40小时的培训,再从中选拔需要的基层领导人员。其次,从基层领导中选拔1100人参加"管理工作基础"的培训和考核,从中挑选出600人分别给予专业训练,使他们承担专业经理的职务(如销售经理、供应经理等)。最后,再从这些专业经理中选拔300人进行训练,以补充市场经理的空缺岗位(包括各公司的总经理、副总经理等)。就内部岗位轮换而言,日本丰田公司有一套较完整的体系,即为提高一线工人的全面操作能力,公司对于一线工人采用工作轮换制,用以培养和训练多功能作业员。对于各级管理人员,公司采取五年调换一次工作的方式进行重点培养,每年1月1日进行组织变更,调换的幅度在5%左右,调换的工作一般以本单位相关部门为目标。通过这样的岗位轮换,有利于培养全面的管理人才、业务多面手。

(2) 内部竞聘

内部竞聘是指通过内部公告的形式在内部组织公开招聘,符合条件的员工可以根据自己的意愿自由竞争应聘上岗。内部竞聘需要经过选拔评价程序,只有经过选拔评价符合任职资格的人员才能予以录用,以保证内部招聘的质量。另外,参加内部竞聘的员工须征得原主管的同意,且一旦应聘成功,应给予一定的时间进行工作交接。对内部竞聘的员工的条件也有一定的界定,如应在现有的职位上工作满一定时限、绩效评定的结果应该满足一定的标准等。总之,应完善内部竞聘的制度管理。我国目前不少国有企事业单位在改革人事管理制度中,尝试实施中层干部以及一般管理岗位人员的定期竞聘上岗制度。竞聘上岗,是内部获取人才的主要方法,也是当前形势下的一种创新性做法。

(3) 内部员工举荐

它是指当组织出现职位空缺时,鼓励内部员工利用自己的人际关系为组织推荐优秀的人才。据美国《劳动力》(Workforce)杂志报道,如果组织能善用员工举荐人才的做法,不仅省时省钱,而且能提高征才质量,减轻人力资源部门的负担。但是,在员工举荐的过程中,为保证推荐的有效性,组织有必要注意以下三个因素:员工的道德水平、工作信息的准确性以及中间人的亲密程度。组织鼓励或要求熟人推荐自己熟悉的人应聘空缺职位前,必须先建立一套明确的举荐制度。有很多公司愿意采用员工举荐的方式聘用新人,比如Intel公司通过给予员工高额奖金及奖品鼓励员工为公司寻找合适的员工,并且还在操作流程上下了不少工夫,使员工愿意积极参与此项活动。首先,在公司网站上公布推荐办法,员工可以上网查看所有相关细节;其次,将职位空缺信息及所需条件也公布于网上,员工可以直接转寄给熟人或朋友,同时员工可以在网上填写介绍表,被推荐者也可以直接通过网络传递履历,整个过程方便快捷。当然,公司在收到介绍资料后也会尽快处理、答复。另外,采用员工举荐方式的典型是思科公司,该公司大约10%的应聘者是通过员工相互介绍的。

(4) 临时人员转正

不少组织在核心员工或正式员工之外,为完成一些临时性的工作任务,或因编制所限或因组织结构整合需要等原因,会雇用一些临时性员工或派遣员工。当人力资源派遣成为一种发展趋势、派遣员工或临时性员工队伍逐渐扩大的时候,组织应当特别重视这部分人力资源的价值。当正式岗位出现空缺,而临时性员工的能力和资格又符合所需岗位的任职资格要求时,可以将临时人员转正,这样既可填补空缺,满足组织用人需求,又能激励临时员工的工作积极性。当然,对临时人员雇佣和转正的各项手续的办理应符合我国人事管理各项法规政策的规定。

2. 外部招募

外部招募是根据一定的标准和程序,从组织外部众多候选人中选拔获取所需人选的方法。这是组织根据自身发展的需要,向外界发布招聘信息,并对应聘者进行有关的测试、考核、评定及一定时期的试用,综合考虑其各方面条件之后决定是否聘用的常见方式。外部招募的主要方式有广告招聘、人才市场招聘会、校园招聘、专业机构招聘、网络招聘等。

(1) 广告招募

广告招募是通过报刊、电视和行业出版物等传统媒介向公众传递组织的人力资源需求信息,以吸引求职者前来应聘的招募方法。借助广告进行招募的过程中要注意两个关键因素:一是注意广告方式的选择策略,即决定选用何种媒体。这是由招聘预算和待招聘的职位特点所决定的。除了考虑成本的因素外,还要考虑职位的特点和要求,一般而言,由于报纸发行的地域性较强,故报纸分类广告比较适合于将候选人的来源限定于某一地区使用;专业杂志广告的优点是针对性比较强,所以当招聘职位专业性较强并对上岗时间和候选人来源没有太多要求时,在专业杂志上进行广告招募不失为一个很好的选择;电视广告如能与提高组织知名度相结合,也可成为一个明智的选择,具体情况参见表 6-2 所示。二是注意广告的内容与形式设计。广告的核心内容应包括两个方面:职位所要求的胜任素质和向受众表明组织对符合资格要求的应聘者的欢迎态度。

表 6-2　广告媒体优缺点及适用范围比较

类型	优点	缺点	适用范围
报纸	标题短小精练；广告大小可灵活选择；发行集中于某一特定地域；各种栏目分类编排，便于求职者寻找。	容易被未来可能的求职者所忽略；集中的招募广告容易导致招募竞争的出现；发行对象无特定性，组织不得不为大量无用的读者付费；广告的印刷质量一般比较差。	当想将招募限定于某一地区时；当可能的求职者大量集中于某一地区时；当有大量的求职者在翻看报纸并希望被雇用时。
杂志	专业杂志会到达特定的职业群体手中；广告大小有灵活性；广告的印刷质量较高；有较高的编辑声誉；时限较长，求职者可能会将杂志保存起来再次翻看。	发行的地域太广，故在希望将招聘限定在某一特定区域时通常不能使用；广告的预约期较长。	当所招募的工作承担者较为专业时；当时间和地区限制不是最重要的时候；当与正在进行的其他招募计划有关联时。
广播电视	不容易被观众忽略；能够比报纸和杂志更好地让那些不是很积极的求职者了解到招募信息；可以将求职者来源限定在某一特定区域；极富灵活性；比印刷广告更能有效地渲染雇佣气氛；较少因广告集中而引起招募竞争。	只能传递简短的、不很复杂的信息；缺乏持久性；求职者不能回头再了解（需要不断地重复播出才能给人留下印象）；商业设计和制作（尤其是电视）不仅耗时而且成本很高；缺乏特定的兴趣选择；为无用的广告接受者付费。	当处于竞争的情况下，没有足够的求职者看印刷广告时；当职位空缺很多，而在某一特定地区又有足够求职者的时候；当需要迅速扩大影响的时候；当在两周或更短的时间内足以对某一地区展开"闪电式轰炸"的时候；当用于引起求职者对印刷广告注意的时候。
现场购买（招聘现场的宣传资料）	在求职者可能采取某种立即行动的时候，引起他们对企业雇佣的兴趣；极富灵活性。	作用有限；要使此种措施有效，首先必须保证求职者能到招募现场来。	在一些特殊场合，如为劳动者提供就业服务的就业交流会、公开招聘会、定期举行的就业服务会上布置的海报、标语、旗帜、视听设备等；或者当求职者访问组织的某一工作地时，向他们散发招募宣传材料。

资料来源：〔美〕加里·德斯勒：《人力资源管理》（第六版），刘昕译，中国人民大学出版社 1997 年版，第 127 页。

(2) 人才市场招聘会

我国人才市场包括各级人才市场、劳动力市场和职业介绍中心等。这些机构都是各级政府人事部门和劳动部门为指导和服务就业工作而建立的人才管理服务机构。人才市场招聘会往往就是由这些机构作为主办单位所开展的市场招聘活动。根据主办者情况的不同,招聘会一般分为专场招聘会和非专场招聘会两种。专场招聘会是由一家单位主办并只为这一家单位的招聘工作服务的;非专场招聘会则是由人才市场或中介机构组织的有多家单位参加的招聘会。人才市场招募能使组织在短时间内集中掌握众多求职者的信息,且供需直接见面,有利于双方间的直接沟通,也有利于组织进行一定的形象宣传,因此这种方法在实际招聘工作中运用得较多。要使招募工作借助招聘会有效完成,需要注意以下问题:注意选择规模、参加单位、举办地点、声誉都比较理想的招聘会;注意参会前做好充分的准备工作;注意认真处理会后信息。

(3) 校园招募

每年都有大量的大学毕业生走出校园进入社会,这些走出校门的毕业生充满朝气、可塑性强、最具发展潜力,是就业市场上的生力军,是组织获取新鲜人力资源的源泉。越来越多的企业将目光对准校园,展开各式各样的校园招聘活动,以之作为获取人才的主渠道。比如,被誉为外企"黄埔军校"的P&G公司在华招聘时就将其目光锁定在重点大学的优秀应届毕业生上,P&G公司认为:"一张白纸,好做最新最美的图画。"因此,他们宁可招聘刚毕业的、没有社会经验的大学生,也不愿意招聘在其他企业有相关工作经验的人员,除非是那些确实需要工作经验和人际关系网络的职位。据中国宝洁北京地区人力资源部经理介绍,在中国,宝洁90%的管理级员工是从各大学应届毕业生中招聘的。宝洁于1988年进入中国,第二年就开始在高校中招聘应届毕业生,十多年来,宝洁已经聘用了一千多名应届大学毕业生(不含中专毕业的技术工人)。1997年报名参加宝洁招聘工作的大学生超过2.4万人。目前,大多数企业采用的校园招聘方式主要有:

① 各种校园活动,包括开展各种校园招聘演讲会宣传企业形象以吸引优秀毕业生加盟,举行各种校园竞赛活动并从中选拔优秀大学生等。正如欧莱雅公司指出的,跨国公司之间的竞争并非只限于市场,也包括世界顶尖商学院的毕业生。多年来,欧莱雅公司凭借着每年吸引3万学生参与的"全球在线商业策略竞赛"以及"校园企划大赛"这两项活动,在校园招募领域积累起相当的经验,这类商业竞赛令学生们对欧莱雅公司及整个化妆品行业有了更深入的了解。为了使招聘过程更加人性化,欧莱雅集团选择体育运动这一方式增加学生对公司的了解,这种做法被证明是卓有成效的。"这是一种与

有潜力的应征者交流的新方式,这种方式轻松愉快,能让我们在与商业竞赛或是招聘会完全不同的情况下了解学生",公司的战略招聘总监 Jean-ClaudeLeGrand 这样评说。

② 学生直接去企业中实践,即邀请学生进入企业中进行社会实践、工作实习或者参观访问等,使学生直接而深入地了解企业,对企业产生兴趣,企业也可以借此了解与观察实习学生的综合素质与能力,从而进行双向选择。

③ 企业设立奖学金制度或与学校联合办学。不少希望建立良好校企关系的企业,在相对专业对口的学校里设立了奖学金制度,用以资助那些学业优秀而生活困难的学生。通常情况下,获得奖学金的优秀学生能获得优先进入企业工作的机会,同时,受资助的学生也会对企业心存感激,愿为企业的发展作出自己的努力,也使学校成为企业未来员工的培养之地。企业与学校联合办学培养人才的方法,目前已得到广泛应用。一般这种联合办学培养的人才在毕业后可全部来到培养企业,企业不仅出资而且提供专业实习基地,这种方式通常适合某些特殊专业的专门人才的培养。

(4) 专业机构招募

外部招募中,组织经常采用的方式是委托人才招募机构。专业人才机构主要是指那些名为人力资源服务公司、人才中介服务公司、人才租赁公司、猎头公司等机构组织。我国目前已经出现了大量的职业介绍中介机构,据统计,截至 2000 年底,全国共有各类职业介绍机构近三万所。鉴于不少人才中介机构都有自己独特的测验工具和测验体系,有多年的招聘经验,再加上对某一行业领域人才市场的熟悉,能为组织提供一些比较权威的、独特的测验分析报告,帮助雇主选拔人员,节省了组织招聘选拔的时间,特别是一些企业没有设立专门的人力资源部时,可以借助人才中介机构求职者资源广、能提供专业咨询和服务的优势。当前,我国的人才服务机构可分为公共服务机构和私营服务机构两种类型。

① 公共人才服务机构

19 世纪末,西方许多慈善组织、工会、资方团体开始成立人才中介机构,但由于存在地域、业务对象、中立性等问题,这些中介机构的业务逐渐变成了独立的业务,最终变成了国家业务。公共人才中介组织的出现,建立起了免费的公共安置服务机构,促进员工和雇主的联系,填补职位空缺,成为国家劳动部门的分支。[①] 相对私人服务机构,我国的公共人才服务机构发展更早,也

[①] 参见曾湘泉:《劳动力市场中介与就业促进》,中国人民大学出版社 2008 年版,第 103 页。

更发达一些。我国在计划经济体制下就存在劳动局和人事局的传统分割状态,就业与人才服务也分化为劳动力市场和人才市场,与发达国家不同,我国的公共人才服务机构在招聘中扮演着主体作用。全国各经济区域、各省市都有各自的劳动力市场和人才市场,形成了覆盖全面但又各自为阵的市场体系。

② 私营人才服务机构

国际劳动力市场中的私人中介组织,起源于欧洲封建时代的家政服务和商业用工,产业革命后,为适应市场发展,以工矿业劳动者为服务对象的私人中介组织随之出现,早于公共中介组织的产生。我国在2001年9月19日,国家人事部与工商行政管理总局以一号令联合发布了《人才市场管理规定》,外资被允许有条件地进入我国人才市场。2001年10月16日,劳动和社会保障部与工商行政管理总局联合颁布《中外合资中外合作职业介绍机构设立管理暂行规定》,自2001年12月1日起,我国劳动力市场正式向外资开放。私营尤其是外资的人才服务中介机构开始得到发展,与公共人才服务机构一起,构成我国人才与就业服务的专业机构格局。

在各种人才中介机构中,针对高级人才的专业招募机构,就是人们常说的"猎头"公司。这种招募机构特色鲜明:工作效率高、服务费用高。在美国,通过这种机构招聘的职位的年薪一般至少在5万美元以上,而雇主需要支付的费用一般占到该职位年薪的30%—50%。由于我国经济的快速发展,对人才尤其是高端人才的需求量大大超过了人才市场的供给量,因此国内猎头机构业务量也很快提升。就组织而言,所选猎头公司应是可靠诚信且经验丰富的,应了解该公司的收费情况和业务直接负责人情况。

(5) 网络招募

网络招募也称在线招募或者电子招募(E-Recruiting),它是指利用互联网技术进行的招募活动,包括招募信息的发布、简历的在线搜集整理、电子面试以及在线测评等。网络招聘以其招聘范围广、信息量大、可挑选余地大、应聘人员素质高、招聘效果好、费用低等优势,获得了越来越多组织的认可。很多跨国公司成为跨国招聘网络平台的企业会员,如总部设在香港的JobsDB.com就是近年来成立的亚太地区最大的跨国招聘网络平台,目前有13万家企业会员。IBM、英特尔等知名跨国企业都在网上接收简历,世界上500强企业中96%的人才招聘是通过网络实现的。跨国公司将网络招聘与传统的招聘方式结合起来,由此构建一套完善多元的人才交流体系,其中网络招聘占据强势地位。

那么,如何有效地实施网络招募?

① 委托人才网站。这是使用最为广泛的一种招募方式。企业通过这种形式,可以在人才网站上发布招聘信息,收集求职者简历,查找适用的人才信息。由于人才网站上资料库大,日访问量高,收费相对较低,很多企业往往会同时在几家网站注册。选择人才网站一般要求该网站功能强大;站在客户角度进行人性化设计;服务细致、反应快速;可提供在线测评、在线培训等服务。

② 刊登招聘广告。一些用人单位会选择在一些大型的专业网站上发布招聘广告。因为专业网站能聚集某一行业的专门人才,在这样的网站发布招聘信息,一方面由于浏览量较大,得到的信息反馈多,另一方面对吸收某一特定专业的人才效果良好。

③ 利用 BBS 发布招聘信息。BBS 即电子布告栏(Bulletin Board System),是 Internet 上热门的服务项目之一,用户只要通过远端登录的方式,就可享有在远端主机上张贴布告、网上交谈、传送信息等功能。这种方式发布信息的成本几乎为零,但影响力也有限,而且可能不利于体现组织形象,一般适用于小型公司。

④ 通过公司主页发布招聘信息。当公司建立了自己的网站后,就可以将招聘信息随时发布,既可以吸引来访问的求职人员,又可以将企业文化、人力资源政策以及更多的公司信息传递给应聘人员,让其了解企业的实际状况,使之有针对性地选择应聘岗位。

网络招聘并不仅仅是将传统的招聘业务搬到网上而已,而是互动的、无地域限制的、具备远程服务功能的一种全新的招聘渠道。

下篇

四、招聘实施

(一) 人员甄选

人员甄选指的是组织利用心理学、管理学和人才学等学科的理论、方法和技术,根据特定岗位的要求,对应聘者的综合素质进行系统的、客观的测量和评价,从而选择或淘汰相关应聘者的过程。

1. 人员甄选的内容

招聘甄选的内容是应聘者的综合素质。在人力资源管理领域,人员素质是指个人在完成特定活动和特定任务时必须具备的基本条件和基本特点,是影响个人从事活动的自身因素,是个人固有的特点,对一个人的职业倾向、工作能力与潜力、工作成就和事业的发展起着决定性的作用。

(1) 个性心理素质

人的个性心理是指人在心理、行为方面所表现出的不同于其他人的特点,也就是个体在其生理素质基础上,在长期生活实践中形成的有一定意识倾向性的稳定的心理特征的总和。在人员甄选中,通过心理测验等方法,可以了解应聘者的内在能力、发展潜力、个性特点、动机等。

(2) 知识与技能

专业知识测验是最早的甄选方法,也是笔试中最基础、最持久的项目,对特定岗位所要求的特定知识的测试内容因岗位的不同而不同,如对国家公务员要实行行政管理知识、国家方针政策、法律法规知识方面的测试,对管理人员要测试管理的基本知识等。

技能指的是在通过练习而获得的有意识活动中接近自动化的动作方式和心智活动方式。技能可分为动作技能和智力活动技能两种。技能测试是对特定职位所要求的特定技能进行的测试,其内容也因岗位的不同而不同。例如,对会计人员需考核珠算、做账等能力;对秘书则需要测试其打字、记录速度和公文起草能力;具有涉外业务的组织还对应聘者的外语能力进行测试。

(3) 工作经验

当一个组织进行招聘时,往往希望能够招到具有一定工作经验,录用后能立即开展工作的人员,但有些人的经历与本组织的岗位要求并不一致,在遇到这样的应聘者时,就要对其具备的工作经验进行考察分析,为最后的录用决策提供依据。有的组织招聘时也会招收一些没有工作经验的人员,如招收应届大学毕业生。组织可根据自身情况选择自己的用人政策。通过履历分析和面试等方法可了解应聘者的工作经验。

(4) 能力素质

能力是顺利完成某种活动所必须具备的心理特征。它是先天遗传因素和后天学习及实践结合而逐渐形成发展起来的。人的一般能力分为思维能力、记忆力、观察力和想象力,是人们所共同具有的,但每个人的能力强弱程度不一样,如有的人观察力强,有的人想象力强,因而要根据自己的优势能力选择职位。但仅靠一般能力还难以保证某项任务顺利完成,还需要一些特殊能力。例如,企业管理人员,必须具备决策能力、管理能力、交际能力、应变能力等。有些职位特别注重某一方面的能力,如产品设计人员就必须具备创新能力。组织应该根据岗位要求选择具有合适能力的人才,才能保证工作任务的出色完成。

(5) 身体素质

现代的职场竞争日益激烈,来自工作等各方面的压力都在不断增大,为了得到较高的报酬,人们必须全力以赴。相当多的工作岗位,不仅需要丰富的专业知识和工作经验,拥有一个健康的体格也日益成为职业人员成功的重要因素。

2. 常用的甄选方法①

通常在素质模型界定的基础上,根据素质维度的具体要求选择适当的人员甄选方法,以获取组织所需要的人员。

(1) 简历和申请表分析

经过招募阶段,会获取大量的应聘简历,初步甄选是要淘汰那些不符合基本条件的简历,让合适的应聘者进入下一个阶段。如果有必要,还可以进行电话甄选,致电给应聘者,核实他们的资料,了解他们的真实意图,对于不符合组织要求的即可淘汰。通常,初步甄选会过滤掉一半以上的不合适的应聘者。

(2) 笔试

笔试主要用于测量应聘者基本知识、专业知识、管理知识以及综合分析能力、文字表达能力等方面的差异。笔试的优点在于花费时间少、效率高、成本低,对应聘者知识、技术、能力的考察信度和效度较高,成绩评价较客观;缺点在于不能全面考察应聘者的工作态度、品德修养以及其他一些隐性能力。

(3) 心理测验

心理测验主要是通过对人的一组可观测的样本行为进行系统的测量,从而推断人的心理特征的测评方法。美国著名心理测量学家阿纳斯塔西(A. Anastasia)认为,"心理测验实质上是行为样本的客观的标准化的测量"。通俗地说,心理测验就是通过观察人的少数具有代表性的行为,对于贯穿在人的行为活动中的心理特征,依据确定的原则进行推论和数量化分析的一种科学手段。心理测验的优点是快速高效和科学公平。心理测验种类很多,根据不同的用途可以进行不同的选择,在员工招聘的甄选过程中,一般可以从四个角度分析应聘者与岗位的匹配性,即能力测验:考察应聘者的基本或特殊

---

① 有关甄选的方法可进一步参见本章第四节的内容。

的能力素质;人格测验:考察应聘者的人格特质与职业的相关性;兴趣测验:考察应聘者对职业的兴趣程度;价值观及动机测验:考察应聘者职业发展中所重视的价值观以及驱动力。

(4) 面试

面试是使用得最为普遍的一种甄选方法。面试是通过主试与被试双方面对面地观察、交流等双向沟通方式,使应聘者能够了解到更全面的组织信息,更使组织了解应聘者的素质状况、能力特征以及应聘动机等信息的一种人员测评技术。迪波耶(Dipboye)1992年的一项研究显示,70%的企业在招聘和筛选过程中使用了某种形式的面试技术或方法。面试的优点是灵活,获得的信息丰富、完整和深入,但是同时也具有主观性强、成本高、效率低等缺点。

面试的主要类型有:

① 情境式面试

情境式面试即通过向应聘者提供一种假定的情境,观察应评者在情境中的行为反应的面试方式,它主要关注该应聘者与未来行为相关的意向或倾向。情境面试是结构化面试的一种特殊形式,它的试题多来源于工作,或是工作所需的某种素质的体现,通过模拟实际工作场景,反映应聘者是否具备工作要求的素质。

② 行为描述式面试

这是基于行为的连贯性原理发展起来的面试方式,是一种通过专门设计的问题了解应聘者过去在特定情况下的行为的结构化面试方法。考官通过了解应聘者过去的工作经历,判断他选择本组织发展的原因,预测他未来在本组织中发展所采取的行为模式,并对其行为模式与空缺职位所期望的行为模式进行比较分析。行为描述性面试技术的关键是通过对面试者过去经历的探测,了解与职位所要求的胜任特征有关的行为样本,在胜任特征的层次上对应聘者作出评价。因此,这种面试方式的特点主要有:要求应聘者在较短时间内对过去经历的行为事件作详细、具体的描述,而且面试官也很容易通过追问澄清含糊的地方,因而可以减少应聘者说谎的机会;由于行为的具体实证性,可以避免面试者个人主观印象影响评价的客观性;可以在相当程度上判断面试者在未来工作中的表现,在效度上比传统的心理测量更高,也更经济实用。

③ 结构化面试

所谓结构化面试,是指面试前先就面试所设计的内容、试题、评分标准、评分方法、分数使用等一系列问题进行系统的结构化的设计,考官按照同样的程序对同一批应聘者提同样的问题,从而对应聘者进行评价的面试方法。与半结构化、非结构化的面试相比,结构化面试的效度是最高的。结构化面试的特点有:

一是程序结构化。对面试的全过程进行事先设计,确定招聘岗位的具体要求;对评价内容、面试题目进行设计,包括对各阶段考察的方式、应该提出的具体问题、时间安排等准备妥当;对面试的开始阶段、核心阶段、收尾阶段、结束阶段要达到什么目的、采用什么方式、如何分工、如何要求、要注意哪些事项等进行详细筹划。一般而言,面试的时间在30分钟到1小时不等。

二是考官结构化。根据评价的内容,事先确定相应的考官。一般而言,有关应聘者过去的工作经历、背景资料等应由人力资源部负责;对于考察其综合能力、专业素质的面试通常由人力资源部和用人部门共同负责。具体人员分工和面试提问细节都应提前作好准备。

三是标准结构化。评价内容是基于工作分析或胜任力确定的,并有统一的"个人评分表"甚至"均衡得分表",表中明确体现了评价内容及其定义、观察要点和思路、评分等级与分值、指标权重等。

结构化面试由于有了提前筹划,使得面试的各个步骤得以规范、精细化,能够使考官把握要考察的关键问题,快速收集应聘者与职位相关的综合信息,可以有效提高面试的效率。另外,由于提前统一面试题目和评价标准,使得同一岗位的不同应聘者具有了可比性,从而也就大大提高了面试的公正性与客观性。与此同时,由于具有事先准备、统一判断,降低了对招聘者的评价难度,为规模化与大批量的面试提供了条件。

当然,结构化面试在实际使用中,由于操作程序严格,限制了考官在面试过程中根据应聘者个人情况的差异,灵活地进行有区别的提问和个性化的评价,也限制了应聘者展示个人特色的机会,显得缺乏深度和个性化。

相对而言,结构化面试大多适用于大批量的面试和初步面试,不适宜单独用于中高级管理人员的招聘。

④ 非结构化面试

非结构化面试即对面试的构成要素不作任何具体的规定、无固定模式、事先无需作太多准备的面试,主考官只要掌握组织、职位的基本情况即可提出一些探索性、无限制的问题。这种面试的主要目的在于给应聘者充分发挥自己能力与潜力的机会,缺点是发散性强、随意性大、效度较低,应聘者之间难以比较。

⑤ 压力型面试

压力型面试即将应试者置于一种不舒适的环境中以考察其对压力的承受能力。考官一开始就可能从应聘者的背景中寻找弱点,提问具有攻击性,如询问应聘者原来是不是工作不积极、经常缺勤等,以此观察应聘者承受压力、情绪调整的能力,以及应变的能力和解决紧急问题的能力等。压力型面试多用于招聘销售人员、公关人员、高级管理人员。

⑥ 网络(电子)面试

由于全球化、国际化的深入,企业组织的人员雇佣也变得更加复杂,经常会出现用人单位、面试考官和应聘者相距遥远的状况。在此情况下,用人单位可采用网络面试,既降低了组织招聘成本,又可以充分利用现代信息技术,大大提高面试的效率。网络面试的缺点是受制于硬件的局限,要求面试官和应聘者掌握丰富的电脑及网络知识,适应网络视频环境。网络面试可以作为甄选普通员工的主要方法。对于录用数量较多、素质要求较低的普通员工,组织可以通过网络面试作出决策。

面试的技巧主要有:

① 建立融洽的关系,实现良好的交流

面试应以轻松的话题开始,目的是在实质性面试开始之前让应聘者放松。应采用平等的对话、尊重的态度,诚恳地与应聘者对话,尊重其个性与人格,使应聘者对考官产生信任感,畅所欲言。应如实介绍本组织情况及应聘职位要求,面试考官既要了解应聘者的情况,判断其是否符合本组织的要求,又要让应聘者对组织及其应聘职位有所了解,体现双向选择原则,注意在"推销"过程中应实事求是,不宜夸大或隐瞒,以免产生今后不能实现的心理契约。

② 运用积极倾听策略

面试考官说话要精炼,注意少说多听,提取要点,避免询问过多的问题,更多的时候应该是在倾听。同时,要善于思考,善于总结,因为有效的倾听不仅仅止于用耳听,还在于用脑思考。另外,要尊重对方,给予反馈,善于倾听的考官不应处于被动的地位,而是会采取积极的方式鼓励对方讲话。

③ 做好面试记录

做好面试记录的作用在于:有助于在面试过程中和面试结束后进行有效地归纳;确保所有重点问题都涉及;确保全部面试的一致性;有助于在招聘工作的最后阶段对应聘者进行比较等。

④ 注意非言语信息

非言语信息不仅能够起到补充作用，某种程度上甚至能更真实地表现应聘者的内心，需要引起考官的注意。这里的非言语信息主要是指身体语言所传达的信息。身体语言（即体态语）不仅包括面部表情、身体动作和手势，还包括说话中的停顿、语速、声调、声高和清晰程度。事实上，每个人在日常的言行中都会有一些习惯性的动作，观察这些动作可以帮助考官判断应聘者的人格特质。

（5）评价中心技术

评价中心是近几十年来西方组织中流行的一种甄选和评估管理人员尤其是中高层管理人员的一种人员素质测评技术，其核心内容是多种情境性甄选方法。通过这些情境性甄选方法，可以充分地对应聘者行为进行观察。但采用评价中心技术的费用较高，在时间及人员上的花费较大，而且考官需要经过专门的训练。因此，这种方法一般在甄选高级管理人员或较重要的职位人员时才使用。

① 评价中心的适用范围

评价中心技术实施复杂、费用高等特点，决定了它比较适用于选拔中高层管理人员和关键职位人员，而不太适合在招聘普通员工中全面运用，但有些方法可以结合招聘岗位的特点作为面试等甄选手段的辅助验证手段，如简易的无领导小组讨论等。而在组织内部的竞聘上岗中，评价中心技术也日益发挥出积极的作用。

一般而言，评价中心所考察的内容有：

一是管理技能，包括计划能力、组织能力、协调能力、决策能力、预测能力、授权能力、团队管理能力等。

二是人际技能，包括口头表达能力、人际沟通能力、人际敏感性、团队合作能力、冲突解决能力等。

三是领导能力，包括领导风格、影响力、个人权威等。

四是认知能力，包括综合分析能力、思维灵活性、逻辑推理能力等。

五是工作与职业动机，包括成就动机、职业兴趣、职业价值观等。

六是个性特征，包括自信心、情绪稳定性、责任心、独立性等。

② 评价中心的测试方法

评价中心技术有很多种，常用的测试方法有无领导小组讨论、公文处理法、角色扮演、管理游戏、案例分析等，如表6-3所示：

表 6-3 评价中心方法的比较

测评方法	方法概述	考察的能力
公文处理	将应聘者假定为应聘职位人员,在其办公室的桌上堆放着一大堆亟待处理的文件,包括信函、电话记录、电报、报告和备忘录。要求应聘者在给定的时间内完成文件的处理	计划能力、组织协调能力、分析判断能力、沟通协调能力、决策能力、授权能力、团队管理能力、时间管理能力、文字表达能力、信息的收集和利用能力、处理问题的条理性程度和灵活性程度及人际敏感性等。
无领导小组讨论	无角色小组讨论是把应聘者划分为不同的小组,每组人数 6—8 人,不指定领导者,大家地位平等,在此基础上根据提供的案例进行讨论,最后要求形成一致意见,并以书面或口头形式汇报。整个讨论过程考评者并不参与,完全由应聘者自己控制。	组织协调能力、领导能力、团队合作能力、说服能力、综合分析能力以及决策能力、自信心、进取心、责任感、灵活性、情绪稳定性等。
角色扮演	考评者设置了一系列尖锐的人际矛盾与人际冲突,要求应聘者扮演某一管理角色并进入角色情境处理各种问题和矛盾。考评者对应聘者在不同角色情境中表现出来的行为进行观察和记录。	判断能力、创造能力、谈判能力、沟通能力、决策能力、语言表达能力、应变能力等。
管理游戏	给几个应聘者分配一定的任务,必须合作才能较好地完成,有时引入一些竞争因素,通过对游戏项目的完成判断应聘者的能力。	沟通能力、语言表达能力、综合分析能力、团队合作能力、领导能力、决策能力、应变能力等。
案例分析	考评者提供应聘者一些在管理中遇到的各种现实问题,要求他们通过准备一系列的建议,形成一份书面报告提交相关部门。	综合分析能力、逻辑思维能力、独创性、决策能力、策划能力等。
演讲	让应聘者随机抽取一个题目,并准备 5—10 分钟,然后进行演讲,演讲时间一般在 5—10 分钟,以此阐述自己的观点和理由。	分析推理能力、逻辑思维能力、反应理解能力、语言表达能力、言谈举止和风度气质等。

3. 甄选方法需达到的基本标准

组织在人员甄选与录用标准设定中,应注意确保甄选方法的科学性。所谓科学性,即结合定量与定性的方法对应聘者各方面胜任特征进行评估和比较,衡量其优缺点及与所拟聘职位的合适度。科学的甄选应体现出信度、效度、普遍适用性、效用、合法性五个基本标准。

（1）信度是指一种测试手段不受随机误差干扰的程度。例如，对智力这种相对较为稳定的特征进行测试的手段是可信的，那么一个人在不同的实践和环境中通过这样一种测试手段所得到的分数应该具有一致性。一般来说，在其他条件不变的情况下，测试的信度越高，考评者越有可能依据测试结果所揭示出的差异性作出决策。

（2）效度是指测试绩效与实际工作绩效之间的相关程度。测量工具的有效性，在很大程度上将影响人员甄选的最终结果，组织总是试图通过尽可能准确的测量工具，区分高绩效员工与低绩效员工，因此测试工具的效度是人员甄选最为关注的方面。

（3）普遍适用性是指在某一背景下建立的甄选方法的效度同样适用于其他情况的程度。通常可概括出三种不同的背景：不同的处境、不同的人员样本以及不同的时间段。效用是指甄选方法所提供的信息对于组织的基本有效性进行强化的程度，即甄选方式的成本与组织收益的相对大小。

（4）甄选的方式应满足合法性的要求，不应涉及应聘者的隐私问题，目前我国在这方面的立法还不完善，组织应避免甄选工具的使用引起不必要的法律纠纷。

在人员甄选的实际操作中，企业更多的是综合采用各种人员甄选方法，在成本许可的情况下，确保更多地了解应聘者的各种特质，因此有必要认识这些甄选方法的差异性，以利于系统性地采用这些方法的组合。

表6-4 各种甄选方法特点比较

甄选方法	测评形式	主要适用对象	可靠性	公平度	成本
评价中心技术	情景模拟	中高层管理人员和关键岗位人员	最高	最高	最高
结构化面试	问答	所有人员	高	高	高
心理测验	纸笔测验	所有人员	中	高	低
知识测验	纸笔测验	普通员工、基层管理人员	中	中	中
个人简历	资料信息	所有人员	低	中	低

（二）录用决策

经过人员素质测评阶段的甄选之后，招聘管理工作进入最终决策阶段。这一阶段的主要任务是通过对甄选评价过程中产生的信息进行综合评价与分析，确定所有应聘者的素质和能力特点及其与预先确定的录用标准和录用计划相符合的程度,并作出录用决策。然后书面通知应聘者,签订合同,对招聘的新员工进行岗前培训,使之在进入组织后能够尽快地成为组织人。

1. 录用决策的程序

在招聘的过程中,各种测试与选拔的目的都是为了对应聘者作出判断,作出对应聘者录用与否的决定。为了尽可能地避免录用决策的失误与偏差,作出录用决策必须按照一定的程序和步骤进行。具体过程如图 6-3 所示。

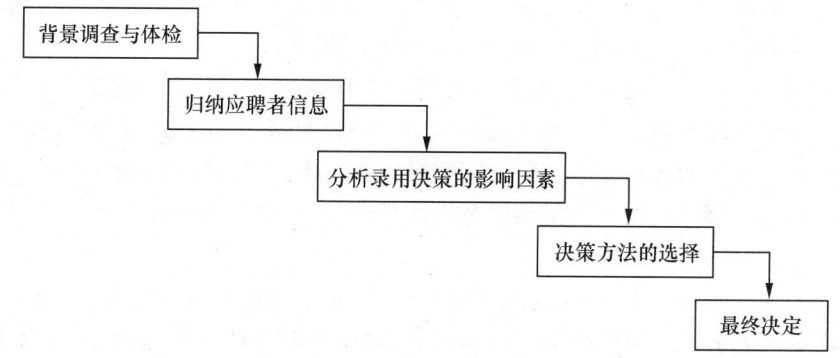

图 6-3　录用决策的程序

(1) 背景调查与体检

背景调查就是通过应聘者提供的证明人或从其以前的工作单位搜集的信息核实应聘者的个人资料。这是一种能直接证明应聘者情况的有效方法。通过背景调查,既可以获得求职者更为全面的信息资料,有助于更好地分析其与岗位的匹配度;也可以对应聘者的诚信度进行考查。体检也是录用决策中不可忽视的一个环节,不同的职位对健康程度的要求是不同的。例如,食品生产行业生产线上的员工必须没有传染病。一些对健康状况有特殊要求的职位在招聘时尤其要对应聘者进行严格的体检,否则可能会给企业带来许多麻烦。

(2) 归纳应聘者信息

决策者对应聘者的兴趣在于其"现在能做什么"、"愿意做什么"、"将来可能做什么"、"志向是什么"等方面的信息。根据企业发展和职位的需要,专家最终把注意力集中在"能做"与"愿做"这两个方面。"能做"指的是知识和技能以及获得新知识和技能的能力或潜力;"愿做"指的是工作动机、兴趣和其他个人特性。这两个因素是良好的工作绩效所不可缺少的,工作绩效与这两个因素之间成正相关关系。

(3) 分析录用决策的影响因素

根据能岗匹配的原则,不同的权级职位应配置不同能级的人员,相应的录用决策也有区别。例如,对高级管理人员的决策方法就不同于一般的文职人员和技术人员。在组织招聘过程中,劳动力市场状况、经济环境、组织文化、组织战略、现有人力资源状况等组织内外的各种因素都对招聘的最后决策有着重要影响。

一般而言,在所有的评价指标中,组织应特别重视那些难以通过培训改变的评价指标。比如,美国西南航空公司就曾经拒绝过另外一家公司飞行技术特别优秀的飞行员,因为这名飞行员的工作态度不是很好,而团队合作和服务意识等却很难通过培训改变。同样,People Soft 公司在选拔 MBA 时,与候选人学业上的成就相比,更关注候选人是不是一个团队成就导向的人,关注他们在业余时间的主要活动以及生活哲学等。

(4) 作出聘用决定

在作出录用决策之前,首先需要收集、汇总、分析通过各种测评方法和渠道所收集到的有关应聘者的定性和定量信息,即对各种分数、数据进行合成。系统性的决策方法包括定性和定量方法。所谓定性的方法即对候选人的各方面胜任特征进行描述性的评价,列举出该候选人的主要优点与不足,然后再对各候选人进行比较作出决定。所谓定量的方法就是对候选人的各项胜任特征进行打分评定的方法。实践中,定性的方法和定量的方法是结合起来使用的。录用决策由参与甄选的组织关键人员决定,逐一讨论每一维度,达成共识,最后得出应聘者在所有维度上的优点和缺点分析报告,作出用人决策。

下面以某公司招聘区域销售经理为例,说明决策方法的运用:

假如,该职位的招聘成员有三位,所有招聘成员对某位应聘者在各项胜任素质上的评分汇总如表 6-5 所示。表 6-6 是两个区域销售经理候选人的各项胜任力水平量化比较的情况。

表 6-5 约翰的各项胜任素质评分汇总表

胜任素质 \ 招聘成员	戴维	汤姆	鲍博	平均分
结果导向		7		7
人际洞察力	7		7	7
果断性		8		8

(续表)

招聘成员 胜任素质	戴维	汤姆	鲍博	平均分
营造关系能力			7	7
影响力	6		7	6.5
灵活性与适应性			8	8
说服型沟通能力	6			6
服务意识		6	7	6.5
团队工作		7		7
主动性	7	5		7
十项胜任素质平均分				7

表 6-6 约翰和高斯的各项胜任素质得分

胜任素质	约翰	高斯
结果导向	7	6
人际洞察力	7	8
果断性	8	7
营造关系能力	7	7.5
影响力	6.5	6
灵活性与适应性	8	7
说服型沟通能力	6	7
服务意识	6	6
团队工作	7	5
主动性	7	8
总平均分	7	6.75

由上表可以得知,该区域销售经理职位的关键胜任素质主要有十项,如果采取简单平均法,录用者应为约翰,因为他的总平均分高于高斯。简单平均法的采用前提是,该职位的十项胜任素质的重要性是同等的。但实际上,对任何一个职位来说,各项胜任素质的重要性往往是不同的,有些胜任素质比另外一些素质要项更重要一些。因此,为各项胜任素质设定一定的权重将会使选拔的结果更为合理。表 6-7 是在表 6-6 的评分基础上加上各胜任素质要项的权重之后的得分情况。对该组织的区域销售经理来说,结果导向、主动性、营造关系能力、团队工作要素相对其他要素来说可能更重要一些,因此

对这几项要素设定的权重较高。其次是影响力、服务意识、果断性等要素。这样得到的两个候选人的得分情况就如表6-7所示：

表6-7 加权后约翰和高斯的各项胜任素质得分

胜任素质	权重	约翰的得分		高斯的得分	
		原始分数	加权得分	原始分数	加权得分
结果导向	5	7	35	6	30
人际洞察力	3	7	21	8	24
果断性	4	8	32	7	35
营造关系能力	5	7	35	7.5	37.5
影响力	4	6.5	26	6	24
灵活性与适应性	3	8	24	7	21
说服型沟通能力	3	6	18	7	21
服务意识	4	6.5	26	6	24
团队工作	5	7	35	5	25
主动性	5	7	35	8	40
加权平均分		27.7		28.1	

按照这样的加权法计算得出约翰的加权分为27.7，而高斯的加权分为28.1，因此录用者是高斯。由于这种计算方法考虑了各胜任素质的重要性差异，因此比前述简单平均法的结果更为准确，更具有匹配度。权重的设定需要谨慎，需要考虑职位的需求与组织的特定要求。只有对各项胜任素质设定权重，才可确保甄选出的人员是与职位具有高匹配度的合适人选。

（5）最终决定

经过对应聘者的层层筛选，录用决策者应重温职位说明书，在综合分析影响录用决策的各种因素的基础上进一步明确该岗位的任职要求，将应聘者通过各种测试得到的胜任力特征与岗位任职资格相对照，最终作出对应聘者录用与否的决定。

2. 录用决策注意事项

为了有效地作出录用决策，尽可能减少录用决策的失误，必须注意以下几个方面：

（1）明确决策主体

决策主体是最后决定录用的人或机构，一般的原则是谁用人，谁拥有决定权，对于一般基层人员，由用人部门主管或人力资源部主管单独决定即可，对于管理人员,包括关键岗位管理人员,最后可由用人部门提出,报总经理或董事会批准。

(2) 尽量减少作出录用决策的人员

在决定录用人选时,必须坚持少而精的原则,选择那些直接负责考察应聘者工作表现的人,以及那些会与应聘者共事的人进行决策。如果参与的人太多,会增加录用决策的困难,造成争论不休或浪费时间精力的局面。

(3) 录用标准要恰到好处

录用标准不可太高或太低。标准设定得过高,会导致"地板效应"的出现,即能够通过录用的人寥寥无几,使组织在招聘方面的投入得不偿失,从而失去了招聘的意义;如果太低,则会出现"天花板效应",即通过录用的人员很多,从而增加了组织在招聘方面的成本。松下电器公司创始人松下幸之助有一句名言:"'适当'这两个字很要紧,适当的公司,适当的商店,招募适当的人才。70分的人才有时反而会更好。"

(4) 尽快作出决定

目前,人才竞争是十分激烈的,优秀的应聘者更是非常抢手,因此,必须在确保决策质量的前提下,尽快作出录用决策。

(5) 留有备选人员

招聘实践中,经过层层甄选,常会发现一些条件不错且适合组织需要的人才,但由于岗位编制、组织阶段发展计划等因素限制无法现时录用,然而可能在将来某个时期需要这方面的人才,因此建立人才信息储备就显得很有必要。作为招聘部门,应将这类人才的信息纳入组织的人才信息库,包括个人资料、面试小组意见、评价等,不定期地与之保持联系,一旦将来出现岗位空缺或组织发展需要即可招人,这样既提高了招聘速度,也降低了招聘成本。

案例

皇家壳牌石油招聘流程[①]

壳牌的招聘流程主要如下:

(1) 网申。Shell 的网申淘汰率很高,一般是从所用简历中选出 10% 左右的人面试。然后是电话面试,15—20 分钟。

[①] 资料来源:孙东雅:《世界500强企业面试实录与面试试题全案》,华夏出版社2008年版,第52页。

(2) 50分钟的结构化面试。在面试中主考官会就预先确定的几个方面进行提问,考察应聘者分析、解决问题的综合能力。在这个阶段,应聘者决定是否继续应聘,公司决定是否将应聘者推荐至评估中心。这一关的通过率一般为25%。通过结构化面试的人会进入评估中心。

(3) 接受为期一天的测试。其内容包括:小组讨论(由6—8位应聘者独立探讨一个商业议题)、议案(就一个议题做一个陈述并接受质询)、商业模拟(处理成批的业务)、面试(主要针对分析力)。测试的结果交由公司最资深的经理进行评估。

评估中心面试过程具体如下:

(1) 面试小组面试:首轮面试应包括对应聘者的个人资料、教育背景、职业目标、已有成就、社会活动经历等的了解。面试人员是来自公司各部门的高级经理。面试问题多为常见问题。

(2) 集体讨论:和其他候选人一起进行集体讨论。通常由人事部门人员主持,讨论话题一般比较普通,关键是评判应聘者参与小组讨论的能力,看他们如何脱离书本、抓住问题的核心、灵活进行思考(保持沉默或不积极参与绝对是个下策)。

(3) 和面试人员午餐:看似一顿轻松自由的午餐,其实是用来评估应聘者的社交礼仪和餐桌上交谈的礼节。用餐时切记不可发出很大的声响或者吃得过饱,吃得过饱会让人反应迟钝。

(4) 向面试人员自我陈述:应聘者被要求对自选的题目做大约5分钟的演讲或陈述,之后接受面试评审团或其他面试者的提问,以考察应聘者的陈述能力和风度。

(5) 实际业务演练:要求应聘者浏览内容五花八门的会议记录和电子邮件,涉及市场、销售、财务、审计、管理和人事等各方面。应聘者必须作出回应,并告知评判人员理由。这是要求很高的测试。

(6) 鸡尾酒会:在这一天即将结束时,高层管理人员会和面试人员一起参加鸡尾酒会。虽然经过了紧张的一天,需要放松一下,并加深彼此的了解,但别忘了这也是强化面试人员个人优势和资质的大好机会。面试人员也可以借此机会,让高层管理人员对其留下好印象,所以最好准备好合适的问题,适时发问。

五、招聘的评估

招聘的评估是在完成招聘流程中各阶段工作的基础上,对整个招聘配置活动的过程及结果进行评价并进行总结,检查是否达到预期招聘目的的过程。招聘的评估通过对录用员工的绩效、实际能力、工作潜力的评估,也即通过对录用员工质量的评估,检验招聘配置工作成果与方法的有效性,从而有利于招聘方法的改进。招聘配置评估通过成本与效益核算能够使招聘人员清楚地知道费用的支出情况,区分哪些是应支出项目,哪些是不应支出项目,从而有利于降低今后招聘的费用,有利于为组织节省开支。

(一)招聘质量的评估

招聘质量,取决于新员工在新岗位上的工作质量和效率。一般可从以下方面考察:

1. 目标的完成

通常在试用期内,雇主会建立特别的标准衡量新员工是否能在新的岗位上成功,包括对数量、质量或两者综合的度量。

2. 能力

组织应了解新员工在开始的1个月或3个月内能达到怎样的工作效率,并及时与员工沟通。

3. 动机

动机是指新员工对工作是否感兴趣,是否表现出对工作的激情和动力。

4. 知识和技能

它是指所聘用员工是否很好地具备岗位所要求的工作技能的情况。

5. 业绩表现

它是指对新员工进行工作表现评估,根据客观的评估结果判断。

6. 解决问题的能力

一名称职的员工的标志就是具有独立解决问题的能力。

7. 以往经验的贡献

它是指是否能把以往工作中学到的知识运用到现有的工作上的能力。

8. 客户的满意度

尤其在零售业等服务业,有必要通过客户对新员工投诉的情况评估该员工。

9. 与工作团队的融合度

是否能与工作团队有效配合是衡量一名员工能否取得成功的关键因素。

10. 与组织的融合度

与组织的融合度即个人与组织的文化适合度。

11. 对待变化的态度

它是对新形势下新员工是否具备适应快速变化的组织环境的能力的评估。

(二) 成本效益评估

成本效益评估主要是对招聘成本、成本效用、招聘收益—成本比等进行评价,即对招聘中的费用进行调查、核算,并对照预算进行评价的过程。招聘成本效益评估是鉴定招聘效率的一个重要指标。如果成本低,录用人员质量高,就意味着招聘效率高;反之,则意味着招聘效率低。

当组织进行小型招聘时,成本评估可以较为简单。但如果是一次大型的招聘活动,就必须做好成本效益评估工作,需要更细致地评估各项成本内容。

招聘总成本是人力资源的获取成本,它由两部分组成:一部分是直接成本,包括招聘费用、选拔费用、录用员工的家庭安置费用及其他费用(如招聘人员差旅费、应聘人员招待费等);另一部分是间接费用,包括内部提升费用、工作流动费用等。

招聘单位成本是招聘总成本与录用人数比。

评估办法为:招聘单价 = 总经费(元)/ 录用人数(人)

成本效用评估是对招聘成本所产生的效果进行的分析。它主要包括:招聘总成本效用分析;招聘成本效用分析;人员选拔效用分析;人员录用成本效用分析等。计算方式为:

总成本效用 = 录用人数 / 招聘总成本

招聘成本效用 = 应聘人数 / 招聘期间的费用

选拔成本效用 = 被选中人数 / 选拔期间的费用

人员录用效用 = 正式录用的人数 / 录用期间的费用

招聘收益—成本比是一项经济评价指标,同时也是对招聘工作的有效性进行考核的一项指标。招聘收益—成本比越高,说明招聘工作越有效。

招聘收益 — 成本比 = 所有新员工为组织创造的总价值 / 招聘总成本

(三)录用人员评估

录用人员评估是根据招聘计划对录用人员的质量和数量进行评价的过程。

在大型招聘活动中,录用人员评估尤其重要。如果录用人员不合格,那么招聘过程中所花的时间、精力、金钱就都浪费了,只有全部招聘到合格的人员才能说全面完成了招聘任务。

录用人员评估分录用人员数量评估和录用人员质量评估两方面。

(1)录用人员数量评估主要从录用比、招聘完成比和应聘比三方面进行:

$$录用比 = 录用人数 / 应聘人数 \times 100\%$$
$$招聘完成比 = 录用人数 / 计划招聘人数 \times 100\%$$
$$应聘比 = 应聘人数 / 计划招聘人数 \times 100\%$$

录用比越小,说明录用者的素质可能越高;当招聘完成比大于等于100%时,则说明在数量上完成或超额完成招聘任务;应聘比体现的是招聘的效果,该比例越大,招聘信息发布的效果越好。

(2)录用人员质量评估运用录用比和应聘比反映录用人员的质量,实际上是对录用人员在人员选拔过程中的能力、潜力、素质等进行的各种测试与考核的延续,其方法前已陈述,这里不再阐述。

(四)方法的成效评估

科学地分析研究招聘配置方法的有效性,可进一步提高招聘工作的质量。招聘配置方法的成效评估分信度评估和效度评估两方面。

1. 招聘配置的信度评估

信度即可靠性程度,指通过某项测试所得的结果的稳定性和一致性。通常,信度可分为稳定系数、等值系数、内在一致性系数。

稳定系数是指用同一种测试方法对一组应聘者在两个不同时间进行测试的结果的一致性,可用两次结果之间的相关系数表示。此法不适用于受熟练程度影响较大的测试,因为被测试者在第一次测试中可能记住某些测试题目的答案,从而提高了第二次测试的成绩。

等值系数是指对同一应聘者使用两种对等的、内容相当的个性测试量表时,两次测试结果应当大致相同。等值系数可用两次结果之间的相关程度(即相关系数)表示。

内在一致性系数是指把同一(组)应聘者进行的同一测试分为若干部分加以考察,各部分所得结果之间的一致性。这可用各部分结果之间的相关系数表示。

2. 招聘配置的效度评估

效度即有效性,指用人单位测得的应聘者的品质、特点与其想要测的品质、特点的符合程度。效度可分为三种:预测效度、内容效度、同测效度。

预测效度是说明测试用来预测将来行为的有效性。在人员甄选过程中,预测效度是考虑甄选方法是否有效的一个常用办法。把应聘者在甄选中得到的分数与他们被录取后的绩效分数相比较,两者的相关性越大,则说明所选的测试方法、甄选方法越有效,以后可以根据这种方法评估、预测应聘者的潜力;若相关性很小或不相关,说明这种方法在预测人员潜力上效果不大。

内容效度即某测试的各个部分对于测量某种特性或作出某种估计的效用。选用内容效度时,主要考虑所用的方法是否与要测试的特性有关,如招聘打字员,测试其打字速度和准确性、手眼协调性和手指灵活度的内容效度是较高的。内容效度凭招聘人员或测试人员的经验判断,多用于知识测试与实际操作测试,不适用于对能力和潜力的测试。

同测效度是指对现有员工实施某种测试,然后将测试结果与员工的实际工作绩效考核得分进行比较,如两者的相关系数很大,则说明此测试效度很高。这种测试效度的特点是省时,可尽快检验某测试方法的效度,但如果将其应用到人员甄选测试中,却难免会受到其他因素的干扰而无法准确地预测应聘者未来的工作潜力。比如,这种效度是根据现有员工的测试得出的,而现有员工所具备的经验、对组织的了解等,则是应聘者所缺乏的,因此,应聘者有可能因缺乏经验而在测试中得不到高分,从而错误地被认为是没有潜力或能力的。

六、招聘者素质与离职管理

(一)招聘团队构建与招聘者素质技能要求

组织是否能够完成招聘任务,保证招聘工作的长期有效性,不是单靠一两个人能完成的,尤其是一些重大的招聘事件,关乎企业的生存与发展。为此,我们引入这样一个概念:招聘团队。

1. 招聘团队的构建

组织内部的人力资源管理部门和用人部门都要参加重大的招聘工作。人力资源管理部门主持日常性招聘工作并参与招聘的全过程,招聘团队中,仍以人力资源管理部门为主,并吸收有关部门人员参加,用人部门(业务部门)的意见将在很大程度上起决定性作用。具体说来,用人部门经理人员和人力资源部门招聘人员在此合作过程中分别承担的工作如表6-8所示:

表6-8 招聘中用人部门与人力资源部门的分工

用人部门经理人员	人力资源部门招聘人员
1. 负责确定业务发展计划、人力规划及人力需求,负责制定招聘计划和报批	1. 分析人力资源供应的外部环境因素,帮助用人部门分析招聘的必要性和可行性
2. 制定招聘职位的工作说明书	2. 选择招聘的渠道和方式,设计招聘中选拔、测试评价的方法和工具以及测试内容
3. 对应聘者的专业技术水平进行评判、初选	3. 策划制作招聘广告或招聘网页,并办理相关审批手续,联系信息发布
4. 负责面试和复试人员的确定	4. 负责简历等求职资料的登记、筛选和背景调查
5. 参与测试内容的设计和测试工作	5. 通知面试,主持面试,实施人事评价程序
6. 作出正式录用决策	6. 为用人部门的决策提供咨询
7. 参与新员工培训并负责其基本技能的训练辅导	7. 负责试用人员个人资料的核查,确定薪酬
8. 负责录用员工的绩效评估并参与招聘评估	8. 寄发通知并帮助录用人员办理体检、档案转移、签订试用或正式劳动协议等手续,并为员工岗前培训服务
9. 参与人力资源规划的修订	9. 负责招聘评估以及人力资源规划的修订

招聘团队是这样一种人群组合:他们为了共同实施企业的战略规划,完成企业的招聘任务而组合在一起,积极协同配合,高效完成招聘工作。如何构建高效的招聘团队?首先,在团队建立之前与之初,都有必要强调招聘工作的重要意义,认识到人员招聘的意义,明确"招聘合适的人并将其安排在合适的岗位上使其发挥作用是任何组织用人的一大目标"。① 以最小的代价获得组织需要的合适员工并使其发挥最大的作用,是每一个组织所追求的目

---

① 参见赵曙明、〔美〕彼得·道林、〔美〕丹尼斯·韦尔奇:《跨国公司人力资源管理》,中国人民大学出版社2001年版,第56页。

标。其次,成员能够按知识、性格、能力、性别、技能等相互补充组合在一起,组成一个较为完美的团队。再次,成员间具备相互的信任,能够实现良好的沟通。最后,需要一个系统的支持环境作为它运行的基础结构,包括高层管理者的支持等。

2. 招聘者素质技能要求

(1) 良好的个人品质

对于应聘者来说,招聘者的形象、行为代表着组织及组织的文化,反映出组织的风范,组织对招聘者的个人品质应该有很高的要求:

首先,要热情、诚恳,让应聘者感受到组织拥有的良好的亲和力和可信赖性,在无形中对应聘者形成示范作用。为避免应聘者产生不合实际的心理期望,招聘者在招聘期间的任何允诺都须慎重,要诚实提供真实的信息。发达国家的招聘越来越推崇通过所谓的 RJP,即真实职位预视,使应聘者形成一种更加接近真实情况的预期。

其次,要公正、认真。招聘者在招聘过程中,须本着公正公平的原则,一切从组织利益出发,避免任人唯亲等情况的发生。同时,招聘者要有强烈的责任心,能够尽心尽责做好招聘工作,保证招聘工作的有效性。

(2) 相关的技能要求

招聘工作可谓千头万绪,复杂而又关键,需要招聘者具备一定的能力和相关的技术。从能力上说,须具备:

① 表达能力,包括口头表达和书面表达能力。招聘者需要与诸如人才市场、人才中介公司、广告媒体、校园、社区等各种各样的人员接触,会面对各种场合,需要通过谈话、报告、信件等形式清楚地表达企业对应聘者的要求,因此表达能力十分重要。

② 观察能力。招聘者被要求在很短的时间内了解应聘者的性格、才能等方面,需要具有很强的观察能力。

③ 协调和沟通能力。无论是实行内部招聘还是外部招聘,都需要同组织外部和组织内部发生关系,因此,招聘者要具备良好的协调和沟通的能力。

④ 自我认知能力。心理学研究认为,人们总是习惯以自我为标准去评价他人,但对于招聘者而言,就要超越一般的自我,对自我有一个健全、完整的认识,才能公正、公平地评判应聘者。

⑤ 不断完善自我的能力。招聘者为能适应现代企业的变化和发展,要不断地完善自我,学习各方面的知识充实自己。应聘者应具备心理学、社会学、法学、管理学、组织行为学等方面的知识,具备广博的知识和不断更新知

识的能力,并有效地运用到招聘实践中。

从技术上说,须掌握:

① 人员测评技术,包括创造力测验、能力倾向测验、笔迹测验、人格测验、兴趣测验、评价中心等测试方式。

② 面谈技术。招聘者只有掌握策略性的谈话技巧,才能突破应聘者的心理防线,使之放松心情,展现真实的自我,从而为获取应聘者真实信息奠定基础。

③ 观察技术。有经验的招聘者往往善于通过观察应聘者的不同的体态语言、习惯动作等,进一步了解应聘者的情况。

④ 招聘环境设计技术。良好的招聘环境既能让应聘者充分发挥自己的才华,亦可使招聘者提高工作效率。招聘者应能有意识地提高自己的环境设计能力,招聘前要考虑环境布置的简洁整洁、光线的柔和、温度的适中、空间布置的美观等环境因素。

⑤ 招聘测试题的设计技术。为准确判断与选择应聘者,招聘者应具有较强的对测试题的选择与设计技术。

(二)离职管理

员工离职是指员工根据本人意愿,并经由用人单位同意,与所在单位解除劳动契约关系的行为。它是建立在员工资源基础上的,是员工自由择业权利的体现。

员工离职制度的建立,有利于人才的合理流动,有利于人力资源的合理再配置。对组织而言,离职情况太严重,流动率太高,会有诸多不良影响。

1. 离职原因分析

(1)个人原因,即由于个体自身的特殊原因而产生了离职动机。例如,追求个人物质利益最大化、追求良好人际关系、寻求自我价值实现、职业能力水平与现岗位有差距、个人健康问题等。

(2)组织内部原因,即由于组织内部制度或管理上的问题而产生了离职的动机。例如,薪酬福利不佳、上级领导管理不善、组织对个人职业生涯关注不够等。

(3)组织外部原因,即由于组织外部环境因素,如社会价值观、竞争对手、政策法规、经济、交通等因素而产生了离职动机。例如,竞争对手的高薪"挖角"促使员工离职。

2. 离职面谈

为确定员工离职的真实原因,可采用面谈的方式。

离职面谈的内容一般有:建立融洽的关系,面谈的目的说明,对原来工作的意见,探究离职的原因,新旧工作的比较,改进意见,结论等。面谈中应关注与工作有关的问题,并试图了解离职的真正原因,以及组织人力资源管理系统存在的问题。

离职面谈的技巧有:

(1) 作好面谈准备,包括安静、明亮的房间,合适的时间控制,离职者个人资料,离职申请书,以往考核记录等。

(2) 注意倾听,作好记录。面谈应在轻松、和谐的氛围中进行,以诚意建立信赖的关系,尊重并倾听对方的意见,不随意作出允诺,并作好面谈重点的记录。

(3) 汇总记录,提出建议。以良好的气氛结束面谈之后,需要进行相应的反馈,包括汇总和整理出面谈的记录,以及针对相关情况给有关管理部门提出改进建议等。

3. 员工离职程序

员工离职一般应按如下程序办理相关手续:

(1) 向所在组织人力资源部门提出书面申请;

(2) 所在组织按有关规定对申请进行审查,同意离职的给予离职申请表;

(3) 组织接到离职申请表后在规定期限内进行审批或转报;

(4) 对审批同意离职的,通知所在部门办理移交工作、归还公物等手续;

(5) 人事部门进行离职面谈;

(6) 离职人员向人事等部门办理相关手续。

案例

离了职,还是顾客[①]

沃尔玛给每一位应聘人员提供相等的就业机会,并为每位员工提供良好的工作环境、完善的薪酬福利计划和广阔的人生发展空间。沃尔玛还设立离

---

① 资料来源:上海社会科学院人力资源研究中心:《人力资源观察》2010 年第 6 期,第 21—22 页。

职面谈制度,确保每一位离职员工离职前,有机会与公司管理层坦诚交流和沟通,从而能够了解到每一位同事离职的真实原因,有利于公司制定相应的人力资源挽留政策,一方面可以将员工流失率降低到最低程度;另一方面也可以让离职同事成为公司的一名顾客。公司设有专业人员负责员工关系工作,受理投诉,听取员工意见,为员工排忧解难。由于沃尔玛能够提供行业内相对优势条件,所以,人才流出比较少。

本章小结

能否招聘选拔出合适的员工,实现有效招聘和配置,是人力资源管理中非常重要的一个环节。通过本章的学习,我们将了解人员招聘过程主要是由准备、招聘、选择、录用、评估等一系列活动构成的;了解内外部招聘渠道的选择;掌握与运用常用的一些人员甄选测评方法,以及懂得如何科学地作出录用决策,如何进行招聘成效评估,以及如何组织招聘团队和离职管理等。我们需要对每一阶段的招聘活动实施科学的管理方法。通过本章的学习,能帮助我们较为扼要而系统地了解组织实施有效招聘管理的基本内容。

重要概念中英文对照

招聘(Recruitment)
选拔(Selection)
人—岗匹配(Person-Job Fit)
人—组织匹配(Person-Organization Fit)
胜任素质(Competency)
胜任素质模型(Competency Model)
技能(Skills)
自我形象(Self-image)
社会角色(Social Role)
个性/动机(Traits/Motives)
态度(Attitude)
价值观(Value)
知识(Knowledge)
猎头(Head-hunting)
求职申请表(Application Form)
电子招募(E-Recruiting)

电子布告栏(Bulletin Board System)
心理契约(Psychological Contract)
能力面试(Competence-based Interview)
一般能力倾向测验(General Aptitude Test)
鉴别能力倾向测验(Differential Aptitude Test)
职业兴趣测验(Campell Interest Invetory)
无领导小组讨论(Leaderless Group Discussion,LGD)
文件筐测验(In-Basket Test)
录用质量(Quality of the Hire)
单位招聘成本(Cost Per Hire)

复习思考题

1. 什么是有效招聘？招聘的基本程序是什么？
2. 请比较内部招募与外部招募的优劣所在。
3. 人员甄选的内容主要有哪些？
4. 人员甄选的方法主要有哪些？
5. 什么是结构化面试和评价中心？
6. 如何实施招聘评估？
7. 如何构建高效的招聘团队？招聘者应具备哪些素质技能？
8. 如何进行离职面谈？

案 例

上海交响乐团的选拔方式[①]

上海交响乐团本月起将面向全球招聘演奏员的消息一经传出，就为国内外乐界所瞩目，不仅因为这是一支被誉为上海城市音乐名片的百年老团，更因为其新任音乐总监余隆"动了真格"：聘请柏林爱乐、维也纳爱乐、阿姆斯特丹皇家、费城交响和匹滋堡乐团五大顶级乐团的声部首席演奏家来沪担任主考，并在柏林和纽约设立海外考点。正像余隆所言："此次上交公开招聘考试的规模之大、规格之高，均为中国交响乐发展历史上前所未有的。"据余隆介

[①] 本案例由本章作者根据发表于《文汇报》2009年4月7日的《上海交响乐团全球招聘惊动四海》改编整理。

绍,乐团现有编制为105人,除乐队首席延用任命制外,其余所有演奏员岗位全部向海内外演奏家开放。原有在职人员和其他应聘者都将在同一个平台上公开竞聘上岗。

拥有上海音乐学院和多个乐团的上海,是中国交响乐的发祥地。从上海起飞、旅居世界各地的优秀演奏家不计其数。特别是弦乐人才更是享有国际口碑,欧美众多乐团弦乐声部的演奏员里经常可以看到中国人的面孔、听到上海乡音。近年来,越来越多的海外演奏家将目光投向中国市场,而成立于1879年的上海交响乐团以亚洲头块"老字号"的招牌和多年来保持稳定的优秀水准,独秀于国内乐界。经过反复论证和调研,乐团新任领导班子作出大胆决定,设立海内外考场增加全球招聘力度。"一方面希望吸引优秀演奏人才的回归,另一方面也向海外乐界展示乐团的竞争力。"乐团总经理陈光宪说,乐团招聘广告还将在德国、美国多家交响乐队的专业杂志和网站上投放,"相信会引起更多欧美同仁的关注"。

国际化的评委阵容,展示了上海交响乐团接轨国际一流乐团的决心,也保证了考试的权威和公正。余隆说:"国内很多乐团考试都是自己人考自己人,打分时难免碍于情面。这次我们的主考官全部是'空降的',对所有的应考者是最公平的。""考乐队不同于一般的音乐考试和比赛,我们不一定需要高难度的'帕格尼尼',但是一定要有最准确的、最纯正的'莫扎特'。"据悉,此次考试还将增设近现代作品的自选曲目,意在考察乐手的曲目广度以及表达能力。

余隆表示,乐团今后将采取三年一考、每年一评的管理方式。过去"一考定终身、屁股不用挪"的安逸,只会使演奏员逐渐丧失竞争压力和危机意识。虽然乐团目前全团演奏员的年龄、技术结构的比例比较合理,所有声部基本形成了老中青的梯队,每年能保持至少一百场的演出,但是,对比国际一流乐团,仍然感到在职业化水准方面有一定的差距。

其实,考试不是为了重组乐团,而是要提高水平。尽管距离考试还有三个多月,但乐团的演奏员们已经开始积极备考。大家都意识到了一个道理:"要保持精益求精的艺术追求和海纳百川的视野及胸襟,才会使这个百年老团进一步焕发青春。"

思考题:
1. 乐团聘请主考官的条件应如何制定?
2. 乐团发布海外招聘广告的意义何在?
3. 此次招聘活动与乐团管理有什么关系?

参考文献

1. 吴志明:《员工招聘与选拔实务手册》,机械工业出版社2002年版。
2. 〔美〕黛安娜·阿瑟:《员工招募、面试、甄选和岗前引导》(第一版),王丽绢等译,中国人民大学出版社2003年版。
3. 廖泉文:《招聘与录用》,中国人民大学出版社2002年版。
4. 杨杰:《有效的招聘》,中国纺织出版社2003年版。
5. 〔美〕加里·德斯勒:《人力资源管理》(第六版),刘昕译,中国人民大学出版社1997年版。
6. 〔加拿大〕西蒙·多伦:《人力资源管理——加拿大发展的动力源》(第一版),董克用译,中国劳动社会保障出版社2000年版。
7. 〔英〕波特·马金:《组织和心理契约:对工作人员的管理》,王新超等译,北京大学出版社2000年版。
8. 赵曙明、〔美〕彼得·道林、〔美〕丹尼斯·韦尔奇:《跨国公司人力资源管理》,中国人民大学出版社2001年版。
9. 叶微微:《魅力领导——开发高效能领导的完整策略》,浙江人民出版社2003年版。
10. 〔美〕斯蒂芬·P.罗宾斯:《组织行为学》(第七版),孙健敏等译,中国人民大学出版社1997年版。
11. 郭毅等:《组织行为学》,高等教育出版社、上海社会科学院出版社2000年版。
12. 董克用等:《人力资源管理概论》,中国人民大学出版社2003年版。
13. 国际人力资源管理研究院编委会:《人力资源经理胜任素质模型》,机械工业出版社2005年版。
14. 何志工、李辉:《基于胜任素质的招聘与甄选》,中国劳动社会保障出版社2006年版。
15. 彭剑锋主编:《人力资源管理概论》,复旦大学出版社2003年版。
16. 唐志红等:《人力资源招聘、培训、考核》,首都经济贸易大学出版社2003年版。
17. 曾湘泉:《劳动力市场中介与就业促进》,中国人民大学出版社2008年版。
18. 《寻找与留住优秀人才》(《哈佛商业评论》精粹译丛),欧阳晖译,中国人民大学出版社2003年版。
19. Grossman, M. E. & Magnus, M., Hire Spending, Personnel Journal, 1989, February.
20. 李旭旦、吴文艳:《员工招聘与甄选》,华东理工大学出版社2009年版。
21. 吴文艳:《组织招聘管理》,东北财经大学出版社2008年版。

第七章　培训与开发

　　当世界更息息相关、复杂多变时，企业不能再只靠福特（Henry Ford）、史隆（Alfred P. Sloan）或华生（Thomas J. Watson）那样伟大的领导者一夫当关、运筹帷幄和指挥全局。未来真正出色的企业，将是能够设法使各阶层人员全心投入，并有能力不断学习的组织。

——彼得·圣吉

上篇

一、培训与开发

（一）培训与开发概述

1. 培训与开发的概念、类型和意义

（1）培训与开发的概念

员工培训与开发是组织为了使员工获得或提高与当前或未来工作有关的知识、技能、态度和行为，所做的系统的、有计划的活动的总和。

组织包括企业组织的员工培训和开发有别于学校教育，后者在学术性、理论性和知识的系统性方面具有优势，而前者更着重组织绩效发展的需要，具有明显的岗位和职业的针对性。员工培训和开发属于成人教育、终身教育或职业教育的范畴。对于成人教育或员工培训，我们主要把握其基本特征：针对成人的，与就业或职业能力直接相关的。

培训和开发常被作为一个整体的概念使用，或者互相替代着使用，但两者还是有一些细微的区别。一般来说，培训活动侧重向员工传授完成当前的工作和任务所需要的知识和技能，而开发活动则指向更长远的目标，为员工将来能胜任工作或长期保持为组织作贡献的能力和素质作出努力。

（2）培训与开发的类型

组织的培训和开发活动，根据培训的对象，主要分为三大类型：一是新员工导向培训,主要是帮助组织的新成员了解组织,更好更快地融入组织。其培训的基本内容是组织的传统、价值观、结构体系和运作机制以及制度和政策等。二是管理技能开发,旨在帮助各层级的管理者学习管理知识和掌握管理技能,从而提高管理工作的效能。其基本培训内容包括如何制订计划,进行组织、控制、协调等,如激励手段的选择和运用,信息和信息传递系统的有效使用等。现代管理培训的内容更丰富,涉及管理者的角色定位,开拓创新精神的培育和人际沟通、团队合作技能的提升等。三是员工的业务培训,主要是为帮助各类员工适应新工作、新技术或新的管理环境提供专业知识和技能的培训,以提升员工的业务水平。例如,对营销人员进行新的销售渠道和销售形式的培训,对财务会计人员使用新的财务软件进行培训等。它根据培训的内容又可分为价值观、企业文化、经营理念的培训,规章制度、办事程序的培训,知识、理论的培训,操作技能的培训等;从培训形式的角度可以分为在职培训和脱产培训等。

(3) 培训与开发的意义

现代人力资源管理都将人力资源的开发作为中心任务。组织获得合格人才的途径通常是招聘和培训,两者具有替换关系。对外招聘人才存在一些缺点,如很难真正了解外聘人员、招聘成本高、打击内部人员、有些特殊岗位不适合外聘人员等。所以,许多企业倾向于用培训替代招聘。其优点是,可以激励内部员工,培养员工对组织的忠诚度等,同时由于内部员工更了解企业,成本低。另外,培训与开发有助于组织核心竞争力的形成和提升,使组织具有比竞争对手更快地学习的能力。这种能力是学习型组织所特有的,它体现在组织的方方面面,直接体现在组织的培训部门履行和提升自己的职能方面。

大量的研究表明,人力资源培训和开发对于提高生产力、提高产品质量和服务以及获得组织竞争优势具有重要意义。对员工的技术、知识、才能进行培训和开发,可以使既定的人力资本增值。对管理人员管理知识、技能的培训,使他们能有效地激发下属的工作热情,帮助员工将个人目标和组织目标结合起来。通过企业文化方面的培训,可以培养员工对组织的忠诚度和献身精神。这种提高员工努力程度的投资比提高其技术、知识的培训对于组织的发展来说,具有更重要的意义。可以说,战略性人力资源管理的主要任务就是通过开发员工的核心专长和技能,以及培养员工的组织承诺感和组织认同感,帮助企业获得核心竞争能力和竞争优势。

2. 我国企业培训与开发中的主要问题

随着我国市场化改革的深入和加入 WTO,我国企业所受的国内外竞争压力日趋加大。为了应对环境的变化,我国企业或自觉或被动,或多或少地意识到人力资源素质对于企业竞争力的重要意义,开始重视并实施对员工的培训和开发,有些企业在这方面已经卓有成效。例如,我国海尔已经形成了比较完善的培训机制和培训环境。海尔花巨资建设培训网络和培训中心,一方面自己开发案例,不断补充和更新案例库;另一方面依托外部大专院校、咨询公司和知名企业的资源。海尔实施全员培训,极大地提高了企业人力资源的竞争力。又如,宝钢面对钢铁市场的激烈竞争,推出了人才发展战略,对企业的后备人才,包括企业未来的经营者、管理者和技术带头人进行全面的分层次的培养和开发,不仅为组织的持续发展提供了合格的人力资源,而且有效激励了内部员工,充分调动了员工的工作积极性。

但是,从总体上看,我国企业的员工培训和开发与发达国家的企业相比,仍存在许多问题。无论是重视的程度和投入的力度,还是执行的科学性和产出的有效性,或是体系的完整性和持续性,都与国外企业有很大差距。

(1) 重视的程度和投入的力度不够

这主要表现为企业高层领导对培训和开发不够重视,存在认识上的偏差。有的认为,培训仅仅是帮助员工胜任岗位,完成工作任务,与员工未来和长远职业能力和素质的提升无关,看不到培训对于提高员工对企业的忠诚度、降低员工的主动离职率的重大影响。因此,只要企业的工作能够正常进行,培训就并非必要。有的认为,企业所需要的具有胜任能力的员工,随时可以通过外部市场低成本地满足,而提升职业和就业或岗位技能则应该是员工个人的行为,由员工自己负责。这些高层领导对外部劳动力市场供求关系的判断,停留在某一时期,对未来的人力资源市场走向缺少基本的判断或判断失误,对人才甄别、获取和有效使用的困难估计太低,对内部培养的人才的种种优势没有充分的了解。也有的企业高层领导认为,培训是一种投入而不是投资,其投入是实实在在的,收益却是不确定的,因此,培训的花费能省则省。其实,培训效果平平的问题要靠改善培训解决,而不是取消培训。培训现在是、将来也是提升企业人力资源价值的主要途径,不能因为某些培训项目效果不显著而从根本上否定培训。种种对培训与开发的认识偏差直接导致我国企业在培训投入上与发达国家的差距。有关调查显示,我国企业员工培训经费只有工资总额的 2.2%,远低于发达国家 10%—15% 的水平。这样下去,我国企业的人力资源竞争力与发达国家企业的差距将会进一步拉大。

(2) 培训缺乏完整性、系统性和持续性

首先,在培训内容上,我国企业往往将重点放在专业知识和专业技能方面,而忽略文化、价值观和员工一般素质的提升方面,以为员工绩效问题主要是知识和技能的欠缺造成的。实际上,由员工职业价值观决定的职业态度对于员工的工作绩效具有更大的影响力,从长期看,还可以弥补其知识和技能的不足。相反,如果没有良好的职业精神,即使有较高、较全的专业知识和能力,也无法保证一定的工作绩效。其次,我国许多企业没有全员培训,只对重要的管理人员和核心技术人员进行培训。依据是培训资源稀缺,要确保重要员工、核心员工的培训需要,是2:8定律①的体现。培训资源的分配确实要考虑重要和次重要,紧迫和次紧迫,不能搞平均分配,但忽略或基本忽略全员培训主要是由于对培训不够重视,导致培训资源投入太少。一个无法保证全员培训的组织,其学习能力、适应能力是低下的,其整体的人力资源竞争力根本无法长期维续。再次,培训没有持续性、计划性。职业精神和职业能力,尤其是适应环境不断学习的能力需要长期积累,断断续续的、偶尔的培训不可能真正提升人力资源的竞争力。最后,许多企业的培训没有制度保障,或没有专门的机构、稳定的经费,或缺乏完整的课程体系和高质量的培训师队伍。只有完善培训的基本制度,培训活动才能高效持续地展开。

(3) 培训需求分析、实施和效果评估等环节的工作不到位

培训需求分析是培训活动的起点和开端。有没有培训需求分析及分析的质量如何,直接影响培训的针对性程度。许多调查研究的资料都显示,我国企业对培训内容的选择随意性很大,或者随大流,社会上、同行中什么培训项目热门就开展什么项目;或者"拍脑袋",以为企业的培训需求一目了然,尽收眼底,无需再费时费力作需求分析。这些现象必然导致企业培训与需求脱钩,效益不高。培训的实施是培训活动的中坚环节,涉及时间、空间、人力等稀缺培训资源在不同培训任务间的安排,涉及预算的编制和执行,涉及课程开发和教师选择,涉及教学形式和培训手段的组合。我国许多企业认为,培训的质量主要靠培训师保证,而其他方面的工作似乎没有多少科学性、技术性可言,往往凭经验、凭感觉操作,培训质量无法保证。培训效果评估是前后两个培训项目间的一个承上启下的环节,通过效果评估,对完成的培训项目的质量和价值作一个基本的判断,是对项目负责人及其参与者的激励和控制

---

① 所谓2:8定律,是指20%的人员占用80%的资源,80%的人员耗用20%的资源,意指不搞平均分配,确保重点。

的手段,同时也是指导今后培训活动开展的重要依据。然而,我国许多企业的培训效果评估,基本停留在对学员学习成果和教师教学表现的评价上,而忽略了其对今后改善培训活动的价值。

3. 现代组织员工培训与开发的特征

现代组织的员工培训和开发与传统的泰罗时代的员工培训相比,具有自身的时代特色,主要表现在以下方面:

(1) 更注重将培训目标与组织的长远发展和战略思路相联系

现代组织培训的内容已经突破了既定岗位技能和具体工作知识的狭隘范围,更多地服务于组织的中长期发展目标。它基于对组织环境和发展战略的透彻了解,既要掌握和盘活组织人力资源存量,又要预测相关人力资源发展的趋势并作好相应的准备。现代组织培训和开发活动是根据人力资源规划(HRP)的整体部署,辅之以绩效管理、薪酬激励等的一个旨在综合提升公司人力资源竞争力的体系,是组织战略的重要组成部分。

(2) 更注重员工自我发展,结合员工的职业生涯规划

现代组织培训不仅仅是组织追求有效性的手段,也是员工实现自我发展的有效途径,培训内容不再停留在专业技术技能、管理技能、文化融合、规章制度的熟知等方面,而是延伸到员工基本素质的提升方面,许多企业为员工提升学历层次的费用买单便是证明。员工可以主动提出培训的要求,参与培训内容的确定和培训目标的界定。从培训需求分析到培训计划的制订、执行,再到培训效果的评估和培训成果的转化,在整个培训活动的过程中,员工始终是主动参与的一方或中心。培训不再是至上而下的行政命令,不再是员工的额外负担,而是员工追求自身职业发展的需要。

(3) 培训的内容从特定的岗位技能拓展到一般职业素质的提升

现代组织培训更关注提高人的胜任能力。这种能力不仅是本企业、本岗位的工作需要,同时也为员工跳槽或职位提升增添资本。在外部政治、经济、社会和技术环境不确定和快速变化的情况下,企业员工尤其是知识型员工,其职业胜任力实质是自主学习、不断创新、适应环境的能力。对这些员工的要求通常不是某种具体的技能或知识,而是一般的素质要求,如团队精神、贡献意识。

例如,IBM公司除了对员工进行传统的工作方式、流程、服务、产品特性、技术规范和销售技巧等培训外,还提供了旨在提高员工综合素质的培训课程如团队沟通、表达技巧、处理人际关系的能力、适应性训练、耐挫折训练、心理健康训练等,从而提高员工交流、互助和学习适应等现代人的基本和最重要

的素质。

（4）培训的对象延伸到了组织外部

例如,恩科公司的恩科大学、新加坡佳通轮胎集团的佳通学院、摩托罗拉大学、联想管理学院都将其培训服务延伸到了关联客户和上下游企业。恩科大学为恩科公司的经销商、系统集成商和大用户免费提供了解网络新趋势、新动向和应用技术的培训,为潜在客户举办各种讲座。浪潮和微软在资本上和业务上进行合作,微软计划每年为中国培训数千名 IT 人才,重点是为浪潮这样的本土合作伙伴培训人才。

4. 未来组织培训和开发的发展趋势

从动态的角度看,组织培训将出现以下发展趋势:

（1）培训成为全方位的持续系统

现代培训是全方位的,首先表现在培训从一般意义上的员工培训发展为整个组织的学习。被广泛采用的知识管理就是组织学习的一个证明。通过日常的知识管理,使员工的经验、技能、知识及时为组织所有员工分享,使学习成为日常的事务,如收集成功的做法汇编成册,上网提供咨询,使个人的经验成为组织共同的资源。之所以说现代培训是全方位的,还因为其内容、层次、方法、形式是多元和丰富的,并在不断地拓展。

现代培训是持续的,因为包括基本理念、基本态度、基本知识和基本技能等人的职业胜任能力与一般的岗位规范或具体技能相比,更多的是通过持续学习的环境获得。持续培训的另一个原因是组织环境在快速变化,它要求培训必须经常进行,以应对变化多端的政策、技术等环境。

（2）公司大学的进一步发展

从培训专员到培训部门再到培训大学,说明培训在人力资源管理中的地位不断提升。许多公司建立了自己的培训学院,专门负责公司的培训工作,甚至还向社会或相关组织提供培训服务。

一份报告指出,至 2000 年全球已有一千六百余家企业有自己的大学。摩托罗拉大学、西门子管理学院、意大利 ENI 集团培训中心、施乐公司大学等是企业办学的代表。我国企业自办公司大学也不再是新鲜事,宝钢的教委、联想的管理学院和海尔大学等都是家喻户晓的。

（3）培训外包的不断成熟

随着人力资源管理业务的外包和部分外包的发展,企业培训业务的外包和部分外包的趋势也日益明显。愈来愈多的组织选择培训的外包或部分外包,主要基于以下原因:一是组织的培训部门存在编制和财务状况的约束,而现代组织培训的种类愈来愈多,要求愈来愈高,组织内部的培训机构无法满足日益变化和发展的培训需求,必须在不同程度上借助于外力的帮助。二是现代组织培训的许多内容岗位针对性不强,也不涉及商业秘密,更适合专业的培训公司操作。事实上,经过一定时期的发展,专业的人力资源管理公司或专业的培训公司实力已经大大加强,在通用知识和一般项目的培训方面,专业的培训机构能够提供更快更好的、成本更低的产品和服务。已经入驻我国的世界著名培训公司有美国管理协会亚太培训中心等,国内的培训公司也日益成熟,如优仕、中联咨询等。三是一般培训的外包可以使企业将有限的培训精力和资源集中到那些直接支撑企业获得竞争优势的、与组织核心竞争力直接相关的培训对象和培训项目上。

(4) 培训手段的高新技术化

多媒体教学、网络培训、学习软件的开发解决了工作和学习的矛盾;使培训中更好地发挥学员的主动性,教学以学员为中心展开等成为可能;节约了交通、场地、食宿等费用,大大降低了培训成本,为普及培训解决了经济方面的困难。尽管高新技术培训的有效性研究还在进行中,但其优势已经显现。

二、培训开发的方法与选择

与培训开发的目的、内容的多样性相应,培训开发的方法也丰富多彩,有传统的、比较成熟的培训方法,如讲授法、案例分析法;有依托新兴技术的、正在探索中的培训方法,如多媒体培训、网络培训。各种方法都有其优势和劣势,都有其适用的领域和禁地。了解和熟悉各种培训方法,有助于我们对其作出正确的选择和组合。

(一) 培训开发的传统方法

1. 师带徒

师带徒是最传统的、历史最悠久的一种在职培训方式。在管道工、理发师、木匠、机械师和印刷工等需要手工艺职业的新员工培训中通常采用这种方式。师带徒的年限较短的可能二三年,如面包师、理发师;较长的可能七八年,如雕刻师、打井工人。培训的时限因所需技艺的要求不同而不同,也随科技的发展而变化。

师带徒培训形式的优点在于师傅传授的是与具体工作直接相关的知识和技能,因而带教效果较好,能够帮助新员工尽快适应工作岗位,提高工作效率,很少具有缺乏针对性和脱离工作需要等其他培训形式难以避免的弊端。另外,师带徒培训形式可以形成良好的师徒关系,所谓"一日为师,终身为父"即是对这种关系的形象描述。这主要是因为师傅所带的徒弟数量有限,且每天都在一起工作,交流切磋的范围甚至涉及生活方面。良好的师徒关系有助于新员工克服进入企业初期的紧张情绪,推进新员工社会化的步伐。

师带徒形式的缺点与其优势密切相关,可谓是一个问题的两个方面。首先,师傅传授的内容通常是具体的、狭窄的,而工作对员工经验、技能的要求是变化的,一旦技术或工艺发生了变化,员工原有的技能和经验就会毫无价值甚至影响新技能的学习和掌握。师带徒在提高徒弟的学习能力和适应能力方面很少有优势,因而无法提升员工长期的就业能力。其次,构建良好的师徒关系也存在难以克服的困难,师傅和徒弟的利益矛盾是客观存在的,尤其在就业竞争激烈的时期,这显然会影响师带徒的培训效果。

2. 工作轮换

工作轮换(Job Rotation)亦称轮岗,指有计划地安排员工先后在一些岗位上工作,以丰富员工的经历,拓展员工的技能,发展员工的人脉,为员工胜任更重要的工作作好准备或为员工更好的工作定位提供依据。工作轮换可以用于新员工的培训,通过多种岗位的工作经历,一方面使员工更深入地了解自己的特征、兴趣所在和工作的性质、要求,找到一个更适合自己发挥作用的岗位。另一方面使员工了解和熟悉今后工作中需要打交道的部门和人员,树立工作中的整体观念,方便今后工作中的沟通和协调。工作轮换更多地用于企业各级管理人员的培训。一般认为,管理岗位对任职者的知识、技能和经验的要求是广博而非精深,是多元而非单一,工作轮换显然有助于员工开阔视野,丰富经历,向复合型人才的方向发展。管理的任务更多的是协调而非亲历亲为,因而了解各部门的工作,熟悉各部门的人员成为实施有效管理的基本前提。

3. 挑战性工作的委派和突破性学习

这种方法通过委派给员工具有挑战性的工作实现员工在较短时间内职业技能的明显提升,这在企业的管理人员,尤其是中高级管理人才的培训中得到比较广泛的运用。该培训方式的内涵在于两个方面:一是提供具有挑战性的工作情景,二是实现职业技能的短期突破。

学习,包括职业技能的提升通常是一个长期积累的过程,需要花费一定的时间确定角色期望,需要循序渐进的持续训练。然而,突破性的学习是一种特殊的学习情景,它不否认学习的积累过程和循序渐进的科学程序,而只是为了满足某种特殊的需要,在具备一定条件的情况下使员工的某种技能的掌握过程显得相对较短。这些条件包括,学员具有极大的职业潜能和强烈的发展动机;投入大量的时间和精力。即使这样,突破性学习还是存在较大的失败概率。

4. 讲授法

讲授法是最传统、最普及的一种培训方式,其理论和实践资料的积累和丰富程度是其他培训方式无法比拟的。讲授法充分发挥讲师的主导作用,由讲师依据培训目标制定或参与制定课程大纲,确定讲课的内容、程序和节奏等,其培训的手段主要是讲师讲授,同时综合配以模型、演示、图表等。可见,讲授法的关键特征是培训过程以讲师为中心和培训手段以语言为主体。

讲授的具体方式可以分为三种:灌输式讲授、启发式讲授和画龙点睛式讲授。讲授可以原理为中心,也可以问题为中心。讲授法对教学场地、设备的要求较低,一个讲师面对较多的学生,使学生系统地接受现存的知识体系,培训效率较高。

5. 讨论法

讨论法是以教学主体的多元平等、培训过程的高度互动为特征的培训方式。与讲授法相反,讨论法尽管背后有教员的精心设计和指导,但就表现形式而言,教学过程的主体是多元而平等的,每个学员包括讨论的主持者都同时是信息发布者和信息接受者,人人具有同等的话语权。主体的多元和平等为充分的反馈、交流和广开言路、相互启示提供了必要条件。讨论法对于澄清问题、交流思想、深化认识具有特殊的作用,在知识传授、技能训练和心理素质的提升方面得到了广泛的应用。讨论法与讲授法之间存在一种互补的关系,如果说讲授法是一种接受现存知识体系的较好的学习形式,讨论法就具有探索新知识、新技能,发现新信息、新程序的特殊功能。

讨论法的形式具有多样性,按讨论的目的可以分为知识接受型、知识应用型和探索研究型;根据讨论的形式可以分为演讲提问型、小组讨论大组交流型和对立交锋型等。

6. 情景模拟法

情景模拟法(Simulation Training)模拟现实工作的场景、条件和问题,包括可利用的资源、约束条件等,让学员置身于这种与实际工作情景十分类似的环境中,熟悉工作,了解程序,发现问题,解决问题。通过模拟,使学员产生从事特定工作的经历和体验,学习和提高相关的知识、技能,养成正确、高效的办事习惯或程序。情景模拟法的特征在于,学员学习的场所既不是课堂,也不是工作现场,而是模拟的场景;文字资料和语言讲解等传统的教学工具在情景模拟教学中仅仅是辅助手段,学习的过程更多地表现为行动、操作,而不是听和看。

情景模拟可以分为人机模拟和人工模拟。人机模拟是人和机器共同组成的模拟活动。人工模拟情景主要由扮演各种角色的学员构成,让学员在模拟的人际环境和工作背景下学习合理、高效的角色规则和角色行为,辨别常见的角色错位和不当行为。常见的人工模拟情景培训主要有管理游戏、角色扮演、一揽子公文处理等。

(二)以新兴技术为基础的培训开发的方法

1. 电视教育培训

通过电视教育挖掘电视媒介的培训潜力,是构建终身教育培训体系、提高全民素质的重要途径。电视教育培训应根据要培训的内容,事先录制好视听节目、培训课程,然后按规定的时间播放。

电视教育培训有两个发展趋势:一是互动电视,二是网络电视。

互动电视是电视广播技术与数字信息技术结合的新兴产物,不仅使电视图像更为清晰,音效更加逼真,更主要的是它彻底改变了传统电视"你播我看"的收视方式,通过提供随选视讯服务,向特定用户播放其指定的视听节目,通过按次收费、轮播、按需实时点播等服务形式,使用户有了更为自由的选择空间,并得以享受一系列原本在 PC 上才能获得的各种数据信息服务。网络电视是一种利用宽带有线电视网,集互联网、多媒体、通讯等多种技术于一体,向家庭用户提供包括数字电视在内的多种交互式服务的崭新技术。

2. 多媒体培训

多媒体培训(Multimedia Training)就是将各种视听辅助设备(或视听媒介,包括文本、图表、动画、录像等)与计算机结合起来进行培训的一种现代培训技术。随着信息技术的发展,培训工作逐步告别了过去单纯的课堂讲授教学方式,跨进了多姿多彩的多媒体课堂。多媒体以计算机为基础,使受训者可以通过互动的方式接受学习内容,优势在于其丰富生动的表现力和可操作交互性。多媒体培训使得原来抽象、枯燥的知识变得生动、形象,能够更加直观地把培训内容传递给受训者,激发了受训者的学习兴趣和求知欲望,使其更容易接受。这种培训方法将受训者置于"人机"互动的环境中,让受训者通过亲自参与发现问题,系统可以进行及时引导,提供帮助,这就大大加深了受训者对尚未掌握的知识的理解,提高了受训者处理实际问题的能力。最典型的多媒体方式是交互式录像,以计算机为基础时就变成多媒体光盘。

3. 计算机辅助培训

计算机辅助培训是随着个人电脑的兴起而发展起来的。它主要通过设计一些课程程序和软件帮助学员进行自主学习,这类培训是一种程序化的学习,首先由计算机给出培训的要求,受训者必须作出回答,然后由计算机分析这些答案,将分析结果反馈给受训者并提出建议,是一种互动性培训。它包括一系列的互动性录像、计算机硬件、计算机应用程序等设备。常见的电脑辅助培训中,学员可以学到课程内容,并对自己掌握的知识水平进行评估,以确定自己下一步的学习。所以,计算机辅助培训往往是自适应培训,即学员可以根据自己学习的步调调整学习进度。它特别适合于一些基本知识和概念的培训,是应用新兴技术培训中最基本的形式。

4. 网络在线培训(E-Learning)

E-Learning 代表了一种以互联网为平台的新型学习模式,它充分利用现代电脑技术和互联网的特性,提供一种可以随时随地、自我计划管理的成本低、效益高的学习机会和资源。美国教育部 2000 年度《教育技术白皮书》对 E-Learning 的解释是:① 它是一种受教育的方式,包括新的沟通机制和人与人之间的交互作用。这些新的沟通机制是指计算机网络、多媒体、专业内容网站、信息搜索、电子图书馆、远程学习与网上课堂等。② 它是通过互联网进行的教育及相关服务。③ 该学习工具提供了学习的随时随地性,从而为终身学习提供了可能。④ 学习者在以一种全新的方式进行学习。⑤ 它改变了教师的作用和师生之间的关系,从而改变了教育的本质。⑥ 它是提高学生批判性思维和分析能力的重要途径。⑦ 它能很好地实现某些教育目标,但不能代替传统的课堂教学。⑧ 它不会取代学校教育,但会极大地改变课堂教学的目的和功能。该定义从学习方式、学习媒介、师生关系、学习目标,尤其是终身学习的可能性等方面总结了 E-Learning 的特点。

5. 虚拟现实培训

虚拟现实(Virtual Reality)常常是以计算机为基础开发的三维模拟。通过使用专业设备(佩戴特殊的眼镜和头套)和观看计算机屏幕上的虚拟模型,学习者可以感受到模拟情景中的环境,并同这一环境中的要素,如设备、操纵器、人物等进行沟通。这一技术还可以刺激学习者的多重感觉。有的设备具有将环境信息转变为知觉反应的能力。例如,可以通过可视界面、可真实地传递触觉的手套、脚踏和运动平台创造一个虚拟的环境。利用各种装置,学习者可以将运动指令输入电脑,这些装置可以让学习者产生身临其境的感觉。

6. 卫星远程培训

卫星远程培训利用最新的卫星数据通信技术,与因特网相结合,将培训现场(主会场)的实况同步传播给远端客户(企业组织的分会场),企业通过卫星接收小站同步收看培训现场的情景,并可通过多种方式和老师进行同步交流,探讨问题。通过这种卫星传送技术,培训公司可以把公开课程同时向全国各地传输。卫星远程传输的方式可以有效地使全国各地培训公司连成一体,即在一个地方开展公开课时,使全国各地学员在当地同时学习。卫星远程课程是现场直播,教学效果模拟现场,具有传统教学的一定特点,现场感强是卫星远程培训的独特优势。

三、培训需求分析

(一) 培训需求分析的含义与意义

准确理解培训需求分析的含义和意义是做好培训工作的前提。

1. 培训需求分析的含义

培训需求分析是指组织的人力资源培训和开发人员或部门在组织高层领导、直线经理、各级管理人员、其他职能部门和各类员工的配合和共同努力下,通过收集和分析研究有关信息,确定现有绩效水平与应有绩效水平的差距,寻找产生差距的原因,并进一步从这些原因中找到那些可以通过培训解决的员工态度、能力、知识和技能方面的问题,为进一步开展培训活动提供依据。可见,完整的培训需求分析至少应该包括四方面因素:分析的主体、分析的过程和手段、分析的目的以及分析的任务。

具体地说,通过培训需求分析的活动或过程,要弄清这样一些问题:

首先,确认组织绩效问题,即确认组织及其成员的实际绩效水平与应有绩效水平之间的差距。

其次,寻找产生绩效问题的员工态度、能力、知识、技能等能够通过培训改进的原因。

最后,培训需求分析还应告诉组织,如果有可能通过培训提升员工的态度、能力、知识、绩效,从而解决组织的绩效问题,那么这个培训会产生哪些成本,产生多少成本。一定时期内,这个培训能为组织带来哪些收益,带来多少收益,是收益大于成本,还是成本大于收益。

2. 培训需求分析的意义

根据培训需求分析的内涵,我们很容易把握其在整个培训开发工作中的重要地位。在时间上,它是培训和开发工作的开端;在空间上,它具有基础的位置。有了开端,其后的环节得以逐渐展开;有了基础,才有上升的可能。好的开端、扎实的基础,是培训和开发工作顺利有效进行的基本前提。而错误或低质量的培训需求分析则从一开始就注定了整个培训和开发工作的无效或低效。准确地把握培训需求,不仅帮助组织将宝贵的培训资源用于最重要、最紧迫的培训项目和培训对象,同时也为设定培训目标、开发培训课程和评估培训效果等各个环节的工作提供了依据。另外,培训需求分析对于培训和开发工作乃至人力资源管理工作还有一些间接的意义:获得组织成员对培训工作的支持;建立和充实相关的信息资料库;帮助员工实现职业发展规划;为培训活动争取更多的资源。

(二)培训需求分析的层次和模型

培训需求分析可以从不同层面展开,各层面之间有其内在的客观结构,这就形成了需求分析的模型。

1. 培训需求分析的层次

培训需求分析是一个复杂的系统工程,其子系统及其要素如何划分、归类,从不同的视角可以有不同的结论。比较普遍的一个做法是将培训需求分析从三个层面展开,即组织层面、工作层面和员工层面。

组织层面的培训需求分析属于战略层面的分析,是以组织整体作为对象的分析。组织层面培训需求分析的任务是确定为了保证组织的有效运作和实现发展战略,组织还缺乏哪些功能;能否通过培训提供或提升这些功能;组织可能提供的培训资源的数量和质量如何。也就是发现组织中的哪些部门和工作存在问题,问题产生的原因是什么,并确定培训是否是解决此类问题的有效手段。组织层面培训需求分析的任务具体包括组织目标的检验、组织特征的分析、组织资源的评估和组织环境影响力的研究等。

工作层面培训需求分析的对象是某项工作或任务。它是通过查阅工作说明书、调查等方法,确定员工要高效完成某项工作和任务所必须具有的态度、能力、知识、技能的类型、水平和结构,然后以此为标准,找出在任或拟任员工实际状况与其的差距。工作层面的培训需求分析涉及对工作复杂程度的研究、对工作饱和程度的了解和对工作内容与形式变化程度的把握等。

员工层面培训需求分析的客体是可能或拟纳入培训对象的员工个体,分析的内容涉及员工的专业或专长、年龄、个性,分析的重点是员工的态度、能力、知识、技能等可以通过培训改善的方面。

三个层面培训需求分析的区别或分工参见表 7-1 所示:

表 7-1　培训需求分析的层次

分析的层面(对象)	分析的任务
组织	影响组织生存和发展的短板是什么?能否通过培训加以弥补?组织现有和潜在的培训资源和条件如何?
工作	对有效胜任工作的态度、能力、知识和技能等的要求是什么?
员工	员工需要接受哪些方面的培训?

2. 培训需求分析的模型

三个层面的培训需求分析尽管各有侧重,但都是整个培训需求分析的有机组成部分,其内在联系可以通过培训需求分析的模型体现,如图 7-1 所示:

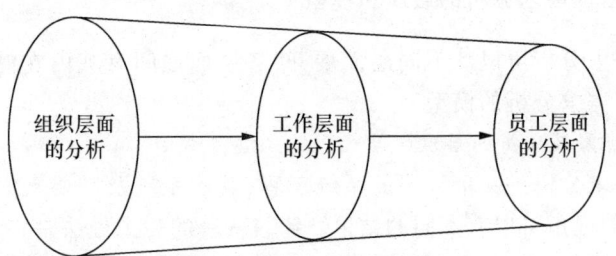

图 7-1　培训需求分析的模型

三个层面的需求分析是逐步展开的过程。一般来说,首先进行的应该是组织层面的培训需求分析。这有助于培训需求分析在整体上符合组织战略的要求,有利于正确锁定工作分析和人员分析的大致方向和范围。考虑到培训需求分析本身要发生相当的成本,不可能、也没有必要对所有的工作和员工进行培训需求分析。具体对哪些工作和人员进行分析,显然要依赖组织层面分析的结果。组织层面的培训需求分析具有筛选的作用,有些组织绩效问题被排除了,因为它们不是培训可以解决的,有些绩效问题则被保留下来作进一步的分析。其次展开的是工作层面的分析。涉及组织生存和发展的关键业务或重要问题如果有可能通过培训改进或解决,就要对相关工作和任务作进一步的分析,以确认有效完成这些工作需要哪些条件,缺少哪些条件,哪些缺少的条件可以通过培训提供。所以,工作层面的需求分析进一步缩小了培训需求的可能范围。最后是员工层面的培训需求分析。从表面上看,通过工作层面的培训需求分析,我们已经知道岗位和工作所要求的态度、能力、知识和技能与员工实际情况之间的差距,培训只要能弥补或缩小这一差距就可以了。但实际情况往往是,存在比培训更好的弥补和缩小差距的方法,如调动人员。员工层面的培训需求分析可以保证接受某项岗位技能培训的员工确实适合该岗位工作。反之,也许会出现这样的情况:对一个个性、兴趣、年龄都不适合某个岗位的员工进行大量的岗位适应性和胜任力的培训。

(三)培训需求分析的基本思路和常见方法

思路是宏观的,帮助我们把握需求分析的基本方向;方法是微观的,为实现思路提供技术手段。两者都是作好培训需求分析的必要条件。

1. 培训需求分析的基本思路

(1) 缺口分析法

缺口分析是培训需求分析中较简单的一种思路,是将胜任工作所要求的某一知识或技能等水平标准与员工的实际状况进行比较,发现差距,然后进一步确认培训是否有助于缩小差距。员工的缺口可谓多种多样,小到文员电脑输入的速度缓慢和正确率的低下,大到公司老总对本行业国际贸易惯例的无知。有些缺口比较容易发现和衡量,如计算机水平的高低;有些则较难发现和衡量,如思维习惯、传统观念方面的问题。

下面是一个比较简单明了的缺口分析的例子:

根据职务说明书等资料,知道该职位所需的计算机技能应该达到以下程度:

① 在清楚的指令和程序下运用计算机(如收发电子邮件、基本数据输入、列示数据信息等)。

② 能进行基本和标准的输出(如文字、图形、电子数据表、基本的或递归的 DSS 报告等)。

③ 能制作复杂的输出(如高级的电子数据宏、数据库报告、HTML 编码、唯一的非递归的 DSS 报告等),在工作经验和已有知识的基础上定义输入分析程序的功能及使用手册。

④ 能用 COBOL、Assembler、JAVA、UNIX 或其他语言编程;有软、硬件的知识和实际工作经验,能为 PC/台式电脑/微电脑系统提供软、硬件支持。

根据问卷调查法、访谈法、观察法等,发现在职员工只具有前两项技能,而缺乏之后两项技能,即后两项技能就是员工技能的缺口所在。如果没有更合适的人员从事这项工作,那么就要对现有在职员工进行后两项技能的培训。

(2) 任务技能分析法

如果说缺口分析法主要用于衡量员工某一方面知识、技能的不足,任务技能分析法就涉及对员工多项知识、技能的缺口的衡量。任务技能分析法的基本程序是:

① 确认一项职务或工艺;
② 把职务或工艺分解成若干主要任务;
③ 把每一任务再细分为一系列子任务;
④ 确定所有的任务和子任务,在工作表上用正确的术语将其列出;
⑤ 明确完成每项任务和子任务所需要的技能。

表 7-2 任务技能分析样例

岗位(职位)	任务	设备(资源)	技能
文员	编辑文案	个人电脑	打字速度
	转接电话	文字处理应用软件	电脑系统操作
	保管文具	电话	了解商业信函写作
	接待来访人员	传真机	电话接听技巧
	收发传真	复印机	传真机使用
	复印文件	餐厅、饭店名册	复印机使用
	订餐		

(3) 胜任力模型分析法

胜任力指员工胜任某一工作或任务所需要的个体特征,包括态度、能力、知识和技能等。胜任力是个体潜在的深层次特征,因而能保持相当长的时间,具有稳定性。胜任力状况在相当程度上决定了个体在不同环境和条件下的思考方式和行为特征。胜任力能够帮助我们预测个体的行为和绩效状况,区分优秀的员工与平庸的员工。胜任力模型是指能够保证员工在组织特定的岗位上实现高绩效的一系列素质或素质组合。这些素质是可分级的、可测定的,有些是可以通过培训形成或者改善的。

其实,以上三种关于培训需求分析的基本思路本质上没有太大的区别,它们的不同仅仅在于程度和难度上。缺口分析法比较简单,通常用于衡量员工某一方面知识和技能的欠缺程度。任务技能分析法较复杂,由于一项工作通常包括多项任务,故其衡量的是员工多方面的知识和技能的欠缺程度。基于胜任力模型的培训需求分析法最复杂、最困难,但较规范、科学、全面、有深度。

2. 培训需求分析的常见方法

培训需求分析的思路需要方法的支撑,没有切实可行的方法,思路便无法实现。无论是了解员工的知识和技能还是确定胜任力模型,都离不开访谈、问卷调查等具体的方法。下面是常见的一些培训需求分析的方法。

(1) 访谈法

访谈法是通过与被访谈人进行面对面的交谈获得培训需求信息的。访谈对象可以是组织的高层管理人员,以便了解组织战略对员工和工作的要求;也可以是有关部门的负责人,以了解具体工作和岗位对员工的有关要求;也可以是某些特殊岗位上的员工,一般来说,员工是最了解自己的能力、知识和技能的缺陷所在的。访谈中提出的问题可以是封闭式的,也可以是开放式的。前者的结果较容易分析整理,后者则能了解到更多更深层次的信息。访谈可以是结构性的,即以标准模式向所有被访谈者提出同样的问题,也可以是非结构性的,即针对不同对象提出不同的开放式的问题,通常是两种方式的结合,以结构性为主,非结构性为辅。

访谈法的好处是双方能够直接产生感情和思想的交流,便于发现问题和调整访谈计划,容易使访谈深入,发现关键信息。但是,访谈占用较多的人力,成本较高,故只能针对少数对象,组织一般很少作出大规模的访谈计划。另外,因为访谈内容中有较多的开放性和非结构性的问题,所以对收集到的信息很难进行量化分析。另外,访谈的效果在某种程度上取决于访谈者的访谈能力和技巧。

(2) 问卷调查法

问卷调查法是以标准化的问卷形式设计一系列的问题,要求调查对象就问题进行打分或作出非选择性回答。当调查对象规模较大,而时间和资金又相对有限的情况下,这是一种值得推荐的培训需求分析方法。问卷可以以信函、传真或直接发放的方式让被调查者填写,也可以在进行面谈和电话访谈时由访谈人填写。

问卷调查法的优点主要在于,人均调查的成本低,同一份问卷可以反复使用,甚至可以对不同组织层级的人员使用同一份调查问卷,对收集到的数据较容易进行分析和统计。这主要是因为,问卷是标准化的,而且封闭式的问题占相当的比重。问卷调查法也有其固有的缺陷,如对问卷设计的要求较高;被调查者发挥的空间小,因为被调查者必须按试卷的思路和框架进行回答,从而很难发现新的和更深层面的信息;存在低返回率的可能性,当被调查者对问卷内容不感兴趣或感到答卷成本高(取决于问卷的长度和难度,邮寄、上网的费用和方便程度等),调查问卷往往有去无回。

(3) 关键事件法

关键事件是指那些对组织目标的实现起较大的促进作用或阻碍作用的事件,是工作运作中对组织绩效有重大影响的事件,如系统故障、重要客户的获得或流失、产品的次品率和员工的主动离职率突然上升、出现重大事故等。关键事件的纪录是培训需求分析的重要信息来源。关键事件法的成效在很大程度上取决于关键事件的纪录情况。组织要建立重大事件纪录的制度,运用工作日志、主管笔记等手段纪录下尽可能正确而全面的关键事件。记录应该包括事件发生的时间、地点、原因;员工特别有效或失败的行为及其后果;当时员工能控制和支配与不能控制和支配的资源和行为等。通过对这些资料的分析,可以发现员工能力和素质方面的缺陷,从而确定培训需求。

(4) 书面资料研究法

这里的书面资料可以是组织各部门和人力资源管理部门现存的有关资料,也可以是组织外部的相关资料。前者如员工历年考核的纪录、各种培训项目的总结报告、职位说明书等,后者如同行业或相关企业有关培训评估的资料等。由于书面资料是现有的,故收集成本大大低于直接的调查和访问等,因而经常被使用。但是,既有的资料很可能滞后或不全面。仅仅依赖现存书面资料的培训需求分析是靠不住的,也是不负责任的表现。书面资料只是培训需求分析的一方面的对象,而不是全部。

(四) 常见的培训需求和需求分析误区

有些培训需求具有共性,无须分析就可以把握,从而节约分析资源。有些需求分析貌似规范,实则误区,需要警惕。

1. 发生培训需求的通常情景

有些培训需求具有一定的通用性或规律性,同样的情景下会产生或存在类似的培训需求。这些需求凭借一定的相关经验和知识,便可预计到。此类培训需求包括:

(1) 行业或相似组织中已经出现或经常出现的问题,如安全问题,这些问题有些是可以通过培训解决的,许多企业的成功经验可供借鉴。

(2) 新员工导向培训。新员工要融入组织,像老职工一样发挥作用,需要熟悉组织环境。新员工导向培训帮助其了解组织的使命、文化、目标,了解组织的结构、机制和政策,可以缩短其融入组织的过程,从而更早、更好地为实现组织目标而发挥作用。

（3）新设备或新程序引进时。新设备或新程序的引进意味着员工需要掌握一些新的知识和技能，或需要改变旧的行为方式，形成新的工作习惯。培训在这方面通常是大有用武之地的。

（4）员工提升和晋级时。此时，员工不仅需要了解新工作的性质、要求和环境条件，而且急需提升能力、知识和技能。此时，提供适当的培训通常是大受欢迎的。

（5）组织重组和变革时。如果说新员工导向培训和提升晋级培训是针对少数员工的小规模培训，那么针对组织重组和变革的培训则规模更大，涉及面更广。组织重组和变革是组织全面的深刻的变化，其中蕴含的培训需求量大、面广、种类多。旧观念的化解和新思想的形成，新的政策和运作机制的推出和适应，岗位变化和机构调整等都会使员工和组织产生强烈的培训需求。

2. 培训需求分析中的常见误区

卡夫曼（R. Kaufman）总结了培训需求分析中的常见误区：

（1）注意力全部集中在个人的绩效差距上。这样的培训需求分析虽然可以帮助我们的培训决策用于解决个别员工的绩效问题，但可能不涉及群体和组织的绩效问题。除了关键人物的核心技能以外，一般而言，群体和组织的绩效对于组织的发展来说更为重要。另外，对于个别员工的绩效问题也许更换人员是一个更好的解决办法，而群体和组织的绩效问题一般更依赖培训。

（2）一定要从培训需求分析开始做起。从理论上说，为了保证培训的针对性，培训需求分析阶段是重要而不可逾越的。但在实际的工作中，某一工作是否必要，除了取决于其本身的重要性外，也看其在实际上已得到满足的程度。当一项重要的条件在实际上已经具备时，创造这个条件就不再是工作的重点了。在培训工作中，当培训需求不明确时，培训需求分析是培训工作的首要步骤，但如果培训需求十分明确，那就没有必要在这个环节上浪费资源了。

（3）进行问卷调查，看看大家需要什么。这个方法让较多的员工参与培训的决策，因而具有更多的沟通、倾诉和激励的作用。但对于搜寻培训需求来说，实践证明其效果不明显。问卷中大量的开放式问题，使反馈的意见相当分散，而且与组织运作没有太大的关系。另外，泛泛的问卷调查，在调查内容和对象上缺少事先的精心设计，在调查的过程中缺乏必要的引导，往往导致"走过场"，不能解决问题。

(4) 只采集软信息或只采集硬信息。这里的软信息是指多少带有主观随意性的意见和想法;硬信息是指那些可以量化和衡量的,从而较易把握的信息。如果将调查和分析的对象停留在软信息上,忽视绩效、标准、结果等硬指标,会使分析的结果缺乏可行性和可操作性。在实践中还有另外一种倾向,即调查分析的注意力总是自觉不自觉地集中在那些容易测量的或容易得到的数据、标准等硬信息方面,而忽略了那些难以量化、把握的但对于提高群体和组织绩效却很关键的信息。这种情况的出现,在一定程度上体现了工作中的畏难心理或者说是工作简单化的一个表现。

下篇

四、培训效果评估

培训效果评估是一个具体培训项目周期的终点,具有承上启下的作用。它判断培训项目的价值和质量,指导今后的培训投资和活动。

(一) 培训效果评估的含义与意义

培训效果评估内涵丰富,对培训的投资方、组织方以及培训师和学员都具有特定的意义。

1. 培训效果评估的含义

培训效果(Training Effectiveness)是培训活动给培训的对象、学员主管、培训组织部门和投资方带来的正面效应。对于学员来说,通过培训掌握了新的知识或提高了工作的技能;对于学员主管来说,通过培训,下属的工作行为改善了,绩效提高了,使用起来更方便了;对于培训的组织部门来说,每一期培训活动都是一次经验积累的过程,可以提高部门地位,带来部门利益;对于培训的投资方来说,培训提高了产品或服务的数量和质量,提高了顾客的满意度或者留住了更多的骨干人才,也就是说,投资有了回报。

培训和培训效果之间没有必然的联系。有些培训没有效果,甚至还有负面效应,或者说,有些培训在某些方面没有效果或有负面效应。例如,员工接受了新知识、新技能的培训后,由于工作中没有机会运用,久而久之就荒废了。又如,培训机会的不公平导致某些骨干员工具有抵触情绪,甚至跳槽。当然,绝大多数的培训都是有效果的,或者说正面效益大于负面影响。只要效用大于成本,培训依然是有效果的。更普遍的情况是,一个培训项目在一方面效果显著,而在另一方面则表现平平;有些培训项目投资回报率较高,有些则较低。为了了解一个具体培训项目有没有效果、有哪些效果、效果的程度如何,就需要进行培训效果的评估。

培训效果评估概念的内涵十分丰富,它至少包括四个方面:谁来评估、评估什么、如何评估、为什么评估。根据对这四个要素的简要回答可以形成一个一般的培训效果评估的概念:针对一个具体的培训项目,培训的投资方或组织方等通过系统地收集和分析资料,对培训的价值和质量等作出判断,其目的在于指导今后的培训决策和培训活动。

2. 培训效果评估的意义

培训效果评估对于投资方、组织方、学员、学员主管和讲师的意义不完全相同。下面介绍效果评估对于投资方和组织方的意义:

(1) 效果评估对培训投资方的意义

首先,培训效果评估可以帮助了解投资收益率,指导今后的培训投资决策。培训的投资方通常就是组织。投资是为了收益,投资行为追求的是净收益或投资的收益率。如果没有培训效果的评估,不了解培训收益的情况,则投资方既无法判断此次培训投资的决策质量,又无法确定今后如何对待此类培训。虽然培训项目推出前,也有培训成本收益方面的分析,但那是预先的估计,而不是实际的情况。有了科学客观的培训效果评估,组织就有根据决定对此项目是保持还是放弃,是扩大规模还是缩小投资,是优先推出此项目还是彼项目。

其次,培训效果评估是激励培训的组织者,控制培训的过程和效果的重要手段。一般来说,组织的高层领导作出某一培训项目的投资决策后,具体组织和实施工作由人力资源部门或专门的培训部门负责。投资方和组织方形成了委托代理关系。由于委托方和代理方的利益不完全一致,也由于岗位职责的不同导致看问题的视角不同,在培训实践中,常常出现这种情况,即组织方在申请项目时提交的计划十全十美,但项目批准后的执行情况则大打折扣。因此,委托方需要对代理方进行激励和控制。为了激励培训部门的工作人员认真履行代理人的职责,做好培训工作,对培训项目进行效果评估是必要的。如果培训效果评估的结果与培训部门及其人员的利益挂钩,那么其激励的效应会更大。效果评估是激励手段,也是控制措施。委托者为了实现对代理人的控制,保证培训按提交的计划实施,其有效的控制手段之一就是评估。若在项目批准时就提出具体的评估要求,在项目结束后认真组织评估并重视评估结果的使用,那么,培训部门的工作质量基本就有了保证。

(2) 效果评估对培训组织方的意义

首先,显示培训工作的意义。通过培训效果评估,可以客观地反映培训对于组织发展的贡献,体现培训成本的有效性,使组织的决策者更重视培训工作,给予培训工作更多的投入和支持,从而提高培训部门在组织中的地位和作用。

其次,获得如何改进某个培训项目的信息。通过培训有效性评估可以帮助培训的组织者获得如何改进某个培训项目的信息。这是培训有效性评估最直接、最普遍的意义。培训有效性评估所收集的有关项目的各个方面的信息可以帮助我们判断此次培训的质量,如课程内容是否满足学员的要求、讲师的甄选是否恰当、培训的时间和地点是否存在问题、培训的日常管理今后需要注意哪些问题等。对这些问题的回答就形成了对今后此类培训项目如何改进的建设性建议。

最后,激励和控制培训对象、培训教师。培训效果评估也是培训组织者对培训对象、培训教师的激励方式,是培训活动的控制措施。有些培训评估活动是在培训过程中穿插进行的,内容涉及学生听课、出勤和掌握知识、技能的情况。这些评估活动对表现好的学员有鼓励作用,同时对表现有问题的学生形成压力。对培训师也一样,适时地对其教学情况或教学效果进行评估,并给予反馈,既是对其工作表现的肯定,又促使其认真履行职责。

(二) 培训评估的模型和层次

1. 培训效果评估的基本模型

关于培训的评估模型很多,由于不同的研究者研究的背景和角度不完全相同,其构筑的模型在内涵上也有一些区别。有的学者认为,培训的评估模型就是评估活动进行的基本程序,因而构建了如图7-1所示的评估模型。更多的学者将培训评估的模型理解为评估目标或内容的结构或层次。这里又分为两种情况:一种只评估培训的效果,即培训的产出,将培训的各个方面和各个层次的可能效果和产出通过模型表现出来。另一种认为,培训评估不仅是对培训效果和产出的评估,也包括对培训活动整个过程的各个方面和环节的评估,包括对培训的投入、过程和产出等的评估,因而其评估模型的内涵就比较宽泛。可以说,前者是狭义的效果评估模型,后者是广义的培训评估模型,后者包含前者。

(1) 关于评估程序的模型

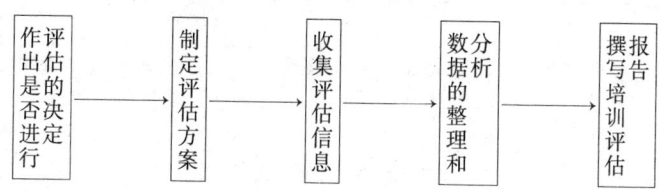

图 7-2　关于评估程序的模型

(2) 关于培训结果评估的模型

该模型如菲利普斯(Phillips)的五级投资回报模型。该模型要求在五个层面对培训的效果进行评估：第一层面为反应，主要了解学员对培训项目的满意程度和学员关于打算如何在今后的工作中应用所学知识的清单。第二层面为学习，测试学员经过培训后学习和掌握了哪些知识和技能，理解掌握到什么程度。第三层面为学习成果在工作中的运用，了解学员回到工作岗位后是否按学到的知识和技能工作，培训中提倡的态度和价值观是否改变学员看待和处理问题的方式。第四层面为业务结果，了解培训对企业业务的影响，如产量、质量、成本、客户满意度等有没有变化、变化的方向和程度等。第五层面为投资回报率，将培训对企业业务指标的影响转化为货币形式，并与培训的成本比较，计算出培训项目的投资回报率。

(3) 关于培训项目评估的模型

该模型如伯德(M. Bird)等人开发出的 CIRO 模型。该模型认为，培训评估的内容包括：一是情景评估(Context Evaluation)，主要是通过了解培训项目推出的环境因素，对培训项目的目标设定是否针对培训需求及针对的程度如何作出判断。二是输入评估(Input Evaluation)，主要是通过收集整理培训项目资源投入方面的情况，确定项目的成本，并对成本的状况(偏高或偏低)进行评价。三是反应评估(Reaction Evaluation)，即了解学员对培训项目及其具体实施情况的反馈信息，并确定反应的性质(好/坏，满意/不满意)和程度。四是输出评估(Outcome Evaluation)，即通过收集培训项目产生的影响方面的资料，确定项目在哪些方面有意义及意义的大小。

2. 培训效果评估的主要层次

传统的培训评估主要根据柯克波特里克(Kirkpatrick)的四层次框架体系(Four-Level Framework)进行的，如表 7-3 所示：

表 7-3 柯克波特里克框架体系

层次	标准	内容	要点
1	反应	受训者的直接感受	学员是否喜欢这个项目;进度、难度是否适中;讲授过程是否清楚、生动;是否愿意介绍朋友参加这个项目。
2	学习	知识、技能的掌握程度	对新知识、新技能是一般的了解、能谈论还是系统全面的掌握,会用于实际问题的解决。
3	行为	工作行为的改进程度	是否学会和习惯了新的工作行为;不良工作行为是否消除或减少。
4	结果	工作业绩的提高程度	生产效率提高了多少;成本下降了多少;次品率下降了多少。

(1) 反应层次

反应层次的评估最容易进行,在培训工作结束、学员返回工作岗位之前就可以进行并完成。这一层次的评估可以是了解学员对培训项目的总的感觉和评价,也可以对一个个具体的维度打分。前者如询问学员:你觉得这个项目有意义吗,你觉得这个讲师的水平如何等。这种评估容易以偏概全,主观性强,因此需要较具体的评估给予补充。后者如设计问卷调查或召开座谈会,对项目的针对性、理论的深度难度、学员参与教学的程度、讲课的清晰和生动程度、教师和管理人员的工作态度等给予具体打分,并进行横向和纵向的比较和分析。为了保证评估工作的客观性、全面性和公正性,无论是设计问卷还是确定座谈会的提纲,都要注意封闭式和开放式题目或问题的结合,使评估工作既围绕着评估计划进行,又使对方具有自主发挥的余地,发现预料之外的问题。

(2) 学习层次

学习层次的评估主要是了解学员"知"和"会"的程度,和反应层次一样,它通常在培训项目结束、学员回到工作岗位之前进行并完成。至于学员是否将"知"和"会"转化为工作行为和工作绩效,还取决于其他一些条件,这是第三、第四层次的评估所要解决的问题。

学习层次的评估有考试、演示、讲演、讨论和角色扮演等多种方式。不同的培训项目和培训科目适用不同的评估方法。

学习层次的评估需要在培训开始前就告知学员和教师,使他们早有准备,并促使其努力学习和教学,以提高培训的质量。

一般来说,这一层次的评估通常会产生一个确切的成绩,但不能过分看重这个成绩。一是因为测试学本身是在完善的过程之中,二是由于考卷的设计等本身也会有这样或那样的问题,更是因为"知"和"会"的程度与工作行为和工作绩效没有必然的联系。

（3）行为层次

行为层次的评估是指培训后学员的工作行为是否和多大程度上接近了培训的目标,这是一种更实在的评估,因为它和工作绩效的改善、组织目标的实现关系更紧密。高层领导和学员的直接主管更看重这一层次的培训效果。对这一层次的培训效果作出一个客观的、有说服力的评价,可以直接影响高层领导对培训工作的态度,决定组织是加大对某个项目的培训力度还是放弃或减少对某个项目的投资。

行为层次的评估通常要在培训活动结束一段时间后才能进行。评估需要全方位的进行,可以直接观察学员的工作行为,倾听学员主管的评价,也可以让学员的客户、同事对学员的工作行为的改变提出自己的看法。由于评价主体比较广泛,这一层次的评价工作非常困难,需要方方面面的配合,不确定性较大,评价的结果有时很难统一,甚至相互矛盾。

（4）结果层次

结果层次的评估是将组织的高层领导或学员主管最关心的工作指标作为培训评估的维度,这是终极意义上的评估。这样的评估更直截了当,能够说明问题,影响组织高层领导对于培训的态度和行为。

企业组织的领导通常关注的可度量的工作指标包括产品质量、数量、工作安全、销售额、成本、利润、投资回报率。如果有数据和事实说明培训与事故率的下降、销售额的提高等有必然的联系,那么培训的投资收益率就可以确切地得出,因为由于事故率的下降而避免的企业经济损失是可以计算的,销售额的扩大所带来的经济收益也是可以计算的,而培训的成本通常也是实实在在的,可以统计的。

要注意的是,结果层面的评估需要培训结束后经历一个相对完整的周期才能进行。随意选择评估的时段会使评估结果毫无意义。同时,工作结果的改善也通常是多种因素共同作用的结果,要区分出哪些成果是培训带来的,不是一件容易的事情。

结果层次评估方面的技术和经验相当缺乏,它有自己的适用范围,如质量管理和安全管理的培训项目,而有些培训项目则不适用或无法用结果层次的评估方法。

(三) 培训效果的经济价值分析

培训效果的经济价值分析属于结果评估,是结果评估的最高形式。它考察培训给组织带来的用经济形式表示的收益程度。

投资回报分析(Return On Investment,ROI)的优点是,它以一种数字的形式综合了所有重要的和可能的信息,并且 ROI 数据可以和公司其他的内外投资相比较,因而得到了广泛的应用。

作 ROI 分析的前提是确定培训成本和收益。

1. 成本分析

培训成本的估计可以采用奎因(Quinn)等人提出的资源需要模型(Resource Requirment Model)衡量。该模型根据培训在不同阶段所要求的资源确定培训所花费的成本。比如,某一多媒体远程教育的培训项目的成本分析如表 7-4 所示:

表 7-4 某一多媒体远程教育的培训项目的成本分析

	人员费用	场地设施费用	设备材料费用
培训前(设计)	培训需求分析 开发课程 计划项目 技术支持 更多的准备时间	办公室 电话 传真	计算机/扫描仪/网络 培训教案 胶片等 印刷、复制
培训中(实施)	讲师费用 学员工资成本 差旅费 离开工作的时间 多媒体远程教学	可视电话会议室 培训设备 电子设备	网络传输 投影 录像机 计算机/网络 培训讲义
培训后 (评估反馈)	设计问卷 追踪访谈 数据收集和分析 评估报告	办公室 电话 计算机/网络	测验 问卷 计算机/网络

2. 收益分析

收益分析的通常做法是:

(1) 根据以往的研究和培训记录,确定培训的收益。

(2) 在公司范围内进行小样本的试验,以确定某一培训可能带来的收益。

(3)通过观察培训后绩效特别突出的员工,分析培训的收益(往往与生产力的提高、事故的减少、离职率的降低有关)。

培训效果收益的货币核算方法主要有两种:一是以绩效改进、节约的成本、避免的损失作为收益,二是直接衡量业绩提高带来的经济收益。

营利性产出的增加,如产量指标中的生产、制造、销售等数量的增加,可直接利用经营纪录确定增加的经济收益;质量指标的改进,如废品率降低,改进的价值相当于提高相应数量的合格产出,服务时间的缩短意味着服务量的增加。

非营利性产出的增加,如在同等时间内、不增加成本的条件下,多受理了一份申请,工作量增加的结果相当于节省了处理一份申请所需的成本,可作为工作效率提高的收益;质量指标的改进如返修率降低,改进的价值相当于维修或更换产品的成本;事故数量的减少,可利用企业纪录,计算一次事故的平均成本,以此为基础核算改进价值;时间节约的价值,可用节约的时间乘以学员的平均工资和福利计算;员工流失率的降低意味着避免了员工流失成本的损失,流失成本包括新员工招聘、上岗培训、培训期间损失的生产力、工作质量损失和管理人员处理员工流失花费的时间等方面的成本。

3. 计算投资回报

培训的投资回报率 ROI = 收益/培训的成本 × 100%。下面以举例的方式加以说明:

20世纪80年代,某公司发现员工的离职率居高不下,通过调查分析,发现主要原因是忽略了新员工进来时的培训。为此,公司制定了新的导向培训计划,并希望通过这个项目,将项目实施后前三年的职工主动离职率减少17%。两年后,公司发现新员工的主动离职率降低了69%。公司估算的投资回报率如表7-5所示:

表7-5 公司估算的投资回报率

收益分析	成本分析(培训成本)	投资回报率
3年内主动离职率降低了17%;852万美元	第1年为171万美元	第1年 ROI = (852 + 489)/171 = 784%
掌握技能时间从6个月减少到5个月;489万美元	第2年为95万美元	第2年 ROI = (852 + 489)/95 = 1412%

五、职业生涯管理

这里主要介绍企业组织对员工的职业生涯管理。现代培训与开发是职业生涯管理的重要方面,它服务于员工职业发展和组织绩效提升的双重目标。当然,职业生涯管理的内涵比培训与开发丰富得多。

(一)职业生涯的含义

1. 传统的职业生涯定义

讲到职业生涯,人们首先想到的是一个人在组织的管理职位系列中的晋升历程,如从普通的销售人员到销售主管、销售经理助理、销售经理的职业发展历程;其次想到的是员工在专业领域的发展进步过程,如从技术员到工程师,再到高级工程师,从咨询员到咨询师,再到高级咨询师和首席咨询师等。这是对职业生涯的最传统的理解,是最狭义、最纯粹的职业生涯。其基本内涵是:在一个组织内的流动;纵向的上升过程;在相对固定的专业或职业范围内。

2. 现代的职业生涯定义

我们可以这样把握职业生涯的概念:首先,职业生涯是一个人生命周期中与工作有关的行为和活动的连续体,包括接受基础教育、职业培训、择业、就业、转业等。其次,职业生涯还包括生命主体对职业、工作的主观认知过程,包括职业理想、价值观、态度的形成、变化和提升,包括对自身潜能和社会需求以及两者之间的关系逐步认识过程。再次,职业生涯的内涵包括发展,即纵向的提升和横向的丰富。即使是职业发展遭受挫折,甚至是职业的倒退,也应视为成长过程中的一个阶段。最后,一个具体生命主体的职业生涯是各种因素共同作用的结果,其中主观的个人因素包括个人的职业价值观、个人职业生涯管理的能力、职业兴趣、个性特征以及工作努力程度等。客观的环境因素包括社会主流职业文化、劳动力市场的供求状况、家庭人员的意见和行为、组织的职业发展规划和管理情况等。

3. 现代职业生涯的特点

传统的职业生涯观念显然不能包含或解释现实员工的职业生涯状况。

首先,现实员工的职业发展舞台通常超越一个组织的范围,无论是在管理岗位上攀爬还是在专业领域内发展,都可以在不同组织中实现。员工在不断跳槽的过程中实现自己在相对固定的职业领域中的升迁已是一种相当普遍的现象。

产生这种现象的原因,一方面是生存环境的多变性和不确定性使企业组织无法与员工保持长期的雇佣关系,即使建立相对稳定的劳动关系,也不可能保证岗位的连续性。一旦企业重组或转产,员工的专长没有用武之地,就只能另找组织。另一方面在于员工自我意识和独立性的觉醒,特别是日益发展的知识型员工,有自己明确的职业价值观,忠于专业胜过忠于组织。

其次,现代员工职业生涯上升过程并不是严格意义上的职位或职称晋升,在同一等级的不同岗位或职业领域内工作,丰富自己的人生阅历,完善自己的能力结构也是职业生涯的发展,也具有上升的意义。

螺旋型发展是职业生涯的常见形态,螺旋的过程包括一定时期内在同一等级的不同岗位或部门中工作。另外,即使在同一等级中流动,没有晋升的成分,也是职业生涯的丰富,也具有发展的性质。如果说晋升是一种客观的外在的职业生涯发展,那么,职业经历的丰富就是内在的主观的职业成功感受。

最后,现代员工的职业生涯发展常常突破相对稳定和狭小的职业或专业领域,在更广泛的职业范围内实现自我超越。在知识经济背景下,员工的专业知识和技能是很容易过时和滞后的,有效的工作更依赖员工的学习能力,而学习能力是基于人的基本素质而非专业知识和技能。基本素质较好的员工可以在不同的职业领域内实现较快、较好的发展。我们发现愈来愈多的大学生在就业选择时不同程度地松动了专业对口的原则,这里当然有就业形势严峻的因素,但更多的是受到他人在非专业领域发展成功的鼓励。职业生涯发展领域的范围是有弹性的,有的在相关职业间发展,有的在非相关职业间流动。从发展的趋势看,职业生涯的范围在扩大,弹性在提高。

(二)职业生涯管理的实施

职业生涯管理主要指组织通过帮助员工实现职业发展,达到包括留住人才、提高工作绩效和满足组织未来发展对更高层次的人力资源需求等组织目标的活动。

1. 职业辅导

职业管理需要个体具有自我引导的必要知识和精神动力。当人们缺乏这些知识和动力时,职业辅导的需求便产生了。

职业辅导依据人的生理、心理发展规律以及社会职业和经济的发展规律,通过对个体进行有关职业生涯和职业心理发展相关问题的诊断、评价等一系列自我认识活动,帮助人们有效解决职业生涯发展各阶段中出现的具体问题。

职业辅导涉及的范围和内容非常广泛,有职业价值观、人生观形成方面的内容,有个人兴趣、性格、能力发挥方面的内容,还有社会角色扮演及满足个体和社会需求方面的内容。具体包括:个体职业生涯规划的制定和生涯决策过程的帮助;自我需要和自我价值观的澄清;个体职业潜能的开发和利用;工作困难或职业变换引起的心理障碍的解除;工作中人际关系处理而引发的工作适应不良和各类情绪问题的化解等。

在实践中,职业生涯咨询通常有机地渗透在年终的绩效考核面谈中。主管人员利用年终绩效面谈的机会为员工的职业发展提供咨询意见,使员工切实感受到组织的职业生涯管理活动,感受到组织对员工职业发展是关注和负责任的。在绩效考核面谈中,应确认员工的现实绩效和能力状况,反思员工职业发展的长远目标和阶段目标,通过深度沟通,就员工的问题和改进要点达成共识。职业咨询的结果可能是发展目标的调整,也可能是培训进修和轮岗、换岗计划的制定或者是组织管理制度的改进,扩展员工的职业发展空间和条件。这些解决方案和发展措施的落实贯穿于日常的人力资源管理工作的方方面面,也依赖员工自身长期的努力。总之,组织的职业咨询活动一方面要体现组织的诚意,另一方面也要充分尊重员工个体,承认员工是职业生涯管理的主体,切忌越俎代庖,代替员工进行职业选择,否则会影响员工的自主进取精神,也使组织的职业管理陷入被动的局面。

2. 职业高原现象的克服

职业高原是指员工在职业阶梯上继续上升的可能性非常小的情况。绝大多数员工都会经历职业高原现象。帮助员工克服职业高原现象是组织职业生涯管理的重要内容。

产生职业高原现象的原因是多方面的,需要不同的方式化解。国内外不少职业管理专家研究了职业高原现象产生的根源,提出了解决的思路。我们把产生职业高原现象的原因分为五大类型:组织结构和职位系统的问题;组织人力资源管理的问题;工作性质的原因;员工知识、技能的水平和结构问题;员工的职业价值观和职业动力问题。

(1) 组织结构和职位系统

组织结构和职位系统是产生员工职业高原现象的常见原因。传统的金字塔形的组织结构及其日益扁平化的发展趋势,使纵向的职务晋升概率对大多数员工来说都是很小的,且随着组织层次的提高,晋升的机会愈来愈小。

在一个组织中,如果员工的职位上升到了顶点,那么,就会使员工感到在该组织中自己的职业发展已经没有了空间,产生离开组织追求更大发展的想法。如果一个组织的职位系统中只有管理岗位的晋升阶梯,没有专业发展的级别通道或阶梯和通道的等级较少,那么由此而产生的职业高原现象就会更加普遍。对于这种情况,一方面,组织可以通过结构和职位的重新设计,尽可能地为每一个有职业发展潜力和动力的员工提供职业发展空间。另一方面,可以通过职业成功观的教育,帮助员工打破官本位的思想,倡导专业提升和专业扩展的新型的职业成功理念,创新职业发展新思维,开拓职业发展新途径。当然,组织为员工提供职业发展空间的能力是相当有限的,它受制于组织及其所在行业本身的成长性。组织的成长和员工的发展空间具有很强的正相关性。

(2) 组织的人力资源管理

组织人力资源管理的不科学、不完善也会成为员工职业高原现象形成的助长因素。例如,绩效反馈系统缺乏或扭曲、甄选体系无效、报酬体系不公平等。没有良好的绩效反馈体系,员工就无法知晓自己的工作态度、行为和结果是否令组织满意以及满意到何种程度,久而久之,员工就会失去努力的方向,无法与组织的要求保持一致,导致职业成长缓慢或低效。绩效评估指标体系的不科学和人员选拔中的人际干扰等均会使组织失去有效的甄选体系,使组织的晋升决策失去客观公正的基础,使真正有职业潜力和职业进取心的员工对在现有组织中的发展失去信心,或者放弃努力,或者另谋它就。报酬、福利、待遇如果与岗位工作的责任轻重、知识技能要求不一致,甚至相反,员工就没有理由和必要去开发自己的职业能力,因为职业能力和实际从事的职位与回报没有关系。另外,组织在人力资源管理中尤其是晋升管理中的歧视、偏见也是导致一部分员工,如女性职工、少数民族职工、某些宗教信仰者陷入职业高原现象的重要原因。克服这类职业高原现象的方法主要是改进组织的人力资源管理机制,特别要做好一些基础性的工作,如健全建立在科学工作分析基础上的绩效评估和甄选体系,完善各类职位的胜任力模型和薪酬福利计划。同时,要反省和克服人力资源管理中人为制造的"玻璃天花板"等。

(3) 工作的性质

有些职业高原是由工作本身的性质决定的。一些工作需要长期工作经验的积累,相应的知识技能也必须循序渐进地提升。此类工作职业发展的速度比较慢但持续时间长久,即使通过终身努力也很难到达职业阶梯的顶点。

有些工作则比较容易上手,或者经过较短一个时期的磨炼后就能从容应对。此类工作缺乏挑战性,会使人产生倦怠,还会使人的工作绩效进入下滑的通道。对于这类职业高原现象,可以考虑工作丰富化和扩大化等工作设计,或者考虑轮岗以激发工作兴趣。

(4) 员工知识技能的水平和结构

形成职业高原现象也有员工自身的原因。其中一种原因是员工的身体、知识技能水平以及进一步学习和适应的能力已经无法承受更多的工作责任和绩效要求。这种情况在接近退休年龄的员工中比较普遍。对于这类职业高原现象,仅仅依赖简单的培训、激励是不能解决问题的,可行的方法是让员工勇敢地承认现实,认识到这是职业生涯发展过程中的正常现象,以减轻内疚和挫折感。同时,在员工工作安排上作一些调整,尽量发现和发挥其积极的因素,安排一些力所能及的工作,使其尽可能保持已有的工作绩效。对于员工因为个性特征与工作性质的较大错位导致的职业高原现象应该及早处理,帮助员工重新进行职业定位。

(5) 职业价值观和职业动机

缺乏职业发展的动机是形成职业高原现象的员工内在的综合性因素。职业动机包括职业适应性、职业洞察力和职业认同感三个方面。职业适应性也称职业弹性,指员工对影响自己工作的障碍、破坏因素或不确定性的抵制与应变能力。职业洞察力也称职业远见,指员工对自己和职业性质了解的准确程度,以及对组织和行业职业机会预见的准确程度。职业认同感是指员工对工作、组织的认同和参与程度。职业动机较高的员工,设定的职业发展目标比较现实,具有克服职业发展障碍的心理准备和实际能力,并视做好组织的具体工作为自己职业发展的体现。这样的员工较易避免和克服职业高原。相反,缺乏职业动机的员工,或者因职业定位不切实际而遭遇挫折,或因暂时的职业发展困难而改变方向,或因自身的价值观与组织使命的不一致而无法提高工作热情和绩效,这些都增加了职业高原现象形成的可能性和持续性。组织的职业生涯开发活动,如提供员工自我评价手册,组织职业生涯咨询研讨,提供组织职位信息等对于提高员工的职业动机都有一定的积极作用。

企业的职业生涯管理实践十分丰富多样,除了以上介绍的,比较常见的还有职业发展阶梯的设计和管理人才的储备等。

本章小结

本章内容包括五个方面,分为上篇和下篇。上篇包括三个方面:一是培训与开发概述,阐述了培训与开发的概念、类型和意义,归纳了我国企业培训开发中的主要问题,分析了现代组织员工培训开发的特征,并展望了组织培训开发的发展趋势。二是培训开发的方法与选择,介绍和分析了传统的方法和以新兴技术为基础的现代培训开发方法。三是培训需求分析,论述了需求分析的含义与意义,提供了培训需求分析的层次和模型,归纳了培训需求分析的基本思路和常见方法,总结了常见的培训需求和需求分析的误区。下篇包括两个方面:四是培训效果评估,讨论了培训效果评估的含义与意义,分析了培训效果评估的模型和层次,介绍了培训效果经济价值分析的程序和方法。五是职业生涯管理,介绍了传统的和现代的职业生涯的不同含义,以及实践中职业生涯管理的基本形式。

重要概念中英文对照

培训与开发(Training and Development)
工作轮换(Job Rotation)
情景模拟法(Simulation Training)
多媒体培训(Multimedia Training)
网络在线培训(E-Learning)
培训需求分析(Training Needs Analysis)
柯克波特里克的四层次评估体系(Four-Level Framework by Kirkpatrick)
投资回报分析(Return On Investment,ROI)
职业生涯(Career)

复习思考题

1. 企业培训与开发工作的发展趋势是什么?
2. 什么是挑战性工作的委派和突破性学习?
3. 培训需求分析的基本任务是什么?
4. 培训效果评估可以从哪些方面展开?
5. 现代员工的职业生涯有何特点?
6. 分析我国企业普遍不重视员工培训的常见原因。
7. 分析以新兴技术为基础的培训开发方法的优势与劣势。
8. 分析我国企业在培训需求分析方面的常见问题和原因。
9. 分析我国企业培训效果评估的主要问题和原因。
10. 分析我国企业职业生涯管理工作的现状、问题和对策。

> **案 例**

平铜公司以全员培训应对经济不景气[①]

在 2008 年下半年开始的全球范围的宏观经济不景气的背景下,企业如何降低成本、保持和提升竞争力,以应对挑战,绍兴平铜(集团)有限公司的有效对策是,开发自身人力资源存量的更多价值。

第一,培训和开发各级管理人员的胜任能力。为了增强各级管理人员市场应变能力,创建学习型组织,平铜公司对管理人员进行了以增强管理能力、环境适应力和市场判断力为重点的培训。平铜公司对中层干部提供新生产知识、新管理方法的培训;为一般管理人员提供各类业务知识的培训;保证工段长、班组长每年参加班组长培训。以上培训项目为集团全面实施管理人员"一岗双职"的精简计划创造了条件,同时,经培训开发和一定考核后的学员被列入后备干部人才库,有更多的机会得以提升。

第二,进行技术工人操作技能的培训。平铜公司通过培训实施"技工多面手"计划,对机电工等进行"机电一体"培训;对车、焊、刨技工提供"精一为二"培训;为一线操作工提供技术等级培训。2004 年以来,企业推出了以工程师、技师为主的兼职教师队伍建设,自编各类补充教材,自办多期井下作业高级工、井下作业技师和选矿作业技师班。这方面的培训直接提高了企业的劳动生产力,提升了企业的竞争力。

第三,实施对科技人员创新能力的开发。平铜公司对科技人员实施常规的继续教育,以提高其创新技能;同时还搭建了科技项目承包、新产品开发等活动平台,并设置科技项目承包奖、新产品开发奖、科技进步推广应用奖和管理创新成果奖等给予激励。平铜公司还把各类科技奖励与技术职务晋升、聘任考核和相关津贴挂钩,很好地激发了科技人员的创新积极性。

第四,实施提高全员素质的培训。平铜公司认为,广大的基层员工是企业最重要的人力资源,培训和开发应该覆盖全体员工。经过几年的工作摸索,已经形成了全员素质教育的较为完整的体系。例如,全面开展以岗位练兵为主的竞赛活动,实行"操检合一"培训,每人一本《企业文化手册》,每年 5 月举办企业文化月活动和每年开展一个主题教育活动等。

[①] 资料来源:陈建祥、黄迪燕:《以全员培训盘活企业人力资源》,载《中国人力资源开发》2009 年第 11 期,第 28—29 页。

第五，重视对人力资源管理者的素质培训。此类培训项目的目标是,增强人力资源管理部门及其人员的服务意识,淡化处理矛盾问题的裁判意识,增强灵活性和艺术性,增强沟通协调能力,自觉把人力资源管理目标与企业目标结合起来。2009 年初,根据一线员工反映的"机电维修等辅助长白班人员多"的问题,在调查研究的基础上,人力资源部门对该岗位重新进行科学定员,缩减了编制,使 2009 年在相关生产任务大增的情况下,劳动定员同比减少,体现了人力资源管理部门参与企业发展、盘活企业人员的积极作用。

全员培训开发在平铜公司的效果十分显著,不仅充分开发利用了内部人力资源,降低了企业运作成本,为企业应对经济不景气提供了支持,而且形成了一个企业与员工双赢的良性循环,为企业的进一步发展打下了良好的基础。

思考题:

1. 平铜公司的培训涉及哪些方面?结构是否合理?
2. 平铜公司的培训工作对于企业发展是否有实际效果?表现在哪些方面?

参考文献

1. 张德、段苏桓:《办好企业大学的三个诀窍》,载《中国人力资源开发》2009 年第 9 期,第 71—72 页。
2. 王蕾、秦秋香:《当前我国企业员工培训中存在的问题及对策》,载《商场现代化》2006 年第 10 期,第 271—272 页。
3. 刘桂林、汪震、杜慧萍、王存、封峰:《宝钢分公司分层次全方位的后备人才开发培养体系浅析》,载《中国人力资源开发》2008 年第 11 期,第 57—60 页。
4. 皮连声:《教育心理学》,上海教育出版社 2004 年版。
5. 石金涛主编:《培训与开发》,中国人民大学出版社 2003 年版。
6. 徐芳:《培训与开发 理论及技术》,复旦大学出版社 2005 年版。
7. 祝智庭、顾小清、闫寒冰编:《现代教育技术——走进信息化教育》,高等教育出版社 2005 年版。
8. 林泽炎:《员工职业生涯设计与管理》,广东经济出版社 2003 年版。
9. 〔英〕耶胡迪·巴鲁:《职业生涯管理教程》,孙涛等译,经济管理出版社 2005 年版。
10. 〔美〕彼得·圣吉:《第五项修炼》,郭进隆译,上海三联书店 1998 年版。

第八章 绩效管理

绩效是公司发展的生命线,绩效管理是通往卓越业绩的必由之路。然而在实践中,绩效管理却常常成为管理者的心头之痛。正确理解绩效管理的相关理念,掌握科学的绩效管理方法,是有效实施绩效管理的前提。本章将从绩效管理概论入手,讨论如何制定绩效评价指标,如何实施绩效评价,以及如何将绩效评价结果应用于管理中。

上篇

一、绩效管理概论

(一) 绩效的内涵

1. 绩效是"结果"抑或"行为"

早期,人们认为,绩效就是工作结果,因为工作结果与组织的战略目标、顾客满意度以及所投资金的关系最为密切。但是,工作结果在很大程度上受系统因素的影响,如果把绩效界定为由个人不可控因素导致的结果,将不利于对员工的激励。后来,有学者建议将绩效界定为工作行为,因为行为是个体可以控制的。

在双方观点交锋的过程中,越来越多的管理学者和实践者开始认识到,绩效是由行为单元和结果单元组成的多维建构,如图8-1所示。结果是组织价值的体现,行为则是实现组织价值的手段。根据这一定义,绩效不仅包括工作行为的结果,还应该包括工作行为本身。管理者不仅要看到员工取得了什么成果,也不能忽视员工在取得这些成果的过程中付出的努力。

2. 绩效是在职责内还是职责外

进入20世纪90年代以后,绩效的概念又增加了新的内涵。员工的许多在工作场所中的行为与自身工作职责没有直接关联,但对组织效能却具有积极的意义。比如,保洁人员在规定的时间间隔内是否对某处进行了清洁;银行

第八章 绩效管理

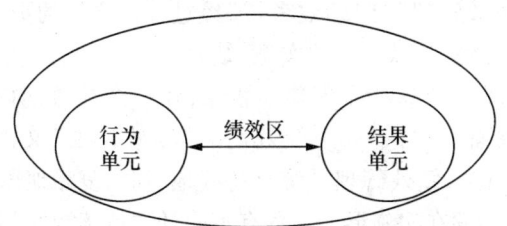

图 8-1　绩效的行为—结果模型①

营业员是否能对顾客微笑服务;系统工程师在面对客户的责难时是否能保持礼貌的态度等。凡此种种行为,不在工作职责之内,却对组织的顺利运转具有不可或缺的重要意义。

20 世纪 90 年代初期,伯曼(Borman)和莫特维多(Motowidlo)将工作绩效划分为任务绩效(Task Performance)与关系绩效(Contextual Performance)。任务绩效是组织所规定的、与工作任务效率直接相关的行为,和特定工作任务中核心的技术活动有关。关系绩效是与工作任务间接相关的自发行为、组织公民性、组织奉献精神以及与特定任务无关的绩效行为。它为核心的技术活动提供了组织的、社会的和心理的环境,包括亲组织行为、组织奉献精神以及与特定任务无关的绩效行为,如自愿承担额外的工作、帮助同事等,能够促进组织内的沟通,对社会沟通起到润滑作用,降低紧张的情绪反应。

由此可见,绩效不仅包括职责之内的行为或结果,职责之外的行为也是绩效的一种表现。

综合上述分析,我们认为,在绩效管理的实践中,对个人层面的绩效应该采取比较宽泛的定义,可以笼统地认为:绩效是指组织成员对组织的贡献或对组织所具有的价值,可以表现为工作数量、质量等结果,也可以表现为员工在实现工作目标过程中的行为,既包括与职责直接相关的行为,也包括在职责规定之外的自发行为。

(二) 绩效管理的流程

较早时期,人们用"绩效考核"(Performance Appraisal)指代管理绩效的过程。这种说法强调考核,轻视对人的发展,一度为管理学者所诟病。在此背景下,"绩效管理"(Performance Management)的概念逐渐替代了"绩效考

---

① 马成功、王二平、林平:《基于行为的绩效评定方法的研究进展》,载《心理科学进展》2002 年第 4 期。

核"。应该说,"绩效管理"是"绩效考核"经过发展之后的更为完整的概念。

绩效管理包括绩效计划、绩效实施、绩效评价、反馈面谈和结果应用等关键步骤,如图 8-2 所示。这些步骤环环相扣,在一个绩效期内逐一推进,上一个绩效期的"反馈面谈"与下一个绩效期的"绩效计划"又密切相关。因此,在企业的实际运行中,绩效管理系统是持续地、周而复始地循环着的。在这个过程中,虽然各个步骤在实施形式上各有不同,但"持续沟通"是不变的主题。

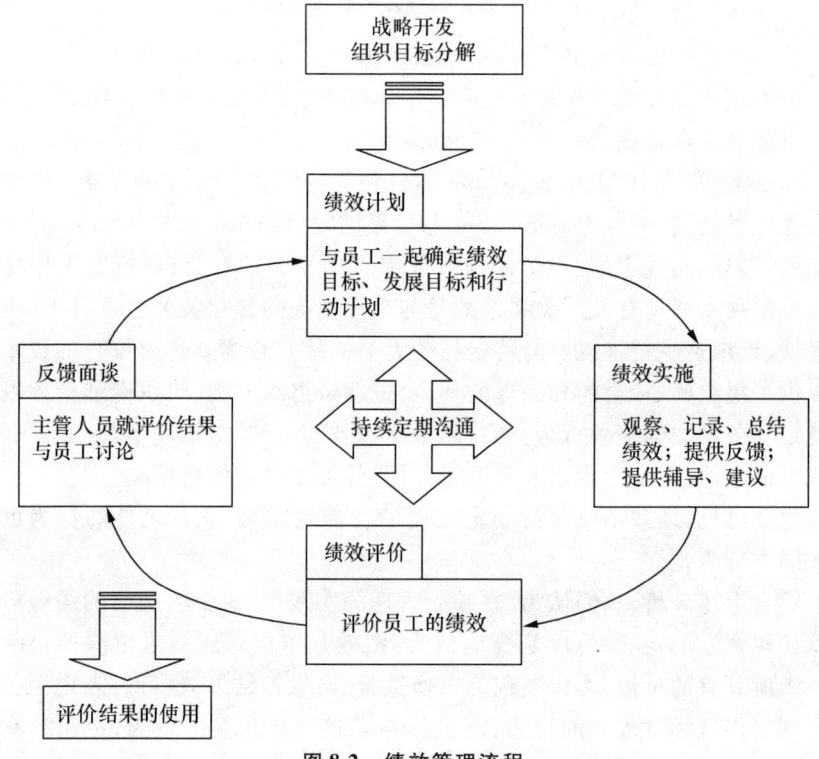

图 8-2 绩效管理流程

1. 绩效计划

制订绩效计划是绩效管理的起点,大多发生在绩效期初。在这个阶段,管理者与员工经过充分沟通达成共识,并在此基础上确定当年员工的绩效目标、个人发展目标和行动计划。目标的设定依据有两个方面:(1) 公司的战略规划和远景目标;(2) 员工的岗位职责。目标一旦制定,员工对此目标需具有承诺,管理者也须在今后的工作中对员工进行指导和支援,以促成其目标的实现。

2. 绩效实施

管理者与员工在此阶段要进行持续不断的绩效沟通,以及时发现员工的问题并给予指导和支援,必要时还须对绩效目标进行灵活调整。此阶段管理者的另一个重要任务,是对绩效信息的收集。管理者须注意考察员工的行为表现,并作必要记录,作为日后绩效评价的依据。此阶段的绩效沟通和指导较容易为管理者所忽视,而其恰恰又是绩效管理的核心特征所在。

3. 绩效评价

绩效评价发生在绩效期结束时,大多是在年底。此阶段管理者要依照所收集的绩效信息,对比年初制订的绩效计划,评估员工的绩效目标完成情况和绩效管理的效果如何。

4. 绩效反馈

针对绩效评价的结果,管理人员和员工进行面谈,具体包括管理和开发两个方面的内容。他们需要共同讨论在全年工作中取得进步和需要改进的方面,讨论的重点是员工对考核结果持有异议的地方,并对今后如何改进绩效达成共识。更为深入的面谈还会涉及对员工如何进一步发展的探讨。

绩效评价的结果将成为企业薪酬分配、职务晋升、培训与开发等人事决策制定的重要依据,本章第五节将详细讨论。

图 8-3 显示的是摩托罗拉公司的绩效管理流程,其中上述绩效管理标准流程的每个环节基本都有所体现。

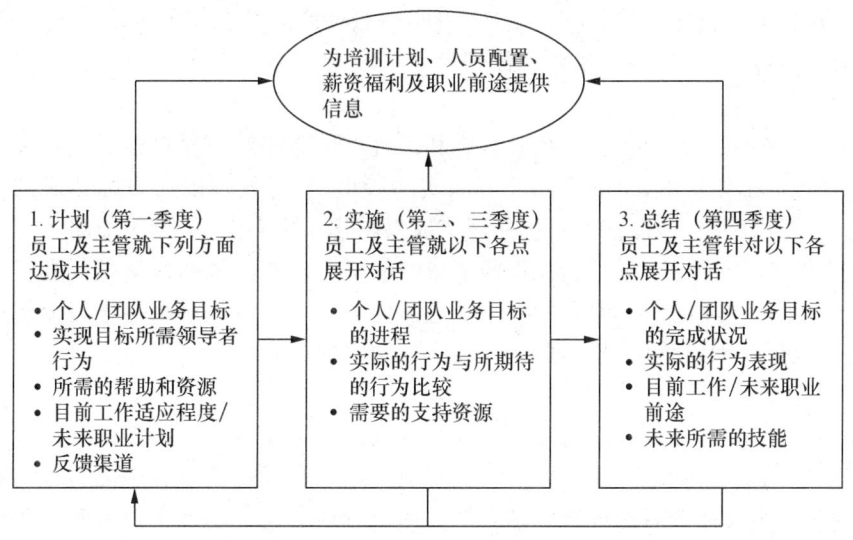

图 8-3 摩托罗拉公司的绩效管理流程

(三) 绩效管理的功能

随着时代的进步,绩效管理越来越受到广泛的关注和重视,许多公司开始自觉地推进绩效管理系统。这一潮流并非偶然,其背后体现的是绩效管理巨大的功能价值。

绩效管理的功能,可以从三个角度加以分析:

1. 管理功能

管理功能是绩效管理的基本功能。一是加强管理的计划职能。现实中,一些企业的管理缺乏计划性,企业经营常处于不可控状态。绩效管理的实施能够避免这一现象。绩效管理系统强调制订合理的目标,并通过绩效评价这一制度性要求对员工的日常工作行为和结果进行监控。如此便可加强对部门和员工工作的计划性,也使公司经营过程处于可控状态。

二是为人事决策提供依据。组织的多项管理决策都要参考绩效评价结果,如薪酬管理、人员调配等。绩效管理通过对价值创造的准确评价,为价值分配输入所需要的信息,保证价值分配的客观性。在客观效果上,对员工的行为也具有导向功能。

2. 战略功能

推动企业战略目标的实现是绩效管理的重要功能。绩效管理程序把公司战略转化为实际的定性和定量的目标,这些目标又被自上而下地层层分解,转化为各级部门和各位员工的行动计划,使企业成员的目标与企业目标保持一致。每个员工的绩效目标都是企业战略目标和自身岗位职责的有机统一。

在绩效目标制定之后,绩效实施和评价过程能够监控目标达成过程中各个环节的工作状况,了解不同环节的实际产出,及时发现阻碍目标达成的问题,并予以解决,从而推动目标向现实成果转化。事实上,贯彻了战略目标的个人绩效经过整合与放大,就逐步形成与战略方向相一致的团队绩效和组织绩效,如图8-4所示。整个绩效管理过程能够有效地将战略目标进行分解并逐步逐层地加以落实,从而帮助企业实现预定的战略目标。

3. 开发功能

前已述及,绩效管理与绩效评价的区别之一是注重员工的发展。绩效管理系统的多个环节都强调这一取向,如员工绩效目标达成过程中的持续沟通与指导、绩效评价后的反馈和辅导等。绩效管理的这一功能不仅有利于组织的长远发展,对员工个人来说也大有裨益。所以,注重员工开发的绩效管理

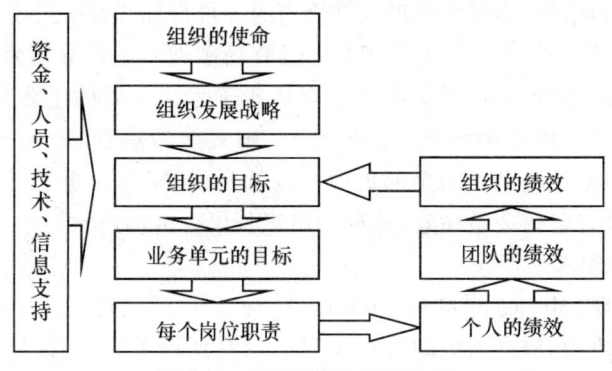

图 8-4　组织目标与绩效管理

在实施过程中遇到的抵制会比较小,也比纯粹以管理为出发点的绩效管理更能挖掘绩效的潜力。

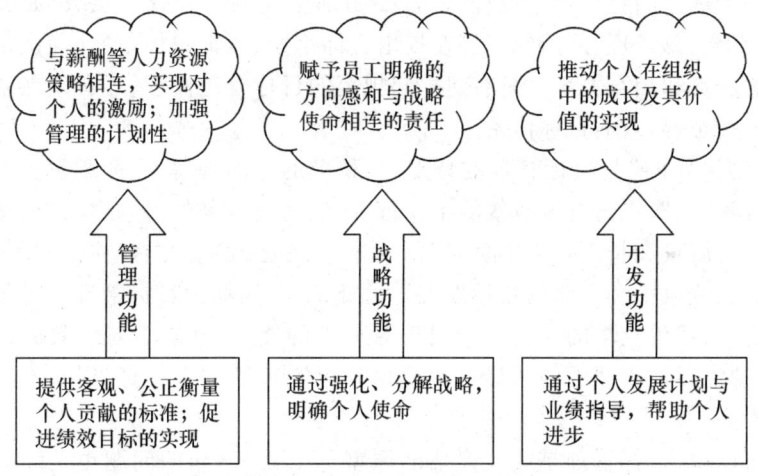

图 8-5　绩效管理的三大功能

(四)绩效管理的基础

绩效管理有两大基石:工作分析和目标管理。工作分析界定了员工职责的内容和范围,目标管理是对工作职责完成程度的要求,二者如同经线和纬线,确定员工应该如何工作。

1. 工作分析

工作分析可以使各个职位的工作职责清晰化,即员工的工作范围、可以采取措施的权力、对自己采取措施所承担的责任都更加明确,从而可以建立一致的责权利结构,为绩效管理提供恰当的评价指标和评价尺度。

然而,工作分析作为绩效管理基础具有局限性。工作分析为绩效管理提供了操作依据,使得绩效评价不再完全依赖于直线主管的主观判断。但是,如果仅以工作分析作为绩效管理的基础,则只能考察到员工职责的完成情况,这并不能体现出员工的全部价值。也就是说,工作分析的结果只局限于任务绩效,没有包括关系绩效(或称为组织公民行为的内涵)。

2. 目标管理

目标管理(Management by Object)是一种程序或过程,它使组织中的上级和下级一起协商,根据组织的使命确定一定时期内组织的总目标,由此决定上下级的责任和分目标,并把这些目标作为组织绩效及每个部门和个人绩效产出对组织贡献的考核标准。

绩效管理中产生的许多难题,绝大多数源于目标管理体系的不完善。建立起一个规范的目标管理流程,通常要明确企业的不同管理层级,如股东大会、董事会、总经理、部门经理等在提出目标草案、质询目标草案、确认目标过程中的职责和相互关系。只有建立起规范的目标管理流程,才有望在企业内部形成动态、高效的目标体系。

"结果导向"是目标管理的特点,从积极的方面理解,它能激发员工的自主性,使其采取更为直接有效的工作行为;然而它带来的另一个后果,却可能是员工对质量和长期效果不负责任,对同事缺乏团队合作精神,不利于团结和谐的企业氛围和企业的长远发展。另外,一个周期的目标管理以对员工的评价告终,评价结果的应用只局限于对员工的奖惩,既缺乏对绩效原因的分析,也缺乏对员工绩效的辅导。这使得目标管理的效果大打折扣,不利于绩效的提高。

可以说,目标管理是绩效评估的原型,它为人诟病的问题也是绩效评估所面临的。正是由于这些局限,绩效评估有必要进一步发展成为绩效管理。

(五) 绩效管理中常见困惑与误区

很多企业都意识到绩效管理的重要性,但是在推行绩效管理的过程中往往遭受挫折后不了了之,无"绩"而终,更有甚者,南辕北辙,适得其反。以下总结了绩效管理中常见的困惑与误区:

1. 绩效管理的常见困惑

(1) 员工对被评价的焦虑和抵触。员工认为被评价是一件颇为敏感的事情,尤其当评价发生在他们几乎日日生活在其中的工作场所,更毋庸说它

还决定了自己的切身利益。员工不愿意被评价,一般有以下几个原因:

① 信息不对称带来的不安全感。在有些企业中,员工感到并不清楚工作要求,也不知道考核标准,甚至没机会了解自己的考评结果,更不知道上级管理者会如何用这些结果决定自己在职业生涯中的命运。这种被蒙在鼓里的感觉让人不安。

② 害怕暴露弱点。有些公司将绩效评价结果公布于众,这虽然公开透明,但业绩落后的员工会觉得颜面扫地。

③ 担心评价结果给自己带来不良影响。绩效评价结果落后的人担心受到惩罚;绩效评价优秀的员工在受到鼓舞的同时,担心得到公开的奖励和表扬可能招致他人妒恨,日后与同事不好相处。

(2) 主管对绩效评价的焦虑与回避。原因不外乎以下几种:

① 绩效管理增加了工作量。在年底业务忙碌的时期,偏偏多出来这些繁琐的"文书工作"。在很多部门经理看来,这些工作与自身部门的业务并无多少联系,也不会有什么助益,纯粹浪费时间。

② 绩效管理易引起人际矛盾和冲突。绩效评价结果出来之后,"几家欢乐几家愁",认为评价不公的下属很可能前来论理。本来对人的评价,难免会有意见上的不一致,当评价结果严重影响到员工的切身利益时,意见的分歧就不是可以马虎过去的了。绩效管理使得主管处于矛盾的漩涡之中。下属之间也可能彼此猜忌、埋怨或妒恨,出现人心不和的局面。这些对主管来说都是压力的来源。

国内外研究均表明,组织内的管理人员甚至是普通员工对绩效考核的满意度相当低。2004年度,有关我国企业绩效管理实施现状的调查研究发现:无论是企业高管、HR从业者还是普通员工,大部分受调查者对所在企业绩效管理的评价是"一般"或"不满意"。

③ "绩效主义"与短期行为。质量管理专家戴明(Deming)认为,绩效考评是困扰北美主管人员的最大问题之一,因为绩效考评会带来对短期利益的追逐。这似乎成为一个针对索尼公司的预言。索尼前常务董事著文《绩效主义毁了索尼》,他以亲历和感受着重描述了索尼公司实施绩效主义前后的反差,归纳了索尼公司实施绩效主义的严重后果:"激情集团"消失了,"挑战精神"消失了,"团队精神"消失了,创新先锋沦为落伍者。文章指出:所谓绩效主义,就是"业务成果和金钱报酬直接挂钩,职工是为了拿到更多报酬而努力工作"。为衡量业绩,首先必须把各种工作要素量化。但是,许多工作是无法简单量化的。公司为统计业绩,花费了大量的精力和时间,而在真正的工作

上却敷衍了事,出现了本末倒置的倾向。因为要考核业绩,几乎所有人都提出容易实现的低目标,可以说,索尼精神的核心即"挑战精神"消失了。由于实行绩效主义,索尼公司内追求眼前利益的风气蔓延。这样一来,短期内难见效益的工作都受到了轻视。①

2. 常见认识和行动上的误区

其实绩效管理本身没有错,只是人们在实施绩效管理过程中的理念和行为存在一些误区,才导致上述困扰的出现。有问题的绩效管理系统不仅难以提升业绩,反而会带来对组织的伤害。下面对绩效管理常见误区逐一加以分析:

(1) 误区一:将绩效管理混同于绩效评价

如果把绩效管理等同于绩效评价,可能导致下述三种现象:

① 只讲考核,不讲目标和绩效标准的事前制定,更不讲工作过程中上下级之间的沟通与辅导。一个规范的绩效管理要求管理者必须与下属共同制定下属在下一年的总体工作目标及某个阶段的具体工作目标;同时,管理者在工作过程中还要时刻关注、记录以及评价员工的业绩,随时准备为员工提供达成目标绩效的各种帮助和指导,而不是专门等到员工出现绩效不良问题时才露面。各种研究和实践表明,如果管理者在绩效计划制订以及工作实施过程中与员工保持充分的沟通,后期的绩效考核工作就会好做,员工的不满情绪就会较低。

② 绩效评价结果只用于确定薪酬。如果舍弃绩效管理的开发功能,将主要目的定位于确定利益分配,势必会使主管和员工对绩效评价产生心理压力,进而加以抵触。员工在没有经过充分参与绩效计划和绩效沟通的情况下,容易将绩效管理误解为与他们对立,从而产生戒备和隐瞒实情的倾向;而主管也基于种种顾虑,往往措辞委婉,不愿确实考核。通常一项考核事件的曝光频率愈高,主管所遭受的压力也愈大,困扰也愈多。可见,在如此心态下所作的考核必定是含糊混淆的,无法对员工形成积极有效的引导作用。

③ 对绩效评价反馈的忽视。评价之后缺少必要的沟通和辅导,就不能及时发现工作环节上的问题,不能有针对性地帮助员工提高业务水平。此外,在组织内部还会出现人际矛盾和误解的积压,致使组织凝聚力下降。造成员工工作绩效不佳的原因是多方面的,可能是员工个人的原因,也有可能是组织方面的原因。即使是员工个人的原因,除了工作动力不足之外,还有

---

① 〔日〕天外伺郎:《绩效主义毁了索尼》,载《中国企业家》2007年第3期,第3—4页。

缺乏胜任能力的可能,即存在管理需求和培训需求的区别。如果是后种情况,只用奖惩激励,不予以相应的培训和辅导,不可能实现提高绩效的目的。

(2) 误区二:参加人员角色定位错误

许多企业存在这样的错误认识,认为人力资源管理是人力资源部的事情,绩效管理是人力资源管理工作的一部分,当然应该由人力资源部门承担。人力资源部门的确在绩效管理活动中担负一些责任,但只是辅助、监督、咨询工作,主体责任还在直线经理。假如人力资源部门全权代劳,那么将会招致来自业务部门的抱怨并产生矛盾。当然,绩效管理也离不开高层管理者的支持、鼓励以及员工的理解和参与。让公司各级员工理解与认同自身在绩效管理中所扮演的角色,是实施绩效管理的基础,离开他们的支持与参与的绩效管理只见其"形",不见其"实"。

(3) 误区三:绩效评价指标设计不科学

有的绩效指标过粗、过于泛化,与被考核者所从事的具体工作之间的关联性不大。这主要体现在对非业务类人员的考核方面。另一个极端则是考核指标过细、过全,看起来很科学、很合理,但是执行起来很困难,而且战略导向不明确。还有就是盲目追求量化,只考核能量化的指标,不能量化的指标则被当做不重要的指标扔掉。这种情况在对业务类人员的考核中尤其突出。有些企业过分强调结果绩效,考核员工在过去的某段时间内可测量任务的完成情况,结果员工只设定容易的和短期内能见效的目标,如此一来企业是无法实现长期可持续发展的。前面那位索尼前常务董事抱怨的问题就是由此产生的。

案例

JX 公司笼统的考核指标

JX 是酿造行业的某国有企业,一年前开始实施绩效考评,每月进行一次,并采用浮动工资制,浮动工资的多少依据绩效考评结果决定。整个公司员工分为三类岗位:管理人员、技术人员和业务人员。每一类员工使用一张绩效评价表,为了使得一张绩效评价表适用于一类岗位中各种层级的员工,绩效评价表上的评价指标都非常笼统,总的来说包括工作态度、工作能力和工作业绩三块。面对这样的绩效评价表,很多人不知道应该如何打分。比如,高管和部门经理都属于管理岗位,但工作职责不同,工作任务也是不一样的。既然他们做的工作不一样,又怎么能够拿同样的指标套用?考评者凭自己的主观判断填满表格,其结果往往让人啼笑皆非。每次绩效考评都是演变成一场风波而草草收场。在人力资源部的坚持下,这种考评维持了半年,可基本上都是走形式。后来,公司决定取消绩效考评。

(4)误区四:绩效评价者带有主观色彩

绩效考核的结果都或多或少带有考核者的主观色彩。在绩效评定中,考核者是评定结果可靠性的重要决定因素。但是,考核者自身并不能自始至终都以一种完全客观、公正的态度对待每一位被考核者,他们的评定行为往往受到若干主观心理因素的干扰。有的管理者因与员工接触少,了解信息有限,所以较多使用员工知识多少、对其印象好坏等作为评价标准,而不是依据任务完成情况。另外,绩效评价者在评价过程中也往往带有一定的认知偏见,如晕轮效应、感情误差、趋中效应、近因效应等,这些心理干扰因素都使考核结果难免失之偏颇。

上述种种误区的存在,使得绩效管理的实施不仅妨碍与削弱了人力资源绩效管理应起的作用,而且成为企业内人事矛盾冲突的根源之一。若要解决这些棘手的问题,发挥绩效管理应有的功能和价值,管理者有必要系统学习和掌握绩效管理的相关理念和操作技能。

二、绩效评价指标的制定

案例

A、B电脑销售商的竞争[①]

A、B企业是电脑分销行业的竞争对手,二者销售的产品大同小异,竞争也激烈异常。A企业将一款盈亏平衡点在15000元的笔记本电脑降到12000元,并将消息四处散播。事实上,A企业投入这场行动的产品数量极少,仅仅是数百台。在获悉A企业的降价消息后,B企业销售部门迅速将该产品降到12000元甚至更低,而且大规模投放产品,短短一段时间销售达数万台。此次"战争"结束后,B企业才发现,尽管市场占有率等指标高居榜首,但该"战争"让B企业损失达8000万元,受到沉重打击。

在很多人都不明白B企业为何会上A企业的当时,A企业透露,制定这

---

① 资料来源:康洪彬、古明,《考核标准:不要"看饭添菜"》,载《人力资源》2004年第12期。

样的行动计划是因为他们的财务部门和绩效管理部门发现了 B 企业绩效管理中的一个漏洞:B 企业在对销售人员的绩效考评中主要考评的是销售部门的出货量和库存。B 企业以为,只要掌握了这一"进"一"出"两个指标,对销售人员的考评就能准确,并能保证销售人员的销售积极性。因此,在 A 企业降价销售产品时,B 企业的销售部门及销售人员考虑的只是自己的出货量,丝毫没考虑价格因素。正由于 B 企业的考核指标中没有对价格的考核,因此不能在最短的时间内发现销售导致了实际亏损,只有在公司的月度或季度财务统计时才能发现。而到发现时,悔之晚矣。

在上述案例中,B 公司失败的根本原因即在于绩效指标设计的不合理。那么怎样的绩效评价指标能正确引导员工呢?

(一) 合理的绩效评价指标应具备的特点

从提高绩效管理效能的角度分析,绩效评价指标应该兼具战略性、可接受性和整体均衡性,下面分而述之:

1. 战略性

绩效管理的首要功能是战略功能,而这一功能发挥作用的机制就在于绩效评价指标的制定。绩效评价指标就像指挥棒,指引着员工努力的方向。若要利用这根指挥棒为战略服务,绩效评价指标就必须与战略挂钩。根据企业的发展规划确定部门与个人的业绩指标,可以促使管理层和员工关注那些企业战略目标的驱动因素,从而产生一种驱向企业战略目标的牵引力和助推力。当企业的战略发生转移时,绩效评价指标也应作相应调整,体现出战略转移后企业对员工的新要求。对绩效评价指标的战略性的重视,催生了关键绩效指标(Key Performance Indicator, KPI)理论。本章第三节将专门对该理论进行介绍。

2. 可接受性

绩效管理是组织全员参与的系统工程,绩效评价指标能够为参与者所接受是至关重要的。有些公司把绩效评价指标设计得过于复杂,长期、短期,财务性的、非财务性的,战略性的、运营性的,个人的、组织的等,无所不包。这使得绩效评价成为庞大的工程,耗费过多的时间和精力,降低了可接受性。应该抓住关键价值驱动因素,设计简明的绩效评价指标。

另外,可接受性还取决于员工在多大程度上认可评价指标。公平感也会影响员工对绩效评价指标的接受程度。假如员工感觉自己被评价的指标过多或达到标准的难度较大,会产生不公正感。为了避免这一情况的出现,绩效指标的制定过程应该有员工的参与。根据目标设置理论,员工参与某个目标的设定,能提升他对该目标的认可度和投入目标实施的积极性。从公平理论的角度分析,在绩效管理系统的开发过程中给予员工参与的机会,可以促进员工的程序公平感,进而提高对绩效管理的接受性。

3. 整体均衡性

在设计绩效评价指标的时候,人们往往会忽略两个至关重要的因素:一是上下级指标间的纵向逻辑关系;二是同级指标间的横向逻辑关系。少了这两种逻辑关系的绩效指标体系,可能会忽视整体均衡性。指标的设计应该基于企业的发展战略与业务流程的通盘考虑,而非仅仅从单个岗位的职责出发。在提取绩效评价指标时,要采用"十"字提取法,在若干个纵向战略目标与横向业务流程的"十"字交叉点上选取关键的绩效指标样本。前者表现为战略目标在各个层级的逐级分解,后者立足于对各部门之间业务关联性的分析。具有整体均衡性的指标体系能使每个员工的个人绩效与部门乃至整体企业的战略目标联系起来。

案例

假如评价指标忽视部门关联性

A公司是一家民营上市公司,成立于1997年,其主营业务是生产和销售专用车辆,包括运钞车、防暴车及通信指挥车等。经过创业期的快速发展后,管理水平低下已成为公司进一步发展的主要瓶颈。于是,管理者想到将建立绩效管理系统作为提升公司管理水平的切入点。但是,设计好的绩效管理系统在运行过程中遇到了一个意想不到的状况。

由于公司采取"订单加工"的商业模式,是否能够向客户及时交货至关重要,将直接影响到客户的满意度。于是,公司生产中心的负责人就自然而然地背上"及时交货率"这个指标,要做到及时交货。纵向上,要求生产中心下面的部门必须做到生产计划排产、各工序生产任务、车辆整装等都及时完成;横向上,研发中心要及时、准确地进行技术交底,物供部门要及时完成物料及辅料的供应等等。但是,该公司并没有用相应的指标考核生产中心下面的各个部门,研发中心也缺乏相应的指标配合生产中心及时完成交货任务。于是,在对生产中心负责人考核时出现这样的现象:生产中心一方面承认排产不合理,一方面埋怨研发中心的技术方案迟迟拿不出来,而且一改再改;物供部门的各种原材料供给一拖再拖,留给生产环节的时间越来越少。所以,对于出现不能及时供货的现象,生产中心负责人感到很委屈。

这一现象的出现,就是由于该公司在设计绩效指标时忽视了对在工作流程中部门之间关联性的分析。若要生产中心完成"及时交货率"这一项指标,就必须要求研发中心及时、准确地进行技术交底,物供部门及时完成物料及辅料的供应,等等。因此,研发中心和物供部门必须有类似"技术交底及时率"、"原料供应及时率"等指标,以支撑生产中心"及时交货率"这一指标的实现。

(二)绩效评价指标分类

从其字面上看,"绩"即员工的工作结果;"效"是指效率,即员工的工作过程。工作结果和工作行为是绩效的两个重要组成部分。由此,绩效评价指标也可相应分为两类:结果导向的指标与过程导向的指标。

1. 结果导向的指标

结果导向的指标可以分为四类:质量指标、数量指标、成本指标和时间指标。

(1)质量指标衡量的是产品或服务的质量,比如产品合格率、返修率、出错率、顾客投诉次数等指标。这类指标可以为质量改进提供科学依据。

(2)数量指标使用最为频繁,它提供的是工作产出数量方面的信息,比如销售量、产量、市场占有率、利润、结案率等。数量型指标往往与质量型指标共同使用,否则会出现只求数量、不重质量的现象。

(3)成本指标衡量生产或服务的成本。成本控制是物美价廉的前提。很多企业以成本最小化为自身的竞争战略,需要设计成本指标对员工进行考核。属于成本指标的有销售成本、采购成本、单品成本、招聘成本等。

(4)时间指标提供的是工作产出速度方面的信息,比如交货时间、生产周期、处理一单业务时间、故障排除时间等。

结果导向的绩效指标直接反应了绩效管理的最终目的——提高企业的整体绩效以实现既定的目标,在绩效指标体系中应占据一定的比重。然而,过于注重结果导向指标不利于企业长期发展。以结果导向指标评价员工的典型代表是承包制或无底薪的销售提成制,往往在公司面临较大的生存压力时采用。它营造的是一种比较理性、任务导向的企业文化氛围。但是,仅看重最终的结果,将导致过于注重短期利益,而忽视了核心能力的培养和发展。

所以,许多组织在采取关注结果的绩效考核时,往往辅以过程导向的指标。

结果导向的绩效指标把关注的重点放在过去一段时间内取得的成绩,而过程导向的绩效指标关注的是对员工在未来取得优异绩效具有重要决定作用的行为和素质。后者包括"做了什么"(实际结果)和"能做什么"(预期结果),分别为工作行为和工作能力。

2. 过程导向的指标:工作行为

关注过程的绩效考核注重员工的工作态度,评估内容主要集中在员工工作过程中的行为、努力程度和工作态度上。行为绩效可以分为任务绩效、关系绩效和反生产行为三个方面。

(1)任务绩效。前已述及,任务绩效是指所规定的行为或与特定的工作有关的行为,这些行为直接或间接帮助实现企业目标。直线部门员工的工作行为直接促进组织目标的实现,如工人的生产行为,销售员的销售行为;职能部门员工的工作行为间接服务于组织目标的实现,如人力资源部门员工的招聘、培训等行为。管理人员在考察员工的任务绩效时,往往以工作分析的结果为蓝本,绩效行为指标通常与工作职责所要求的行为相一致。

(2)关系绩效。关系绩效与直接的生产和服务活动无关,而是构成组织的社会、心理背景的行为。科尔曼(Coleman)和鲍曼(Borman)曾将关系绩效分为三类[①]:人际关系的公民绩效、组织公民绩效、工作—作业责任感。人际关系的公民绩效主要指有利于同事的行为,包括帮助他人、合作行为、谦虚以及文明礼貌的行为等。组织公民绩效由有利于组织的行为组成,包括遵守组织规章制度、认同组织的价值观、支持和捍卫组织目标、在困难时期留在组织,以及愿意对外代表组织,表现出忠诚、服从、公平竞争精神及公民品德等品质。工作—作业责任感主要指有利于工作或作业的行为,包括为完成工作任务而表现出持久的热情和额外的努力、自愿承担额外的任务、对组织改革提出建议等。此类行为指标属于软性的指标,难以量化。

(3)反生产行为。反生产行为是指从组织角度看,员工有意违背所在组织合法利益的任何行为。它由看似不同却有共同特点的概念群构成,包括广泛的行为类别。有学者列举出87种不同的反生产行为,并运用因素分析技术将其概括为以下类别:盗窃及相关行为、毁坏财产、滥用信息、滥用时间和资源、不安全行为、不良表现、工作质量差、酗酒、涉毒、不恰当的语言及肢体

---

① See Coleman, V. I. & Borman, W. C., Investigating the Underlying Structure of the Citizenship Performance Domain, Human Resource Management Review, Vol. 10, 2000, pp. 25—44.

行为。[①]

3. 过程导向的指标：胜任力

胜任力就是工作能力。胜任特征是指能将某一工作中有卓越成就者与表现平平者区分开来的个人潜在特征。它可以是动机、特质等任何可以被可靠测量或计数的特征，这些特征能显著区分优秀与一般绩效的个体。胜任力模型可以从多个层面建立，如组织层面、部门层面和具体职位层面。针对员工的绩效评价往往以具体职位的胜任力特征为参照依据。

以胜任力特征作为绩效评价指标具有如下优点：

（1）胜任力在一定程度上反映了员工对企业的贡献度。不同工作对人的能力的要求是不同的，业绩水平的高低未必能反映员工对企业的贡献大小。业绩高可能是由于所从事的职务较为简单；相反，工作难度大则难以获得高绩效，但并不意味着对组织的贡献小。以胜任力为绩效评价指标可以较为公平地判断员工能够贡献给组织的才智水平。当然，我们不能理所当然地认为"有胜任力"就等于"胜任"，后者的达成除了需要能力之外，还取决于动机。因而，胜任力不能作为评价指标的全部内容。

（2）对胜任力的评价能鼓励员工努力提高自己的胜任特征水平。如果把胜任力作为指挥棒，员工将致力于个人胜任力的提升，组织胜任力也将因此得到提升，企业的长远绩效才可能有飞跃的发展。

（3）以胜任力为评价指标，可以考察员工现有胜任力与目前及未来工作的胜任力要求之间的差距，绩效评价的结果可以被用做员工开发和职业生涯规划。与组织战略、文化有关的胜任力指标可以强化共同的战略、文化和愿景，并帮助员工将自己的行为与组织战略协调一致，使员工个人的成长、进步与组织的发展紧密结合起来。

同工作结果和行为相比，胜任特征是内在的，不容易衡量和比较，往往需要通过评价者的感知作出判断。所以，基于胜任特征的绩效评价如何发展出具有操作性、可以避免主观性的评价指标是决定评价有效性的关键所在。

（三）建立平衡的绩效指标体系

科学的绩效指标体系应该是兼顾结果和过程、全面而重点突出的，偏废

[①] See Sackett, P. R., The Structure of Counterproductive Work Behaviors: Dimensionality and Relationships with Facets of Job Performance, International Journal Of Selection And Assessment, Vol. 10, 2002, pp. 5—11.

一方或面面俱到都不可取。实践中应平衡结果指标和过程指标的运用。组织在创建新的绩效衡量系统时,都非常仰赖于结果指标。然而,专注于结果指标,衡量的却是滞延的绩效,它限制了公司的预测能力,并且容易引发员工的短期行为。仅专注于过程指标,又可能导致员工只做表面功夫,不关心工作产出。有效的量化系统应既包含结果指标,又包含过程指标。前者占据50%—90%的比重,后者占据10%—50%的比重。实践中,需要根据以下因素决定结果导向和过程导向的比例:

1. 职位所在的层级

高级的职位所承担的主要是管理工作,对公司生产经营结果负有决策责任,并具有较为综合的影响力。对于管理人员的考核,应采用量化成分较多、约束力较强、独立性较高并以最终结果为导向的绩效评估方式。普通员工的特点是,工作基本由上级安排和设定,依赖性较强,工作内容单纯,对生产经营结果只有单一的、小范围的影响。对此,应采用量化成分少,需要上下级随时、充分沟通且主要以工作过程为导向的绩效衡量方式。绩效评价指标必须体现出对不同层级职位的针对性和有效性,能够真正有效引导各个层级人员的工作行为。

2. 职位工作性质

工作性质不同,绩效评价的重点不同。有的工作难以用工作结果进行衡量,那么在其绩效评价指标体系中,过程导向的评价指标就占有决定性比重。另有一些工作常规性较低,没有固定的工作程式,较多依靠个人的能力素质,那么胜任特征指标和结果指标应该比工作行为指标更能反映员工对企业的贡献度。

3. 企业发展阶段

对处于初创期和成长期的企业来讲,一般更注重结果导向指标;对处于扩张期和成熟期的企业,可能会更重视过程导向指标。对于还没有完全解决生存问题的企业而言,它们需要的毫无疑问是销量和利润。而对于成熟度高的企业而言,它们显然已经获得了比一般企业大得多的市场份额,生存对于它们而言并不是首要任务,它们要保证的是良性的市场——这意味着稳健的分销系统、高质量的产品、灵活的资金周转以及有序的新产品开发等。所以,是重结果还是重过程,反映了企业发展成熟度的变迁。

4. 企业文化

强调反应速度,注重灵活、创新工作文化的企业,一般更重视"结果"。结果导向的绩效评价进一步营造理性。而任务导向的企业文化强调流程、规范、注重规则,一般更重视"过程"。过程导向的绩效评价营造的是一种比较感性、和谐的文化氛围,往往为"以人为本"的公司所采用。

5. 市场环境

当市场环境不确定性较强,员工的努力与所获得的工作结果之间没有明确的联系时,绩效评价的内容应该是员工有无尽其所能、是否具备达到目标结果的素质,即员工的工作行为和胜任特征,而不是评价其是否达到了目标结果。

6. 评价目的

针对不同的评价目的,指标体系应有不同的侧重。如果绩效评价结果主要用于确定奖金发放方案,那么结果导向指标应该占较大比重,行为指标也应占一定比例,但胜任力就不应在考虑范围之内了。假如绩效评价的结果主要用于绩效改进,那么行为指标和胜任力指标则应该是重点考虑的对象。

三、关键绩效指标的理念及其建立过程

回顾整个绩效指标体系的历史演进过程,关键绩效指标(KPI)理论是必须提及的里程碑,它对当前企业管理仍然起重要的指导作用。本节将分别从其理论内涵和建构程序两方面加以讨论。

(一) 关键绩效指标理论

KPI 理论是目标管理法与帕累托定律(又称"80/20 定律")的有机结合,主张企业对战略目标进行全面分解,分析和归纳出支撑企业战略目标的关键成功因素(CSF—Critical Success Factors),继而从中提炼出企业、部门和岗位的关键绩效指标。该理论的核心思想强调企业的绩效指标设置必须与战略挂钩,企业应该只评价与其实现战略目标关系密切的少数绩效指标,其目的在于建立一种机制,将企业战略内化为内部过程和活动,以不断增强企业的核心竞争力和持续地取得高效益。

"关键"二字是指某一个阶段企业在战略上需要解决的最主要问题。这也体现了"与时俱进"的思想,即 KPI 是根据企业战略不同而进行调整的。举例来说,如果一个公司今年的战略是大力开拓零售销售渠道,那么在销售部的绩效指标中,一定要把零售网点的开发数量放入其中,作为一个重点管理的内容。到了第二年,如果公司的零售渠道开发基本上告一段落,经销商的管理成为头等大事,可以将零售网点的开发数量从绩效指标中去除而增加经

销商的数量与质量指标。所有部门都可适用该战略。企业必须建立动态开放的 KPI 指标库,通过不断完善和积累,最终根据战略的调整从指标库中直接选取合适的 KPI 指标。

(二)关键绩效指标体系的建立

一个企业的 KPI 体系一般由公司 KPI(一级)、部门或项目组 KPI(二级)、员工或岗位 KPI(三级)组成。建立 KPI 体系的程序为,从公司战略分析开始,到公司或一级 KPI 的设计,再到二级 KPI 的设计,最后到三级 KPI 的设计。由企业战略逐步分解为关键绩效指标需要经过一系列过程,如图 8-6 所示。下面逐步分析:

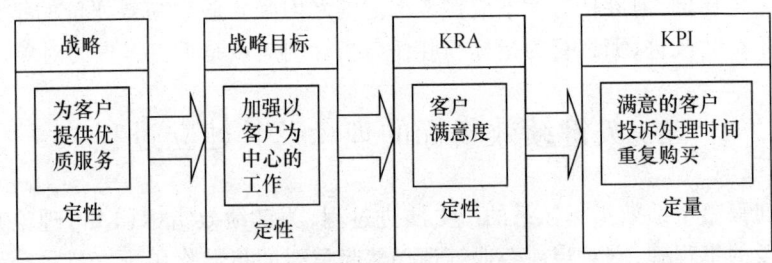

图 8-6 从战略到 KPI 的分解过程①

(1)确定企业战略和战略目标。战略通常是抽象的,战略的具体化就是形成战略目标。比如,"为客户提供优质服务"的战略可以具体化为"加强以客户为中心的工作"这类目标。

(2)将战略目标分解到关键绩效领域(Key Result Areas,KRA)。关键绩效领域就是为了组织目标的达成而必须完成的重点业务目标。一些常见的重点业务目标包括:市场领先、客户满意、技术领先、产品开发与创新、规模效益、利润增长等。不同的企业应当根据各自的情况和特点,通过访谈或"头脑风暴法"确定各自的重点业务目标。比如,某制造业公司处于成长期向成熟期过渡阶段,具有一定的产品知名度和市场地位。对该公司来说,建立和完善销售网络、提高市场份额、提高品牌形象是其关键的绩效领域,如图 8-7 所示:

---

① 〔荷〕安德列·A.德瓦尔:《绩效管理魔力》,汪开虎译,上海交通大学出版社 2002 年版,第 67 页。

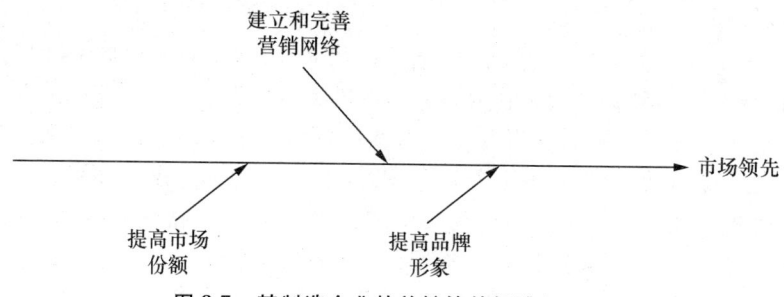

图 8-7　某制造企业的关键绩效领域（KRA）

（3）确定了关键绩效领域以后,需进一步分析影响该业务领域目标达成的策略手段,即关键绩效要素。以上述制造公司"提高市场份额"这一关键绩效领域为例,可以用鱼骨图继续分析影响它的关键要素,如图 8-8 所示：

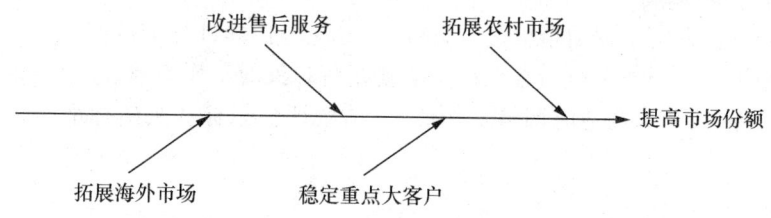

图 8-8　某制造企业"提高市场份额"的关键绩效要素

在分析关键绩效要素之后,进一步确定关键绩效指标,如图 8-9 所示：

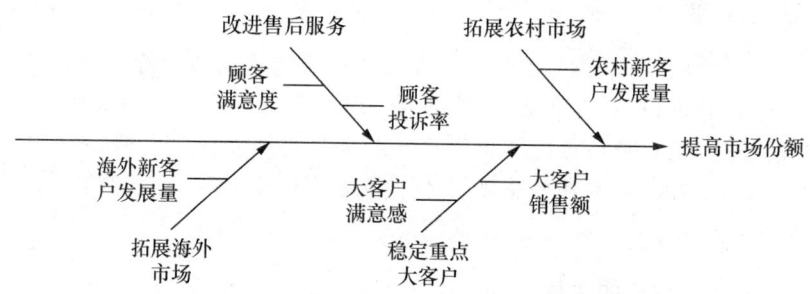

图 8-9　某制造企业"提高市场份额"的关键绩效指标（KPI）

关键绩效指标制定完成之后,需要确定绩效标准,常用的方法是"标杆基准法"（Benchmarking）。该方法是企业将自身的关键绩效行为与较强的竞争企业或那些在行业中领先的、最有声望的企业的关键绩效行为进行评价与比较,分析这些基准企业的绩效形成原因,在此基础上建立本企业的关键绩效指标和标准。采用此方法时,要注意结合企业自身的实际情况,不能简单地模仿或照搬。

（4）上述步骤完成了企业层面 KPI 的建立，下面是企业层面 KPI 向部门层面的分解。为确保部门工作对组织目标的支撑，部门 KPI 的来源主要有两个：企业 KPI 和部门职责。有些企业 KPI 可以由一个部门承接，如"新产品开发数"这一指标可以完全由研发部门承接。有些企业 KPI 需要多个部门协作完成，可根据业务流程将其分解到各个部门中去，如"次品率降低"这一指标跟多个部门有关，可以分解为采购部的"物资采购有效性"，技术品保部的"生产工艺改进"、"批量不合格再发生率"，制造部的"自检合格率"等。

（5）使用同样的方法可以将部门 KPI 作进一步细分，分解出个人 KPI。个人 KPI 的来源有两个：部门的 KPI 和员工职责。关键绩效指标法要求在选择指标时，每个职位的指标一般不宜超过 10 项，每项指标所占权重一般大于 5%，小于 30%。

当我们设定了评估指标之后，还需要对这些指标进行审核。其目的是确认这些指标是否能够全面客观地反映被评估对象的工作绩效，以及是否适合于评估操作，从而为适时调整工作产出、绩效评估指标和具体标准提供所需信息。

下篇

四、绩效评价常用方法

绩效评价的方法很多，但每一种方法往往只能达到某一特定的目的。对于每一个企业来说，其内部结构、外部环境以及人员素质是千差万别的，关键是要找到适合其自身特点的评价方法。如果盲目照搬他人经验，不仅有"东施效颦"之嫌，而且容易招致失败。本节将主要讨论各种绩效评价方法的做法、各自的优缺点。在此之前，先谈谈绩效评价的主体。

（一）绩效评价的主体

绩效评价的主体指对员工作出绩效评价的人。对于不同部门、岗位的员工来说，不同的评价主体对其评价的结果往往不同。在评价过程中，一方面要注意选择合适的评价主体，另一方面，如果需要多主体进行评价，则必须仔细参考评价标准，进而在不同的评价主体间分配权重。常见的评价主体有：

1. 主管

主管是收集和整合下属绩效信息的主要责任人，也是下属绩效评价的首选评价主体。主管作为评价主体可以了解员工的绩效目标和实施情况,主管的权力也可由此得到提升。此外,主管可以将评价工作与其他管理环节相联系,如对员工绩效评价后的培训开发等。那些与其他人和其他部门互动少、工作结果易于为主管所观察的岗位,以主管为主体的评价方式最为合适。

2. 下属

评价管理者对人员的管理能力,最有发言权的是他的下属,因为他们处于一种特殊位置观察着管理者的行为,是管理的客体。以下属为主体的评价方式的优点是能够最大限度地发挥下属参与管理的积极性,其缺点是可能影响到领导和下属之间的关系,因此在评估过程中要采取保密措施。以下属为评价主体适合于组织内部气氛比较民主的企业,对员工自身素质也有较高的要求。

3. 自我评价

采用员工自我评价的方式可以提高员工的自我管理意识,并帮助员工熟悉评价标准。这种方式比较强调绩效指标的量化,做法是:首先,由评估主管部门设计一张表格,将各项自我评估指标列在表格上;然后,被评估者自己填写表格,评定分值;最后,评估主管者根据评估表与被评估者交换意见。根据心理学中的自我服务归因偏差,人们倾向于将成功归因于自身的努力或能力等因素,将失败归因于外部环境的不利。因此,员工在评估中有高估自己能力和成效的倾向,并倾向于把不良绩效归咎于外部因素的影响。

4. 同事

对于协作性较强的工作来说,对员工进行评价的最好方法就是同事评价。因为相对于领导或下属来说,同一工作室或同一道工序上的同事能够更客观真实地观察到员工的日常行为,而员工倾向于在主管或下属面前把自己最好的一面展示出来。这种评估方式的优点是能够提供更客观、更准确的信息。但是,同事之间的评价往往依赖世俗惯例,绩效评价成绩差的员工也可能会报复其同事。在采用以同事为主体的评估方式时要注意以下要点:(1)避免相互竞争或有矛盾的员工相互评估;(2)避免将同事评估结果与薪资或奖金的管理政策相联系;(3)保证评估过程的机密性;(4)避免涉及与团队无关的内容。

5. 外部客户

随着第三产业服务业的兴起,管理者越来越发现内部评估不能满足组织目标的要求。服务业具有产品的生产和消费同时发生的特点,因此无论领导、下属还是同事,都没有机会观察员工的行为,从而对其作出合理的评估。

作为唯一能在工作场所观察员工绩效的人,客户的评估就显得异常重要。

为了能全面评估员工的绩效,现在很多企业开始尝试从多个角度对员工进行绩效评价,这就是360度反馈评价法(360-degree feedback)。具体来说,该方法是指与被评价者有密切关系的人,包括被评价者的直接上级、同事、下属、客户等,分别匿名对被评价者进行评价,被评价者也对自己进行评价,然后再由专业人员根据有关人员对被评价者的评价,对比被评价者的自我评价向被评价者提供反馈,以帮助被评价者提高能力和绩效水平。

(二)绩效评价的主要方法

绩效评价方法概括起来有三大类:与预期目标比较、与其他员工比较、与工作标准比较。与预期目标相比较的方法,是指管理者在对员工进行考评时所依据的标准是组织目标或个人工作目标,通过对比个人实际行为与目标标准之间的差异确定员工的绩效,最典型的是目标管理法。与其他员工相互比较的方法,顾名思义,就是通过员工个体之间相互比较而进行评价,主要包括排序法、配对比较法和强制分布法。与工作标准相比较的方法,是指根据既定的工作标准进行绩效评价的一类方法,预先由组织根据以往的经验、工作时间研究的数据为某一个工作岗位制定工作标准,然后通过比较员工的工作结果与工作标准确定其工作绩效。下文要介绍的图尺度评价法、关键事件法均属此类。

1. 目标管理法(Management by Objective, MBO)

目标管理法主要指由主管人员和下属共同讨论和制定员工在一定时期内须达到的绩效目标,以这些目标作为对员工进行绩效评价的基础。具体来说,在将工作结果与目标相对比时,可以采用完成率计量,公式如下:

$$完成率 = 完成情况 / 计划目标$$

除了完成率计量法之外,还有加减分法。即先设定达成基本目标可得的基本分数,然后根据实际工作成果与目标的差额,在基本分数的基础上按照一定的比例进行加分或减分。

2. 排序法(Ranking Method)

排序法是指根据某一评价维度,将全体评价对象的绩效从最好到最差依次进行排序。排序法主要有两种:直接排序法和交替排序法。

直接排序法也叫做"简单比较法"(Simple Ranking Method),即由管理人员将本部门的所有员工按照绩效高低进行简单排序。这种方法简单易行,能够避免宽大化和中心化倾向。但是,若评估标准不合适,将会导致评估过程主观性、随意性强,评估结果容易引发争议;同时,该方法对于难分仲伯的员工也要强行分出高低，迫使评价者勉为其难地作出不符合实情的评价。另外，这一方法考核的人数不能过多，以 5—15 人为宜，而且只适用于考核同类职务的人员，不适合在跨部门人事调整方面的应用。

交替排序法（Alternative Ranking Method）是对直接排序法的一种改进。按照人们的认知习惯，在一个群体中，总是最好和最差两个极端容易被注意到。交替排序法就是根据这个原理设计出来的。步骤为：先由管理人员找出最优者与最劣者，然后找出次优者与次劣者，依此类推，直到将所有员工都排序完毕。这种方法只是对直接排序法作了技术上的改进，其排序过程更加简单明了，直接排序法的缺点在这里还是同样存在。

3. 配对比较法（Paired Comparison Method）

配对比较法指将每一位员工与所有其他员工在各个考评要素上进行比较，得出员工在每个考评要素上的名次。配对比较法的具体做法是：首先列出有待评价的要素，针对每个要素制作一个用于进行人员比较的图表，上面标明所有需要被评价的员工的姓名及需要评价的工作要素，如表 8-1、表 8-2。然后在每个要素上将每一位员工与所有其他员工进行两两比较，在每一次比较中，给表现好的员工记"＋"，另一个员工就记"－"。比如在表 8-1 中，我们比较张三和李四在团队合作方面的表现，发现张三表现得更好，于是就在"张三"列和"李四"行交汇的格中计一个"＋"号，在"李四"列和"张三"行交汇的格中计"－"号。逐对这样比较下来，填满除了对角线以外的每个格子。最后统计比较结果，计算每个员工"＋"的个数，排出顺序。如表 8-1 中显示，张三得到 4 个"＋"，团队合作名次最高，李四没有得到"＋"，团队合作名次排在最后。如果考评者有多个，对员工的排序不同，可以通过求平均序数获得一个最终的排序，公式为：平均序数 = 评价序数和/考评者人数，如表 8-3 所示。这种通过求平均序数综合多个考评者排序结果的方法，也可以用于简单排序法和配对比较法。

表 8-1　配对比较法考核表-1

	团队合作				
	张三	李四	王五	孙六	赵七
张三		＋	＋	＋	＋
李四	－		－	－	－
王五	－	＋		－	＋
孙六	－	＋	＋		＋
赵七	－	＋	－	－	
对比结果	1	5	3	2	4

表 8-2 配对比较法考核表-2

	遵守行为规范				
	张三	李四	王五	孙六	赵七
张三		−	+	+	+
李四	+		−	+	−
王五	−	+		+	+
孙六	−	−	−		−
赵七	−	+	−	+	
对比结果	4	2	4	1	2

表 8-3 多个绩效排序结果的权衡

	被评价者						
	A	B	C	D	E	F	G
考评者甲的排序	1	3	4	2	5	6	7
考评者乙的排序	2	1	4	3	−	5	−
考评者丙的排序	1	−	2	3	6	4	5
评价序数和	4	5	10	8	11	15	12
考评者人数	3	2	3	3	2	3	2
平均序数	1.3	2.5	3.3	2.7	5.5	5	6
被评价者在该评价要素上的排序	1	2	4	3	6	5	7

配对比较法的优点在于判断范围小,准确度高,因而绩效排序更加可靠。但它只适用于人数不多的组织,否则实行这一方法将是一项极为繁琐的工作。在这一方法中,比较的次数等于 $N(N-1)/2$,其中 N 为待评价的总人数。例如,待评价的员工数是 20,那么配对次数就是 190 次。由此可见,如果被评价的人数较多,用配对比较法工作量是非常大的。

除此之外,配对比较法还有一个独特的问题,就是可能会出现不符合逻辑的评价结果。比如表 8-2 中,考评者认为在遵守行为规范方面,张三比李四做得好,李四比王五做得好。按照这个逻辑,可以推测张三比王五更遵守行为规范,但是我们却看到考评者作出了相反的评价。这种违背逻辑的结论是难以自圆其说的,得出的绩效排序结果也会出现两个或几个并列的现象。

4. 强制分布法(Forced Distribution Method)

强制分布法是根据事物呈正态分布规律,即"两头小、中间大"的分布规则,将员工的绩效水平划分等级,再按照确定的人数比例将所有员工强制分配到不同的等级中去。在实际运用过程中,通常分为优、良、中、差、劣五个等级,每个等级所占的比例一般为10%、25%、30%、25%、10%,当然也可以根据实际情况而定。

表8-4 强制分布法评价表

比例	考评分类				
	很好10%	较好25%	中等30%	较差25%	很差10%
姓名	×××	×××	×××	×××	×××
	…	…	…	…	…

强制分布法的优点可以总结为以下几点:

(1)等级清晰,操作方便。等级划分清晰,每个等级被赋予不同的含义,区别明显。操作起来比较简单,只要简单计算,即可得出结果。

(2)强制区分。评分者难免会有过松或过严的评分倾向。该方法迫使评分者按特定的比例区分不同绩效等级的员工,可以有效避免过松或过严的问题。

但是,强制分布法也有先天的缺陷,下面的案例对此有所揭示:

案例

强制分布法遇到的问题

HL是一家中小型生产企业。为了使公司管理走向正规,该公司开始了轰轰烈烈的考核。他们采用"强制分布法",将考核结果分为四级,分别是:优异5%;优秀15%;一般70%;较差10%。对考核"优异"的员工,工资上调20%;考核"优秀"的员工,工资上调5%;对考核"一般"的员工,不涨工资,根据当月效益,给予一定的奖金("优异"和"优秀"的员工也可同样获得);对考核"较差"的员工,无任何奖励,并且限期改善绩效,否则只能淘汰。

没想到的是,老板的烦恼伴随着考核的推行开始了。在有些部门中,员工整体素质与绩效都很高,部门内评价"一般"的,也许到其他部门可以得到"优秀",但按照"强制分布法"的规则,必须有人被划分到"较差"的10%中。有个部门经理在无奈之下,只好将本部门的某个员工评定为绩效"较差",结果该员工拒绝在绩效考核确认书上签字。

另外,有些部门人数太少,只有两三个人,比如行政人事部、财务部、车间办公室等,这样就难以区分出四种等级。该企业采用了"捆绑式"应对这种情况,即将这几个部门员工的考核成绩捆绑在一起进行排名,区分出四个等级。

为了使自己部门的员工能够有更好的名次,各部门负责人想尽办法提高本部门员工的考核分数,而那些对员工要求较严的部门经理就成为众矢之的。有的人受不了内挤外压,干脆辞职了。那些留下来的,人际关系也变得微妙起来。在这些部门,大家的关注点逐渐由原来的工作转移到高深莫测的"考核政治"上来了。

在上述案例中,可以看到强制分布法的两个先天缺陷:

(1)当员工整体绩效水平都很高或很低时,接受评价的员工的绩效分布状况与既定的分布要求不符合,比如排位在最后的不一定是绩效不合格者。

(2)当参加强制分布的员工人数较少时,无法将少数的人分配到各个等级中去。

5. 图尺度评估法(Graphic Rating Scale)

图尺度评估法对于每一项评价指标只列出一个具有均等刻度和分段的标尺(如表8-5),让评价者根据被评价者的实际情况勾选最符合的分数,然后将各项分数相加,就可以得到最终考评结果。该方法是最简单和运用最普遍的工作绩效评价技术之一。

表8-5 图尺度评估表

绩效维度	评估尺度				
	优秀	良好	合格	有待改进	差
知识	5	4	3	2	1
沟通能力	5	4	3	2	1
判断力	5	4	3	2	1
合作能力	5	4	3	2	1
人际关系	5	4	3	2	1
主动性	5	4	3	2	1
创造性	5	4	3	2	1
忠诚度	5	4	3	2	1
自信	5	4	3	2	1
决策能力	5	4	3	2	1

根据上表可知,图尺度评价量表法的特征是:列出绩效评价的维度或考核要素,同时对工作绩效进行分级,从优秀、良好、合格、有待改进到差五个等级,对应的分数分别是5分、4分、3分、2分、1分。图尺度评价量表法假设不同等级之间是等距的,所以图尺度可以视为等距量表,评价等级分数可以进

行加减乘除计算。

图尺度评估法的优点在于能够实现考评量化,简单易行。这种方法最大的缺点是对于每一个等级没有具体的评价标准,这将给评价者带来困扰,导致他们基于笼统的印象给予评价,"晕轮效应"、"近因效应"此时都会出现。也正是由于评价者自知缺少客观依据的支持,故倾向于给予中间或者中间偏上的分数。所以,图尺度评价法得到的绩效分数常呈现"居中效应"。因此,图尺度评价量表法一般需要结合其他评价方法共同使用,以克服其自身的不足。

6. 关键事件法(Critical Incident Method)

关键事件法是根据员工在工作过程中作出的对组织效益具有重大影响的行为评定其工作绩效。使用这种评估方法时,管理人员需要记录员工在工作活动中表现出的积极或消极的行为,并及时反馈这些信息,对员工的积极行为给予表扬,对其消极行为给予纠正。管理者所记录的事件应属于影响工作成败的关键行为。

人们用 STAR 法概括应该如何记录关键事件。STAR 由四个英文单词的第一个字母组成。S 是 Situation,即情境,表示这件事发生时的情境是什么;T 是 Target,即目标,表示他为什么要做这件事,他的目的是什么;A 是 Action,即行动,表示当时他采取了什么行动;R 是 Result,即结果,表示他采取这个行动得到了什么样的结果。除了这四项内容之外,事件发生的时间也是必须要记录下来的。对时间的记录可以增加所记录事件的真实可靠性,另外也可以帮助管理者看到在某一段时间内员工行为动态发展的轨迹。

关键事件法以事实为评价的依据,能够排除主观因素的影响,将考核的结果建立在行为和结果的基础上,更具有说服力。另外,关键事件法能以具体事件说明哪些行为是糟糕的,哪些行为是值得赞许的,这将有利于员工明确改进绩效的方向。这两点优势都是图尺度评价法无法比拟的。

由于关键事件法只记录特别好或特别差的事件,员工的平均绩效水平得不到描述,表现平平的员工在这一绩效评价方法中就完全被遗漏,因此这一绩效评价方法一般不会单独使用。使用关键事件法时,管理者需要耗费大量时间和精力去搜集、概括、分类和记录那些关键事件。受限于时间和精力,管理者很难对每个下属的所有关键行为都保存精确全面的记录。另外,关键事件法对员工的评价完全基于定性的描述,因而很难对员工进行横向比较。不过,对某些特殊的绩效指标是例外的。如果只从关键事件本身就能充分反映出指标的表现水平,就可以将关键事件与量化的标准联系起来。比如,生产型企业为减少工伤,对生产车间设立"安全生产"这一评价指标,可以根据关键事件进行量化的评价,如合格为80分,出现0次事故为90分,出现1次一般事故扣5分,出现一般安全事故8次及以上或出现重大及以上安全事故,否决当期绩效。这里"不出现事故"、"出现一般事故"和"出现重大事故"都是指标的关键事件。

如果关键事件法实施得不当,会让员工感到不安。及时向员工进行反馈是关键事件法的一部分。如果不及时给予反馈,只一味地将事件记录下来,给员工的感觉就像在记"黑账",只有心惊胆战地等待"秋后算账"的那一天。这样就违背了绩效管理的初衷。从这个角度看,关键事件法的主要功能在于帮助员工改进绩效。在绩效实施的过程中,它就已经在绩效沟通、反馈和辅导中发挥这一重要功能了。关键事件法不能提供全面的绩效描述,只能充当其他评价方法的补充。

综上所述,可以发现,不同的绩效评价方法在一定时期、一定范围内发挥着重大作用,能够进行有效的绩效评价工作。但是,这些方法也有各自的缺点和不足,故而在选用评价方法时,要根据不同的工作特征选用。

五、绩效评价反馈及评价结果的应用

在区分出员工绩效水平的高下之后,人力资源管理部门和直线经理仍有一系列重要的工作要完成。对绩效管理系统来说,如果绩效评价之后的工作不能及时跟进或者不能科学有效地进行,那么前面的努力都将是徒劳无功的。由此看来,绩效评价结果的出炉并不意味着绩效管理的结束,如何反馈和应用绩效评价结果是值得认真思考的问题。

(一)绩效反馈面谈

管理者常常将绩效反馈面谈看做对员工的批判会,是一次对员工"秋后算账"的机会。这种极端错误的认识是导致反馈面谈失败的根源。那么,绩效反馈面谈的目的何在?

1. 使双方对绩效评价的结果达成共识

绩效评价往往包含着许多主观判断的成分,即使是客观评估标准,也存在对于采集客观数据的手段是否认同的问题。同时,评估者与被评估者又处于不同立场。因此,双方对于评估结果的认同必然需要一定的过程。

2. 让员工认识到自己在本阶段中取得的进步和存在的缺点,促进员工改善绩效

在反馈过程中,管理者与员工就绩效评价结果达成共识,其最终目的在于帮助员工更好地认识自身的长处和缺点,促使员工改进绩效。

3. 制订绩效改进计划

在管理者与员工就绩效评价结果达成一致意见后,应该针对反馈中提出的各种绩效问题制订一个详细的绩效改进计划,这种计划往往以书面形式呈现。

4. 修订或协商下一个绩效管理周期的绩效目标和计划

对上一个绩效期的绩效反馈与对下一个绩效期的绩效计划是密不可分的。在进行绩效反馈面谈的过程中,管理者与下属要就下一期的绩效目标和计划达成共识。

5. 向员工传递组织的期望

通过绩效评价面谈,主管可以告诉员工哪些成绩是值得肯定的,哪些方面还需要进一步努力;同时,也告诉员工哪些工作是重要的,哪些工作是次要的。通过主管和员工的双向沟通,向员工传递组织的价值观,使员工明白组织的期望是什么,自己应该如何努力才更符合组织的要求。

(二)绩效评估结果的应用

管理大师德鲁克(Peter F. Drucker)曾说:没有评价,就没有管理。由此可知,评价是管理的基础和前提。绩效评价的结果主要可以应用于以下几个方面:绩效薪酬的制定、人员配置、培训和开发计划的制订、人员甄选与培训的效标。

1. 绩效薪酬的制定

绩效评估的目的就是将绩效评价的结果运用到薪酬制定过程中,将薪酬与绩效挂钩,用经济手段强化员工的高绩效行为。通常说来,职位的价值决定了薪酬中比较稳定的部分,绩效则决定了薪酬中一些可变动的部分,如绩效工资、奖金等。这部分因绩效而浮动的薪酬称为绩效薪酬。绩效薪酬的形式有很多,如计件工资制和标准工时制、班组激励计划、绩效工资和绩效调薪、利润分享计划、股票所有权计划等,可根据具体情况进行选择。

2. 人员配置

绩效评价的结果可以作为人员调配决策的依据。基于绩效评价结果可能作出的人事变更包括晋升、降职、横向调动等。经过绩效评价,一些绩效优

秀的员工可能会作为某些重要职位的培养对象。但是,应该注意的是,一个人在目前的职位上取得优秀的业绩,并不意味着他一定能够胜任更高的职位,还必须对其潜在的职业胜任特质进行评估,然后作出决策,以避免"职业高原"现象的发生。绩效评价的结果可能会显示某些员工无法胜任现在的工作岗位。如果给予时间、经过培训仍然不能胜任,这时就要果断地将其从现有职位上换下来,或降职,或调到能够胜任的更加适合他的岗位上。

3. 培训与开发

根据麦吉(McGehee)和塞尔(Thayer)的模型,培训需求分析可从组织、任务、个人三个层面进行。绩效评价对培训与开发的作用,就反映在个人层面的培训需求分析上。绩效评价结果可以反映员工现有工作情况与理想的任务要求之间的差距。分析差距产生的原因,制订改善计划,这就是我们前文讨论的绩效改进计划。在该计划中,往往包含了员工改善绩效所需要的相应培训。绩效评价不仅能够提供员工对现有工作胜任情况的信息,有些绩效评价手段还可以对员工潜质作出评价,如360度反馈评价,这将为员工的职业生涯管理提供重要依据。

六、组织绩效评价——平衡计分卡的运用

传统的企业绩效评价产生于工业时代,它立足于事后评价,关注企业自身状况,重视短期绩效,并且以财务指标为主。随着现代企业管理的管理模式和管理理念的兴起,传统的评价系统日益暴露出其缺点:环节单一、广度、深度不够,远度有限等。信息时代的企业实施了新的绩效管理模式,既包括对有形资产的评价,也包括对无形资产的评价。卡普兰(Robert S. Kaplan)和诺顿(David P. Norton)两人通过对12家在绩效评价方面领先的企业进行为期一年的研究,于1992年提出了平衡记分卡理论。目前,财富500强企业中已有80%的企业在管理中引入平衡计分卡。国内理论界对平衡计分卡也作了不少理论阐述,越来越多的企业开始关注或准备引入平衡计分卡。

(一)平衡计分卡的评价内容

平衡记分卡(Balanced Score Card,BSC)是传统成本会计模式与信息时代企业需求相结合的产物。它保留了传统的财务指标,同时采用了衡量未来绩效的驱动因素指标,弥补了传统绩效评价的不足。平衡记分卡的目标来自于企业内部的愿景和战略,从四个方面考察企业的绩效,包括财务、客户、内

部业务流程、学习与成长。图8-10是平衡记分卡的基本框架:

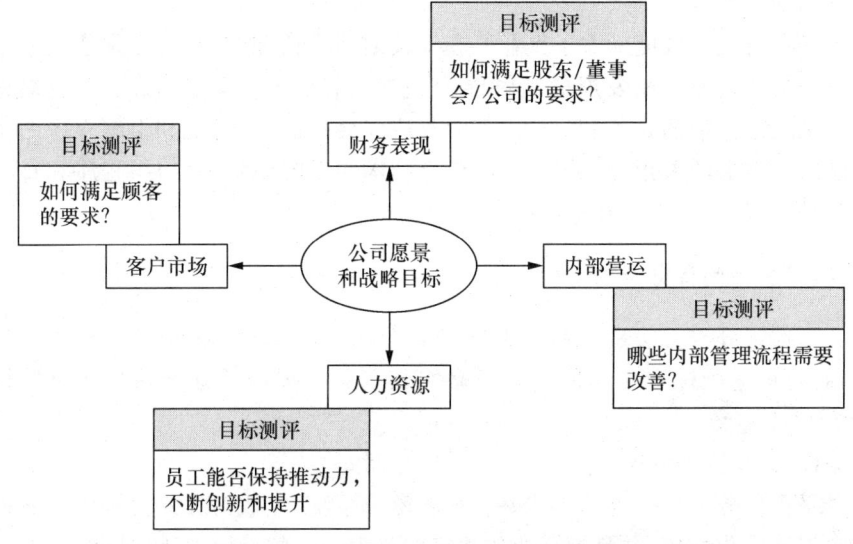

图8-10 化战略为行动的平衡记分卡框架

财务维度是所有目标考核的焦点,所有企业的运营都是为了获得利润。获利通常与财务目标相联系。因此,利润最直接的衡量方式就是财务指标,股东们通常会从财务角度判断企业成功与否。平衡记分卡保留财务层面,正是因为它概括了容易衡量的经济结果,其衡量指标有:营业收入、资本报酬率,或近年流行的经济增加值,也可能是销售额或现金流量。

客户维度反映的是企业的产品和服务是否与市场的主体——客户紧密相连。企业若想获得长远发展,就必须考核客户指标。客户维度通常包括几个核心的结果性的指标,包括客户满意度、客户保持率、客户获得率、客户盈利率以及在目标市场中所占的份额,还包括一些与特定市场相关联的特定指标,如客户可能关注交付周期的长短、是否按时交货等。

内部流程维度即组织必须擅长的关键业务过程,特别是那些对提高客户满意度和实现企业财务目标影响较大的内部流程。平衡记分卡与传统绩效考核方法的区别在于其不断地把创新的流程引入内部业务流程层面。传统的绩效考核方法通常关注对原有业务流程的监督和改进,而平衡记分卡方法通常会根据客户需要和财务目标的要求,积极开发新的业务流程。具体来说,我们可以把传统的方法看做一种"短期效应",即关注当前流程改善所带来的短期效益;可以把平衡记分卡方法看做一种"长期效应",即同时关注现有的和未来的目标。对许多企业而言,创新过程在推动未来财务方面比短期经营周期更为有效。

学习与成长维度确立了企业要获得长期的成长和改善,就必须建立基础框架。这是企业自我发展的一种能力,它包括三个来源:人、系统和组织程序。平衡记分卡的财务、客户、内部业务流程会指出人、系统和组织程序的实际能力与需求的差距,而员工培训、信息技术和系统的加强,组织程序和日常工作的完善,则可以弥补这些差距。

(二) 平衡计分卡的功能

平衡记分卡方法是一套平衡的框架,是一个将企业的战略落实到可行的目标、可衡量指标和目标值上的战略实施工具。平衡计分卡的功能可以概括为:

1. 战略管理功能

平衡计分卡可作为核心战略管理的衡量系统,完成对关键过程的有效控制和资源优化配置,并且把企业的战略转化为具体的目标和评估指标。

2. 保持组织变革均衡性

通过平衡计分卡可以有效处理组织内部、外部各种变量之间的相互关系,保证组织系统变革进程中的均衡性。

3. 完整的组织评估功能

平衡计分卡不仅克服了传统的绩效评价体系的片面性、主观性,而且强化了对从目标制订、行为引导到绩效提升整个绩效改善系统的管理。

4. 系统的管理控制功能

它不仅把企业财务性指标控制与非财务性指标控制联系起来,而且把企业短期目标与长期目标、组织目标和个人目标有效地联系起来。

5. 激励功能

这主要反映在绩效与报酬的对等承诺关系中,如过程指导和沟通的激励等。

(三) 如何以平衡计分卡为基础建立绩效评价体系

以平衡记分卡为基础建立企业的绩效评价体系需要经过四个基本的程序,包括诠释公司愿景和战略、沟通与联系、计划并制定目标值、战略反馈与学习,图 8-11 表明了这一流程:

第八章 绩效管理

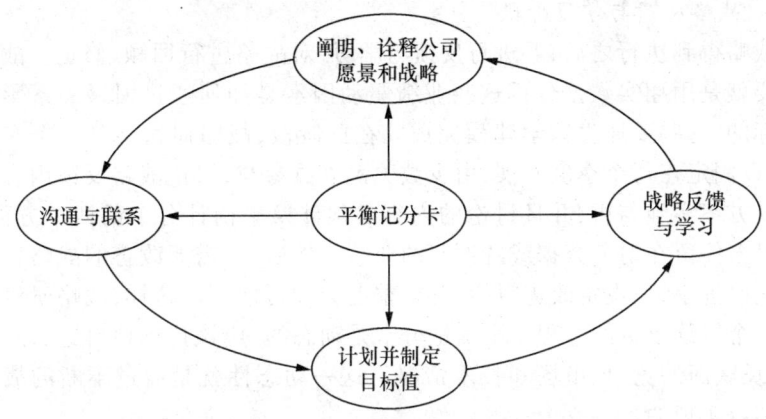

图 8-11 平衡记分卡的流程

这四个程序是一个非常复杂、耗时的过程。在国外的尝试中,建立这个流程至少需要四个月以上的时间。在整个过程中,需要不同角色的人负责管理和推动流程。

1. 诠释战略阶段

这一阶段是形成平衡计分卡指标框架的过程,需要某高管(最好是主管战略规划的)作为设计师专人负责推动平衡计分卡的建立和沟通协调,外部咨询顾问可以辅助。通过与高管的战略研讨会、战略研究分析等形式,最终以方案报告形式呈现结果。要想使平衡记分卡发挥效力,它必须反映高级管理层的战略愿景。如果高级管理层无法亲自领导记分卡开发过程,他们就不大可能把记分卡用在重要的管理流程上。

2. 沟通与联系阶段

企业内部要对企业的平衡计分卡指标表示认可,这样才能进行沟通和联系,以保证战略管理的协调一致。即在中层、基层纵向保持战略目标的一致,同时,不同职能部门、业务部门横向之间要保持协调。经由这一阶段,企业的战略目标分解到不同部门和个人,最终与每一个人的激励挂钩,以确保平衡计分卡所强调的协调一致。这个阶段的主要负责人是主管人力资源的管理人员。

3. 计划并制定目标值阶段

此阶段要为每一个指标制定目标值。卡普兰和诺顿强调的是挑战性的目标值。根据前面不同的指标,制定相应的目标值,再决定在哪些方面投资,形成行动方案,并为不同的行动方案配置人、财、物资源,在财务上做成预算。

251

4. 战略反馈与学习阶段

战略得到执行之后，要进行反馈与学习，对战略进行回顾、修正。战略反馈主要就是用翔实数据分析这些业绩驱动因素是如何通过因果关系影响结果指标的，这些要通过数学建模完成。在此阶段，战略研讨会是一个有效形式，可以固定在每个季度开展，由少数关键人员参与，讨论战略反馈内容和战略行动方案实施与否，并且讨论的内容必须涉及平衡计分卡的四个方面，而不是过多停留在财务数据或各部门的业绩。然后，对需要改善的战略行动方案组建改进小组，设定改进目标，下个季度会议再回顾。这样，战略研讨会就变成一个持续改善的过程。平衡记分卡是动态的，应该持续地研讨、评价、更新，以反映新的竞争、市场和技术情况。这一动态性就是通过不断的战略反馈和学习实现的。

本章小结

绩效是指组织成员对组织的贡献或对组织所具有的价值，可以表现为工作数量、质量等结果，也可以表现为员工在实现工作目标过程中的行为，既包括与职责直接相关的行为，也包括在职责规定之外的自发行为。有效的绩效管理可以实现三大功能：管理功能、战略功能、开发功能。完整的绩效管理系统包括绩效计划、绩效实施、绩效评价、反馈面谈和结果应用等关键步骤。

一套科学的绩效指标体系是企业绩效提升的关键所在。绩效评价指标应该兼具战略性、可接受性和整体均衡性，并在结果指标和过程指标中取得平衡。KPI理论是关于如何建立绩效评价指标的重要理论。本章对KPI的理念和设定步骤有所介绍。

绩效评价的主体可以是上级、同事、下属、客户、本人等。绩效评价的方法有目标管理法、排序法、配对比较法、强制分布法、图尺度评价法、关键事件法等。这些方法各有优缺点，要依工作特征进行选择。在绩效评价完成后，须与员工进行绩效反馈面谈。此外，绩效评价结果还可用于绩效薪酬的制定、人员配置、培训与开发等人力资源活动中。

组织绩效往往通过平衡计分卡进行评价。本章最后讨论了平衡计分卡的评价内容、评价功能、实施的基本程序。

重要概念中英文对照

绩效（Performance）

绩效考核（Performance Appraisal）

绩效管理（Performance Management）

第八章 绩效管理

关键绩效指标(Key Performance Indicator,KPI)
关键成功因素(Critical Success Factors,CSF)
绩效领域(Key Result Areas)
360度反馈评价法(360-Degree Feedback)
目标管理法(Management by Objective,MBO)
排序法(Ranking Method)
配对比较法(Paired Comparison Method)
强制分布法(Forced Distribution Method)
图尺度评估法(Graphic Rating Scale)
关键事件法(Critical Incident Method)
平衡计分卡(Balanced Score Card,BSC)

复习思考题

1. 绩效管理与绩效评价的区别是什么?为什么说绩效管理是对绩效评价的发展?
2. 绩效评价指标分为几类?每一种类别的指标有何不可替代的优点?又有什么局限?
3. 绩效评价主体有哪些?每种评价主体的优缺点分别是什么?
4. 合理的绩效评价指标应具有什么特点?
5. 什么是平衡计分卡?它有什么先进之处?

案 例

摩托罗拉的绩效管理[①]

摩托罗拉员工的薪酬和晋升都与业绩评估紧密挂钩。但是,摩托罗拉对员工评估的目的绝不仅仅是为员工薪酬调整和晋升提供依据,而是使个人、团队业务和公司的目标密切结合;提前明确要达到的结果和需要的具体领导行为;提高对话质量;增强管理人员、团队和个人在实现持续进步方面的共同责任;在工作要求和个人能力、兴趣和工作重点之间发展最佳的契合点。

摩托罗拉业绩评估的成绩报告表(Score Card)是参照美国国家质量标准制定的。在每个绩效期之初,各个部门根据这个质量标准,针对具体业务制

---

① 资料来源:赵日磊:《摩托罗拉的绩效管理》,载《IT时代周刊》2004年第19期。

订自己的目标。摩托罗拉员工每年制订的工作目标包括两个方面:一个是战略方面,包括长远的战略和优先考虑的目标;另一个是业绩方面,它可能包括员工在财政、客户关系、员工关系和合作伙伴方面的一些作为,也包括员工的领导能力、战略计划、客户关注程度、信息和分析能力、人力发展、过程管理。

在制订目标的过程中,主管和下属需要共同参与。他们以合作伙伴的形式就下列问题达成一致:

1. 员工应该完成的工作;
2. 员工所做的工作如何为实现组织的目标作贡献;
3. 用具体的内容描述怎样才算把工作做好;
4. 员工和主管怎样共同努力以帮助员工改进绩效;
5. 如何衡量绩效;
6. 确定影响绩效的障碍并将其克服。

主管和员工是在工作中联系紧密的合作伙伴,摩托罗拉称之为 Keywork Partner,他们彼此之间能够相互推动工作。这种改变不仅仅是观念的改变,还是更深层次的观念创新,给了员工更大的自主和民主,也一定程度上解放了管理者的思维。随着这种观念的深入,员工和主管的关系将更加和谐,他们之间将会有更多的互助、互补、共同进步。这也正是绩效管理要完成的任务。

思考题:

1. 摩托罗拉公司的绩效管理有何突出的特点?
2. 摩托罗拉公司绩效管理的优势是什么?

参考文献

1. 郭晓薇、丁桂凤编著:《组织员工绩效管理》,东北财经大学出版社2008年版。
2. 俞文钊主编:《人力资源管理心理学》,上海教育出版社2005年版。
3. 徐纪良主编:《人力资源开发与管理》,上海三联书店2002年版。
4. 〔美〕雷蒙德·A.诺伊等:《人力资源管理:赢得竞争优势》,刘昕译,中国人民大学出版社2001年版。
5. 俞文钊:《管理心理学》,东方出版中心2002年版。
6. 〔美〕乔治·伯兰德、斯科特·斯内尔:《人力资源管理》,魏海燕主译,东北财经大学出版社2006年版。
7. 孙海法编著:《现代企业人力资源管理》,中山大学出版社2002年版。
8. 俞文钊:《中国的激励理论及其模式》,华东师范大学出版社1993年版。
9. 罗珉:《组织管理学》,西南财经大学出版社2003年版。
10. 许玉林主编:《组织设计与管理》,复旦大学出版社2003年版。

第九章 薪酬管理

组织必须能够随着市场而灵活变化,这就要求薪酬计划必须更加灵活。

——卡内·麦基(Karhryn McKee)

上篇

一、薪酬管理与人力资源管理战略

薪酬管理是组织人力资源管理中最主要、最敏感的管理环节之一,对企业的竞争力有着很大的影响。如何建立与现代企业制度相配套同时又适合组织自身发展的薪酬管理制度与分配方案,最大限度开发企业人力资源的潜能,成为值得人力资源管理者思考的问题。本章从战略性薪酬管理出发,介绍了薪酬管理所涉及的基本概念以及薪酬管理的主要方法与技术。

(一)薪酬的本质和构成

什么是薪酬?薪酬的本质是什么?薪酬在人力资源管理中有何作用?弄清楚这些问题,对人力资源管理与薪酬管理的具体实践活动都具有重要意义。

1. 薪酬的内涵

对于薪酬的定义,至今尚没有统一的说法,主要的观点有:

其一,薪酬是指作为雇佣关系中的一方所得到的各种货币收入与各种具体的服务和福利之和。[1]

其二,薪酬是指雇员因完成工作而得到的内在和外在的奖励,分为内在薪酬和外在薪酬。内在薪酬是雇员由于完成工作得到酬劳而形成的心理思

---

[1] 参见〔美〕乔治·T.米尔科维奇、杰里·M.纽曼:《薪酬管理》,董克用等译,中国人民大学出版社2002年版,第5页。

维形式。外在薪酬包括货币薪酬和非货币薪酬。货币薪酬代表了核心薪酬。非货币薪酬包括保障计划(如医疗保险)、带薪休假和服务等。非货币薪酬常被称为"员工福利"或"边缘薪酬"。①

其三,薪酬是雇主对受雇者为其已完成或将要完成的工作,或者已提供或将要提供的服务,以货币为主要结算工具,并由共同协议、国家法律法规或政策确定,而凭个人雇佣合同支付的报酬或收入。②

其四,薪酬有广义和狭义之分:狭义的薪酬是与"劳动"直接联系的部分,通常指工资;广义的薪酬则是与劳动雇佣关系有关的组织各项付出或员工得到的酬劳,包括用人单位的福利和其他各种待遇,还包括其他使员工获得利益和承认、满足个人需求的内容。③

综合以上这些定义,可以看出虽然对于薪酬的理解仍各有差异,但薪酬作为付出和得到的平衡点、价值和价格的集中体现已被世人所认同。因此,可以将薪酬定义为:薪酬是指雇员在其工作岗位上为雇佣者付出劳动或劳务并实现了一定的价值后所获得的各种货币收入和各种福利酬劳之总和,其中雇员是劳动的出卖者,雇佣者是劳动的购买者,而薪酬正是此劳动的价格体现。所以,薪酬的本质就是一种公平的买卖或交换关系。④

2. 薪酬的构成

薪酬在本质上就是劳动力价格的体现,因此人们常常将其与货币划等号。实际上,薪酬的表现形式是多种多样的,可以从不同的角度区分。

(1) 货币性薪酬与非货币性薪酬

货币性薪酬包括工资、奖金、各种津贴和补贴、分红等。非货币性薪酬包括组织为员工所提供的各种保险福利、定期或不定期的实物发放,还有组织为员工们举行的文娱活动等。

(2) 外在薪酬与内在薪酬

外在薪酬是指组织因员工的劳动付出而支付给员工的各种形式的报酬,它又可以分为货币性薪酬和福利性薪酬。内在薪酬是指由于员工努力工作而得到表扬和晋升后所产生的工作荣誉感和成就感等心理感受。虽然内在薪酬是看不见、摸不着的,但其作用不可忽视。

---

① 参见〔美〕约瑟夫·J. 马尔托奇奥:《战略薪酬》,周眉译,社会科学文献出版社2002年版,第4页。
② 参见刘昕:《薪酬管理》,中国人民大学出版社2002年版,第3页。
③ 参见王长城、姚裕群主编:《薪酬制度与管理》,高等教育出版社2005年版,第3页。
④ 参见相正求、花军刚主编:《薪酬设计与实施》,华东理工大学出版社2008年版,第4页。

(3) 计时薪酬与计件薪酬

计时薪酬是指根据员工的计时薪酬标准和工作时间计算并支付给员工的总报酬。常见的计时薪酬有三种,分别为月工资制、日工资制和小时工资制。国外常用的为小时工资制,我国大多选用月工资制。计件薪酬是指根据员工生产的合格产品的数量,按照原先规定的计件单价计算并支付给员工的总报酬。常见的有:直接无限计件工资制、直接有限计件工资制、累进计件工资制、超额计件工资制、按质分等计件工资制、间接计件工资制等。

(4) 基本薪酬、绩效薪酬、激励薪酬与间接薪酬

① 基本薪酬。基本薪酬又称基本工资、标准薪酬,是指组织为员工付出劳动所支付的基本现金报酬。具体是指组织主要根据员工所承担或完成的工作本身或者是员工所具备的完成工作的技能、能力和资历而向员工支付的稳定性报酬。在大多数情况下,企业根据员工所承担的工作本身的重要性、难度或者对组织的价值确定员工的基本薪酬,即采取所谓的职位薪酬制。另外,企业还会将员工所拥有的完成工作的技能或者能力的高低作为确定基本薪酬的基础,即所谓的技能薪酬制或者能力薪酬制。基本薪酬是企业员工劳动收入的主体部分,是员工基本的生活保障和稳定的收入来源,同时也是确定其他劳动报酬和福利待遇的基础。基本薪酬可包含基础工资、工龄(年功)工资、职位工资、技能或能力工资等,并多以小时工资、月薪、年薪等形式(计时形式)出现。基本薪酬具有常规性、稳定性、基准性和综合性等特点。

② 绩效薪酬。绩效薪酬是将薪酬与员工工作努力程度和劳动成果直接挂钩确定的薪酬,是指企业对员工过去行为和已取得成就或者达到某种既定绩效的认可,往往是根据对员工在企业内工作时的行为表现进行绩效考评后得到的绩效考评结果而支付给员工的薪酬。绩效薪酬作为基本薪酬是对员工绩效行为的一种肯定,既可以与员工的个人绩效挂钩,同时还可以与员工所在团队或整个企业的绩效挂钩。

③ 激励薪酬。激励薪酬是指企业根据员工是否达到或超过某种事先建立的标准、个人或团队目标或者公司收入标准而浮动的报酬,是在基本工资的基础上支付的可变的、具有激励性的报酬。激励薪酬以支付薪酬的方式影响员工的未来行为。因为激励薪酬在员工达到业绩之前已经被确认,员工对于在超额完成任务后所能得到的奖金数额非常清楚,能明显地体现激励薪酬的激励作用。

④ 间接薪酬。间接薪酬是指一种补充性报酬,一般指福利与服务,它往往不以货币形式直接支付给员工,而是以服务或实物的形式支付给员工,例

如带薪休假、成本价的住房、子女教育津贴等等。

3. 薪酬的功能

（1）对企业的作用

对于企业而言,薪酬构成了企业的劳动成本,劳动成本影响着企业产品或服务的价格。薪酬水平过高会影响企业的价格优势,不利于企业的竞争。同时,对人力资源的活动与开发需要进行一定的投资,投资后的人力资源效能的发挥取决于员工的态度。为此,要对员工进行综合激励,而薪酬就是最重要的激励手段。薪酬还具有导向功能,企业的薪酬政策、薪酬结构和薪酬水平反映了企业对员工行为的期望,表明什么样的员工及员工什么样的行为是企业需要和倡导的。

（2）对员工的作用

对员工而言,薪酬是其个人及家庭的生活来源和保障。企业合理的工资水平可以满足员工及其家庭的生活需要,以及劳动力再生产的需要。薪酬还具有满足员工个人精神需要,体现个人价值的作用。同时,薪酬也是个人人力资本投资的收益。不同学历通常具有不同的工资标准,这正是薪酬对个人人力资本投资收益性质的体现。因此,在薪酬制度设计过程中,应使各种需求得以综合体现。

（二）薪酬管理及其影响因素

1. 薪酬管理的概述

（1）薪酬管理的定义

薪酬管理是组织在战略的指导下,对员工报酬的支付原则、支付标准、发放水平及结构进行确定、分配、调整的过程。

传统的薪酬管理的着眼点在物质报酬方面,对员工的行为特征考虑较少,仅具有物质报酬分配的性质。现代薪酬管理的理念发生了很大的变化,薪酬管理的重点转移到员工身上。组织目标的实现有赖于员工积极主动地工作,所以需要对员工进行激励。激励分内部激励和外部激励两种,工资、奖金、福利等物质报酬是外部激励要素;而工作本身的多样化、工作的挑战性、工作责任、成就、认可、发展等是内部激励要素。现代薪酬管理将物质报酬的管理过程与员工激励过程紧密结合起来,成为组织管理的有机整体。

（2）薪酬管理的重要性

薪酬问题是劳动力市场和人力资源管理的核心问题,它涉及员工、雇主、市场、社会、政府等各方面,对社会经济甚至政治产生重要影响。薪酬管理的

重要性体现在以下几个方面:

① 薪酬管理是组织管理的重要组成部分。薪酬本身的重要性决定了薪酬管理的重要性,使薪酬管理成为组织管理必不可少的一部分。薪酬管理包括微观的薪酬管理和宏观的薪酬管理两部分。

微观的薪酬管理是指组织根据员工付出的劳动确定其报酬总额、报酬结构以及报酬形式的过程。在这个过程中,组织必须就薪酬水平、薪酬决策、薪酬结构、薪酬形式以及特殊员工群体的薪酬等问题作出决策。薪酬管理是一种持续的组织管理过程,组织必须持续不断地制订薪酬计划,进行薪酬预算,控制薪酬成本,沟通薪酬政策,同时还要对薪酬系统本身的有效性进行评估并不断予以完善。一套完整而规范的薪酬管理程序包括以下环节:第一,根据组织战略及人力资源管理战略确定薪酬管理的原则与策略;第二,进行职位分析及职位评价;第三,进行外部劳动力市场的薪酬调查,确定薪酬等级和薪酬标准;第四,建立薪酬结构,实施薪酬制度;第五,对薪酬作出评估,并进行调整。

宏观的薪酬管理是指从国民经济的全局出发,运用各种经济杠杆,从宏观上控制薪酬的变化。宏观的薪酬管理包括三个方面:一是宏观决策,即遵循一定原则确定工资的总水平、基本分配模式和工资制度改革的总体规划;二是管理体制,即各级、各类管理部门以及基层社会经济组织在薪酬管理上的权限和责任的划分与实行;三是宏观调节与控制,即对地区、产业或基层社会经济组织之间的工资关系,以及对工资与其他经济活动之间的数量关系进行合理的配置与调整,以达到国民经济协调平衡发展的目的。

② 薪酬管理是推动组织变革的有力工具。薪酬管理是组织管理的重要内容,同时也是组织管理的难点所在,因为薪酬管理体系必须同时具有合法性、有效性和公平性。合法性是薪酬管理过程中最基本的要求,即组织的薪酬标准必须符合国家的最低工资标准、最低小时工资标准,同时要体现同工同酬及人人同等的国家法律规定;有效性是指薪酬管理必须帮助组织实现其目标;公平性是指员工感知到的组织的薪酬体系以及薪酬管理过程的公平性、公正性。但是,合法性、有效性、公平性三者之间有时会存在一定的矛盾,组织需要在三者之间寻找最佳的平衡点。很难找到一种薪酬体系能够满足组织中所有层面员工的要求,所以薪酬管理的核心问题是管理者权衡各种体系的优缺点,使所选择的薪酬体系能够实现组织的目标。

③ 薪酬管理有利于实现组织目标。薪酬管理是组织管理的重要组成部分,是组织人力资源管理的核心内容。有效的薪酬管理可以帮助组织吸引和

保留组织所需要的员工,尤其是有一定资历、经验丰富、能力较强的骨干员工,最大限度地提高组织智力资本的竞争优势;降低组织的人力资源成本;充分发挥员工的主观能动性;引导和激发员工的工作热情和敬业精神,并鼓励员工作出较大的贡献;使组织绩效最大化。将薪酬与绩效钩挂,充分体现多劳多得,使员工有最好的绩效表现,促进组织的管理变革。

(3) 薪酬管理的内容

① 确定薪酬管理目标。薪酬管理的目标需根据组织战略确定。一般来说,薪酬管理的目标有吸引优秀人才,稳定员工队伍;激发员工的工作动机,实现组织绩效的最优化;实现组织战略目标和使命;最大限度地体现员工自我价值。

② 确定薪酬政策。薪酬政策是经营管理者对薪酬管理运行的目标、任务和手段的选择,是组织在员工薪酬问题上所采取的措施,包括制定薪酬成本投入策略,选择适合本组织的薪酬制度,确定组织的薪酬结构及薪酬水平,实施薪酬的控制与调整等。

2. 薪酬管理的影响因素

薪酬管理主要受到三大因素的影响:外部环境因素、组织内在因素和个体自身因素。

(1) 外部环境因素

外部环境因素是指与工作本身的特性及意义没有直接关系,但对薪酬确实有着很大影响力的社会、文化和经济等各方面因素。具体表现为:政府的政策、法律和法规,文化风俗习惯,劳动力市场状况,生活水平等。

① 政府的政策、法律和法规。很多国家和地区对薪酬设定的下限和种族、性别问题都用立法形式加以规定,如美国的《公平薪酬法案》和《公民权利法案》都要求同工同酬,只要工作的责任大小、技术能力、环境等都相同,无论是男是女,是亚洲还是欧洲人,信仰何种宗教,组织都必须付之以相同的报酬。美国联邦政府还规定,任何城市和地区每人每小时的最低工资不能低于5.15 美元。我国《劳动法》第 48 条作出了关于国家实行最低工资保障制度的规定,任何单位支付劳动者的工资不得低于当地最低工资标准,并为最低工资率的测算制定了严格的方法。

② 文化、风俗习惯。文化和风俗习惯对某一国家或地区而言都是一种被大家所认同的精神产品,有时甚至会进入人们的集体潜意识之中,并且会影响到他们的行为方式。在过去很长一段时间里,我国使用统一的薪酬结构,工人实行 8 级工资制,技术人员实行 16 级工资制,行政人员实行 26 级工

作制,并且几十年不变。但是,人们并没有因此而感到困惑和不公平,这就是文化的影响力。14世纪欧洲教会维持的等级结构的合理工资制和日本传统的年功序列制的盛行,也都是受到文化和风俗习惯的影响。

③ 劳动力市场状况。劳动力市场上劳动力的供求失衡和竞争对手之间的人才竞争都会影响到薪酬的设定。例如,若劳动力市场上某种人才过剩,组织之间就会缺少竞争,这部分人的薪酬就会降低;相反,若劳动力市场上某种人才紧缺,为了获得这些紧缺人才,组织就必须增加薪酬额度。

④ 生活水平。生活水平是人们收入状况、消费指数以及生活质量的具体表现。某一地区生活水平提高了,人们对生活的期望也就会相应提高。要提高生活质量,扩大消费指数,就必须增加收入,这样就会给该地区的组织造成薪酬压力,影响组织的薪酬设定。

(2) 组织内在因素

组织内在因素是指组织本身的经营战略,如经营性质和内容以及组织文化、岗位设计、财务能力、组织规模、组织人力资源政策等,它们对薪酬管理有着很大的影响。

① 组织经营战略。组织经营战略是指组织为了自身的生存和发展,从实际出发,明确制订的组织中、长期发展计划和确定的具体工作方针及行动方式。组织经营战略对薪酬制度的制定起着决定性的作用。如果组织以创新作为主要经营战略,那么该组织就必须把激励工资作为薪酬的要点,以此鼓励员工在生产中大胆创新、缩短工期、减少成本,而不再过多地去评价和衡量各种技能和职位;又如,以顾客为核心的组织经营战略则强调取悦顾客,密切与顾客的关系,尽量超过顾客的期望值,并直接根据顾客的满意度给员工付酬。

② 组织人力资源管理制度。组织人力资源管理制度是规范组织员工劳动行为与管理者管理活动的依据和标准,是组织内部影响薪酬结构的另一因素。如有些组织认为提供头衔就可以吸引员工,因此就很少提高薪酬;但有些组织拉开薪酬的级差,鼓励员工向更高工作标准和更新技术发展,以获得更高的薪酬。

③ 组织文化。组织文化是指组织中长期形成的共同信念、作风、价值观和行为准则等。组织文化以组织精神为内核,包括三个层次:组织物质文化层(厂房设备、产品外观等)、组织制度文化层(领导体制、管理制度等)、组织精神文化层(行为价值观、员工素质等)。它反映了组织整体的行为倾向和偏好。如有些组织经常会随着形势的变化而制定一些正式或非正式的薪酬政

策,以证明它在劳动力市场中的竞争性地位;也有些组织则严守刻板,一旦制定薪酬政策就很难改变,管理者和员工也能相安无事。这就是不同组织文化对薪酬管理的影响。

④ 组织经营性质和内容。组织经营性质和项目的不同,也会影响组织的薪酬策略。在高科技组织中,知识分子和技术员占主体,相对而言人数较少,又都是从事高科技含量的脑力劳动,因而人力资源成本在总成本中占的比例不大;而在劳动密集型的组织中,员工人数庞大,又从事简单的体力劳动,人力资源成本在总成本中占有很大的比重。这样两类不同的组织,它们的薪酬策略也必然不同。

⑤ 组织的财务状况。组织的财务状况不仅影响到薪酬策略的确定,还直接关系到招聘、能力、劳资关系等许多人力资源管理问题。例如,经营比较成功、财务状况良好的组织会倾向于支付高于劳动力市场水平的薪酬;相反,经营失败、支付能力较差的组织就会选择支付低于劳动力市场水平的薪酬,慢慢地就会失去市场竞争力。

(3) 员工个体自身因素

员工个体自身因素是指与员工个体自身的工作岗位、个体所受的教育程度以及个体自身的经验等有关的一系列状况。这些状况会影响到薪酬的设定。

① 工作岗位。一般情况下,决定员工薪酬的关键要素包括岗位、个人知识技能、工作经验等。以工作岗位为依据的岗位薪酬体系是最传统、使用最广泛,也是较为成熟的基本薪酬制度。这种模式最大的特点是:员工处于什么样的职位就能得到什么样的薪酬。这就要求企业对不同的岗位作出正确的工作分析与工作评价,选择与之相适应的工作评价技术。

员工所从事的工作或岗位类别是他们将要得到多少薪酬的主要决定因素。不同岗位在工作价值、难易程度、责任轻重、劳动环境等方面存在差异。工作责任重、技能要求高、复杂程度高、环境艰苦的工作,薪酬应高些;反之,薪酬应低些。通常情况下,员工的基本薪酬与其完成或承担的任务、责任和职责关系很大。职务既包含着权力,同时也负有相应的责任,有时对员工的心理乃至生理都会产生一定的压力。因此,企业要根据岗位所负的责任大小、承受各种压力的大小确定薪酬水平。

② 知识与经验。一般而言,员工所受教育程度越高,知识水平也越高,得到的薪酬也应越高。这是因为薪酬不仅会补偿员工原来学习过程中所花费的各种生理、心理能量,还是影响员工进一步学习、提高技能、促进产量提

高的动力。

另外,经验多、工作时间长的员工可获得较高的薪酬。很多组织把员工的薪酬和经验联系起来,即经验与薪酬成正比。例如,高级管理人才需要有12年以上的相关工作经验,管理人才需要8年以上相关经验,而一般技术员工则需要5年左右相关经验,同时他们的薪金也与此相对应。

③ 资历或工龄。员工在某个组织、分支机构、部门或一项工作中的工作时间长度称为"资历"。工龄主要是指员工在本企业的工作时间。一般来说,资历或工龄与员工的工作经验、工作技能和熟练程度呈现出一定的正相关关系。工龄工资通常随着员工工作年限的增长而自动增加。因此,无论是哪一种薪酬体系,工龄工资在薪酬总额中都占有一定的比例,尽管只是占很小一部分。

(三) 战略性薪酬管理

1. 战略性薪酬管理的概念

战略性薪酬管理是指利用薪酬工具适应内外部环境的变化,协助企业的经营战略得到顺利的确定和有效实施,具体体现为一系列薪酬管理的过程和活动,是对薪酬战略的具体落实和实施。战略性薪酬管理不只是对员工贡献的承认或回报,还是一套把企业愿景、目标和价值观转化为具体行动的方案,以及支持员工实施这些行动方案的管理流程。

在人力资源管理中,薪酬管理是受到外界环境影响最大的环节之一。这是因为:首先,薪酬管理受到的法律约束最多,它是各种劳动关系的集中体现,与社会劳动保障的关系也最为密切;其次,员工在多变的商业环境中更关心薪酬问题;最后,薪酬管理的利益相关主体最为复杂,包括了政府、工会、劳动力中介机构等,多变的内外部环境和多重的利益相关性是驱使薪酬管理向战略方向转型的强大动力。

企业薪酬管理的职能随着人力资源战略地位的提升而扩展,它已经从单纯的交换劳动力和控制人工成本的职能上升为战略人力资源的开发和管理手段。因此,薪酬管理不仅成为企业的独立管理职能,而且成为一项企业的战略管理职能。战略性薪酬管理理念的引入和发展有助于人们重新审视薪酬设计的原因、最终目标,怎样才能保持灵活性以适应日益复杂的社会市场环境,以及对实现企业的战略目标有什么帮助等问题,从而更有效地帮助人们从战略高度理解和运用薪酬管理这一管理职能。

2. 战略性薪酬管理的重要性

(1) 战略性薪酬管理对提升组织绩效的作用

① 降低人工成本。人工成本一般要占组织整体运作成本的20%—50%,服务行业人工成本的比重更大,甚至可高达60%—70%以上。因此,降低人工成本是企业竞争优势的重要来源。对于初创企业和处在困难时期的企业,依靠有效的薪酬管理减少薪酬开支,对企业的生存与发展更具有关键的作用。

② 吸引和留住人才。一方面,薪酬管理具有吸引与筛选人才的作用,较高的薪酬水平和较新的薪酬形式可以吸引和奖励企业稀缺和创新人才;另一方面,建立公平、合理的薪酬激励体系,对于维系人才是十分关键的。

③ 引导员工行为。一个设计和实施优良的薪酬体系可以传达这样的信息:什么样的员工是企业需要和关注的;什么样的行为是企业认可并给予奖励的。比如,岗位薪酬约束员工的尽职尽责行为;技能薪酬奖励员工学习知识和掌握更多技能的行为;绩效薪酬则鼓励员工为企业价值增值作出更大的贡献。企业可以根据对员工管理的需要,设计符合战略需求的薪酬体系。

④ 促进劳资和谐。薪酬管理是一把双刃剑,不科学或不公平的薪酬管理往往是劳资争议的焦点。战略性薪酬管理建立在和谐的劳资关系基础之上,它不仅有助于缓解劳资冲突,还可以保证企业的永续发展。

(2) 战略性薪酬管理对企业竞争优势的作用

薪酬管理对企业竞争优势的作用通常有三个衡量标准:价值性、难以模仿性和有效执行性。

① 价值性。即薪酬管理能否对控制人工成本、吸引和维系人才以及员工的态度和行为等有直接和较强的影响。应该说,对上述因素不产生影响或影响较弱的薪酬管理行为,不具有对组织竞争优势的显著价值性。

② 难以模仿性。如果一个薪酬决策很容易被模仿,那么所有的公司都可以通过它获取竞争优势,其优势也就不复存在了。因此,为了使薪酬战略具有难以模仿性,必须使得薪酬管理具有组织的专属性特征——它根植于组织内部,内化为员工行为,最终与组织文化融为一体。

③ 有效执行性。战略性薪酬管理的关键不仅在于它的制定是否科学,更重要的是它能否得到贯彻和执行。唯有如此,才能为企业带来竞争优势。在当前的企业薪酬管理领域,从不缺乏有效的战略,缺乏的是战略执行,而薪酬的战略执行性又主要体现在组织全体成员对薪酬战略的理解能力和接受能力上。

(四) 薪酬战略与人力资源管理战略

即使执行再完善的薪酬战略,企业薪酬成本和员工技能、态度与行为的改变也并非易事。原因在于,薪酬战略只是驱动组织绩效提升的一部分,而不是全部。虽然目前在学术界和企业界存在着对"薪酬管理万能论"的推崇,但现实的情况是,没有一个企业的薪酬问题得到过非常完美和最终的解决,往往是在旧问题尚未得到解决时,又出现更加难以克服的新问题。因此,必须辩证地看待薪酬战略的作用。薪酬管理虽然不能承担员工管理的全部职责,但是如果缺乏有效的薪酬战略,企业的人力资源战略目标就无法实现。简言之,薪酬管理只有与人力资源管理系统相互配合,才能有效地解决人力资源的问题。很多企业的决策者在遇到员工管理问题时,经常会认为薪酬是主要的和急需解决的问题,因此不惜用重金请咨询公司或其他机构为企业设计薪酬方案,策划薪酬改革。但是,效果往往并不理想。究其主要原因在于:在没有对薪酬管理与其他人力资源管理职能之间的综合与协同关系进行详尽分析的基础上,就孤立地进行薪酬体系的设计和改革。其结果是,一旦发现组织运作体系、绩效管理体系、培训开发体系等与新的薪酬管理体系不相匹配,新设计的薪酬体系也就被束之高阁。因此,基于综合与协同关系的薪酬战略设计必须作好两方面准备:

(1) 认识到在降低薪酬成本,改变员工的技能、态度和行为过程中薪酬管理作用的有限性。如果遇到员工是因为职业发展障碍而产生积极性不高的情况,那么单靠薪酬是解决不了问题的,一味地使用薪酬战略反而会提高成本并对激励起到负面作用。所以,企业必须正确分析薪酬所应起到的和所能起到的作用,即与其他人力资源战略发挥协同作用。

(2) 认识到薪酬管理是人力资源管理的后向职能。后向职能是指在所有其他职能完善之后才能有效执行的职能。因此,如果要提高战略性薪酬管理的执行效能,必须首先对人力资源管理的其他职能进行完善,这也是战略性薪酬管理的系统性原则所强调的。

二、员工薪酬制度

(一) 岗位薪酬制

岗位薪酬制是在工作岗位分析和时间研究基础上,按照工人在生产过程中工作岗位的劳动责任、劳动强度、劳动条件等评价要素,确定薪酬等级和薪酬标准的一种薪酬制度。其主要特点是"对岗不对人"。

在具体实施过程中,岗位薪酬制又有许多形式,主要包括岗位等级薪酬制、岗位薪点薪酬制等,其岗位薪酬的比重都占总体薪酬的60%以上。

1. 岗位等级薪酬制

岗位等级薪酬制是等级工资制的一种形式,它是按照员工在生产过程中工作岗位的重要程度确定工资等级和工资标准的一种工资制度。该制度下,员工工资与岗位要求直接挂钩,适用范围较广。岗位等级薪酬制的具体形式参见表9-1所示:

表9-1 岗位等级薪酬制的具体形式①

岗位	薪酬标准(元)	管理职务	技术职务	工人岗位薪酬标准	
				岗位	标准(元)
十岗	500	公司总经理		一岗	108
九岗	435	公司副总经理		二岗	135
八岗	390	总经理助理		三岗	165
七岗	370	公司部室主任	正高工程师	四岗	195
六岗	325	公司部室副主任	副高工程师	五岗	225
五岗	280	科长		六岗	260
四岗	238	副科长	工程师	七岗	305
三岗	195	主办科员	助理工程师		
二岗	160	科员	技术员		
一岗	130	办事员	技术员		

岗位等级薪酬制的特点表现在以下两个方面:

第一,以岗定薪:按照员工的工作岗位等级规定工资等级和工资标准。具体是按照各工作岗位的技术复杂程度、劳动强度、劳动条件、责任大小等规定工资标准,员工在哪个岗位工作,就执行哪个岗位的工资标准。在这种情况下,同一岗位上的员工,尽管能力与资历可能有差别,但执行的都是同一工资标准。

第二,岗升薪升:员工要提高工资等级,只能到高一级岗位工作。岗位等级薪酬制不存在升级间距,员工只有变动工作岗位,即只有到高一等级的岗

---

① 文跃然主编:《薪酬管理原理》,复旦大学出版社2004年版,第313页。

第九章 薪酬管理

位上,才能提高工资等级。

建立岗位等级薪酬制可按以下步骤进行:

(1) 设立组织,配备人员,进行培训。设立岗位等级薪酬制的组织可由人力资源部门牵头,邀请有关工程技术人员和经营管理人员以兼职形式参与,请有关专家对参与人员进行工作评价技能的专业培训。

(2) 工作标准化。即对企业各个岗位的工作加以改进并实行标准化。为了实现高效率,最好进行方法研究和时间研究。这项工作应由专门人员完成。

(3) 工作分析。在企业中,工作是由企业组织为达到目标必须完成的若干任务组成的。而工作分析是指确定各项工作所需技能责任的系统过程。工作分析给出一项工作与其他工作的关系,所需的知识和技能,以及完成这项工作所需的工作条件。工作实际情况被集中起来并加以分析,进行科学系统的描绘,最后作出规范化记录,制成工作说明书。

(4) 工作评价。即在工作分析的基础上,对不同内容的工作,以统一的尺度(标准),进行定量化评定和估价,对工作进行分类和分级,从而确定各项工作的相对价值。在这一步骤中,应先就各项工作的性质作横向的划分,即将工作性质、工作内容相同或相近的归为一类,初步确定岗位种类;然后再将同类性质的若干工作,根据对其评价的结果作纵向的划分,以决定其岗位属于什么等级。

(5) 货币转换。即根据工资总额、岗位等级、岗位数目三类数据计算岗位工资标准。

(6) 与市场工资率平衡。岗位工资标准测算之后,还必须结合薪资市场上流行的工资标准作相应的调整。

(7) 制定实施细则。岗位工资实施细则的内容包括:新工资标准的运用;工作评价的日常维护和定期检查等。

2. 岗位薪点薪酬制

岗位薪点薪酬制是在员工岗位的岗位因素,即劳动评价的"四要素"(岗位责任、岗位技能、工作强度、工作条件)的基础上,用点数和点值确定员工实际劳动报酬的一种薪酬制度。员工的点数通过一系列量化考核指标确定,点值与企业和专业厂、部门效益实绩挂钩。

岗位薪点薪酬制的主要特点是:工资标准不是以金额表示,而是以薪点数表示;点值取决于经济效益。该制度适合于岗位比较固定、以重复性劳动为主的岗位。

岗位薪点薪酬制的具体操作方法是：

（1）工作分析。对企业内所有岗位进行科学的工作分析,对每一岗位具体的工作职责、权限、内容、强度、环境,任职资格等进行全面的分析,在此基础上对不同岗位职务建立岗位工作规范。

（2）职位评价。在全面的工作分析的基础上,对每一岗位按该岗位所应承担的责任、应具备的知识和技能、工作环境及其他要素等进行评价。每一岗位应承担的责任通常有:风险责任、成本控制责任、决策责任、法律责任、指导监督责任等。从事该岗位应具备的知识和技能包括:工作时间特征、舒适程度、危险性、工作环境对身体的影响等。其他要求包括:体力、精力、创新、工作紧张程度等。综合考虑以上因素,按国际通用的方法进行评价打分,最后得出各个岗位的岗位点数。

（3）员工考评。员工考评主要是以职务说明书规定的岗位职责履行情况为标准,对员工在考核期内的表现和业绩进行评价和考核,得出每个员工的表现点数。

（4）确定加分点数。对员工进行综合评价,得出员工的加分点数。在确定加分点数时,企业要制定统一的评分标准,尽量做到客观公正。

（5）计算个人点数。对员工所在职位的岗位点数、表现点数和加分点数进行加总,得到员工的个人总点数。

（6）确定工资率。影响工资率的因素很多,主要有企业所在行业的特征、所在地区的生活水平、企业自身经营状况等。对近期的工资进行测算,最终确定合理的工资率,即点值。

（7）计算薪点工资。点值或工资率确定以后,薪点工资就等于员工个人总点数乘以工资率,即:薪点工资＝员工个人总点数×工资率。

（二）技能薪酬制

技能薪酬制是指组织根据一个人所掌握的与工作有关的知识、技术以及能力为基础制定薪酬的一种薪酬制度。这种薪酬制度通常适用于所从事的工作比较具体而且能够被界定出来的操作人员、技术人员以及办公室工作人员等。

技能薪酬制的具体操作步骤如下：

1. 工作分析

技能薪酬的工作分析是为了确定完成特定任务所需要的技能。为了把这些有效完成任务所需的重要技能作为付酬因素,首要的工作是系统描述所涉及的各种工作任务。为了清楚了解这些工作任务,有必要依据一定的格式和规范将这些工作任务描述出来。根据这些标准化的任务描述,就能理解为了达到一定的绩效水平所需技能的层次。在工作分析的基础上,设计小组需要评价各项工作任务的难度和重要性,然后重新编排任务信息,对工作任务进行组合,从而为技能等级和相应薪酬的确定打下基础。

2. 技能模块的界定与定价

(1) 技能模块的界定。技能模块是指员工按照既定标准完成工作任务必须能够执行的一种工作技能,是构建技能的基本要素,一般分为三类技能类型,包括初级、中级、高级三个水平层次。每个技能模块一般由三种技能要素构成,包括基础技能、核心技能和选择技能。

(2) 技能模块的定价。第一,要确定技能模块的相对价值。技能价值可以从两个方面评价:首先是技能获取的难度。难度越高,价值越高。第二,要确定技能相对组织的重要性。为了保证技能薪酬的外部竞争性,需要进行外部市场调查。先是选择与外部竞争组织相对的典型技能模块,寻找技能模块点数与薪酬水平之间的关系,从而确定组织内技能模块的市场薪酬线和薪酬政策线。

(3) 员工技能的分析与认证。对员工进行的技能分析与认证是最后关键的一步。在这一阶段,需要对员工的现有技能进行分析,同时还要制订出技能资格认证计划及追踪管理工作成果的评价标准。

① 员工技能分析。确定组织内每位员工所掌握的实际技能。员工技能的鉴定需要确定三个方面的内容:鉴定者、鉴定内容、鉴定方法。一般由各方面的专业人士组成一个技能鉴定委员会;鉴定内容通常是根据企业的技能模块的要求设计;鉴定方法包括笔试测验、现场操作、情景模拟。

② 技术资格的认证与再认证。这是实施技能薪酬制的最后一个环节,即设计出一个能够确定员工技能水平的认证方式。在技能等级评定和认证完成后,每隔一段时间还要对技能水平进行重新认证。只有这样才能确保员工保持已经达到的技能水平。不仅如此,随着技术的革新,技能本身也逐渐发生变化。因此,企业需要根据自身技术水平的更新情况,不断修订技能等级标准,重新进行技能等级的认证。

(三) 绩效薪酬制

绩效薪酬制是指根据员工实际的、最终的劳动成果确定员工薪酬的薪酬制度。绩效薪酬制有多种形式,常见的如计件绩效制、计时绩效制、佣金绩效制和提成绩效制等。

1. 计件绩效薪酬制

计件绩效薪酬制是根据劳动者生产的合格产品的数量和完成的作业量，按预先规定的计件单价支付给劳动者劳动报酬的一种工资形式。计件绩效薪酬主要适用于生产工人，他们工作的一个明显特点就是结果（即产量）较容易度量。计件绩效薪酬制包括直接计件薪酬制、差别计件薪酬制、计件绩效薪酬制等。

（1）直接计件薪酬制

直接计件薪酬制是最古老的激励形式，也是使用最广泛的形式。它是通过确定每件产品的计件工资率，将工人的收入和产量直接挂钩。按照直接计件制，每生产一个单位的产品就会得到事先规定好数目的工资，工资直接随产量函数变动。大多数计件薪酬都有一定数量的产量基数，即劳动定额。另外，大多数工资规定中都有一个必须保证的工资最低保障线。

表9-2 直接计件薪酬制例表①

规则：	
计件工资标准(根据实际研究确定的工作定额):10 单位产品、小时	
工资最低保障线(如果不能完成工作定额):5元、小时	
激励工资率(对于超过10个单位以上的每个单位):0.50元、单位产品	
个人产出示例	所得工资
10 单位或者低于 10 单位产品	5元/小时(因为有最低保障)
20 单位产品	20×0.5=10(元/小时)
30 单位产品	30×0.5=15(元/小时)

直接计件薪酬制也是应用最广泛的方法。它简单易行，且员工容易理解，激励效果明显。但是，其最大的不足在于难以确定合理的标准，也难以反映优质产品、原材料节约和安全生产等方面的超额劳动。

（2）泰勒的差别计件薪酬制

泰勒提出了工作定额管理（或科学管理）的原则，即科学地（只按一流工人的水平）确定工作定额（或标准工作量），然后让工作人员去完成这一定额。根据工人完成标准的情况，有差别地给予计件工资。

（3）梅克里多的计件绩效薪酬制

梅克里多的计件绩效薪酬制是指根据员工的工作绩效，将员工分为三个

---

① 资料来源：张正堂、刘宁编著：《薪酬管理》，北京大学出版社2007年版，第177页。

等级,随着等级的变化,绩效工资递增 10%。表现中等的员工将得到标准报酬,表现优秀的员工将得到额外的报酬,表现劣等的员工将得到低于标准的报酬,见表 9-3 所示:

表 9-3　梅克里多计件绩效薪酬制计算示例

类别	判定	获得额定工资的比率
表现劣等的员工	在标准产量的 83% 以下	$0.9 \times r$
表现中等的员工	在标准产量的 83%—100% 之间	$1.0 \times r$
表现优秀的员工	在标准产量的 100% 以上	$1.1 \times r$

2. 标准工时绩效制

标准工时绩效制是以完成单位产量所消耗的时间为绩效标准确定激励工资水平的形式。实行这种制度首先要确定以正常的技术水平完成工作所需的时间(标准工时),然后确定这项工作的计时工资率,当员工的生产工时低于标准工时时,按节省的百分比给予不同比例的奖金。

例如,对某搬运工种的时间动作研究发现,一个合格的搬运工人完成一份搬运工作的平均时间为 1 小时,确定标准小时工资 r 元/小时。如果某位技术水平高、动作熟练、体力强于一般人的搬运工只用了 45 分钟就完成了一份搬运工作,他节省了 25% 的时间,折合为工资率就为 1.25,那么他的工资就为 $1.25r$。

标准工时绩效制具有直接计件制的各种特征,它的优点在于计件报酬率不必随着每一次报酬率变化而重新计算,比较适用于那些生产过程不容易控制、技巧要求较高和工作周期较长的工作和职位。

3. 佣金绩效制

佣金绩效制是一种直接按照销售额的一定比例确定销售人员薪酬的分配制度。它主要适用于销售人员薪酬计算和支付。由于报酬与绩效直接挂钩,会激励销售人员努力扩大销售额,以得到更多的工资报酬;另外,佣金绩效制简单易行,易为销售人员所理解,使管理与监督的成本降低。但其缺陷也很明显,即往往会引致销售人员只注重扩大销售额,而忽视企业长期客户的培养,并且会导致他们不愿推销难以出售的产品。

某企业根据销售人员销售额的高低设计了以下三档佣金:

第一档:月销售额在 20 万元以下的,销售人员月总收入 = 基本薪酬 + 7% 的利润 + 0.5% 的销售总额

第二档:月销售额在 20 万元到 30 万元之间的,销售人员月总收入 = 基

本工资 +9% 的利润 +0.5% 的销售总额

第三档：月销售额在 30 万元以上的，销售人员月总收入 = 基本工资 + 10% 的利润 +0.5% 的销售总额

（四）浮动薪酬制

浮动薪酬制就是把职工基本工资的部分或全部与奖金合在一起，依据企业效益好坏及职工工作表现和工作绩效大小支付工资的一种工资制度。一般来说，基本工资中与奖金一起浮动的部分可多可少，可以是职工基本工资的大部分固定，小部分浮动；也可以是一半固定，一半浮动；还有的企业或组织甚至将全部基本工资都作为浮动部分。具体采取哪一种浮动形式，由组织依据自身的实际情况决定。

在实行浮动工资制度之前，组织往往需要先确定一个生产指标或基数，超过这一指标或基数的职工工资可以上浮，即可以拿到全部的基本工资和奖金；没有超过这一指标或基数的职工工资下浮，即只能拿到一部分基本工资或一点基本工资也拿不到。在保持其他因素稳定的情况下，职工工资多少与该指标或基数的高低有密切关系。因此，制定合理的生产指标或基数，是顺利实行浮动工资制度的关键。如果指标过高，多数职工都完不成任务，必定使人们怨声载道，损害了劳动者的工作积极性；如果指标太低，所有的劳动者都能完成所规定的指标或基数，又会失去浮动工资的激励意义。所以，在确定指标之前，必须先经过大量的调查和论证。另外，在实施时相应还应有比较健全的劳动定额管理和人事考评制度，才能保证浮动工资制度的合理性。

浮动工资制度要取得预期的效果，还必须具备其他一些条件。如企业的生产任务要既明确又比较饱满，职工不会因拿不到任务而失去工资上浮的机会。此外，生产任务的完成程度应便于量化测量，且具有可比性。在这样的前提下，职工是否能拿到浮动工资就完全取决于其个人工作努力程度。同时，量化可比的生产任务指标又可以保证浮动工资发放的合理性和公平性。

（五）薪酬趋势——宽带薪酬

宽带薪酬是对多个薪酬等级及薪酬变动范围进行重新组合，从而形成相对较少的与行政职位或岗位相对应的薪酬等级及薪酬变动范围，结果就将原来企业中的十几个甚至几十个的薪酬等级压缩到七八个，相应的每个薪酬等级的薪酬变动范围也得到扩大。

宽带薪酬制最早出现于 20 世纪 80 年代末、90 年代初的美国公司。那

第九章 薪酬管理

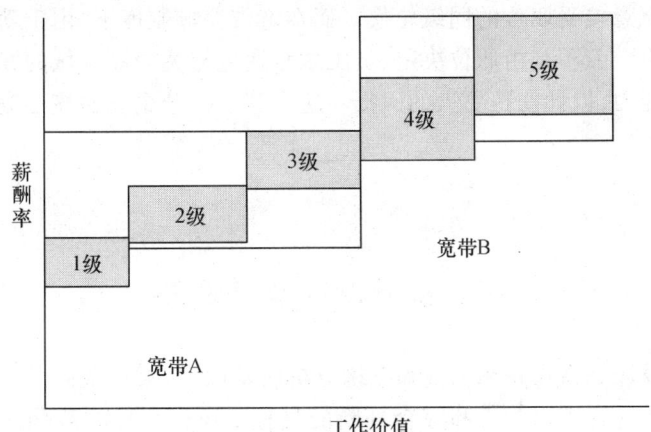

图 9-1　宽带薪酬模式图

时,西方经济经历了很长的衰退期,企业破产倒闭的数目不断增加,失业率不断上升,美国的传统企业面临着重大的转型压力。在这样的背景下,许多美国公司为了摆脱困境,提高市场应变能力,开始改革原有的众多层级的机械式组织结构,追求整个组织结构的扁平化和柔性化。宽带薪酬制便应运而生了。

首先,宽带薪酬制打破了传统薪酬结构的等级观念,减少了工作与工作之间的等级差别,有利于企业提高效率及创造学习型的企业文化,同时有助于企业保持自身组织结构的灵活性和有效地适应外部环境的能力。

其次,宽带薪酬制引导员工重视个人技能的增长和能力的提高。在传统等级薪酬结构下,员工的薪酬增长往往取决于个人职务的提升而不是能力的提高。因为即使能力达到了较高的水平,但企业中没有出现职位的空缺,员工仍然无法获得较高的薪酬。而在宽带薪酬体系设计下,即使是在同一个薪酬宽带内,企业为员工所提供的薪酬变动范围也可能会比员工在原来的五个甚至更多个薪酬等级中可能获得的薪酬范围还要大。这样,员工就不需要为了薪酬的增长而去斤斤计较职位晋升等方面的问题,而只要注意发展企业所需要的那些技术和能力就可以获得相应的薪酬。

最后,宽带薪酬制有利于职位轮换,培育那些新组织的跨职能成长和开发。在传统的等级薪酬结构中,员工的薪酬水平是与其所担任的职位严格挂钩的。由于同一职位级别的变动并不能带来薪酬水平上的变化,但是这种变化使得员工不得不学习新的东西,从而工作的难度增加,辛苦程度更高,这样员工就不愿意接受职位的同级轮换。而在宽带薪酬制度下,由于薪酬的高低是由能力决定而不是由职位决定,员工乐意通过相关职能领域的职务轮换提升自己的能力,以此获得更大的回报。这有利于提升企业的核心竞争优势和整体绩效。

下篇

三、薪酬设计及其调整

薪酬设计是指在薪酬调查和系统分析的基础上,对复杂而又多因素的薪酬管理体系进行逻辑分析和综合判断的过程。设计合理的薪酬体系不仅可以充分体现岗位与员工的价值,还可以起到良好的激励作用,有助于企业战略目标的实现。

(一)薪酬设计的流程

做好薪酬设计,首先必须规范薪酬设计的基本流程。一个典型的薪酬设计流程由七个环节构成,如图9-2所示:

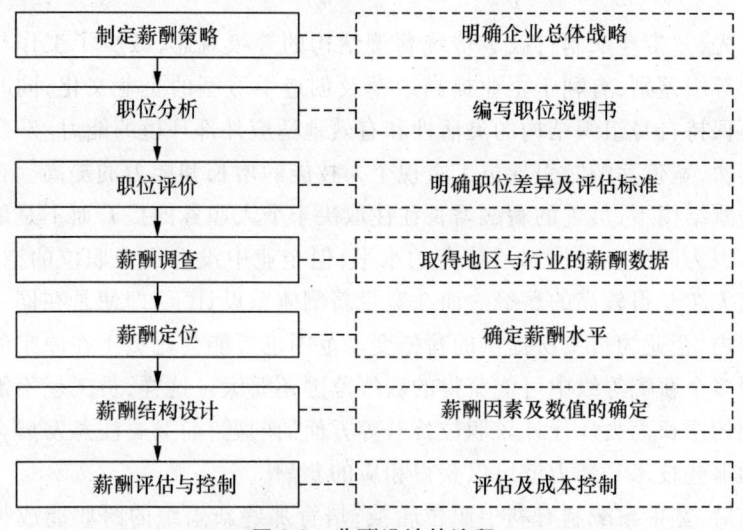

图9-2　薪酬设计的流程

在图9-2中,左边的实线方框表示流程各个步骤的名称,右边的虚线方框则说明各步骤对应的主要内容与活动。

1. 薪酬策略的制定

在组织的薪酬管理流程中,企业薪酬战略是薪酬管理的首要环节。一般来说,企业的总体薪酬战略是结合企业的不同发展阶段制定其具体的薪酬战略。薪酬战略作为薪酬设计的纲领性文件,要对以下内容作明确规定:对员工本性的认识,对员工总体价值的认识,对管理骨干即高级管理人才、专业技术人才和营销人才的价值估计等核心价值观;企业基本工资制度和分配原则;企业工资分配政策与策略,如工资拉开差距的分寸标准,工资、奖金、福利的分配依据及比例标准等等。

2. 职位分析

科学的岗位设置和职位分析是做好薪酬设计的基础和前提。开展此项工作的主要目的在于产生清晰的企业职位结构图和工作说明书体系。

职位分析是确定薪酬的首要工作和基础,是全面了解工作并提取有关信息的基础性活动。只有对各职务有了客观性的认识,企业才能发现、挑选、培养和奖励员工,在对其确定考察标准时,才具备强有力的支持。职位分析需要各部门负责人和人力资源管理部门、员工及其上级主管共同努力和合作完成,产生的职位说明书和工作规范为薪酬设计搭建了一个良好的框架,使薪酬设计有据可依。

3. 职位评价

职位评价建立在职务分析的基础上,重在解决薪酬对内公平性的问题,也是薪酬结构内部一致性过程的一个组成部分。薪酬结构所关注的是企业内部薪酬水平等级的数量和不同薪酬水平之间级差的大小。这就需要系统地确定各职位的相对价值。在职位分析的基础上划分职位类别,参照职位说明书,以工作内容、所需技能、对组织的价值以及外部市场为基础,对职位进行综合测定评价。

4. 薪酬调查

社会经济环境、地区和行业水平、劳动力价格水平等外部因素对于企业的薪酬设计有重要的影响。在市场经济条件下,外部市场已成为影响企业薪酬设计的一个重要因素,它强调的是薪酬支付与外部组织薪酬之间的关系,特别是指与其他竞争对手相比薪酬水平的高低。

薪酬调查是采集和分析竞争对手所支付薪酬水平的系统过程,它能提供设计与竞争对手相关的薪酬策略所需的数据,并把该策略变成实际操作中的薪酬水平和薪酬结构,在建立薪酬体系中发挥重要作用。因此,薪酬调查着重解决薪酬对外竞争力的问题。企业在确定工资水平时,需要参考劳动力市场的薪酬水平。

薪酬调查的对象,一般首选与自己有竞争关系的企业或同行业的类似公司,重点考察员工的流失去向和招聘来源。只有通过广泛调查、深入研究,并对所得到的信息进行整理和分析,才能得到市场上的工资水平数据,才能在此基础上对薪酬体系进行基本定位。

5. 薪酬定位

在分析同行业的薪酬数据后,需要做的是根据企业状况选用不同的薪酬水平。薪酬水平对企业吸引和留住员工的能力有重要的影响。大多数企业通过调查其他竞争对手的薪酬率制定出在市场上具有竞争力的薪酬率。在综合考虑产品市场、劳动力市场和其他因素的前提下,企业采取不同策略定位自己的薪酬水平。这些薪酬决策在不同企业是不一样的,甚至在同一企业的不同职类中也是不同的。

影响企业薪酬水平的因素有多种。从企业外部看,国家的宏观经济、通货膨胀、行业特点和行业竞争、人才供应状况甚至外币汇率的变化,都对薪酬定位和工资增长水平有不同程度的影响。在企业内部,盈利能力和支付能力、人员的素质要求是决定薪酬水平的关键因素。企业发展阶段、人才稀缺度、招聘难度、公司的市场品牌和综合实力,也是重要的影响因素。因此,在薪酬定位上,企业可以根据自身的实际状况选择领先策略或者跟随策略等,以适应企业各个不同发展阶段。

6. 薪酬结构设计

所谓薪酬结构,是指一个企业的组织结构中各项工作的相对价值及其对应的实付薪酬之间保持何种关系。它强调薪酬水平等级的多少,不同薪酬水平之间级差的大小,以及决定薪酬级差的标准。

在职务评价的基础上,我们可以确定企业每一项工作的理论价值:工作的责任越重,复杂程度越高,完成难度越大,对员工的素质要求就越高,对企业的贡献就越大,对企业的重要性也越高,那么该工作的相对价值也就越大,因此工作的工资率也越高。工作的理论工资率要转换成实际工资率,还必须进行薪酬结构设计。这种关系的外在表现就是"工资结构线"。"工资结构线"为我们分析和控制企业的工资结构提供了更为清晰、直观的工具。

7. 薪酬评估与控制

薪酬设计是一个需要反复推敲的过程。薪酬方案草拟结束后,不能立刻实施,还必须对草案进行认真的测量和评估。

一方面,薪酬体系及绩效考核作为管理的工具,并不是一成不变的。当企业的内外部环境发生变化时,职位的调整、员工技能水平的变化,都会影响已经建立起来的薪酬体系的平衡。因此,要建立薪酬管理的动态机制,根据企业经营环境的变化和企业战略的调整对薪酬方案适时地进行调整,使其更好地发挥薪酬管理的功能。另一方面,在薪酬方案具体落实过程中,需要不断地搜集来自各个方面的反馈意见,修正方案中的偏差,使工资方案更加合理和完善。

薪酬的评估与控制环节应当贯穿薪酬管理的始终。薪酬管理就是评估、控制并调整薪酬水平和薪酬比例。只有先评估目前的薪酬制度的合理性,才能弄清其存在的问题。当开始执行薪酬方案时,更应注重实施的效果。

(二)薪酬设计的技术

一份设计科学而又合理的薪酬方案,必须处理好以下两个方面的问题:第一,解决企业内部公平性或一致性的问题;第二,尽量使薪酬水平具有外部竞争性的问题。实际上,要真正做到薪酬水平的内部公平性,首先是要帮助企业确定是否实行按其内部不同职位的重要性程度或价值大小作为支付依据的薪酬方式。我们把这种以职位(价值)为基础的薪酬结构称为职位薪酬。

从20世纪50年代起,职位薪酬已成为西方发达国家最主要的薪酬体系。相对于能力薪酬和绩效薪酬来说,职位薪酬并非直接关注任职者本身的能力水平,也不直接对已完成的绩效结果进行认定和激励,而是以职位作为其激励发生的直接对象。即在职位薪酬体系下,任职者的薪酬主要取决于其所在职位的价值。

一般而言,根据评定职位的价值进而设计出一套科学有效的职位薪酬体系,需要经历五个基本环节,如图9-3所示:

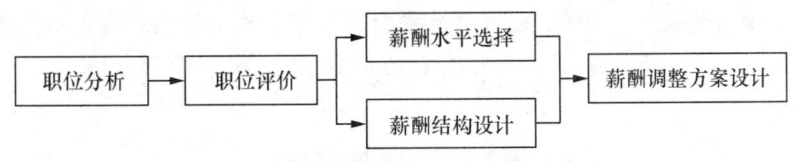

图9-3 职位薪酬设计的五个基本环节[1]

其中,职位分析又称"工作分析",它是人力资源管理的基础工作,对职位责任、工作环节及人员任职资格的规范进行了界定与描述,为职位评价提供

---

[1] 资料来源:曾湘泉编著:《薪酬:宏观、微观与趋势》,中国人民大学出版社2006年版。

了详尽的信息来源;通过职位评价评定出组织内各职位之间的相对价值,得出职位价值分布,奠定了薪酬等级分布的基础,使职位评价成为整个薪酬设计的中心环节;薪酬水平选择是通过薪酬调查并参照劳动力市场职位价格的信息,选择相应的薪酬水平策略;薪酬结构设计则是将组织内部职位价值的结构化分布与外部市场的职位价格分布相对应,对职位薪酬的薪等、薪级等方面进行具体设计;最后在设定好的薪酬结构的基础上,对薪酬的调整方案进行规范与设计。

职位评价的方法可根据不同的标准进行分类,较为常用的职位评价方法有排序法、岗位分类法、因素比较法、要素计点法等。

1. 排序法

(1) 简单排序法

简单排序法是指简单地根据职位价值的大小从高到低或从低到高对职位进行总体上的排序。这是最简单而粗略的一种方法,一般适用于职位相对较少的小型企业,如表9-4所示:

表9-4 简单排序法例表

总　　裁
首 席 建 筑 师
设　计　师
高 级 技 师
技　　师
接　待　员

(2) 交替排序法

交替排序法是指首先从待评价职位中找出价值最高的一个职位,然后再找出价值最低的一个职位,接着再从剩余的职位中找出价值最高的职位和价值最低的职位,依次类推,直至所有的职位都按顺序排列起来,如表9-5所示:

表9-5 交替排序法例表

排列顺序	职位价值高低程度	职位名称
1	最高	市场部部长
2	高	人力资源部部长
3	较高	财务审计主管
⋮	⋮	⋮

(续表)

排列顺序	职位价值高低程度	职位名称
3	较低	安全生产主管
2	低	行政采购主管
1	最低	总经理办公室行政秘书

（3）配对比较法

配对比较法是首先将每一个需要被评价的职位都与其他所有职位分别加以比较,然后根据职位在所有比较中的最终得分划分职位的等级顺序。此类方法类似于体育比赛中通过循环赛排座次的做法。如表9-6所示,四种职位分别在水平和垂直两个维度上进行排列。符号"1"表示方格所对应的水平维度上的职位比垂直维度上的职位重要。在比较过程中,要注意不要混淆水平与垂直维度的比较关系,否则容易造成所得数据的混乱。

表9-6 配对比较法例表

工作职位	A	B	C	D	总分
A	—	1	1	1	3
B	0	—	0	0	0
C	0	1	—	0	1
D	0	1	1	—	2

表9-6中,最终的排定结果是:A、D、C、B。

岗位排序法的主要优点是简单,无须复杂的量化技术,不必请专家,主管者可自行操作,因而成本较低,而且容易理解与沟通。但是,这种方法的缺点也很明显:缺乏详细具体的评价标准,凭借评价者的主观感觉进行排序;主观性较强;缺乏精确的度量手段,只能找出各项工作之间的相对价值,并不能确定他们之间价值差异的具体大小,因而无法据此确定某项工作的具体工资额;如果比较的次数太多的话,反而把简单工作复杂化。

2. 岗位分类法

岗位分类法就是评价者预先制定出一套供参照用的职务级别标准,然后将待定级的职务与标准进行比较分析和整体的综合性评价,并将其编入相应的职务级别中。岗位分类法最初是由美国联邦政府开始使用的,其主要特征是能够快速对大量的职位进行评价。其具体操作步骤是:

（1）划分各职位类别

首先将企业中所有的职位划分为不同的职位类别,如管理类、业务类、技术类、勤杂类等；然后在大类下再细分小类，比如在管理类下可细分为人力资源、财务、行政等类别。

（2）确定职位等级数目

将每类职位分为若干等级，等级数的多少取决于职位的复杂程度，即所要承担的职责的轻重，所要掌握的技能的繁简等。职位越复杂，分级越多。

（3）制定分等级的标准

从每类职务中挑选代表性职务，并对该职务的主要职责和规格进行描述。这些职责和规格便构成了职务级别标准。

（4）职位等级配对

将待定职务与职务级别标准进行对照，并根据对照结果将其分配到相应的级别中。

岗位分类法也是一种简便易行的职位评价方法，容易解释，执行起来速度较快，对评价者的培训要求少。与排序法相比，由于事先规定了职位标准及职位描述，可以减少评价人员的主观影响，尤其是当在组织中存在大量比较类似的职位时，容易将各种职位归纳到一个系统之下。

3. 因素比较法

因素比较法是一种量化的工作评价方法，是在确定典型职位（或关键岗位）和付酬因素（企业认为应当并愿意为之支付报酬的因素）的基础上，对典型职位的付酬因素进行排序并确定每个付酬因素的工资率，从而制成典型的职位排序表，然后将待评各职位就付酬因素与典型职位进行比较，确定待评职位的工资率。其操作步骤是：

（1）选择适当的付酬因素

因素比较法首先要选择职位之间的各项同质因素或薪酬因素。这些同质因素是指普遍存在于各项工作之中的因素，可以作为企业付酬的基础。凭借这些因素可以分辨出不同性质的工作或作为的重要性。这些付酬因素一般包括智力、技能、体力、责任、工作条件五项因素。在界定这些因素时，必须对其内涵进行定义。比如智力的内涵可以界定为胜任本职工作所应具有的智力、耐力、推理、想象、表达能力等。

（2）确定典型职位

职位评价小组需要挑选出15—20个在组织中非常有代表性的典型职位作为评价的对象。这些职位具备代表性和通用性特征，便于在行业内进行比较，并可以作为评价其他工作的基准。基准职位的选择标准一般为：代表性和通用性、工作内容的稳定性、工作描述和说明的规范与准确性，以及在行业和企业间的可比性等。

第九章 薪酬管理

（3）对基准职位进行因素比较并排序

评估人员参照工作说明书等标准，比较付酬因素相对值的大小，然后对基准职位进行排序。在具体实施过程中，首先由每个评委单独对付酬因素进行评分和排序；再将所有评委的结果综合起来。例如，五个因素指标在电焊工、起重工、冲床工和保安四种工作中的比值（1 为最高，4 为最低）分布如表 9-7 所示：

表 9-7　付酬因素评价表

工种	智力	体力	技能	责任	工作条件
电焊工	1	4	1	1	2
起重工	3	1	3	4	4
冲床工	2	3	2	2	3
保安	4	2	4	3	1

各工种对因素指标的要求不同，权数也不一样。例如，对一般操作工的体力要求较高，而智力要求相对较低；对一些工作人员的责任要求高，但体力要求相对较低。在表 9-7 的四个基准职位中，对电焊工的智力要求为 1，体力要求为 4；对起重工的智力和技能要求为 3，体力要求为 1，责任和工作条件要求均为 4；相对于其他三个工作而言，保安人员的智力与技能要求最低，工作条件因素分值最高。

（4）按照付酬因素分配工资率

对比现行市场的工资率，将工资率分配给各基准职位的付酬因素，分配的原则是按照各因素在所评价工作中的相对重要程度。如表 9-8 对以上四种职位根据某一市场中市场工资率的多少，按照对其评价的相对重要性进行工资率的分配，如下：

表 9-8　付酬因素评价表[1]

工种	工资率	智力	体力	技能	责任	工作条件
电焊工	9.80	4.00(1)	0.40(4)	3.00(1)	2.00(1)	0.40(2)
起重工	5.60	1.40(3)	2.00(1)	1.80(3)	0.20(4)	0.20(4)
冲床工	6.00	1.60(2)	1.30(3)	2.00(2)	0.80(2)	0.30(3)
保安	4.00	1.20(4)	1.40(2)	0.40(4)	0.40(3)	0.60(1)

注：括号中数字代表因素级别，1 为最高，4 为最低

---

[1] See Gray Dessler, Human Management, Prentice Hall International, Inc., 1997, p.456.

(5) 建立职位比较量表

计算出每一付酬因素在基准职位工资率中所占的比例之后,首先按照付酬因素和工资率将各项非基准工作填入表内;其次把非基准职位按因素分项与评定体系进行比较,确定其相应的数值和工资额;然后加总各因素数值和工资量,得出各职位的相对数值或工资额;最后形成一张付酬因素级别对应表(见表9-9所示),该表将不同性质的工作按照因素的特征排列在一起。如果还有新的工作加入,可比照不同要求,寻找相应的位置,从而确定其相应的报酬水平。

表9-9中,电焊工的智力工资率是4美元,体力工资率是0.4美元,技能工资率是3美元,责任工资率是2美元,工作条件工资率是0.4美元,五个因素加在一起是9.8美元,与表9-8中电焊工的工资率相符合。

表9-9 付酬因素级别对应表①

价格(美元)	智力	体力	技能	责任	工作条件
0.20	—	—	—	起重工	起重工
0.30	—	—	—	—	冲床工
0.40	电焊工	保安	保安	—	电焊工
0.50					
0.60	—	—	—	—	保安
0.70					
0.80	—	—	—	冲床工	—
0.90					
1.00					
1.10	—	—	—	检验	—
1.20	保安	—	电镀工	—	—
1.30	—	冲床工	—	—	—
1.40	起重工	保安	检验	电镀工	—
1.50	—	检验	—	—	检验
1.60	冲床工				
1.70	电镀工				

---

① See Gray Dessler, Human Management, Prentice Hall International, Inc., 1997, p.456.

(续表)

价格(美元)	智力	体力	技能	责任	工作条件
1.80	—	—	起重工		
1.90					
2.00	—	起重工	扳钳工	电焊工	
2.20	—	电镀工			
2.40	检验		—	—	电镀工
2.60					
2.80					
3.00	—	—	电焊工		
3.50					
4.00	电焊工				
4.80					

因素比较法是一种较为系统和完善的工作评价方法,可靠性比较高,并且根据评价结果直接得出相应的具体工资额,减少了主观性;另外,付酬因素的赋值标准无上、下限之分,增加了企业操作过程中的灵活性。不过,因素比较法运用起来难度较高,须聘请专家指导方可进行,因此成本较高。当然,在评价过程中仍不可避免地带有一定的主观成分,又加之不易被员工理解,因此会使一部分员工对其公平性产生怀疑。

(三)薪酬的调整

薪酬调整是保持薪酬关系动态平衡,实现组织薪酬目标的重要手段,也是薪酬系统运行管理的一项重要工作。企业薪酬的调整包括两个方面,即薪酬水平的调整和薪酬结构的调整。

1. 薪酬水平的调整

(1)按调整的性质划分

① 主动型薪酬水平调整。主动型薪酬水平调整是指企业为了达到一定目标,主动采取增薪或减薪的行为。

② 被动型薪酬水平调整。被动型薪酬水平调整是企业在各种强制性因素作用下,被动采取增薪或减薪的行为。强制性因素主要有国家法律和政府干预因素,如最低工资标准的规定、严重的通货膨胀、工会或员工集体要求增加工资并采取各种行动产生的巨大压力等。

（2）按调整的内容划分

① 奖励性调整。奖励性调整又称"功劳性调整"，是针对员工作出的优良业绩进行的奖励，目的是激励员工，提高其劳动积极性。

② 补偿性调整。补偿性调整是为了补偿员工因通货膨胀而导致的实际收入无形减少的损失而进行的薪酬水平的调整。有以下四种方式：

一是等比式调整，即所有员工在原有工资基础上上调同一百分比。这可能进一步扩大了级差，使薪酬偏低的员工感到更不公平，但它却保持了薪酬结构内在的相对级差，使薪酬政策线的斜率统一变化。

二是等额式调整，即所有员工按评价工资率等幅调升。这将导致薪酬级差比缩小，薪酬结构改变。其缺点是平均主义的色彩较浓。

三是工资指数化，即工资与物价直接挂钩。员工工资用指数表示，实际工资收入等于工资指数乘以最低生活费，最低生活费则依物价的变动而变动。工资指数化的目的是为了消除物价波动对员工工资水平的影响，对员工工资根据物价指数的波动而相应进行调整，使工资的增长高于或低于物价的上涨。

四是不规则调整法，指根据员工的职位重要性、贡献大小、资历等不同状况，确定不同的调整比例。其优点是针对性、激励性较强，缺点是操作复杂，受主观因素的影响较大。

③ 效益性调整。效益性调整是当企业效益较佳、盈利颇丰时，将全体员工工资普遍调高。这种调整可能是浮动式的、非永久性的，效益欠佳时可能调回。

④ 工龄性调整。工龄性调整是指随着员工工龄的增加，逐年等额调升员工薪资。通常是结合员工绩效考核结果和经验确定薪酬水平，属于常规性和全员性的调整。

2. 薪酬结构的调整

薪酬结构调整的目的是适应组织外部和内部环境因素的变化，以保持薪酬的内部公平性，体现组织的薪酬价值导向，更好地发挥薪酬的激励功能。

由于劳动力供求关系的不断变化，企业需要定期对企业内部员工的薪酬结构进行调整。调整的内容主要包括纵向结构、横向结构的调整及不同薪酬等级人员比例的调整。

（1）纵向薪酬等级结构的调整

① 薪酬等级数的调整。当原有薪酬等级数过少，各个职位的相对价值未能得到真实反映时，可进一步细分各个职位的差别，增加薪酬等级数。通

常适用于规模较大、职位等级层次多、工作规范且弹性较低的组织。在扁平化的弹性组织中,目前流行的是减少薪酬等级数,扩大每个薪酬等级幅度,即前面所谈到的宽带薪酬。

② 薪酬等级幅度的调整。当某些职位的工作内容和职责发生变化,或某个工种的操作方式、技术要求发生变化,就可考虑调整原有的薪酬等级线。在一般情况下,当工作和技术要求提高时,可延长薪酬等级线;反过来,可缩短薪酬等级线。实行宽带薪酬时,必须加大薪酬等级的幅度。

(2) 横向薪酬结构的调整

① 调整固定薪酬和变动薪酬的比例。固定薪酬和变动薪酬的特点和功效不同,使两者保持适当的比例有助于提高薪酬绩效。目前的趋势是扩大变动薪酬的比例,以增加薪酬结构的弹性,增强薪酬激励机制,更有效地控制和降低薪酬成本。

② 调整不同薪酬享受的组合模式。企业应根据不同薪酬形式的优缺点,合理搭配,扬长避短,使薪酬组合模式与组织的薪酬战略和工作性质的特点相适应。为了符合现代薪酬理念和薪酬制定发展的趋势,应在薪酬组合模式中增加利润分享、股权激励等激励性薪酬形式,从而有利于形成员工与组织间的相互合作和共同发展的格局。

(3) 不同薪酬等级人员比例的调整

调整组织内高、中、低不同薪酬等级员工的比例,是薪酬调整的中心环节。不论是薪酬水平的调整还是薪酬结构的调整,最终的结果都是改变了组织内高、中、低不同薪酬等级的比例。

四、员工福利管理

(一) 福利的概述

1. 福利的概念

福利是指企业依据国家的相关法律规定及企业自身情况为员工提供的各种非货币报酬与服务,包括各种社会保险项目、企业补充保险项目以及其他补贴制度,增加集体福利设施和举办文体活动等,从而为员工提供生活方便,减轻员工生活负担,丰富员工的文化生活。它对维持劳动力再生产,满足员工对物质和文化生活多层次的需要,实现企业留住、吸引和激励人才的组织目标,起着十分重要的作用。

2．福利的特点
（1）补偿性
福利是对劳动者为企业提供劳动的一种物质补偿,也是员工薪资收入的补充分配形式。一些劳动报酬,不宜以货币形式支付,可以非货币形式支付;不宜以个体形式支付,可以集体形式支付。

（2）均等性
福利的均等性是指履行了劳动义务的本企业员工均有享受本企业各种福利的平等权利,具有一定程度的机会均等和利益均沾的特点。由于劳动能力、个人贡献及家庭人口等因素的不同,造成了员工之间在薪酬收入上的差距。差距过大会对员工的积极性和企业的凝聚力产生不利的影响。福利的均等性特点在一定程度上起着平衡劳动者收入差距的作用。

（3）集体性
兴办集体福利事业、员工集体消费或共同使用公共物品等是员工福利的主体形式,因此集体性是员工福利的另一个重要特点。集体消费除了可以满足员工的某些物质需求之外,还有一个重要特点是可以强化员工的团队意识和对企业的归属感。例如,集体旅游、娱乐和健康项目的实施等,都可以起到这种作用。因此,许多企业文化都是以企业福利项目为载体的。

3．福利的作用
（1）福利对企业的作用
① 人才的吸引和保留。福利之所以在20世纪60年代逐渐开始流行,主要原因就是其对员工的吸引和保留作用所致。一份有吸引力的员工福利计划既能帮助企业招聘到高素质的员工,又能保证已被招聘来的员工继续留在企业工作;同时,有效的福利能换取员工的绩效和忠诚,赢得人心,提高员工士气,增强企业凝聚力。另外,福利的形式多样,有利于满足员工的多层次需求,如为员工举办集体生日晚会,定期提供情侣免费电影票以及各种家庭照顾计划等。这些福利项目的支出成本并不高,但是可以塑造和谐的组织文化,达到吸引和留住人才的效果。

② 合理的避税功能。福利可以使企业获得税收上的优惠。许多福利项目是免税或减税的,所以企业可以通过发放福利达到合理避税而又不降低员工实际薪酬水平的目的。同时,也可以避免因过多的现金报酬而导致社会保险等费用的上升,因为这些费用是以工资总额为基数征收的,工资增加,意味着雇主所要缴纳的社会保险费也要随之增加。

(2) 福利对员工的作用

① 增加员工的收入,为员工带来实惠和方便。福利可以为员工带来更多的收益,增加员工的收入。员工向各类基本社会保险以及符合政府规定的补充性保障计划所缴纳的费用都属于税前列支项目,免交个人所得税。尽管部分项目在领取最终收益额时仍需纳税,如企业年金以及在退休后领取退休金时,需缴纳个人所得税,但是由于退休后的收入低于在职时的收入,个人所得税属于累进制,且有免征额,因此在很大程度上,这类福利仍然起到了避税或减轻税赋的作用。集体购买可以享受到"团购"的价格优惠,集体消费或共同使用公共设施等方式都可以使员工得到实惠和方便,而实物类福利因为本身的实物性特点,根本就无须纳税,所以这对于高收入的员工来讲,尤其具有吸引力。

② 解除员工的后顾之忧。国家强制执行的社会保险项目和企业年金、企业补充医疗保险都可以起到解除员工后顾之忧的作用。企业通过自身的努力,可以为员工建立未来消费基金,保证员工在退休后能够获得足够的收入保障。

(二) 法定福利

法定福利是指由国家相关法律和法规规定的福利内容。国家法定福利具有强制性,任何企业都必须执行。我国《劳动法》第 76 条第 2 款明确规定:"用人单位应当创造条件,改善集体福利,提高劳动者的福利待遇。"我国目前的法定福利主要包括社会保险和法定休假。企业的一些福利项目由于要获得政府优惠的税收待遇,也会受到法规或制度的制约,如各项企业补充保险等。

1. 社会保险

社会保险是国家通过立法手段建立的,旨在保障劳动者在遭遇年老、患病、工伤、失业、生育及死亡等风险和事故,暂时或永久性地失去劳动能力或劳动机会,从而全部或部分丧失生活来源的情况下,能够享受国家或社会给予的物质帮助,维持其基本生活水平的社会保障制度。我国的社会保险主要包括养老、医疗、工伤、失业、生育五大保险,实际上是由以前国有企事业单位及集体企业实行的劳动保险改革而来的。它是对劳动者而非一切社会公民因上述五种原因(而非其他灾害或不幸)暂时或永久丧失劳动能力,或虽有劳动能力,但劳动愿望因外界因素不能实现时,给予其经济补偿,以保障其基本收入的措施。

(1) 养老保险

养老保险是依据法律规定,由社会对因年老退出劳动领域的劳动者,提供基本生活保障的一种社会保险制度。养老保险通过国家立法强制实施,凡属法定覆盖范围内的用人单位及其员工都必须参加,没有选择的自由。

企业和个人需共同缴纳基本养老保险费用,养老保险基金实行社会统筹与个人账户相结合的管理模式。这种管理模式是我国在借鉴国外养老保险制度的基础上,结合我国国情而首创的一种新型养老模式。所有城镇企业及其职工均被纳入养老保险制度覆盖范围。企业和职工个人均须按规定的标准,向社会保险机构缴纳基本养老保险费,原则上企业按不超过职工工资总额的20%缴费,个人按本人月工资收入的8%缴费。

另外,城镇个体工商户和灵活就业人员参加基本养老保险的缴费基数为当地上年度在岗职工平均工资,缴费比例为20%,其中8%记入个人账户,退休后按企业职工基本养老金计发办法计发基本养老金。

(2) 医疗保险

医疗保险又称"疾病保险",广义的医疗保险是指劳动者非因工患病、负伤、残废和死亡时获得经济救助的一种社会保险制度。医疗保险依据法律规定筹集医疗基金,强制实施。但是,我国目前的医疗保险尚属于狭义的医疗保险概念,即只按规定负责补偿医疗费用的开支。

我国城镇职工的基本医疗保险,按照1998年国务院《关于建立城镇职工基本医疗保险制度的决定》执行,实行社会统筹与个人账户相结合的管理模式。全部城镇职工均应纳入制度覆盖范围。基本医疗保险费用由单位和个人共同分担缴纳,用人单位和职工个人均须按规定的标准,向社会保险机构缴纳基本医疗保险费。原则上用人单位按职工工资总额的6%缴费,个人按本人月工资收入的2%缴费。个人缴费全部划入个人账户,单位缴费的30%左右划入个人账户,其余部分建立统筹基金。

(3) 失业保险

失业保险是指依据法律规定,在劳动者有就业愿望但因非主观原因而暂时丧失有报酬或有收益的工作时,由国家和社会依法提供基本生活保障和再就业帮助的一种社会保险制度。失业保险是社会保险的主要项目之一,更是就业保障体系的重要组成部分。从国际上看,失业保险通常是国家通过立法强制实施的,失业保险基金通常由国家、用人单位和个人三方共同负担。

我国实行强制失业保险制度,失业保险基金实行社会统筹管理,各地劳动保障行政部门具体负责失业保险的管理工作。1999年国务院颁布了《失业保险条例》,这是我国目前执行的失业保险制度的法律依据。

单位和职工应共同按规定的标准,向社会保险机构缴纳失业保险费。单位按照本单位工资总额的2%缴纳,职工按照本人工资的1%缴纳。征缴的失业保险费,全部纳入失业保险基金,在统筹地区参保成员中调剂使用,以充分发挥保险互济的功能。单位和个人缴纳的失业保险费是失业保险基金的主要来源,此外还有政府财政补贴、基金利息以及投资收益和滞纳金等来源。

(4) 工伤保险

工伤保险是指劳动者因工作原因受伤、患职业病、致残或死亡,暂时或永久丧失劳动能力时,从社会保险基金中获得法定的医疗生活保障以及必要的经济补偿的社会保险制度。工伤保险中的"伤"是指因工负伤,即劳动者在生产工作中发生意外事故以及因职业原因致使身体某些部位或生理功能受损,引起暂时性、部分性丧失劳动能力。"残"是指因工负伤或患职业病,经治疗修养后仍不能痊愈,以致身体或智力功能永久性丧失。工伤保险与劳动保护一样能促进企业搞好安全生产,一个是防患于未然,一个是善后于已然。

在世界范围内,工伤保险是产生最早、实施国家最多、保障性最强、制度设计最严密的社会保险制度,其保障项目全面周到,包括医疗费、生活费、伤残补助金、本人待遇、家属待遇等;付给条件宽,标准高,无期限,个人也不缴费。我国的工伤保险制度以2003年4月27日发布的《工伤保险条例》为法律依据。根据条例规定,工伤保险实行社会统筹管理和差别费率制。参保单位按规定的本行业工伤保险费率缴费,行业工伤风险越大,对应的费率越高。征缴的工伤保险费全部纳入工伤保险基金,在统筹地区参保成员中调剂使用。

(5) 生育保险

生育保险是依据法律规定,由国家和社会对生育妇女提供医疗服务和基本生活保障的一种社会保险制度。它可以对女职工生育子女时所花费的生育的手术费、住院费、检查费、药费等费用进行补偿,也包括对女职工在规定的生育假期内因未从事劳动而不能获得工资收入的补偿(生育津贴)。实行社会生育保险,不仅可以帮助怀孕、分娩女职工解决实际困难,也可以减少女职工比例较高的企业的负担,有利于企业的公平竞争和妇女权益的保障。

目前,我国企业生育保险制度的现行法规是《企业职工生育保险试行办法》。根据这一规定,生育保险实行社会统筹管理,生育保险基金由企业负担,职工个人不承担缴费义务。企业按不超过职工工资总额的1%缴纳生育保险费,全部纳入生育基金。

① 生育保险的对象是女职工。虽然生育带来的经济负担应由夫妻双方共同承担,但生育保险金是对参加保险的女性职工由于生育行为所造成的直接经济损失而提供的补偿。

② 生育保险待遇给付只发给合法的结婚者。非婚生育的女职工,不能享受生育保险规定的有关待遇,其生育期间也没有工资。

③ 生育保险实行"产前与产后都应享受的原则"。女职工在临产分娩前和分娩后,都有休假时间,以保证其身体健康。另外,生育的分娩者不论其妊娠期的长短或流产与否,也不论其胎儿的生死,都可享受生育保险待遇。

2. 法定假期

法定假期是企业职工依法享有的休息时间。在法定休息时间内,职工仍可获得与工作时间相同的工资报酬。有些企业还允许员工将未使用的某些假期累积起来,留待以后使用或自由支配。我国《劳动法》规定的职工享有的休息休假待遇包括六个基本方面:劳动者每日休息时间,每个工作日内的劳动者的工间、用膳、休息时间,每周休息时间,法定节假日放假时间,带薪年休假休息,特殊情况下的休息,如探亲假、病假休息等。

3. 住房公积金

住房公积金是指依据国家的政策法令所建立起来的强制性住房储蓄计划,由城镇各单位及其在职职工共同缴存的长期住房储金。

住房公积金计划虽不如社会保险的强制性大,但对于企业来说仍有一定的强制性和义务性。在这一计划中,企业要承担为其员工在住房公积金管理中心办理公积金缴存和支取手续;建立员工个人的住房公积金账户;缴纳住房公积金费用以及每月为员工代扣代缴员工个人住房公积金费用等责任。对于员工,住房公积金计划则是一种具有"特殊性"的长期储蓄存款计划,在存储、支取及使用等方面都要受到国家政策法规的强制与约束,但同时员工也可以通过这一计划获得来自于企业的资金资助。

(三) 企业自主性福利

企业自主性福利是企业为了吸引人才或稳定员工而自行为员工采取的福利措施。它一般是由企业根据自身的经济效益及其他具体情况进行设计的,除了与直接薪酬的水平相关外,更主要取决于其经济效益。每个企业有不同的可以满足员工需求的资源,从而为其设计不同的福利项目提供了物质条件。企业自主性福利的主要形式有:

1. 企业补充养老金计划

养老保险是法定福利的一部分,是法律所要求的退休福利。由于各方面的原因,法律所规定的养老保险水平往往很低,难以保证员工在退休后过上宽裕的生活。为此,国家鼓励企业在法定的养老保险之外,自行建立企业的养老保险计划,国家提供税收方面的优惠。

2. 医疗保健性福利

它包括全部公费医疗、免费定期体检及防疫注射、职业病免费防护等。

3. 津贴和补贴

津贴和补贴是企业为了调整薪酬制度中某些不平衡现象而在正常薪酬或薪水之外给予企业员工的特殊货币补助。它是针对在特殊劳动条件下工作的员工所付出的额外劳动消耗、生活费用,以及对员工身体健康造成的损害所给付的一种货币补偿。

4. 教育培训性福利

它包括员工的脱产进修、短期培训等。企业外公费进修包括业余、部分脱产或全脱产进修等。

5. 交通性福利

它包括为员工提供电、汽车或地铁票卡;用班车接送员工上下班;为个人交通工具如摩托车或汽车等提供低息贷款;提供优惠车、船、机票等。

6. 饮食性福利

它包括提供低价的午餐甚至免费供应午餐、慰问性的水果,工间免费供应饮料,如茶水、咖啡或冷饮,食品免费发放等。

7. 文化旅游性福利

它包括为员工过生日而办的活动;低折扣电影、戏曲、表演、球赛票券;有组织的集体文体活动,如晚会、舞会、郊游、野餐、体育竞赛、体育设施的购置等。

8. 咨询性服务

它包括免费的员工个人发展设计的咨询服务,如给予分析、指导和建议,提供参考资料与信息等;免费的员工心理健康咨询,如过分的工作负荷与压力导致的高度焦虑或精神崩溃等心理症状的诊治;以及免费的法律咨询等等。

(四) 弹性福利计划

弹性福利计划又称"自助餐式"、"菜单式"、"一揽子"或"自选式"福利计划,就是允许员工在一定时间和金额范围内从企业所提供的福利项目中按照自己意愿进行选择与组合的福利形式。即企业根据多数员工的特点和具体需求列出一些福利项目,并规定一定的福利数额,再让员工根据个人需要从中自由选择或组合,各取所需,而且每隔一段时间,还可以给员工一次重新选择的机会,以满足员工不断变化的需要。当然,弹性福利计划只是针对企业自主福利中的一些项目。该计划可以是每个人都享受同一个标准,但通常是将福利总额分等级执行,即根据员工的工资、工作年限、职位高低、业绩大小等因素设定每一个员工所拥有的福利项目与限额。同时,福利清单所列出的福利项目都会附一个金额,员工只能在自己的限额内选择自己喜好的福利项目。其基本思想是使福利方案个性化和具有可选性。

1. 附加型

附加型就是在现有的福利计划之外,再提供其他不同的福利措施或扩大原有福利项目的水准供员工选择。

2. 核心加选择型

核心加选择型是指由核心福利项目和弹性(选择)福利项目组成的福利方案。核心福利是所有员工都享有的基本福利,不能随意选择;弹性福利项目包括各种可以自由选择的项目,或者增加某一种核心福利项目的保障水平。每一项目都附有购买价格,同时每个员工也都有一个福利限额,如果总值超过了所拥有的限额,差额就要折为现金由员工支付。福利限额一般是未实施弹性福利时所享有的福利水平。

3. 弹性支用账户

弹性支用账户是指从税前收入中拨出一定数额的款项作为员工个人的"福利账户",员工以此账户去选购企业所提供的各种福利项目的福利方案。该方案是一种没有限制的福利选择计划,它不设核心福利,拨入支用账户的金额也不需扣缴所得税,不过账户中的金额如未能于年度内用完,余额就归公司所有,即不可在下一年度并用,亦不能够以现金的方式发放。另外,已经确定的认购福利款项也不得挪作他用,以保证"专款专用"。

4. 福利"套餐"

福利"套餐"就是由企业提供多种固定的福利项目组合,每一种组合所包含的福利项目或优惠水准都不一样,员工只能自由地选择某种福利组合,而不能自行对福利项目进行构建或组合。就好像餐厅所推出的 A 餐、B 餐一样,食客只能选其中一个套餐,而不能要求更换套餐里面的内容。在福利"套餐"中,一种福利组合与另外一种福利组合之间的差异可能在于福利项目的

第九章 薪酬管理

构成不同,也可能是由同样的项目构成,但是每种福利项目的水平之间存在差异。在规划此种弹性福利制度时,企业可依据员工的背景(如婚姻状况、年龄、有无眷属、住宅需求等)设计。

本章小结

　　本章的内容包括四个方面:一是薪酬管理与组织战略,界定了薪酬、薪酬管理、战略性薪酬管理的内涵,阐述了薪酬的本质及其构成,分析了影响薪酬管理的因素,提出战略性薪酬管理的重要性,并指出薪酬战略在人力资源管理中的作用;二是员工薪酬制度的主要类型以及薪酬制度发展的新趋势;三是薪酬设计及其调整,论述了薪酬设计的流程,详细介绍了薪酬设计中的主要方法与技术,最后论述了薪酬调整的方法;四是员工福利管理,主要阐述了福利的概念,分析了福利的特点、福利对企业和个人的作用,以及福利包括的具体内容:法定福利与企业自主性福利,最后论述了弹性福利计划等企业补充福利形式。

重要概念中英文对照

　　薪酬(Compensation)
　　薪酬管理(Compensation Management)
　　战略性薪酬(Strategic Compensation)
　　岗位薪酬制(Job-based Pay)
　　技能薪酬制(Skill-based Pay)
　　绩效薪酬制(Performance-based Pay)
　　浮动薪酬制(Floating-based Pay)
　　宽带薪酬制(Broadband-based Pay)
　　排序法(Sorting Method)
　　分类法(Classification Method)
　　因素比较法(Factors Comparison Method)
　　员工福利(Employee Benefit)
　　弹性福利(Elastic Benefit)

复习思考题

1. 什么是薪酬和薪酬管理?
2. 什么是战略性薪酬管理?其重要性主要体现在哪些方面?

3. 员工的薪酬制度有哪些类型？其各自的适用范围是什么？
4. 什么宽带薪酬制？为什么说宽带薪酬是薪酬制度新的发展趋势？
5. 薪酬设计的技术有哪几种？各有什么特点？
6. 为什么需要薪酬调整？薪酬调整的种类有哪些？
7. 什么是福利？福利在人力资源中的作用有哪些？
8. 福利分为哪些种类？福利的发展趋势是什么？

案 例

核心员工为何纷纷离职？[①]

小王是 A 公司的业务骨干。最近，小王感到有些苦恼和迷茫，因为曾经是自己最好的朋友和搭档的小刘跳槽去了另一家同业公司，而且这段时间已经有好几位同事先后跳槽。事实上，A 公司是一个高成长、高盈利行业的重量级企业，为员工支付的薪酬在同业中处于较高水平。公司的薪酬主体包括两部分：每月发放的为固定工资，年底为业绩奖金。小王暗自思量：已经到公司四年多了，但基本工资还是刚转正时的水平，年底奖金数量倒是不少，但对于到底能发多少奖金，完全无从判断。这是因为该公司的薪酬实行保密制，员工只知道自己固定工资的绝对水平，却不知道自己在公司的整体薪酬体系中处于什么样的位置，还有多大的发展空间；对于年底究竟可能拿到多少业绩奖金也完全不清楚，奖金的多少似乎同工作业绩的好坏没有明显的关联，不是个人所能够控制的；而且公司的薪酬已经多年没有调整过，一成不变的薪酬体系让人看不到希望。小王觉得自己似乎只是在原地踏步，是不是也该像伙伴们那样挪挪窝了呢？

思考题：
1. 该公司核心员工流失的主要原因是什么？
2. 你认为采用哪些方法才能改变该公司的现状？

参考文献

1. 俞文钊主编：《人力资源管理心理学》，上海教育出版社 2005 年版。
2. 张正堂、刘宁编著：《薪酬管理》，北京大学出版社 2007 年版。

---

① 资料来源：相正求、花军刚主编：《薪酬设计与实施》，华东理工大学出版社 2008 年版，第 140 页。

3. 王建主编:《薪酬管理》,科学出版社2007年版。
4. 文跃然主编:《薪酬管理原理》,复旦大学出版社2006年版。
5. 李成彦等:《组织薪酬管理》,东北财经大学出版社2008年版。
6. 相正求、花军刚主编:《薪酬设计与实施》,华东理工大学出版社2008年版。
7. 曾湘泉编著:《薪酬:宏观、微观与趋势》,中国人民大学出版社2006年版。
8. 徐纪良主编:《人力资源开发与管理》,上海三联书店2002年版。
9. 孙海法编著:《现代企业人力资源管理》,中山大学出版社2002年版。
10. 〔美〕乔治·伯兰德、斯科特·斯内尔:《人力资源管理》,魏海燕主译,东北财经大学出版社2006年版。

第十章 员工关系管理

沃尔玛公司拥有一百多万员工,但该公司仍重视关注每一位员工。沃尔玛公司聆听员工的建议以及开放的员工政策始终牢记在员工心中。沃尔玛创始人山姆·沃尔顿对员工有着特殊的感情,称他们为"合伙人"。虽然他已于1992年去世,但是他的理念仍然写在公司的《员工手册》中:"我们相信每个员工的尊严,这是沃尔玛能够成功的不可辩驳的基石。"因此,虽然沃尔玛公司给员工支付的工资较低,但员工普遍感到比较愉快。这也是沃尔玛公司发展快速的原因之一。

一、劳动用工政策的历史

我国的劳动用工制度自新中国成立以后到"文革"前逐步形成,之后随着我国经济体制的变化经过多次大的变革,由计划经济时期的固定工制度转变为劳动合同制度。大致分为两个阶段:第一个阶段是从新中国成立至改革开放以前,在计划经济体制时期,我国基本上实行的是固定工制度,在劳动用工方面经历了统一介绍、统一招收和"统包统配"两个阶段。其中,从"文革"至20世纪70年代末我国的劳动合同实践曾一度中断。第二个阶段是从改革开放初期到市场经济体制已建立的今天。到了20世纪80年代,我国逐渐开始改革劳动制度,恢复劳动合同制度,劳动用工政策转向以市场机制为核心,用工制度开始走向市场化。

(一)计划经济时期的单一计划性劳动用工政策

新中国成立初期,运用行政配置的手段将劳动力输送到企业。随着生产资料所有制社会主义改造的完成和计划经济体制的建立,"包下来"的政策和劳动力统一调配的政策逐步发展成日后的"统包统配"就业政策。这一时期,我国实行单一计划性劳动用工政策。

1. 新中国成立后到"文革"前,我国部分实行劳动合同制度

新中国成立初期,为了有效地调整劳动关系,根据劳动者所在企业的性

质和用工的方式,在私营、公有制企业以及其他企业的临时工、季节工、轮换工签订劳动合同,公有制企业的其他绝大部分职工则实行固定工制度,并未规定订立劳动合同。国家颁布了宪法和配套的劳动政策法规调整劳动关系。例如,《关于劳资关系暂行处理办法》作出签订集体合同或劳动契约的规定,《关于各地招聘职工的暂行规定》中直接作出了订立劳动契约并在其中明确劳动基准等规定。同时,根据相关规定,在建筑业、矿山、交通、铁路等企业招收临时工人或使用轮换工/季节工时都签订劳动合同。随着我国资本主义工商业社会主义改造的完成,我国对失业工人和失业知识分子先后制定了一系列办法和决定,通过实行社会救济和扩大就业相结合的政策,对其进行了妥善安置。同时,为解决国民党政权遗留下来的旧公职人员,"一般地不能用裁撤遣散方法解决,必须给予工作和生活的出路"①,采取了"包下来"政策。后来,该政策发展为"铁饭碗"就业制度,适用范围扩大到新中国建立后培养的大中专毕业生和城镇复员转业军人。会同20世纪50年代中期实行的"劳动力统一调配"政策,在20世纪60年代中后期形成以"统包统配"为主要特征的传统就业制度。

2. 1966—1976年的"文革"时期,劳动合同制消失

"文革"期间,我国的劳动关系政策建设陷入停滞状态,劳动合同制受到批判。1971年11月30日,国务院发出《关于改革临时工、轮换工制度的通知》,大部分临时工、合同工都改为固定工。此后,招工完全取消了订立劳动合同的办法,劳动合同制也最终消失。在1978年改革计划经济体制之前,与高度集中的传统计划经济管理体制相适应,我国长期通过国家行政配置劳动力,实行以"统包统配"为主要特征的传统劳动用工政策。这是一种政府行政性计划管理的劳保福利性就业制度。政府通过行政手段统一配置劳动力资源,实行"固定工"形式的一次就业终身制,严格限制劳动力的自由流动。②这一政策是改革开放前我国就业制度的典型特征,一直沿用到20世纪70年代末的改革开放初期。

(二)市场经济时期的市场化劳动用工政策

20世纪80年代以来,我国的就业制度和就业机制在由计划经济体制向

---

① 中共中央档案馆编:《中共中央文件选集》(第十四册),中共中央党校出版社1987年版,第715页。

② 参见孙月平主编:《劳动经济问题研究》,人民出版社2004年版,第216页。

社会主义市场经济体制转变的过程中,发生了重大变化。国家改变了计划经济体制下"统包统配"的就业制度,劳动就业逐渐市场化,劳动力的流动性日益增强,大批外来工在城市部门受雇用。我国由计划劳动体制逐步过渡为劳动力市场体制,就业机制也实行以国家促进就业、市场调节就业和劳动者自主择业为中心的市场就业新机制。

1. 党的十一届三中全会以后,我国由计划劳动体制转变为劳动力市场体制

党的十一届三中全会以后,我国一些地方开始试行劳动合同制,改变了一直通过国家行政配置劳动力的固定工制度,改革了传统的劳动就业制度。其标志是1980年8月中共中央召开的全国劳动就业工作会议上,提出解决当前就业问题的根本途径:解放思想,放宽政策,发展生产,广开就业门路,实行在政府统筹规划和指导下,劳动部门介绍就业、自愿组织起来就业和自谋职业相结合的"三结合"就业方针,劳动合同在实践中经历了从无到有的形成与发展过程。这个新的就业政策原则是我国劳动政策的一项重要突破,标志着对传统劳动制度统一安置就业的否定,对非公有制经济安置就业作用的承认,打破了由国家完全解决就业的旧观念和旧体制,开辟了多渠道就业的新格局。1983年2月,劳动人事部发布《关于积极试行劳动合同制的通知》,提出开始劳动用工制度的改革。1986年国务院发布《国营企业实行劳动合同制暂行规定》、《国营企业招用工人暂行规定》、《国营企业辞退违纪职工暂行规定》和《国营企业职工待业保险暂行规定》四项"暂行规定",改革原有的招工制度,实行"新人新制度(劳动合同制度),老人老制度(固定工制度)",在新进员工中统一实行劳动合同制;废除企业原来所实行的"子女顶替"制度和"内招"的办法。这个阶段的"三结合"就业方针和"四项规定"对于我国劳动就业制度和社会保障制度的改革和发展具有特殊意义。企业开始有用人自主权,公开招用,择优录用,劳动用工方面出现固定工和劳动合同制两种用工制度并存的"双轨制"。

2. 20世纪90年代实行全员劳动合同制

自1992年开始,我国开始改革原有的固定工制度,很多地区和企业单位进行全员劳动合同制的试点。1994年后,国家制定并颁布了调整劳动关系的《劳动法》、《职业教育法》、《民办教育促进法》、《工会法(修订)》、《职业教育法》等法律和行政法规,逐步确立了以劳动合同制度为核心的劳动法体系。特别是1995年正式施行的《劳动法》将劳动合同制度作为法定的用工制度,规定适用不同所有制的用人单位,适用对象也从新招用的职工扩大到所有的

劳动者,不分固定工和临时工,不分管理人员和普通工人。1996年,我国开始在全体员工中实行劳动合同制度。国务院对建立劳动合同制度提出明确要求:要在全国80%的企业职工中实行劳动合同制度。1994年《劳动法》的颁布,标志着我国的企业已基本实行了劳动合同制。1997年,劳动部提出"市场调节就业、劳动者自主就业、政府促进就业"的新就业方针。

3. 21世纪实施积极的劳动政策,《劳动合同法》出台

2003年10月,十六届三中全会明确提出,要把扩大就业放在经济社会发展更加突出的位置,坚持劳动者自主择业、市场调节就业和政府促进就业的方针,实施积极的就业政策,努力改善创业和就业环境,鼓励企业创造更多的就业岗位。我国政府制定了各项扶植政策,鼓励劳动者自主创业、自谋职业,引导城市失业下岗人员创办小企业,或去小企业就业,鼓励海外留学人员和大学毕业生创办各类企业。针对劳动政策层面存在的诸多问题,从2004年开始,由劳动和社会保障部牵头,开始了《劳动合同法》的起草工作。2008年1月1日,《劳动合同法》正式施行。《劳动合同法》对我国的劳动用工制度进行了大调整,这将改变以往以固定期限合同(定期合同)为主的用工制度,无固定期限合同(不定期合同)将成为劳动用工的主要形式。这是我国用工制度的巨大改变。

二、劳动时间与工资管理

(一)劳动时间管理

1. 标准工时制

标准工时制是指法律规定的,关于在正常情况下,一般职工从事工作的时间的制度。我国目前实行劳动者"每日工作8小时,平均每周工作40小时"的标准工时制。标准工时制是计算其他工时制种类的依据。1995年5月1日起,我国实行了国际通行的每周40小时工作制,有困难的企业最迟可以延期到1997年5月1日施行。《劳动法》规定,用人单位不得任意延长劳动时间,用人单位应当保证劳动者每周至少休息一日。

2. 特殊工时制(适用于特殊职工的工时制度)

(1)缩短工作日

它是指劳动法律规定的少于标准工作日时数的工作日,即每天工作时间少于8小时或者每周工作时数少于40小时。适用于从事矿山井下、高山、有

毒有害、特别繁重等体力劳动的劳动者,夜班工作的劳动者和哺乳期工作的女职工。

(2) 不定时工作日

它是指没有固定工作时间限制的工作日,主要适用于一些因工作性质、工作条件不受标准工作时间限制的工作。例如,企业中高级管理人员、外勤人员、推销人员、部分值班人员和其他因工作无法按标准工作时间衡量的职工;企业中的长途运输人员、出租汽车司机和铁路、港口、仓库的部分人员以及因工作性质特殊,需机动作业的职工;其他因生产特点、工作特殊需要或职责范围的关系,适合实行不定时工作制的职工。

实行不定时工时,不受《劳动法》规定的日延长工作时间和月延长工作时间标准的限制,不享受超时加班的加班报酬,但企业可安排适当补休。一概地说不定时工作制没有加班工资的说法是错误的。依据上海的规定,实行不定时工作制的员工平时延长工作时间以及休息日加班的,用人单位不需要支付加班工资,但员工在法定节假日加班的,用人单位需要按照不低于劳动者本人工资标准的300%支付加班工资。实行不定时工作日,应履行审批手续。

(3) 非全日制用工

它是指以小时计酬为主,劳动者在同一用人单位一般平均每日工作时间不超过4小时,每周工作时间累计不超过24小时的用工形式。具体内容为:非全日制用工双方当事人可以订立口头协议;实行非全日制用工的劳动者可以与一个或者一个以上用人单位订立劳动合同,后订立的劳动合同不得影响先订立的劳动合同的履行;用工双方当事人不得约定试用期;双方当事人任何一方都可以随时通知对方终止用工,用人单位不向劳动者支付经济补偿;计酬标准不得低于用人单位所在地人民政府规定的最低小时工资标准,劳动报酬结算支付周期最长不得超过15日。

(4) 综合计算工作日

用人单位根据生产和工作特点,采取以周、月、季、年等为周期综合计算劳动者工作时间的一种工时形式,但其平均日工作时间和平均周工作时间应与法定标准工作时间基本相同。通常适用于从事受自然条件和技术条件影响或限制的季节性或特殊性的工种,如交通、铁路、邮电、水运、航空渔业等行业中因工作性质特殊,需连续作业的职工;地质及资源勘探、建筑、制盐、制糖、旅游等受季节和自然条件限制的行业的部分职工;其他适合实行综合计算工时工作制的职工。实行综合计算工时,受《劳动法》规定的日延长工作时间和月延长工作时间标准的限制,应享受超时加班的加班报酬,企业无权随意安排劳动者的工作时间。实行综合计算工时,应履行审批手续。

(5) 延长工作时间

它是指劳动者的工作时数超过法律规定的标准工作时间,即加班、加点。加班是安排劳动者在法定节假日、公休假日进行工作;加点是超过基本工时进行工作。

延长工作时间的工资支付:标准工作日内安排劳动者延长工作时支付不低于工资的150%;休息日安排工作又不能安排补休的支付不低于工资的200%;法定休假日安排劳动者工作的支付不低于工资的300%。

实行延长工作时间的条件:必须是生产经营需要;必须与工会协商;必须与劳动者协商,得到劳动者的同意,不得强迫劳动;不得超过法定时数:每日不得超过1小时,特殊原因需要延长工作时间的,每日不得超过3小时,但每月累计不得超过36小时。

不受延长工作时间限制的条件:发生自然灾害、事故或者因其他原因,威胁劳动者生命健康和财务安全,需要紧急处理的;生产设备、交通运输线路、公共设施发生故障,影响生产和公众利益,必须及时抢修的;法律、行政法规规定的其他情形;在法定节日和公休假日内工作不能间断,必须连续生产、运输或者营业的;必须利用法定节日或公休假日的停产期间进行设备检修、保养的;为完成国防紧急任务的;为完成国家下达的其他紧急生产任务的。

(6) 其他工时制

我国《劳动法》第39条规定:企业因生产特点不能实行本法第36条、第38条规定的,经劳动行政部门批准,可以实行其他工作和休息办法。

(二) 休息休假制度管理

我国宪法规定,劳动者享有休息休假的权利,这是对劳动者进行保护的一个重要方面。休息时间包括工作间歇、两个工作日之间的休息时间、公休日、法定节假日以及年休假、探亲假、婚丧假、孕假、生育假、病假等。

1. 休息休假的含义

休息休假是指劳动者在任职期间,根据国家规定,不必从事规定的劳动和工作而自行支配的时间和法定节假日。

劳动者依法享有一定期间内休息时间总量的权利(至少每日享有16小时);在特定时间(妇女节、青年节、建军节、少数民族节日等部分公民放假节日期间)、法定节日、单位公休日休息的权利;每周至少休息1日的连续休息时间权利;工间休息、年休假、婚丧假、探亲假等休息或休假的权利。

2. 关于探亲假、带薪年休假的规定

（1）关于探亲假

为了适当地解决职工同亲属长期远居两地的探亲问题，国务院于1981年3月14日公布了《关于职工探亲待遇的规定》，对享有探亲假的员工作了明确界定。文件规定：凡国家机关、人民团体和全民所有制企业、事业单位的职工，工作满一年，可享受每年一次20天探亲假，如因工作需要单位当年不能给予假期，或职工自愿两年探亲一次，可两年给假一次，假期为45天。但注意：公休假日和法定节日均包括在内。对于私营企业和外资企业则没有探亲假方面的规定。

（2）关于带薪休假政策

2008年，我国企业职工开始实行带薪年休假。中华人民共和国境内的机关、团体、企业、事业单位、民办非企业单位、有雇工的个体工商户等单位（以下称"用人单位"）的职工，连续工作一年以上的，享受带薪年休假（以下简称年休假）。职工在年休假期间享受与正常工作期间相同的工资收入。

用人单位不安排职工休年休假又不依照《职工带薪年休假条例》规定支付年休假工资报酬的，由县级以上地方人民政府劳动行政部门依据职权责令限期改正；对逾期不改正的，除责令该用人单位支付年休假工资报酬外，用人单位还应当按照年休假工资报酬的数额向职工加付赔偿金；对拒不支付年休假工资报酬、赔偿金的，由劳动行政部门申请人民法院强制执行。

但注意：用人单位安排职工休年休假，但是职工因本人原因且书面提出不休年休假的，用人单位可以只支付其正常工作期间的工资收入；职工依法享受的探亲假、婚丧假、产假等国家规定的假期以及因工伤停工留薪期间不计入年休假假期。

（3）关于退休返聘人员的年休假问题

依据《劳动合同法》及相关法律规定，职工达到法定退休年龄，并且享受基本退休养老待遇，终止劳动关系从而进入社会保障体系，不再受劳动法律的调整，因而退休返聘职工并不享受法定年休假待遇。但是实际上，返聘人员与普通职工仍然在同一个环境里工作，退休返聘职工所做的工作和一般职工没有区别，且职工退休后得到返聘往往说明单位对其能力比较看重。为避免引发职工不满，企业应与返聘人员在合同中约定一定天数的带薪休假日，或可以通过内部规章制度为退休返聘人员设立带薪休假的制度，给予退休返聘职工一定的带薪假日，以缩小退休返聘职工与普通职工在这方面的差别。

(三) 劳动工资管理

1. 劳动工资的含义

劳动工资是用人单位依据国家有关规定或劳动合同约定的劳动者本人所在的岗位（职位）相对应的工资标准，以各种货币形式支付给劳动者的劳动报酬。作为劳动合同的重要条款，劳动工资由用人单位根据劳动者提供的劳动数量和质量，依据国家有关规定或劳动合同的约定，与劳动者定期协商决定，并以货币形式直接支付给劳动者。

（1）我国现行的两种基本工资形式

一般情况下的工资形式：计时工资（月、日、小时）；计件工资。两种辅助形式：奖金、津贴和补贴。具体采取什么形式，一般可由企业决定。

特殊情况的工资：加班加点工资；年休假、探亲假、婚假、丧假工资；停工期间的工资；履行国家或社会义务期间的工资；企业依法破产时劳动者的工资。

（2）工资支付的方法

员工工资应当以法定货币形式在用人单位与劳动者约定的日期支付，至少每月支付一次，实行周、日、小时工资制的可按周、日、小时支付工资。对完成一次性临时劳动或某些具体工作的劳动者，用人单位应按有关协议或合同规定在其完成劳动任务后即支付工资。如遇节假日或休息日，应提前在最近的工作日支付，不得以实物及有价证券代替货币支付。

劳动者与用人单位在依法解除或终止劳动合同时，用人单位应同时一次结清劳动者工资；用人单位依法破产时，应将劳动者的工资列入清偿的顺序，首先支付。

用人单位必须直接支付工资，必须书面记录支付劳动者工资的数额、时间、领取者的姓名以及签字，向劳动者提供一份其个人的工资清单，并保存两年以上备查。

2. 工资保障的监督

用人单位应根据法律、法规、规章制度的规定，通过工会组织或职工大会、职工代表大会或其他形式协商制定内部的工资支付制度，并告知本单位全体劳动者，同时抄报当地劳动行政部门备案。

各级劳动行政部门有权监督用人单位的工资支付情况。用人单位有下列侵害劳动者合法权益行为的，由劳动行政部门责令其支付劳动者工资和经济补偿，并可责令其支付补偿金，经济补偿和赔偿金的标准，按国家有关规定执行:用人单位违反劳动合同的规定,给劳动者造成损失的;用人单位克扣或者无故拖欠劳动者工资的;用人单位拒不支付劳动者延长工作时间工资的;用人单位低于当地最低工资标准支付劳动者工资的。

(四)最低工资制度

最低工资是指劳动者在法定工作时间内提供正常劳动的前提下,用人单位应支付的最低劳动报酬。这是政府干预劳动力市场的重要手段。

1. 不得作为最低工资组成部分的项

2004年1月20日劳动和社会保障部发布的《最低工资规定》规定,在劳动者提供正常劳动的情况下,用人单位应支付给劳动者的工资在剔除以下各项后,不得低于当地最低工资标准:(1)延长工作时间工资;(2)中班、夜班、高温、低温、井下、有毒有害等特殊工作环境、条件下的津贴;(3)法律、法规和国家规定的劳动者福利待遇等。

2. 最低工资的确定

最低工资标准一般采取月最低工资标准和小时最低工资标准的形式。月最低工资标准适用于全日制就业劳动者,小时最低工资标准适用于非全日制就业劳动者。

确定和调整月最低工资标准,应参考当地就业者及其赡养人口的最低生活费用、城镇居民消费价格指数、职工个人缴纳的社会保险费和住房公积金、职工平均工资、经济发展水平、就业状况等因素。

确定和调整小时最低工资标准,应在颁布的月最低工资标准的基础上,考虑单位应缴纳的基本养老保险费和基本医疗保险费因素,同时还应适当考虑非全日制劳动者在工作稳定性、劳动条件和劳动强度、福利等方面与全日制就业人员之间的差异。

3. 最低工资的适用范围

我国境内所有企业和个体经济组织的劳动者,在法定的劳动时间内或依法签订的劳动合同约定的工作时间内提供了正常劳动的前提下,都适用最低工资制度。《最低工资规定》第3条规定:"劳动者依法享受带薪年休假、探亲假、婚丧假、生育(产)假、节育手术假等国家规定的假期间,以及法定工作时间内依法参加社会活动期间,视为提供了正常劳动。"《劳动法》第48条规定:"最低工资的具体标准由省、自治区、直辖市人民政府规定,报国务院备案。"最低工资标准每两年至少要调整一次。

国际劳工组织纷纷要求各国制定最低工资的下限,以确保劳工之基本生活及购买能力的维持。先进国家对于最低工资制度的适用并未产生问题,但发展中国家则有无法适用最低工资制度的问题存在。美国最低工资由联邦政府确定,是法定工资,各州及地方政府可以根据自己的特殊情况适当加以调整。最低工资的多少是依据满足家庭的基本生活所需费用确定。家庭基本生活所需费用在不同的时期会因经济发展水平的不同和物价水平的不同而有所差异。例如,美国目前把汽车、电话、电视、洗衣机等都算成家庭的基本生活需要,这是和它的经济发展水平相联系的。

三、劳动合同管理

劳动合同制度是调整劳动关系形成的法律制度。劳资双方签订劳动合同后所享有的实际权利是就劳动条件进行持续谈判的自由,即劳动合同的基本功能是为劳资双方就确定劳动条件(包括工资、工时等)而提供合意的制度基础。

(一) 劳动合同的订立

1. 劳动合同的概念

劳动合同是劳动者和用人单位之间确立劳动关系、明确双方权利和义务的协议。建立劳动关系,应当订立书面劳动合同。劳动合同的签订主体是劳动者与用人单位。劳动者必须是年满16周岁的公民,需具有劳动行为能力并有就业要求。劳动合同的另一主体用人单位须具有以下条件:依法成立、能够承担民事责任、提供国家规定的劳动条件、支付劳动报酬、缴纳社会保险费。在我国是指企业、个体经济组织(7人以下个体工商户)、民办非企业单位(非营利性社会组织)等组织,以及与劳动者建立劳动关系的国家机关、事业单位、社会团体等。此外,国家机关、事业组织、社会团体中的非劳动合同关系人员、农民、家政服务人员、职业保险代理人、从事有收入活动的在校学生、劳务人员等不属于劳动合同主体。

我国《劳动合同法》明确规定,劳动者与用人单位已建立劳动关系,但未同时订立书面劳动合同的,应当自用工之日起一个月内订立书面劳动合同。如果用人单位与劳动者在用工前订立劳动合同的,劳动关系自用工之日起建立。另外,《劳动合同法》第82条规定:"用人单位自用工之日起超过一个月不满一年未与劳动者订立书面劳动合同的,应当向劳动者每月支付二倍的工资。"

2. 劳动合同的特点

劳动合同的主体具有特定性：一方是用人单位，另一方是劳动者。劳动合同是一种双务合同：劳动合同主体既是权利主体，又是义务主体，任何一方如未履行义务，便无权要求对方履行义务。同时，劳动合同是法定要式合同，由法律直接规定，必须具备特定的形式或履行一定手续才能具有法律效用。

3. 劳动合同的内容

劳动合同的文本内容包括法定条款与约定条款。

（1）必备条款（又称"法定条款"）

它包括劳动合同期限、工作内容、劳动保护和劳动条件、劳动报酬、社会保险、劳动纪律、劳动合同终止的条件和违反劳动合同的责任等方面。

（2）协商约定条款

它包括法定的协商约定条款，如试用期、保密事项和补充的协商约定条款。

4. 无效劳动合同

（1）无效劳动合同的含义

无效劳动合同是指劳动者与用人单位订立的违反劳动法律、法规的协议。根据《劳动合同法》第26条第2款之规定，对劳动合同的无效或者部分无效有争议的，由劳动争议仲裁机构或者人民法院确认。

（2）无效劳动合同的类型

无效劳动合同有如下几种：

① 采取欺诈、胁迫的手段或乘人之危，使对方在违背其真实意思的情况下订立的合同。

② 用人单位免除自己责任、排除劳动者权利的合同。

③ 违反劳动法律、行政法规强制性规定的合同。

此外，如果是劳动合同部分无效的，不影响其他部分效力，其他部分仍然有效。

（3）无效劳动合同的劳动报酬确定

根据《劳动合同法》第28条之规定，劳动合同被确认无效，劳动者已付出劳动的，用人单位应当向劳动者支付劳动报酬。劳动报酬的数额，参照本单位相同或者相近岗位劳动者的劳动报酬确定。

（4）无效劳动合同的处理

劳动合同被认定无效的，可能产生两大法律效果：一是劳动合同的解除，二是赔偿责任的承担。

① 解除劳动合同。根据《劳动合同法》第38条第1款第5项、第39条第5项以及第46条第1项之规定,如果是用人单位的原因导致劳动合同无效,劳动者可以随时解除劳动合同,而且此时用人单位需要按照法定标准向其支付经济补偿;如果是劳动者的原因导致劳动合同无效,用人单位也可以随时解除劳动合同而不需支付任何经济补偿。

② 承担赔偿责任。根据《劳动合同法》第86条之规定,劳动合同依法被确认无效而给对方造成损害的,有过错的一方应当承担赔偿责任。

(二) 劳动合同的解除

劳动合同的解除是指劳动合同签订后、尚未履行完毕以前,由于某种因素导致当事人双方或单方提前结束劳动合同的法律效力,解除双方权利义务关系的法律行为。劳动合同的解除可具体分为法定解除和协议解除两种。

法定解除是指用人单位或者劳动者根据发生法律、法规或劳动合同规定的情况,提前终止劳动合同的法律效力。可具体分为即时解除(用人单位的即时解雇、员工的即时辞职)和预告解除(用人单位的预告解雇、员工的预告辞职)两种方式。

1. 即时解除劳动合同

(1) 用人单位的即时解雇

用人单位的即时解雇(又称"过失性解除")有以下几种情况:

① 劳动者在试用期间被证明不符合录用条件的;

② 劳动者严重违反劳动纪律或用人单位规章制度的;

③ 劳动者严重失职、营私舞弊,对用人单位利益造成重大损害的;

④ 劳动者同时与其他用人单位建立劳动关系,对完成本单位工作造成严重影响,或经用人单位提出,拒不改正的;

⑤ 因劳动者原因签订无效劳动合同的;

⑥ 劳动者被依法追究刑事责任的。

(2) 员工的即时辞职

员工的即时辞职有以下几种情况:

① 用人单位未按照劳动合同约定提供劳动保护或者劳动条件的;

② 用人单位未及时足额支付劳动报酬的;

③ 用人单位未依法为劳动者缴纳社会保险费的;

④ 用人单位的规章制度违反法律、法规的规定,损害劳动者权益的;

⑤ 用人单位以欺诈、胁迫的手段或者乘人之危,使劳动者在违背真实意

思的情况下订立或者变更劳动合同的;

⑥ 用人单位在劳动合同中免除自己的法定责任、排除劳动者权利的;

⑦ 用人单位违反法律、行政法规强制性规定的;

⑧ 用人单位以暴力、威胁或者非法限制人身自由的手段强迫劳动者劳动的;

⑨ 用人单位违章指挥、强令冒险作业危及劳动者人身安全的;

⑩ 法律、行政法规规定劳动者可以解除劳动合同的其他情形。

2. 预告解除劳动合同

(1) 用人单位的预告解雇

用人单位预告解雇(也称"非过失性解除")的情况包括:"医疗期满不能上班";"不能胜任工作";劳动合同订立时所依据的客观情况发生重大变化,致使原劳动合同无法履行,经当事人协商不能就变更劳动合同达成协议的;经济性裁减人员。

对于以上前三种情形,用人单位既可以提前30日以书面形式通知劳动者本人,也可以额外支付劳动者一个月工资,然后解除劳动合同,即用人单位可以提前30日以书面形式通知劳动者解除劳动合同的替代方式,但不包括经济性裁员。

劳动者有下列情形之一的,用人单位不得依照预告解除的规定解除劳动合同:

① 从事接触职业病危害作业的劳动者未进行离岗前职业病健康检查,或者疑似职业病病人在诊断或者医学观察期间的;

② 在本单位患职业病或者因工负伤并被确认丧失或者部分丧失劳动能力的;

③ 患病或者非因工负伤,在规定的医疗期内的;

④ 女职工在孕期、产期、哺乳期的;

⑤ 在本单位连续工作满15年,且距法定退休年龄不足5年的;

⑥ 法律、行政法规规定的其他情形。

(2) 员工的预告辞职

在合同期内员工可以提前30日以书面形式通知用人单位无理由辞职;在试用期内员工可以提前3日通知用人单位无理由辞职。

3. 双方协商解除劳动合同

当事人中的一方因某种原因,可以随时提出解除劳动合同,经过双方协商同意提前终止劳动合同的法律效力。"经劳动合同当事人协商一致,劳动合同可以解除。"双方当事人应按照要约、承诺的程序,签订劳动合同解除的书面协议。劳动者主动提出解除的,没有经济补偿金;用人单位主动提出解除的,需要给予劳动者经济补偿。

4. 用人单位可以与劳动者解除劳动合同的条件
(1) 用人单位与劳动者协商一致的;
(2) 劳动者在试用期间被证明不符合录用条件的;
(3) 劳动者严重违反用人单位规章制度的;
(4) 劳动者严重失职、营私舞弊,给用人单位造成重大损害的;
(5) 劳动者同时与其他用人单位建立劳动关系,对完成本单位的工作任务造成严重影响,或者经用人单位提出,拒不改正的;
(6) 劳动者以欺诈、胁迫的手段或者乘人之危,使用人单位在违背真实意思的情况下订立或者变更劳动合同的;
(7) 劳动者被依法追究刑事责任的;
(8) 劳动者患病或者非因工负伤,在规定的医疗期满后不能从事原工作,也不能从事由用人单位另行安排的工作的;
(9) 劳动者不能胜任工作,经过培训或者调整工作岗位,仍不能胜任工作的;
(10) 劳动合同订立时所依据的客观情况发生重大变化,致使劳动合同无法履行,经用人单位与劳动者协商,未能就变更劳动合同内容达成协议的;
(11) 用人单位依照企业破产法规定进行重整的;
(12) 用人单位生产经营发生严重困难的;
(13) 企业转产、重大技术革新或者经营方式调整,经变更劳动合同后,仍需裁减人员的;
(14) 法律、行政法规规定用人单位可以解除劳动合同的其他情形。

5. 劳动者可与用人单位解除劳动合同的条件
(1) 劳动者与用人单位协商一致的;
(2) 劳动者提前30日以书面形式通知用人单位的;
(3) 劳动者在试用期内提前3日通知用人单位的;
(4) 用人单位未按照劳动合同约定提供劳动保护或者劳动条件的;
(5) 用人单位未及时足额支付劳动报酬的;
(6) 用人单位未依法为劳动者缴纳社会保险费的;
(7) 用人单位的规章制度违反法律、法规的规定,损害劳动者权益的;
(8) 用人单位以欺诈、胁迫的手段或者乘人之危,使劳动者在违背真实意思的情况下订立或者变更劳动合同的；

（9）用人单位在劳动合同中免除自己的法定责任、排除劳动者权利的；

（10）用人单位违反法律、行政法规强制性规定的；

（11）用人单位以暴力、威胁或者非法限制人身自由的手段强迫劳动者劳动的；

（12）用人单位违章指挥、强令冒险作业，危及劳动者人身安全的；

（13）法律、行政法规规定劳动者可以解除劳动合同的其他情形。

（四）解除劳动合同的经济补偿问题

1. 经济补偿标准

经济补偿按劳动者在本单位工作的年限，每满一年支付一个月工资的标准向劳动者支付。六个月以上不满一年的，按一年计算；不满六个月的，向劳动者支付半个月工资的经济补偿。劳动者月工资高于用人单位所在直辖市、设区的市级人民政府公布的本地区上年度职工月平均工资三倍的，向其支付经济补偿的标准按职工月平均工资三倍的数额支付，支付的年限最高不超过十二年。这里的月工资是指劳动者在劳动合同解除或者终止前十二个月的平均工资）。

2. 劳动者不与用人单位订立书面劳动合同的情况

《劳动合同法实施条例》第5条规定："自用工之日起一个月内，经用人单位书面通知后，劳动者不与用人单位订立书面劳动合同的，用人单位应书面通知劳动者终止劳动关系，无需向劳动者支付经济补偿，但是应当依法向劳动者支付其实际工作时间的劳动报酬。"

（五）集体合同

1. 集体合同概述

集体合同是集体协商双方代表根据劳动法律法规的规定，在平等协商一致的基础上签订的书面协议。根据《劳动法》的规定，集体合同是由工会代表职工与企业签订的书面合同，没有成立工会组织的企业，由职工代表与企业签订，并经劳动行政主管部门审核通过才具有法律效力。

2. 集体合同的内容

（1）劳动条件标准部分

包括劳动报酬、工作时间、休息休假、保险福利、劳动安全卫生等。

(2) 一般性规定

一般性规定指劳动合同和集体合同履行有关规定,包括员工录用规则;劳动合同的变更、续订规则;辞职、辞退;集体合同的有效期;集体合同条款的解释;集体合同的变更、解除和终止。

(3) 过渡性规定

过渡性规定包括集体合同的监督、检查;争议的处理;违约责任规定等内容。

(4) 其他规定

其他规定指其他涉及职工合法权益的问题。

3. 订立集体合同应遵循的原则

(1) 内容合法原则

集体合同的内容不得违反国家法律法规的规定;集体合同确定的劳动条件标准不得低于国家规定标准。

(2) 平等合作、协商一致的原则

集体合同签订人的法律地位一律平等,具有平等意思表示和主张各自利益的权利。

(3) 兼顾所有者、经营者和劳动者利益原则

确定集体合同的各项条款应兼顾各方利益,不能为追求自己的利益而损害其他人的利益,即要均衡所有者、经营者和劳动者各自的利益。

(4) 维护正常的审查工作秩序的原则

为订立集体合同产生争议,任何一方都不应采取激化事态的行为。双方都应顾全大局,维持正常的审查工作秩序。

4. 集体合同的变更和解除

(1) 集体合同的变更和解除条件

有下列情形之一的,可以变更或解除集体合同或专项集体合同:

用人单位因被兼并、解散、破产等原因,致使集体合同或专项集体合同无法履行;

因不可抗力等原因致使集体合同或专项集体合同无法履行或部分无法履行;

集体合同或专项集体合同约定的变更或解除条件出现;

法律、法规、规章规定的其他情形。

(2) 集体合同的变更和解除程序

集体合同的一方向对方说明需要变更的条款、变更或解除集体合同的理

由等,另一方必须在集体合同或有关法律规定期限内作出答复。双方就变更或解除集体合同的具体内容和条件等进行协商谈判,在此基础上达成一致性的书面协议,提交职工(代表)大会讨论通过。经双方代表人签字后报送劳动行政部门审议确认,协议即告成立。

5. 集体合同的监督

集体合同在履行过程中,企业工会应承担更多的监督检查责任。企业内工会的各级组织应当及时向工会报告本组织所在团体的集体合同的履行情况。工会应当定期向职工代表大会或全体职工通报集体合同履行情况,也可以与企业协商,建立集体合同的联合监督检查制度,发现问题,及时与企业协商解决。职工代表大会有权对集体合同的履行实行民主监督。

四、企业劳动争议处理

近年来,全国立案受理的劳动争议案件呈快速增加趋势。例如,上海市2008年劳动争议案件大幅增长,相当于1995年《劳动法》实施时的25倍以上。劳动报酬、经济补偿金争议要占案件总量的近60%。从引发劳动争议的原因看,劳动报酬、解除和变更劳动合同等已成为劳动者与用人单位争议的焦点,构建和谐劳动关系的任务日显紧迫。

(一)企业劳动争议概述

1. 劳动争议的含义

劳动争议是指劳动关系双方当事人之间因劳动权利义务主张不一而发生的纠纷。争议主体是用人单位和劳动者,争议内容限于劳动权利义务。劳动争议的解决本着维护劳动争议当事人的合法权益的原则,着重调解,合法、公正、及时处理。

根据不同划分标准,劳动争议具有以下三种分类:按争议主体划分为个别争议、集体争议、团队争议;按争议目的划分为权利争议、利益争议;按争议标的划分为合同终止、劳动报酬、执行变更。劳动争议涉及因企业开除、除名、辞退职工和职工辞职、自动离职发生的争议;因执行国家有关工资、保险、福利、培训、劳动保护的规定发生的争议;因履行劳动合同发生的争议以及法律、法规规定的其他劳动争议。

2. 劳动争议的解决原则

我国《劳动法》第78条规定,"解决劳动争议,应当根据合法、公正、及时

处理的原则,依法维护劳动争议当事人的合法权益。"具体解决劳动争议时应遵循以下三条原则:

(1) 着重调解、及时处理原则

坚持先调解争议双方的矛盾,然后进行裁决,在规定的期限内完成。

(2) 依法处理原则

查清事实,以事实为依据,以法律为准绳。

(3) 公正原则

当事人在适用法律上一律平等,保证双方当事人处于平等地位,具有平等的权利义务,不偏袒任何一方。

3. 劳动争议处理的程序

劳动争议主要通过以下四种途径进行处理:双方协商解决争议;企业劳动争议调解委员会调解争议;向劳动争议仲裁委员会申请仲裁;不服仲裁裁决的,向人民法院起诉,由人民法院审理并作出最终判决。

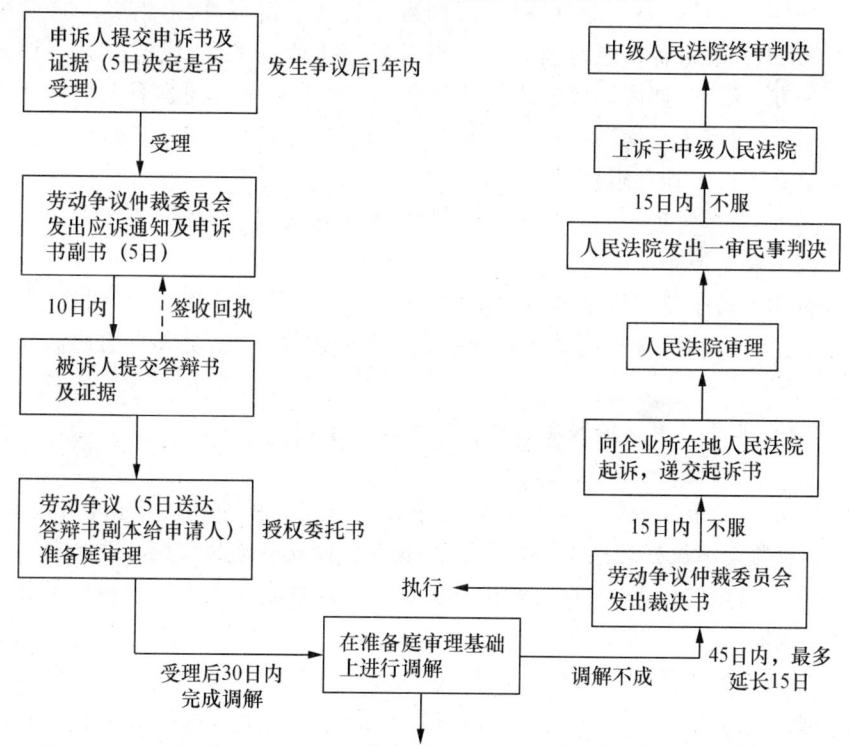

图 10-1　劳动争议处理的一般办理程序

(二)企业劳动争议调解

劳动争议发生后,当事人可以向本单位劳动争议调解委员会申请调解。劳动争议调解是指在企业劳动争议调解委员会的主持下,对企业与其职工发生的劳动争议,依据国家的劳动法律、法规,以民主协商的方式,使双方当事人达成协议,将争议解决在企业内部的一种活动。它是企业内基层群众性组织所作的调解,不是劳动争议处理的必经程序。劳动争议调解是我国处理劳动争议的基本形式,成为我国劳动争议处理制度的重要组成部分。

1. 劳动争议调解的原则

(1) 自愿原则

劳动争议调解委员会在进行争议调解时,应依照法律,遵循双方当事人自愿的原则进行调解。自愿原则包括:第一,申请调解自愿。劳动争议发生后,解决劳动争议的方式由当事人自由选择。是否向调解委员会申请调解,或向劳动争议仲裁委员会申请仲裁,调解委员会不得阻碍,由当事人自愿决定。第二,调解过程自愿协商。双方当事人法律地位平等,任何一方不得强迫另一方。第三,调解协议的执行是自愿的。经劳动争议调解委员会调解达成的协议,当事人反悔,不愿履行协议的,仍享有提请仲裁的权利。对此,调解委员会不得干涉和阻拦。

另外,调解过程中当事人可以申请仲裁,调解委员会不得干涉。

(2) 民主原则

企业劳动争议调解委员会在调解劳动纠纷时,主要依据法律、法规,运用民主讨论、说服教育的方法,在双方认识一致的前提下,动员其自愿协商后达成协议。

2. 企业劳动争议调解委员会

(1) 调解委员会的组成

企业劳动争议调解委员会是进行争议调解工作的机构。根据《劳动法》和《企业劳动争议处理条例》的规定,企业可以设立劳动争议调解委员会。调解委员会由职工代表、企业代表和企业工会代表组成。职工代表由职工代表大会(或职工大会)推举产生,企业代表由厂长(经理)指定,企业工会代表由企业工会委员会指定。没有成立工会组织的企业,调解委员会的设立及其组成由职工代表大会与企业代表协商决定。企业劳动争议调解委员会组成人员的具体人数由职工代表大会提出并与厂长(经理)协商确定,企业代表的人数不得超过调解委员会成员总数的1/3。调解委员会主任由企业工会代表担任。调解委员会的办事机构设在企业工会委员会。

（2）调解委员会的职责

调解委员会开展劳动法律法规、企业内部规章制度的教育宣传，预防劳动争议发生；按法律法规规定的原则和程序处理本单位的劳动争议；回访、检查当事人执行调解协议的情况，督促当事人履行调解协议。

（3）劳动争议调解的过程

劳动争议发生后，当事人如果申请调解，应从知道或应当知道其权利被侵害之日起30日内，以口头或书面形式向本企业的劳动争议调解委员会提出申请，并填写"劳动争议调解申请书"，写明争议的原因、经过和具体的要求。职工一方在三人以上并具有共同申请理由的劳动争议案件，职工一方当事人应当推举代表参加调解活动。劳动争议调解委员会接到调解申请后，应征询对方当事人的意见。对方当事人不愿调解的，应作好记录，并在3日内以书面形式通知申请人。对于双方当事人愿意参加调解的，调解委员会应在4日内作出受理或不受理申请的决定，对不受理的，向申请人说明理由。对调解委员会无法规定是否受理的案件，由调解委员会主任决定是否受理。调解委员会调解劳动争议应当在30日内结案，到期未结束的，视为调解不成。在这期间，双方当事人如通过调解达成协议，则由调解委员会制作调解协议书。协议书送达双方当事人后，双方当事人应当严格地自觉履行。如果调解不成，由调解委员会制作调解意见书以作记录并说明情况。双方当事人可以向劳动争议仲裁委员会申请仲裁。

（三）企业劳动争议仲裁

劳动争议仲裁指劳动争议仲裁机构对用人单位与劳动者之间发生的劳动争议，根据劳动争议当事人一方或双方的申请，在查明事实、明确是非、分清责任的基础上，依法就劳动争议的事实和当事人应承担的责任作出判断和裁决的活动。劳动争议仲裁具有较强的专业性，是准司法性的裁决，裁决书具有法律上的强制约束力。劳动争议仲裁是处理劳动争议的第一或第二道程序，是法定的必经程序，也是劳动争议诉讼的前置程序。

1. 劳动争议仲裁概述

（1）劳动争议仲裁实行免费

劳动争议仲裁委员会的经费由财政予以保障，劳动者将不再有经济上的负担。对需要进行特殊处理，如需要异地调查、作各类鉴定等的案件，按实际开支收费。劳动争议仲裁委员会只对劳动者当事人缴纳仲裁费确有困难的，经审批可以给予缓、减、免。

(2) 申请劳动争议仲裁的三种情况

凡在劳动争议处理范围内的劳动争议案件,双方当事人都有权在规定期限内向劳动争议仲裁委员会申请仲裁,大致有以下三种情况:发生争议后直接向仲裁委员会申请仲裁的;发生争议后,本企业没有调解委员会的;发生争议后,经企业调解委员会调解不成的。

(3) 劳动争议仲裁委员会

劳动争议仲裁委员会是国家授权,依法独立处理劳动争议案件的专门机构。各级劳动行政主管部门的劳动争议处理机构是仲裁委员会的办事机构。劳动争议仲裁委员会组成人员应当是单数,由下列人员组成:劳动行政主管部门代表;同级工会的代表;用人单位方面的代表。劳动争议仲裁委员会负责对劳动争议案件进行仲裁。根据《劳动法》、《企业劳动争议处理条例》和《劳动争议仲裁委员会组织规则》,县、市、市辖区应当设立劳动争议仲裁委员会。省、自治区、直辖市是否设立劳动争议仲裁委员会,由省、自治区、直辖市人民政府根据实际情况自行决定。劳动争议仲裁委员会的组成人员包括劳动行政主管部门的代表、工会的代表和政府指定的经济综合管理部门的代表。仲裁委员会设立主任一人,副主任一至二人,委员若干人。仲裁委员会由组成仲裁委员会的三方组织各自选派,主任由同级劳动行政主管部门的负责人担任,副主任由仲裁委员会委员协商产生。劳动行政主管部门的劳动争议处理机构为仲裁委员会的办事机构,负责办理仲裁委员会的日常事务。

2. 劳动争议仲裁原则

(1) 一次裁决原则

劳动争议仲裁实行一案一庭审理,一个裁级一次裁决制度,一次裁决即为终局裁决。当事人如不服仲裁裁决,只能依法向人民法院起诉,不得向上一级仲裁委员会申请复议或要求重新处理。这也是劳动仲裁区别于诉讼程序的特别之处。

部分劳动争议案件实行"一裁终局":凡数额较小及有关劳动标准的案件都可。原有的劳动争议处理程序实行"一裁二审",即所有案件都必须先劳动仲裁,如果不服仲裁结果可到法院再经一审、二审。整个程序最少也要一年。而"一裁终局"只经劳动仲裁就作出终局裁决,裁决书自作出之日起发生法律效力:一是追索劳动报酬、工伤医疗费、经济补偿或者法定赔偿金,不超过当地月最低工资标准12个月金额的争议;二是因执行国家的劳动标准在工作时间、休息休假、社会保险等方面发生的争议;三是选择仲裁的集体合同争议。

此外,有效劳动争议还可能几乎没有时效限制。如涉及劳动报酬争议则可以延长至劳动关系终止后一年,只要双方的劳动关系存续,无论用人单位拖欠工资多久都可以要回来。

（2）合议原则

也就是仲裁庭对劳动争议案件裁决时,实行少数服从多数原则。合议原则是为了保证仲裁裁决的公正性,在仲裁工作中体现出的民主集中制原则。

（3）强制原则

主要表现为：一方当事人申请仲裁,无须双方达成一致协议,仲裁委员会即可受理；在仲裁庭对争议调解不成时,无须得到当事人的同意,可直接行使裁决权；对裁决无异议的仲裁文书具有法律效力,当事人必须执行。对发生法律效力的仲裁裁决,一方不执行,另一方可申请人民法院强制执行。

（4）回避原则

为了避免受到人为因素的负面影响,维持仲裁的公正性,在劳动争议仲裁过程中,可以要求劳动争议仲裁委员会的特定的组成人员回避。根据《企业劳动争议处理条例》和《劳动争议仲裁委员会办案规则》,劳动争议仲裁委员会的组成人员在下列几种情况下,应当回避：是劳动争议当事人或者当事人的近亲属的；与劳动争议案件有利害关系的；或与劳动争议当事人有其他关系,可能影响公正仲裁的。其中,仲裁委员会主任的回避,由仲裁委员会决定,仲裁委员会其他成员、仲裁员和其他人员的回避由仲裁委员会主任决定。

3．劳动争议仲裁管辖

劳动争议仲裁管辖是指劳动争议仲裁机构之间受理劳动争议案件的具体分工,即确定各个仲裁机构审理案件的权限,明确当事人应在哪一个仲裁机构申请仲裁,由哪一个仲裁机构受理的法律制度。在我国实际操作中,仲裁管辖实行地域管辖为主、级别管辖为辅的原则。劳动争议管辖内容包括：

（1）地域管辖

地域管辖即按照行政区划确定对劳动争议案件的受理范围的做法。它是我国劳动争议仲裁机构受理劳动争议案件的主要分工标准。对于劳动争议案件的管辖,一般是按照争议当事人所在地来划分案件的管辖权范围。对于一些特殊的争议案件,则采用特殊地域管辖：对于发生劳动争议案件的企业与职工不在同一个仲裁委员会管辖地区的,由职工当事人工资关系所在地的仲裁委员会处理。对于我国公民与国外(境外)企业签订劳动合同的情况：如果因履行合同发生劳动争议且合同履行地在国内,则由劳动合同履行地的劳动争议仲裁委员会管辖。

（2）级别管辖

级别管辖是指上下级劳动争议仲裁机构之间对处理劳动争议案件的划分，即划分由哪一家仲裁委员会审理什么样的劳动争议案件。

（3）指定管辖和移送管辖

指定管辖指的是当几个劳动争议仲裁机构对同一劳动争议案件的管辖发生争议且协商不成时，由共同的上级劳动行政主管部门指定某一劳动仲裁机构管辖的制度。

移送管辖是指劳动争议仲裁机构对已受理的劳动争议案件，经审理认为不属于本仲裁机构管辖的，依法移送至有管辖权的仲裁机构处理的制度。

4. 劳动争议仲裁的程序

申请人申请仲裁应当提交书面仲裁申请，劳动争议申请仲裁的时效期间为一年。劳动关系存续期间因拖欠劳动报酬发生争议的，劳动者申请仲裁不受此仲裁时效期间的限制；但是，劳动关系终止的，应当自劳动关系终止之日起一年内提出。劳动争议仲裁委员会收到仲裁申请之日起5日内，认为符合受理条件的，应当受理，并通知申请人；认为不符合受理条件的，应当书面通知申请人不予受理，并说明理由。劳动争议仲裁委员会受理仲裁申请后，应当在5日内将仲裁申请书副本送达被申请人。被申请人收到仲裁申请书副本后，应当在10日内向劳动争议仲裁委员会提交答辩书。当事人在仲裁过程中有权进行质证和辩论。当事人申请劳动争议仲裁后，可以自行和解。达成和解协议的，可以撤回仲裁申请。仲裁庭裁决劳动争议案件，应当自劳动争议仲裁委员会受理仲裁申请之日起45日内结束。案情复杂需要延期的，经劳动争议仲裁委员会主任批准，可以延期并书面通知当事人，但是延长期限不得超过15日。逾期未作出仲裁裁决的，当事人可以就该劳动争议事项向人民法院提起诉讼。

劳动者对仲裁裁决不服的，可以自收到仲裁裁决书之日起15日内向人民法院提起诉讼。

（四）企业劳动争议诉讼

1. 劳动争议诉讼的含义

劳动争议诉讼是指劳动争议当事人不服劳动争议仲裁委员会的裁决，在规定的期限内向人民法院起诉，人民法院依照民事诉讼程序，依法对劳动争议案件进行审理的活动。它是我国解决劳动争议案件的最终程序。此外，劳

第十章　员工关系管理

动争议诉讼还包括当事人一方不履行仲裁委员会已发生法律效力的裁决书或调解书,另一方当事人申请人民法院强制执行的活动。

2．劳动诉讼案件的管辖

根据我国《民事诉讼法》的有关规定,结合劳动争议案件双方当事人的特点,以及劳动争议必须及时处理的要求,劳动争议诉讼案件一般是由劳动争议仲裁委员会所在地的人民法院受理。案情较简单、影响不大的劳动争议案件,一般由劳动争议仲裁委员会所在地的基层人民法院作第一审;案情复杂、影响很大的劳动争议案件,基层人民法院审理有困难的,也可以由中级人民法院作第一审。这是劳动诉讼管辖中的地域管辖标准。同时,对劳动争议诉讼案件的管辖,还按照级别管辖的标准。

3．劳动争议诉讼时效

根据《劳动法》和《企业劳动争议处理条例》的规定,当事人对仲裁裁决不服的,应在收到裁决书之日起15天内,向人民法院起诉。起诉时,应当向人民法院递交起诉状,并按照被告人数提交副本。人民法院收到原告的起诉状后,依法进行审查,看其是否符合法律规定,以确定是否受理。根据《民事诉讼法》,人民法院收到起诉状,经审查,认为符合起诉条件的,应在7日内立案,并通知当事人。认为不符合起诉条件的,也应在7日内裁定不予受理。法院在决定立案以后,就进入法庭审理阶段。法院需要做一些审理前的准备工作,将起诉状副本在立案之日起5日内送达被告,并要求被告在收到副本之日起15日内提出答辩状。被告提出答辩的,人民法院在收到之日起5日内将答辩状副本发送原告。同时,法院还要审阅诉讼材料,进行调查研究,收集证据以及追加和更换当事人。在作好审理前的准备以后,法院决定开庭的,应当在开庭3日前通告当事人和其他诉讼参与人。在开庭审理案件时,法庭按照法庭调查、法庭辩论、法庭调解以及合议庭评议和审判等程序进行。人民法院适用普通程序审理的案件,应当在立案之日起6个月内审结。法院对劳动争议案件作出的裁判应当在法定时效内告知当事人、第三人及其他诉讼参与人。劳动争议当事人不服地方各级法院的一审未生效的判决时,可以向上一级人民法院提起上诉。

（五）我国的劳动争议处理制度的历史沿革

鸦片战争以后,随着西方资本的侵入,劳动争议在我国出现。随之,劳动争议处理立法出现,如1925年中国共产党在中国社会主义青年团第三次全国代表大会上通过的《经济斗争决议案》、1928年国民党政府颁布的《劳资争议处理法》和 1931 年中华苏维埃第一次全国代表大会上通过的《中华苏维埃共和国劳动法》。1950 年我国劳动部颁布《关于劳动争议解决程序的决定》，处理过渡时期各类企业中的劳动争议。之后由于我国对资本主义工商业进行社会主义改造，单一所有制下的劳动关系性质发生了变化，劳动争议转为以行政的手段进行处理，因此这一时期暂时停止了劳动争议的相关立法。改革开放以后，我国劳动关系日趋复杂，政府进行了很多有关劳动争议处理的立法工作，逐渐恢复了我国的劳动争议处理制度。我国于 1993 年颁布了《企业劳动争议处理条例》、《企业劳动争议调解委员会组织及工作条例》、《劳动争议仲裁委员会组织规则》、《劳动争议仲裁委员会办案规则》等配套规章，1994 年制定并于 1995 年正式实施了《劳动法》，以及于 2007 年 12 月通过《劳动争议调解仲裁法》，标志着我国劳动争议处理的法律体系基本形成。

本章小结

近年来，我国员工管理关系和劳动争议处理已经成为人力资源管理的重点和难点，企业与员工，甚至与员工群体之间的劳动争议明显增多，并有可能成为社会冲突最主要的形式。如何最大限度地维护劳动者和资本所有者的平等关系，恰当运用劳动法规保护企业合法利益，避免劳资冲突，直接影响到社会稳定的大局，已经成为人力资源管理人士和各级劳动与社会保障部门的工作重点。本章以我国用工政策的历史回顾为起点，通过对劳动时间管理、劳动工资管理、劳动合同管理和劳动争议处理四个环节的梳理，具体分析员工关系管理的理论和实践。

重要概念中英文对照

劳动合同（Labor Contract）

带薪休假（Paid Holiday）

最低工资（Minimum Wage）

劳动关系（Labor Relation）

无效劳动合同（Invalid Labor Contract）

经济性裁减人员（Economic Employee Releasing）

集体合同（Collective Contract）

劳动争议（Labor Dispute）

劳动争议仲裁（the Arbitration of Labor Dispute）

劳动争议诉讼（the Action of Labor Dispute）

第十章 员工关系管理

复习思考题

1. 简述我国用工政策的发展历史。
2. 什么是无效劳动合同?无效劳动合同有哪几种?
3. 简述劳动合同的演化历史。
4. 劳动合同的解除包括哪些内容?
5. 劳动合同的解除条件有哪些?
6. 什么是劳动争议?它的解决原则是什么?
7. 什么是劳动争议的调解?
8. 什么是劳动争议的仲裁?
9. 什么是劳动合同的诉讼?

案 例

王老吉被指劝辞员工避发年终奖 加多宝集团否认裁员[①]

年关将近,双薪、年终奖、花红,是很多人盼望过年的因素之一。然而,加多宝公司(旗下最著名的产品为红罐王老吉)上海区域的部分员工称,自己被公司"劝辞"。主动离职后年终奖当然泡汤,而若不主动离职,接下来将被扣光奖金、调职异地。昨天,加多宝公司否认存在裁员情况。

在加多宝工作了四年多的小林终于坐上了销售主管的位置。国庆假期以后,公司开始有裁员的流言,但小林并未在意。然而,12月初,在年终奖即将到手时,这一流言成为现实。让小林始料未及的是,自己竟也在被裁之列。公司要求员工不用上班,并将支付其12月的工资及奖金,但员工需要在12月月底之前自动离职。对于平均工资5000元的小林来说,根据常规,年终奖及花红总共有一万余元,小林当然不愿意放弃这本该属于自己的钱。况且,自己与公司之间的劳动合同明年年底才到期。区域经理表示,对于不辞职的员工,公司也不会主动开除。但之后公司将开展大规模的严查,可能对员工进行调职。在小林看来,区域经理的言外之意就是:不主动离职,就意味着薪水大幅下降,并可能调职异地。

小林并不是唯一接到通知的人。其实,早在11月中下旬,金山区、松江区等区域的销售站点部分员工就接到了劝辞通知。另一区域的销售主管

---

① 资料来源:《新民晚报》2009年12月9日。

LEE 同属被劝辞之列。LEE 在加多宝工作两年多,去年才刚刚签订了为期五年的劳动合同。据 LEE 说,现在是青黄不接时期,员工离职就意味着失业,若是夏天,自己可以走得很"爽快"。加多宝传讯部一名员工则认为,小林可能对公司存在误解。

小林透露,上海区域总计不到五百名员工,其中包括上海区的职能部门员工约二百人,各站点及在加盟商和大卖场的销售人员约三百人。"公司预计裁掉的 150 人几乎都是销售人员及文员。"劝辞通知下达后,很多员工选择安静地离开。

双方说法:

员工:曾签过有关条款。

"这一切是公司早就安排好了的",小林说。这样的说法是有根据的。早在 11 月底,公司打印了一份《员工手册》补充条款,要求每个员工阅读并签字。然而,时至今日,小林才知道,公司此举的真实目的在于其中一项条款。该条规定,公司可根据本单位的实际工作需要,在合同履行期间调整员工工作地点,工作地点包括集团属下各分厂/各大区,员工应予以配合,调整后的薪资按本公司的相关规定执行。

"公司有不成文的规矩,只要是下发的文件,阅读过都必须签字,因此我在补充条款上签了字",小林说。但是,他说这并不能代表自己认可该协议,只表示自己曾阅读过该条款。

加多宝:人员流动很正常。

加多宝集团认为并不存在裁员情况,集团内部日常管理制度及配套政策的制定均严格遵照国家有关法律法规,在执行过程中亦不存在任何违反国家法律法规的情形。众所周知,加多宝集团近几年一直保持良好的增长态势,企业正处于扩展期,人才作为企业的核心和根本,一直是加多宝集团所重视的。在市场经济的大环境下,企业存在一定的人员流动非常正常,也有利于公司的健康发展,每个公司都会存在一定比率的人员更替。在同行业内,公司的人员流动率一直处于正常水平。

回函并未回答自动离职的员工是否还有年终奖及花红等问题。

思考题:

1. 你怎样看待王老吉的裁员?
2. 如果你是小林,面对这种情况,你会怎么做?

参考文献

1. 岳经纶:《中国劳动政策:市场化与全球化的视野》,社会科学文献出版社2007年版。
2. 孔德威:《劳动就业政策的国际比较研究》,经济科学出版社2008年版。
3. 胡鞍钢等:《扩大就业与挑战失业》,中国劳动社会保障出版社2002年版。
4. 李正龙等编著:《就业与培训:政策与实务》,北京大学出版社2008年版。
5. 就业再就业政策解答与业务咨询编写组:《就业再就业政策解答与业务咨询》,中国民主法制出版社2007年版。
6. 程延园主编:《劳动关系》,中国人民大学出版社2002年版。
7. 赵瑞红主编:《劳动关系》,科学出版社2007年版。
8. 李环主编:《和谐社会与中国劳动关系》,中国政法大学出版社2007年版。
9. 程延园:《集体谈判制度研究》,中国人民大学出版社2004年版。
10. 赵曼、杨海文等编著:《21世纪中国劳动就业与社会保障制度研究》,人民出版社2007年版。
11. 郑功成主编:《社会保障概论》,复旦大学出版社2007年版。
12. 姚裕群:《走向市场的中国就业》,中国人民大学出版社2005年版。